· 中国物流与采购联合会系列报告 ·

中国物流园区发展报告

2018

中国物流与采购联合会
China Federation of Logistics & Purchasing

中国物流学会
China Society of Logistics

China Logistics Park Development Report（2018）

中国财富出版社
China Fortune Press

图书在版编目（CIP）数据

中国物流园区发展报告.2018 / 中国物流与采购联合会，中国物流学会编.—北京：中国财富出版社，2018.7（2018.9 重印）

ISBN 978 - 7 - 5047 - 6739 - 4

Ⅰ.①中… Ⅱ.①中… ②中… Ⅲ.①物流 - 工业区 - 经济发展 - 研究报告 - 中国 - 2018 Ⅳ.①F259.22

中国版本图书馆 CIP 数据核字（2018）第 161693 号

策划编辑	马　铭	责任编辑	邢有涛　马　铭	
责任印制	尚立业	责任校对	杨小静	责任发行　敬　东

出版发行	中国财富出版社			
社　　址	北京市丰台区南四环西路 188 号 5 区 20 楼		邮政编码	100070
电　　话	010 - 52227588 转 2048/2028（发行部）		010 - 52227588 转 321（总编室）	
	010 - 68589540（读者服务部）		010 - 52227588 转 305（质检部）	
网　　址	http://www.cfpress.com.cn			
经　　销	新华书店			
印　　刷	北京九州迅驰传媒文化有限公司			
书　　号	ISBN 978 - 7 - 5047 - 6739 - 4/F · 2911			
开　　本	787mm×1092mm　1/16		版　　次	2018 年 7 月第 1 版
印　　张	23.25		印　　次	2018 年 9 月第 2 次印刷
字　　数	496 千字		定　　价	160.00 元

《中国物流园区发展报告》（2018）
编委会

主　任：何黎明　中国物流与采购联合会会长

　　　　　　　　中国物流学会会长

副主任：贺登才　中国物流与采购联合会副会长

　　　　　　　　中国物流学会副会长（执行）

　　　　　　　　中国物流与采购联合会物流园区专业委员会主任

委　员：黄　萍　中国物流与采购联合会物流园区专业委员会秘书长

　　　　姜超峰　中国物流与采购联合会物流园区专业委员会专
家委员会主任

　　　　　　　　中国物资储运协会名誉会长

　　　　冯耕中　中国物流与采购联合会物流园区专业委员会专
家委员会副主任

　　　　　　　　中国物流学会兼职副会长

　　　　　　　　西安交通大学管理学院院长

　　　　张晓东　中国物流与采购联合会物流园区专业委员会专
家委员会副主任

　　　　　　　　中国物流学会兼职副会长

　　　　　　　　北京交通大学交通运输学院教授

　　　　郎　跃　中国物流与采购联合会物流园区专业委员会专
家委员会副主任

《中国物流园区发展报告》（2018）
编辑人员

主　　编：贺登才

主要成员：宫之光　姜超峰　冯耕中　张晓东　邬　跃　陈丽华
　　　　　黄　萍　陈　凯　于雪姣　杨宏燕

联系电话：010 – 58566588 转 139/172/133

传　　真：010 – 58566588 转 138

邮　　箱：cflpyq@ vip. 163. com

地　　址：北京市西城区月坛北街 26 号恒华国际 15 层　（100045）

网　　址：中国物流与采购联合会物流园区专业委员会（www. chi-
　　　　　nawuliu. com. cn/wlyq/）

前　言

我们正处于一个急剧变革的时代，物流园区也在不断发展变化之中。无论市场形势、政策环境、技术条件，还是物流园区运营模式、服务方式、发展动能，都在经历着前所未有的变革。跟踪与记录行业变革、分析与研判发展趋势，是《中国物流园区发展报告》（以下简称《报告》）编写的初衷。作为了解中国物流园区的一个"窗口"，《报告》先后于 2013 年和 2015 年两度出版。展现在读者面前的 2018 年版《报告》，以期和业界同人一起认识变革，拥抱变革。

在本期《报告》中，我们约请业内专家、地方政府物流工作管理部门以及园区和企业的代表，分别从不同视角对变革中的中国物流园区做出各具特色的观察与思考。在《报告》开篇之际，本人就看到和想到的物流园区变化情况做描述，以求抛砖引玉，讨论修正。为了表述方便，我把这些变化归纳梳理为物流园区"18 变"。

第 1 变：贴近需求多了，盲目建设少了。物流园区的建设和运营与经济发展水平密切相关，需求推动、产业支撑是基础条件。近年来，各地物流园区靠近商品市场、引进加工企业、布局枢纽节点，向产品生产地、销售地、转运地或消费地集聚发展。那种不问需求、"圈地再说"的做法面临"无物可流"的严酷现实。

第 2 变：遵从规划多了，野蛮生长少了。近年来，国家以及地方政府发布了一系列相关规划，引导物流园区规范发展。从这次全国物流园区调查结果看，绝大多数园区按照政府规划选址布局，特别是两批、56 个示范物流园区全部符合当地物流业发展规划、城乡建设规划和土地利用总体规划。那些野蛮生长、无序发展的"物流园区"，面临拆迁改造的境地。

第 3 变：网购快递多了，传统渠道少了。近年来，网上零售额年均增长 30% 以上，2017 年更是达到 5.48 万亿元，占社会消费品零售总额的比重已达 15%。由此带来快递包裹量"爆发式"增长，2017 年已进入快递包裹日均超亿件时代。网购快递狂飙突进，对传统销售渠道形成冲击，推动着物流运作模式加速变革。

第 4 变："轻薄短小"多了，"傻大黑粗"少了。从产业结构看，我国第三产业占比已由 2011 年的 43.1% 上升到 2017 年的 51.6%。从产品结构看，高技术产业、装备制造业等物流需求增速明显加快，高耗能物流、大宗生产资料物流增速放缓。制造企业与物流企业联动融合，朝着现代供应链方向转型升级，物流运作货物品类转向标准化、小型化和个性化转变。

第5变：手机导航多了，信息大厅少了。信息大厅曾经是公路枢纽型物流园区的"标配"，大厅里人头攒动，货主与承运人通过信息屏幕寻找合作对象。几乎一夜之间，许多信息大厅变得门可罗雀。这不是交易量的锐减，而是交易场景的变迁。信息大厅已被智能手机、网上配货所取代，不以人的意志为转移。

第6变：高效运输多了，停车等货少了。随着车辆大型化、运力规模化和车货匹配精准化，运输效率不断提升。据中国物流与采购联合会（简称中物联）公路货运分会监测的星级车队数据显示，星级车队重型牵引车月均行驶里程为1.15万公里，其中5星级车队更是达到1.6万公里。运输效率提升和配货模式变革，压缩了停车等货时间。

第7变：中转分拨多了，存货待售少了。订单驱动式的生产流通模式，要求加快中转分拨，提升客户体验。传统的储存型仓库需要量逐步减少，取而代之的是快进快出的中转分拨型仓库。仓储模式的变革，对仓库的布点、结构、功能、设施以及周边通道等都提出了新的要求。

第8变：专业细分多了，包打天下少了。需求结构和流通方式的变化，促进了市场细分。快递园区、电商园区、冷链园区、医药园区等专业细分的物流园区从无到有，加快发展。园区内进驻企业根据各自业务专长深化细分领域服务，走专业化分工路线，甚至出现了一批"精品专线""卡车航班"。众多专业企业的集聚，为整个物流园区综合服务功能的提升创造了条件。

第9变：跨界融合多了，固守边界少了。企业间兼并重组、联盟合作、平台开放日益活跃，企业群体迅速发展壮大。一批细分领域的"小霸王""独角兽"不断突破原有边界，跨界竞争、兼业融合渐成气候。快递企业涉足快运领域，快运企业介入快递业务，物流园区服务于"仓干配"一体化，物流园区及进驻企业业务融合，服务延伸，原有的企业边界越来越模糊淡化。

第10变：生态共建多了，各自为政少了。一个物流园区进驻成百甚至上千家企业，既有物流企业、贸易企业，也有生产和流通加工企业，还有为这些企业提供服务的信息服务、商务服务和生活服务企业，以及政务服务机构。众多进驻单位你中有我，我中有你，互相依存、共生共荣构成了物流园区生态圈，还要融入更大的社会经济生态服务系统。那种自给自足、自我服务、各自为政的"小作坊"难有立足之地。

第11变：多网协同多了，"信息孤岛"少了。经过前几年的实践检验，越来越多的同行认识到，信息可以通过网络传输，资金能够通过网络结算，但实体的物流运作还是离不开地面实体网络。"天网"落地，"地网"上天，天地一体；运输网络与仓储网络配套，干线网络和仓配网络衔接；信息网、资金网、物流网多网协同效应逐步显现，"信息孤岛"必然孤掌难鸣。

第 12 变：互联互通多了，封闭运行少了。据中物联最新调查统计，我国物流园区总数已超过 1600 家。但这些园区在区域分布上不均衡，在能力利用上不充分，园区之间封闭运行，苦乐不均，缺少联系机制。为破解这一难题，我们正在发起"百驿互联"行动，破解单打独斗、封闭运行格局，构建物流园区互联互通服务平台，把单个园区连接起来，从整体上为物流园区网络提质增效。

第 13 变：铁路入园多了，远程汽运少了。多式联运上升为国家战略，铁海、铁公、空铁公等多种联运方式加快发展，国家物流枢纽和多式联运示范基地开始布局。铁路加速进港入园，具有两种以上运输方式的物流园区越来越多。与此同时，国家强力治理公路超限超载，推行公路货运车型标准化、港口煤炭矿石集疏运"公转铁"，远程长途汽车运输越来越少，物流园区运输方式经历新的重大调整。

第 14 变：无人技术多了，人海战术少了。仓储设施加快现代化改造，物流园区、配送中心、货运场站等节点设施提档升级。自动化立体仓库、物流系统集成设备、输送分拣设备扩大应用，托盘、笼车、料箱、集装箱等单元化运载工具推行标准化、循环利用。特别是智慧物流技术蓬勃兴起，无人车、无人机、无人仓、无人码头纷纷试水。物流技术的进步，推动着物流发展动能转变，"人拉肩扛"的人海战术终将退出历史舞台。

第 15 变：增值服务多了，单一服务少了。随着服务功能拓展，园区和企业能够提供的增值服务越来越多。如仓储、运输、货代、配送、流通加工、分拨转运等物流服务功能，展示、交易、供应链管理等商流服务功能，代收货款、质押监管、代垫运费、信用评价、保险保理等金融服务功能，停车、住宿、餐饮、物业、加油、修理等生活服务功能，还有工商、税务、海关等政务服务功能。功能齐全的物流园区越来越多，单一服务的路子越走越窄。

第 16 变：全程总包多了，经营环节少了。随着功能拓展，服务提升，越来越多的物流园区开展全程总包服务。以物流服务为中心环节，将前端的原材料采购、入厂物流、线边仓，中间的销售、物流仓储、配送，后端的货款回收、供应链金融、回收返修等一体化运作，商流、物流、资金流、信息流实现"四流合一"。物流园区的"一站式"服务一旦成熟，将开始发挥产业链枢纽、供应链中枢的作用。

第 17 变：诚实守信多了，违法失信少了。国家发展和改革委员会（简称国家发展改革委）等 20 部门《印发〈关于对运输物流行业严重违法失信市场主体及其有关人员实施联合惩戒的合作备忘录〉的通知》（发改运行〔2017〕1553 号）发布施行。政府部门依法依规对联合惩戒对象从市场准入和政策支持、政府监管、金融守信、从业资格、社会形象等方面实施多项联合惩戒措施。物流业诚信体系建设进入法制化轨道，违法失信行为将寸步难行。

第 18 变：国际业务多了，不出国门少了。物流园区在全方位开放的新格局下，加快国际化发展步伐。以物流园区为起点的中欧班列开行量已突破 7600 列，许多园区与国外同行建立了经常性业务联系。有的物流园联合国外骨干企业开发和共享对方物流场站，有的引入国外企业进驻跨境电商交易中心，还有的规划建设国外产品中国分拨中心和国货外销产品分拨中心。物流园区服务于国家高水平对外开放战略，在陆海内外联动、东西双向互济的新格局中发挥着越来越大的作用。

以上"18 变"只是笔者个人的一些基本看法，实际上物流园区的变革、变化、变动远不止这些，需要读者朋友放宽眼界、广开思路、深入思考。"女大 18 变，越变越好看"；而"物流 18 变，越变越难办"。如何准确地认识变化，积极地应对变化，在变化中实现质量变革、效率变革和动力变革，推动物流业从规模速度型增长实现质量效益型发展，是一件大事、急事，也是难事、难题，有待业内同人上下求索，合力破解。

本书的框架结构在前两本《报告》的基础上略有调整，由综述篇、专题篇、地区篇、政策篇等篇章组成。同期出版的《示范物流园区创新发展报告（2018）》，收录了第二批示范物流园区的创新做法与示范特色，也可以看作是本书的"案例篇"。《报告》意在全面、系统、准确地反映我国物流园区发展状况，分析存在问题，研判发展趋势，为政府决策部门，物流园区投资商、运营商、设备提供商、入驻企业及国内外投资机构等提供参考，也可作为物流类专业院校、相关研究人员以及高级物流管理人员的参考用书。

在本书编写过程中，得到了国家发展改革委等有关部门的指导，各地政府物流工作牵头部门、物流行业协会的支持，中物联物流园区专业委员会（简称物流园区专委会）会员单位提供素材，物流园区专委会专家委员会姜超峰、冯耕中、张晓东、邬跃、陈丽华、宫之光等各位专家参与组织策划、编写和审核稿件，中国财富出版社在此期间一直通力配合。在此，我代表编辑出版单位一并表示衷心的感谢。

物流园区发展是一个理论与实践并重的全新课题，就我们现在所掌握的情况和认知水平，还不足以做出精准的描述和深入的研究。书中尚存许多疏漏和不妥之处，敬请各位不吝赐教。

2018 年 6 月 9 日

（作者：贺登才，中国物流与采购联合会副会长、中国物流学会执行副会长、中国物流与采购联合会物流园区专业委员会主任）

目　录

综 述 篇

专 题 篇

地 区 篇

政 策 篇

附　录

综述篇

《中国物流园区发展报告（2015）》自2015年7月出版以来，已经过去了三年的时间。这三年，无论经济发展环境、政策环境、技术条件，还是物流园区自身规划建设、运营管理都发生了重大变化。如实记录分析这些变化，对我国物流园区发展情况做一些回顾总结和展望，是我们的初衷。综述篇根据本书专题篇、地区篇及《示范物流园区创新发展报告（2018）》提供的基础材料，经梳理、提炼、加工、整理而成。分为我国物流园区发展环境、我国物流园区发展现状与特点、我国物流园区发展中存在的主要问题和我国物流园区发展展望四个章节。

我国物流园区发展环境

物流园区是物流基础设施的重要组成部分，是物流活动集约发展的重要载体，是推动实体经济降本增效的重要手段，在物流业发展中起着基础性、关键性作用。2015年以来，我国物流园区建设和发展得到前所未有的重视。党的十九大报告提出加强物流基础设施等网络建设的新要求，把物流基础设施网络上升为国家基础设施网络的重要组成部分，为物流园区发展指明了方向。三年来，国民经济以及物流业的发展、国家规划政策的推动以及技术水平的进步，为物流园区创新发展营造了较好环境。

一、我国国民经济发展向中高端迈进

2015—2017年，是我国国民经济和社会发展"十二五"规划收官与"十三五"规划起步的交会期，也是我国经济发展进入"新常态"的起始期。面对世界经济格局深刻调整，美国贸易保护主义复燃，国内经济发展传统动能持续减弱等多方面复杂局面，在国际舞台上，我国主动实施"一带一路"倡议，为实现人类命运共同体贡献中国智慧；在国内，坚持稳中求进总基调，以供给侧结构性改革为主线，统筹推进稳增长、促改革、调结构、惠民生、防风险各项战略，三年完成国内生产总值分别为67.6万亿元、74.4万亿元和82.7万亿元，同比增长6.9%、6.7%、6.9%，保持中高速增长。同时，经济和产业结构也呈现出结构优化、动能转换、效益提升的发展趋势，我国经济开始由高速度增长阶段转向中高速与高质量发展同存并举的新阶段。

从产业结构来看，我国经济发展动能正从工业拉动向工业、服务业共同拉动转化。在第二产业方面，2015—2017 年产业增加值分别为 27.4 万亿元、29.6 万亿元和 33.4 万亿元，增长速度稳定在 6%。工业价值链不断向高端延伸，工业战略性新兴产业和高技术制造业增加值保持 10% 以上增长速度。在第三产业方面，2015—2017 年增加值分别为 34.1 万亿元、38.4 万亿元和 42.7 万亿元，第三产业增加值占比突破 50%，达到 51.6%，标志着我国经济正在经历从以工业为主导的时代向以服务业为主导的时代即后工业化时代的重大转变。高质量、多元化、精细化的生活性服务业和金融密集、知识密集、科技密集、人力资本密集的生产性服务业，逐渐成为我国经济增长的主要动力。

从投资与消费来看，经济增长从主要依靠投资拉动转为消费和投资一起拉动。在投资方面，2015—2017 年全社会固定资产投资分别为 56.2 万亿元、60.6 万亿元和 64.1 万亿元，虽然增长速度有所放缓，但投资结构持续优化，高技术产业投资和工业技术改造投资保持高速增长，基础设施投资更加精准有效，西部地区固定资产投资增速领先全国。在消费方面，2015—2017 年我国社会消费品零售总额分别为 30.1 万亿元、33.2 万亿元和 36.6 万亿元，继续保持年均 10% 以上的增长速度，消费品市场规模位居世界第二。同时网上零售保持 30% 左右的高速增长，在日常生活中的渗透率越来越高。

从进出口贸易来看，中国外贸进出口不仅实现恢复性增长，质量和效益也进一步提高。2015—2017 年货物进出口总额分别为 24.5 万亿元、24.3 万亿元和 27.8 万亿元，货物贸易规模强劲反弹，规模创历史新高。同时，高新技术产品出口较快增长，一般贸易在进出口中所占比重进一步提高，民营企业在中国对外贸易中地位进一步提升。跨境电子商务、市场采购贸易等贸易新业态快速增长，与"一带一路"沿线国家进出口总额不断扩大，国内区域贸易发展更加均衡，外贸发展成绩显著。

从发展动能来看，2015—2017 年全国研发投入年均增长 11%，规模跃居世界第二位。载人航天、深海探测、量子通信、大飞机等重大创新成果不断涌现。高铁网络、电子商务、移动支付、共享经济等引领世界潮流。"互联网＋"广泛融入各行各业。大众创业、万众创新蓬勃发展，日均新设科技类企业由 5000 多户增加到 16000 多户。快速崛起的新动能，正在重塑我国经济增长格局、深刻改变生产生活方式，成为中国创新发展的新标志。

从区域发展来看，随着"一带一路"、京津冀协同发展、长江经济带等大战略深入实施，东、中、西、东北四大板块发展协调性增强。东部地区转型升级、开放创新走在前列，区域发展新动能新亮点不断涌现；中、西部地区积极承接产业转移，加快培育新动能，主要发展指标增速明显快于全国；东北地区落实全面振兴东北地区等老工业基地的若干意见和推动东北地区经济企稳向好重要措施，经济运行出现积极变化。

总体来看，中国经济基本面稳中向好，经济活力、动力和潜力不断释放，稳定性、协调性和可持续性明显增强，不断向高质量发展迈进。随着我国经济的转型升级，物流园区高质量发展的态势也逐步显现。

二、物流业整体实现平稳健康发展

物流经济稳定在景气区间。2015—2017 年，我国物流业景气指数始终保持在 55% 以上的景气区间；物流业总收入分别为 7.6 万亿元、7.9 万亿元和 8.8 万亿元，物流市场规模稳步扩大。

物流需求平稳增长。2015—2017 年，全国社会物流总额分别为 219.2 万亿元、229.7 万亿元和 252.8 万亿元，按可比价格计算，同比分别增长 5.8%、6.1% 和 6.7%。在全国社会物流总额呈现稳中有升势头的同时，社会物流需求结构持续分化。在工业制造业物流领域，高技术产业、装备制造业等物流需求增长较快，高耗能产品、大宗商品物流需求则持续回落走势。在消费物流领域，单位与居民物品物流总额保持年均 40% 以上的高速增长态势，快速消费品、医药、汽车、服装等细分市场也增势良好。

物流运行质量稳步提升。2015—2017 年，全国社会物流总费用分别为 10.8 万亿元、11.1 万亿元和 12.1 万亿元，分别同比增长 2.8%、2.9% 和 9.2%。社会物流总费用与 GDP（国内生产总值）的比率，从 2015 年的 16% 下降到 2017 年的 14.6%，连续三年下降。

物流基础设施投资快速增长。2015—2017 年，交通运输、仓储和邮政业固定资产投资分别为 4.9 万亿元、5.4 万亿元和 6.1 万亿元，同比分别增长 14.3%、9.5% 和 14.8%，分别高于全社会固定资产投资增速 4.5%、1.4% 和 7.8%。在交通物流基础设施投资规模保持高速增长的同时，还提高了投资的精准度和有效性，国家重点物流枢纽（园区）和通道基础设施水平得到提升。

三年来，我国物流业发展总体平稳，供给侧结构性改革成效显现，市场规模不断扩大，物流需求结构优化，物流发展质量和效益稳步提升，物流产业向高质量发展阶段迈进。

三、物流园区相关规划陆续发布

三年来，国务院及各有关部门根据"一带一路"、京津冀协同发展和长江经济带战略等战略部署，结合国家新型城镇化规划、全国主体功能区规划、全国土地利用总体规划纲要，不断加强统筹协调，陆续出台了一系列重点领域的专项规划。

（一）2015 年物流相关规划

5 月，商务部等 10 部门联合印发《全国流通节点城市布局规划（2015—2020 年）》，规划了 2015—2020 年"三纵五横"全国骨干流通大通道体系，将全国流通节点城市划分为国家级、区域级和地区级，确定了国家级流通节点城市 37 个，区域级流通节点城市 66 个。

8月，中国铁路总公司印发《铁路物流基地布局规划及 2015—2017 年建设计划》，初步完成了铁路物流节点网络规划的顶层设计。共规划 33 个一级铁路物流基地和 175 个二级铁流物流基地。

11月，中国铁路总公司印发《铁路商品汽车物流基地布局中长期规划》，区域性铁路商品汽车物流基地 14 个，地区性铁路商品汽车物流基地 94 个。

（二）2016 年物流相关规划

2月，中国铁路总公司印发《铁路冷链物流网络布局"十三五"发展规划》中规划建设铁路冷链物流基地 82 个，其中区域级 14 个，地区级 68 个。

3月，商务部、国家发展改革委等 6 部门联合印发《全国电子商务物流发展专项规划（2016—2020 年)》，提出依托全国物流节点城市、全国流通节点城市和国家电子商务示范城市，完善优化全国和区域电商物流布局。

10月，国家发展改革委公布了《中欧班列建设发展规划（2016—2020 年)》，按照铁路"干支结合、枢纽集散"的班列组织方式，在内陆主要货源地、主要铁路枢纽、沿海重要港口、沿边陆路口岸等地规划设立 43 个枢纽节点。

12月，交通运输部和国家发展改革委联合印发了《推进物流大通道建设行动计划（2016—2020 年)》，考虑综合运输通道范围内，货物转运集散功能及通过量等多个因素，确定了 23 个国家骨干联运枢纽（城市）、51 个区域重点联运枢纽（城市）和 11 个陆路沿边口岸枢纽。

（三）2017 年物流相关规划

2月，国务院印发《"十三五"现代综合交通运输体系发展规划》，要求打造北京、上海等 15 个国际性综合交通枢纽，加快 60 多个全国性综合交通枢纽建设，推进一批区域性综合交通枢纽和重要口岸枢纽建设。

商务部等 5 部委印发《商贸物流发展"十三五"规划》，以服务于"一带一路"建设、京津冀协同发展、长江经济带发展等国家战略为基础，确定了 39 个具有国际竞争力、区域带动力的全国性商贸物流节点城市和 64 个具有地区辐射能力的区域性商贸物流节点城市。

国家邮政局发布《快递业发展"十三五"规划》，提出要形成覆盖全国、联通国际的服务网络，确定了一级快递专业类物流园区布局城市 35 个，二级快递专业类物流园区布局城市 57 个，并要求各省（区、市）统筹规划，确定若干个三级快递专业类物流园区布局城市。

3月，国家发展改革委、国家粮食局印发《粮食物流业"十三五"发展规划》，重点完善和发展"两横、六纵"八条粮食物流重点线路，重点布局 50 个左右的一级节点，110 个左右的二级节点，形成节点层次清晰、线路结构优化、通道发展平衡的粮食现代物流格局。

4 月，国家发展改革委印发《"十三五"铁路集装箱多式联运发展规划》提出优化一、二、三级集装箱场站布局，加强综合枢纽建设，保障铁路集装箱多式联运进一步发展。

根据国家相关物流规划，各省市积极贯彻落实，陆续出台了各地区的物流规划，并结合产业布局和区域发展战略，依托各自区位交通，优化物流空间规划布局，统筹区域重点物流园区规划建设。部分省市出台了省级物流园区发展专项规划，支持物流园区发展。各地在制定"十三五"物流发展规划中，都将物流园区规划作为重点。

四、促进物流业发展的系列政策密集出台

随着相关物流规划陆续发布，国务院及各有关部门在园区基础设施建设、物流用地保障、营商环境、示范工程等方面出台了一系列政策措施。

（一）基础设施建设

2015 年 8 月，《国家发展改革委关于加快实施现代物流重大工程的通知》中将物流园区工程列入重点建设项目，重点是物流园区转运基础设施、现代化立体仓库和信息平台建设，先进运输方式、物流技术、设备应用等。

2016 年 2 月，国家发展改革委、财政部等 10 个部门发布《关于加强物流短板建设促进有效投资和居民消费的若干意见》，要求通过加强物流短板建设，健全重要节点物流基础设施，改善城乡末端配送设施条件，完善农产品冷链物流体系。

2016 年 4 月，《交通运输部关于印发〈交通运输部货运枢纽（物流园区）投资补助项目管理办法（暂行）〉的通知》中提出用车购税资金对具有较强公共服务属性的货运枢纽（物流园区）项目进行投资补助。

2016 年 6 月，国务院办公厅转发国家发展改革委《营造良好市场环境推动交通物流融合发展实施方案》，提出到 2018 年，全国 80% 左右的主要港口和大型物流园区要引入铁路。

2016 年 9 月，国务院办公厅转发国家发展改革委《物流业降本增效专项行动方案（2016—2018 年）》，要求各地发展改革部门会同相关方面建立重要物流基础设施项目建设的协调机制和绿色审核通道，并将物流基础设施项目纳入现代物流重大工程进行调度，加强横向联动、有机衔接，形成工作合力。

2016 年 10 月，国家发展改革委等 3 个部门印发《关于启动实施交通物流融合发展

第一批重点项目的通知》，要求在港口及物流枢纽集疏运铁路建设、铁路物流基地、铁路货场周边道路畅通、国家交通运输物流公共信息平台、公路港建设 5 个方面，抓紧启动 63 项重点项目。

2017 年 1 月，交通运输部办公厅发布《关于支持港口集疏运铁路建设有关工作的通知》，拟利用车辆购置税资金对《"十三五"港口集疏运系统建设方案》中的铁路建设项目给予投资补助支持。

（二）物流降税清费

财政部、国家税务总局印发《关于继续实施物流企业大宗商品仓储设施用地城镇土地使用税优惠政策的通知》，自 2015 年 1 月 1 日起至 2019 年 12 月 31 日，对物流企业自有的（包括自用和出租）大宗商品仓储设施用地，减按所属土地等级适用税额标准的 50% 计征城镇土地使用税。2018 年 3 月 28 日，国务院常务会议决定，从 2018 年 5 月 1 日起，将交通运输、建筑、基础电信服务等行业及农产品等货物的增值税税率从 11% 降至 10%。此外，国家发展改革委和交通运输部还出台了清理规范铁路、港口收费的文件，也为具备多式联运基础设施的物流园区提供了发展空间。

（三）物流用地保障

2016 年 9 月，国务院办公厅转发国家发展改革委《物流业降本增效专项行动方案（2016—2018 年）》，要求在土地利用总体规划、城市总体规划、综合交通规划、商业网点规划中充分考虑并统筹保障物流业发展的合理用地需求。

2017 年 8 月，《国务院办公厅关于进一步推进物流降本增效促进实体经济发展的意见》，要求对纳入国家和省级示范的物流园区新增物流仓储用地给予重点保障。鼓励通过"先租后让""租让结合"等多种方式向物流企业供应土地。对利用工业企业旧厂房、仓库和存量土地资源建设物流设施或提供物流服务，涉及原划拨土地使用权转让或租赁的，经批准可采取协议方式办理土地有偿使用手续。各地要研究建立重点物流基础设施建设用地审批绿色通道，提高审批效率。

（四）园区标准体系

2016 年，中国铁路总公司发布《铁路物流中心设计规范》（Q/CR 9133—2016），强调铁路物流中心与市场需求的衔接，完善了铁路物流中心功能，设计了铁路物流组织流程，制定了铁路物流设施的相关标准，是推动我国铁路物流中心（基地）转型升级的重要标准，为铁路物流中心加快融入社会物流网络提供了保障。

2017 年，国家标准化管理委员会批准发布了国家《物流园区分类与规划基本要求》（GB/T 21334—2017），新标准是对 2008 年版《物流园区分类与基本要求》（GB/T

21334—2008）的修订，可以起到更好地引导、规范物流园区的规划和建设的作用。

五、绿色发展理念要求建设环保型物流园区

目前，我国面临着资源约束趋紧、环境污染严重、生态系统退化的严峻形势，正在倒逼物流园区绿色转型。

2015 年 3 月，《交通运输部关于加快推进新能源汽车在交通运输行业推广应用的实施意见》发布。

2015 年 4 月，《中共中央、国务院发布关于加快推进生态文明建设的意见》要求生态文明建设融入经济建设、政治建设、文化建设、社会建设各方面和全过程。

2015 年 5 月，财政部等三部委联合发布《关于节约能源　使用新能源车船车船税优惠政策的通知》，从政策方面支持物流业绿色发展。

2015 年 10 月，环境保护部等三部委联合印发《关于全面推进黄标车淘汰工作的通知》，推动加快物流发展进程。

2016 年 6 月，交通运输部印发《交通运输节能环保"十三五"发展规划》，引导物流绿色发展有序进行。

2016 年 9 月，国务院办公厅转发国家发展改革委《物流业降本增效专项行动方案（2016—2018 年）》，提出根据行业发展需求，加快制修订冷链物流、绿色物流等方面标准。

2017 年 1 月，国务院关于印发《"十三五"节能减排综合工作方案的通知》，提出要加快绿色仓储建设，支持仓储设施利用太阳能等清洁能源，鼓励建设绿色物流园区。交通运输部办公厅发布《绿色交通标准体系（2016 年）》。

2017 年 2 月，商务部等五部委印发《商贸物流发展"十三五"规划》，将促进商贸物流绿色化转型作为主要任务。

物流园区是物流活动重要载体，也是推进绿色物流发展的重要抓手。绿色物流模式的创新和应用，需要物流园区发挥平台作用，加快绿色园区建设。

我国物流园区发展现状与特点

三年来，在市场拉动、政策推动和技术驱动作用下，我国物流园区规划建设、运营管理取得明显进步，呈现出许多新的特点。

一、我国物流园区建设初具规模

2018 年，中国物流与采购联合会、中国物流学会在国家发展改革委及全国发改系统支持下，进行了第五次全国物流园区调查工作。对全国占地面积在 150 亩（1 亩 ≈ 666.7 平方米），具有政府部门核发的用地手续，有多家企业入驻，能够提供社会化物流服务，署名为物流园区、物流基地、物流中心、公路港、铁路港、物流港、无水港等的单位或企业进行了问卷调查。

调查结果显示，符合本次调查的物流园区超过 1600 家，比 2015 年第四次调查数据 1210 家增长约 33%。近三年，园区数量年均增长速度大于 10%，高于同期经济增长速度。从东、中、西和东北四大经济区域来看，物流园区空间分布更加均衡，横贯东中西、联结南北方的物流园区网络正在加快形成。东部地区经济较为发达，物流园区及早规划建设，多数进入运营状态。中部崛起和西部大开发推进了中西部地区经济发展，物流园区规划建设速度加快，园区数量明显增加。从枢纽节点来看，2013 年国家发展改革委等部门发布的《全国物流园区发展规划（2013—2020 年）》，将物流园区布局城市分为三级，其中一级物流园区布局城市 29 个，二级物流园区布局城市 70 个。第五次全国物流园区调查结果显示，一、二级节点城市平均运营园区个数为 6.5 个，远高于非节点城市的 1.9 个，物流园区骨干网络初具规模。

二、物流园区交通运输方式调整优化

三年来，国务院及相关部门出台了多个政策文件，推进物流综合交通运输体系建设，促进交通基础设施衔接。交通运输部持续加大对货运枢纽（物流园区）的投资补助力度，支持了 186 个综合货运枢纽（物流园区），覆盖 28 个省（区、市）共 132 个城市。推进港口集疏运系统建设，支持了 18 个疏港铁路和 27 个疏港公路建设。运输大通道建设进一步加强，"五纵五横"综合运输骨干网络基本形成。第五次全国物流园区调查显示，全国规划、在建和运营的园区中，已有 380 家设有铁路货运场站或引入铁路专用线，占全部物流园区总数的 27.5%。

在国家多式联运发展战略引导下，物流企业加快调整网络布局，具有多式联运能力的物流园区成为企业选址的重要因素。例如铁路长兴南货场自搬进浙江长兴综合物流园区以来，铁路货运量稳步上升，2017 年铁路集装箱到发量突破 3 万标准箱，铁路运输量接近 200 万吨，比搬入前增长 6 倍多。长兴综合物流园区与铁路长兴南货场结合为当地经济提供了活力，长兴县 2017 年共有冠名物流企业 320 余家，比 2016 年同期增加了 50 余家；预计物流业增加值 31.29 亿元，同比增长 15%，物流业已成为当地支柱产业之一。受铁路加快融入物流网络等多重因素影响，2017 年我国铁路货物运输总量 36.9 亿吨，同比增长 10.7%，这是铁路货运总量在经过 2014 年、2015 年、2016 年连续三年同比下滑之后首次转正，主要港口集装箱铁水联运量增长超过 10%。

三、物流园区产业融合度明显增强

在政府的积极引导、生产和消费需求增长、城镇化进程加快等多重因素带动下，大量物流企业加快向物流园区聚集，园区的规模效应和集聚效应不断扩大，与周边产业的良性互动和联动发展明显增强，在支撑经济发展中的作用日益突出。集宁现代物流园区以国际皮革城为发展基础，实施"销售带动加工、加工带动制革、制革带动养殖"的发展路径，通过一系列优惠政策，引进浙江海宁、河北辛集、辽宁佟二堡等地的生产、加工企业入驻，有效推动了集宁养殖业发展。威海国际物流园通过整合分散的物流资源、优化工艺流程、建立仓储信息系统，为威海市国家级经济技术开发区生产制造企业提供运输、仓储、配送、包装等"一条龙"系统化物流服务，帮助企业降本增效。秀山（武陵）现代物流园区依托物流园区功能，逐步建立起电商物流、电商平台、农产品上行、人才培养和电商服务"五大体系"，形成线上农村电商平台"村头"，线下乡村服务店"武陵生活馆"的"互联网 + 三农"特色模式，覆盖全县近 70% 农户，带动订单农业、电商产品加工和物流快递等产业融合发展，三年卖出价值 17 亿元的农特产品，带动了一大批贫困户精准稳定脱贫。

四、物流园区经营服务模式加快创新

近年来，物流园区充分利用设施布局集中和各类物流企业集聚的优势，为入驻物流企业提供物业管理、工商、税务、保险、邮政通信、银行、停车、综合维修、加油加气、住宿、餐饮等基础配套服务和物流金融、货运代理、咨询与方案设计、市场交易、贸易代理、商品展示、设施设备租赁、保价运输、保险代理、中介与担保、报关报验、监管保税等供应链式增值服务，园区服务种类不断完善。但随着物流园区提供服务种类趋同，依靠资源要素积聚产生的竞争优势逐渐减弱，通过整合资源、优化流程、技术创新、网络建设等方式，不断创新业务发展模式，成为物流园区转型升级的新方向。重庆西部现代物流园区联合广西北部湾投资集团、新加坡港务集团，以铁路口岸为中心，开辟连接广西钦州港、新加坡港的"渝桂新"国际海铁联运大通道，使重庆至新加坡的运输时间比现行经上海、深圳的出海通道平均缩短 8～10 天。传化智联以"公路港"集聚人、车、货资源，以同城运力平台和城际运力平台实现联网经营，以智能物流系统、支付系统和云仓系统提供各项增值服务，成为了中小微实体企业"孵化中心"。厦门保税物流（区港联动）园区利用自身优势，发展对台集拼箱操作业务，年对台业务量超过 4000TEU（标准箱），已占据 99% 的市场份额。

五、物流园区借助"互联网＋"提档升级

2016 年 7 月，国家发展改革委印发《"互联网＋"高效物流实施意见》，要求推动大数据、云计算、物联网等先进信息技术与物流活动深度融合。三年来，以"互联网＋"高效物流为标志的"智慧物流"加速起步，催生了一批新模式、新业态、新企业，物流链各环节信息透明度显著增强，物流园区流转效率不断提高。在运输方面，物流平台型企业通过搭建互联网平台，实现货运供需信息的在线对接和实时共享，将分散的货运市场有效整合起来，改进了运输的组织方式，提升了运输的运作效率。在仓储方面，以菜鸟网络、京东物流、苏宁物流为代表的典型企业广泛使用自动化立体库、自动分拣机、传输带等自动化设备，开发拣选机器人、码垛机器人、AGV（自动导引运输车）等智能设备，大幅提高仓储管理的效率和水平。在配送方面，借助互联网平台，搭建城市配送运力池，开展共同配送、集中配送、智能配送等先进模式，有效解决"最后一公里"的痛点。

随着技术与物流融合的加快，无人港、无人仓、无人机基地等新型物流园区模式在 2017 年集中涌现。京东率先建成了全球全流程无人仓库，应用多种不同功能和特性的机器人，覆盖了入库、装卸、搬运、存储、包装、分拣等全部仓库作业流程，日处理订单能力和准确率大大提高。青岛港建成并投产具有自主知识产权的全自动化集装箱码头，码头规划作业效率比传统港口提高 30%，操作人员减少 85%。顺丰投资 7.4 亿元，在成都双流自贸试验区建立大型物流无人机总部基地，预计 2020 年起在全国复制推广，实现区域内货物运输全国次日达。为推广仓储物流新技术、新模式应用，加快推动我国传统仓储物流升级，国家发展改革委办公厅、商务部办公厅委托中国物流

与采购联合会组织开展"国家智能化仓储物流示范基地"的具体评选工作，并发文《关于做好国家智能化仓储物流示范基地有关工作的通知》确定了"京东上海亚洲一号物流基地"等 10 家单位为"国家智能化仓储物流示范基地"。

六、物流园区国际化业务迈上新台阶

2017 年，中欧班列开行数量达 3673 列，同比增长 116%，开行数量超过前五年总和；国内开行城市达 38 个，中欧班列运行线路达 61 条；到达欧洲 13 个国家 36 个城市，较 2016 年新增 5 个国家 23 个城市。经过几年的发展，中欧班列运行时间不断缩短，运输费用不断降低，货物种类不断增加。中欧班列的快速发展，使我国特别是西部地区与"一带一路"沿线国家和欧洲国家的交通距离大大缩短，成为我国与沿线国家经贸合作的重要载体。

在利用"一带一路"倡议塑造对外开放新格局的同时，我国也积极建设开放型经济新体制，不断提升对外开放水平，为园区国际物流业务发展提供了新机遇。一是按照国家级区域发展战略规划，适应不同地区开放型经济统筹协调发展的要求，根据《2015—2017 年保税物流中心设立规划》，新增设了一批保税物流中心，开展国际物流业务的园区数量增多。二是国务院办公厅印发了《加快海关特殊监管区域整合优化方案》，提出推进海关特殊监管区域类型、功能、政策和管理四方面整合，促进了园区产业结构、业务形态、贸易方式和监管服务优化。三是以自贸区作为探索对外开放的平台和窗口，探索中国新一轮改革开放的新路径和新模式，推出了"先进区、后报关制度""区内自行运输制度""保税物流联网监管制度""全国通关一体化"等多项"可复制、可推广"监管制度。

七、物流园区网络布局向纵深发展

随着投入运营的物流园区数量不断增加，物流园区逐渐由单点竞争向网络竞争转变。一些全国性物流园区通过合作联盟，加快构建全国性物流网络。按照《铁路物流基地布局规划及 2015—2017 年建设计划》的要求，全国铁路各区域公司积极与地方政府对接，结合区域物流市场需求，整合铁路内外资源，推进铁路物流基地建设。截至 2017 年 12 月底，规划的 33 个一级物流基地中，已建成 21 个；规划的 175 个二级物流基地中，已建成 85 个。浙江省成立港口资源整合平台，整合省内 4 个沿海港口和杭州港等 7 个内河港口，优化了全省港口分工定位，完成了区域港口从分散竞争、各自为政向协同发展转变，形成了以宁波—舟山港为主体，以浙东南和浙北环杭州湾港口为两翼，联动发展义乌国际无水港和 7 个内河港口的"一体两翼多联"的港口发展格局。

卡行天下采用在关键节点建立卡行天下自营枢纽，在三、四线城市与成员伙伴合作建设加盟枢纽，2017年枢纽数量突破200个，其中80%的枢纽为加盟模式。

一些区域性的物流园区，侧重在物流网络末端布局，增加园区竞争力。如重庆秀山物流园建云智速递公司，专注农村物流，将全县划为4片区、15条乡村物流线路，串联190家武陵生活馆进行管理，快递包裹实现"T+1"进村入户、"1+T"发至全国，日均收发快递3万件。宜昌三峡物流园成立宜昌三峡购物电子商务有限公司，建立城乡共同配送中心，引导物流企业参与平台联盟，搭建"市、县、乡、村"四级物流网络体系，形成定时、定点、定线的"物流班车"，破解农村物流"最后一公里"难题。

八、各类资本深度介入物流园区建设

随着"一带一路"倡议的实施推进，我国与"一带一路"沿线国家之间的经济文化交流日益频繁，海外仓成为了促进国内外贸易发展的重要平台。李克强总理在2016年政府工作报告中强调，要支持企业建设一批出口产品"海外仓"。2017年，在海外投资理性回归的情况下，海外物流地产受到中国资本市场追捧，发生了多个大型物流地产并购案例，如下表所示。中国资本对海外物流地产的收购，不仅完全改变了中国物流地产市场由外资企业绝对主导的格局，还为世界物流地产格局注入了一股新兴力量。

2017中国海外物流地产并购事件选录

时间	并购方	并购金额	目标公司	目标公司简介
4月	海航实业	13.99亿新加坡元	新加坡上市物流公司CWT（嘉信力旅运公司）	CWT是一家综合物流供应商，发展重心聚焦于大宗商品、化工、海运、餐饮及酒类和工业板块等领域，是新加坡仓库及物流房地产资产的最大业主及管理人之一，在新加坡管理约96万平方米的自有及租赁仓储空间
6月	中国投资有限责任公司	138亿美元	欧洲物流地产公司Logicor	Logicor是欧洲最大物流地产商之一，拥有和运营的物流地产规模达1360万平方米，分布于17个国家，其中超过七成的地产集中于英国、德国、法国和南欧
7月	厚朴、高瓴资本、中银集团、万科集团和普洛斯管理层	116亿美元	普洛斯	世界第二的工业及物流设施地产商，业务遍及中国、日本及巴西的77个主要城市。同时也是中国最大的物流地产商，在中国38个主要城市投资、建设并管理着254个物流园区，规模达到了2921万平方米

续 表

时间	并购方	并购金额	目标公司	目标公司简介
10 月	普洛斯	28 亿美元	盖世理	盖世理是欧洲最大物流地产商之一，在全球开发逾 640 万平方米的现代化物流仓，物流地产规模达 300 万平方米，业务主要集中在法国、德国、荷兰和英国

注：根据相关网络资料整理。

伴随着中国消费升级，电商与新零售的快速发展，高品质物流仓储需求逐年攀升。然而一、二线城市仓储用地供应正在缩减，供不应求的市场格局短期内无法逆转，仓储物流设施稀缺性更加凸显。特别是零售进入线上线下融合发展的新时代，高品质物流仓储成为提供零售服务新体验的关键设施。物流地产价值上升的广阔空间，吸引了国内资本不断加大投入，宝湾、深国际、平安不动产、万纬物流（万科）等一批优秀的国内物流地产商脱颖而出，改变了外资长期占据国内物流地产市场垄断的局面。

九、物流园区安全绿色理念得到重视

物流园区规模大、企业多，货物种类多、火灾荷载大、物理化学性质复杂，火灾发生概率高、扑救难度大，极易造成重大人员伤亡和经济损失。近年来，物流园区火灾事故时有发生，特别是 2015 年 8 月天津东疆保税港区瑞海公司危险品仓库发生火灾爆炸事故，对物流园区安全敲响了警钟。2017 年 5 月，公安部消防局发布《关于加强物流园区消防安全管理工作的指导意见》，从"严把安全消防源头关""落实消防主体责任""加强消防监督管理"三个方面，对物流园区消防安全提出了系统要求。交通运输部也多次发文，要求加强港口安全管理。在政府的监督管理和宣传教育下，物流园区改善了消防设施，完善了安全管理制度，提升了应急处置能力，园区安全管理水平有所提高。

2015 年以来，黄标车淘汰力度加大，货车排放标准提高，LNG（液化天然气）等清洁能源汽车快速发展，太阳能发电屋顶在仓储行业推广使用，绿色物流理念在行业逐渐形成共识。部分园区还在管理机制、基础设施建设、技术应用、模式创新等方面积极探索，形成了一些典型经验和模式。如北京通州物流基地制定了《通州物流基地生态化建设实施方案（2015—2017 年）》，建立了经济发展、物资减量与循环、污染控制、园区管理 4 大类、共 17 个单项构成的指标体系，将生态基础设施建设和绿色智慧物流体系作为主要抓手，不断推进园区绿色低碳发展。南方物流集团物流园通过建筑物的选址、选型充分利用自然风、自然光，通过使用新能源、水循环减少碳排放，通过采用新技术、新材料、新工艺减少对能源需求，使园区综合能耗水平、水资源消耗量明显低于国内一般园区。

十、物流园区示范工程深入推进

2015年5月，国家发展改革委等3部委联合发布《关于开展物流园区示范工作的通知》，提出到2020年，全国分批评定100家左右，基础设施先进、服务功能完善、运营效率显著、社会贡献突出的示范物流园区，并委托中国物流与采购联合会开展此项工作。目前，国家发展改革委等3部委发文确定了两批共56家示范物流园区，其中首批29家，第二批27家。三年来，中国物流与采购联合会物流园区专业委员会每年开展"全国优秀物流园区"评价工作，从基础设施、服务能力、运营效率和社会贡献4个维度评选出了一批优秀物流园区。浙江、江苏、河南、安徽、福建、江西等多个省份也陆续开展了省级示范物流园区创建工作。

示范物流园区、优秀园区经验的总结推广，带动了全国物流园区的发展与进步。2017年和2018年，国家发展改革委经济贸易司和中国物流与采购联合会联合出版了《示范物流园区创新发展报告》，为我国物流园区发展提供了可借鉴的经验启示。部分示范物流园区积极参加行业活动，在示范物流园区工作座谈会上反映园区发展诉求，为国家标准《物流园区绩效指标体系》《物流园区分类与规划基本要求》《物流中心分类与规划基本要求》起草修订提供了宝贵意见。中国物流与采购联合会等行业协会还组织全国各地物流园区和企业，赴示范物流园区深入交流学习，宣传推广园区先进的业务模式和实践经验。

我国物流园区发展中存在的主要问题

物流园区不仅是聚集物流活动的场所和载体，也是物流业实现网络化、规模化、集约化、信息化的重要支撑，在物流高质量发展过程具有重要的战略地位。三年来，在各方共同努力下，我国物流园区发展取得明显成效，但也存在一些难以适应我国经济高质量发展要求的问题，需要进一步突破。

一、物流园区网络布局不平衡

随着区域发展总体战略的推进，工业化、城镇化快速发展，我国经济空间结构急剧变动，货物种类、流向和流量发生了结构性调整，现在的物流园区网络结构难以适应经济高质量发展、城市宜居宜业的新要求，主要表现在以下几个方面：一是随着我国产业结构调整、转移和升级，部分园区的业务模式、基础设施和物流技术已经难以适应新的发展形势和要求；二是部分物流园区定位趋近、同质化严重，特色发展、错位发展有待提高；三是部分物流园区盲目追求规模，缺乏对当地经济发展水平和物流需求有效评估，园区物流强度不高，土地利用率较低；四是对当地产业研究不够深入，城市货物种类、流量和流向缺乏准确判断，物流资源配置不合理，导致园区选址与实际需求产生地距离较远，增加了交通负担；五是城市的快速发展和不断扩张，物流园区原来所处的城市边缘逐渐成为城市主城区，物流园区与城市居民区、商业圈、风景区等紧临，物流组织活动与人们工作生活的矛盾日益加剧；六是电商和快递的快速发展，需要更接近消费地的物流园区，但不断外迁的物流园区，使快速高效全面的城市物流配送网络无法构建，还不能满足人们对美好生活的追求。

二、物流园区运营管理服务能力不充分

（一）基础设施

一是园区基础设施布局不合理，设施衔接不够紧密，与专业分工、均衡配置、高

效组织、协同发展的布局要求相差较大；二是具备流通加工、中转分拨、快速流转功能的大型仓储设施较少，难以适应现代物流及电子商务的发展需求；三是园区与城市综合交通运输体系缺乏有效衔接，拥有铁路专用线的园区比例较低，集疏运体系不畅，多式联运难以实现无缝衔接。

（二）管理能力

一是有些园区重招商轻服务，管理组织无序，入驻企业经营受到影响；二是部分园区管理委员会是政府职能部门，主要职能集中在土地开发、招商引资、企业服务等方面，缺乏项目立项、土地审批、规划报建等经济管理职能，自主权限不足，不利于园区可持续发展；三是入驻企业同质化严重，企业间关联度不高，缺乏合理的产业分工与协作，难以形成规模效应、集聚效应和生态效应；四是没有建立完善的园区运营统计制度，统计指标不健全，统计数据不准确，难以指导物流园区经营决策；五是物流园区运营管理人才缺乏，限制园区规范、有序、健康发展。

（三）服务能力

在物流服务方能力方面，园区物流服务专业化、标准化、信息化、多元化、一体化、网络化水平不高，与园区周边产业没有形成良性互动和融合发展的格局。在增值服务方面，物流金融、咨询与方案设计、市场交易、贸易代理、商品展示、设施设备租赁、保价运输、保险代理等高附加增值服务较少。基础配套服务能力、政务和商务服务能力还有待进一步优化。

（四）物流技术

一是园区信息化管理软功能较为单一，多数停留在停车场管理、车牌自动识别系统等基本功能；二是园区信息化设备较为落后，RFID（射频识别）、物联网、云计算、移动互联网等技术应用比例较低；三是运输、仓储、包装、装卸、搬运等大部分业务环节仍以人工为主，没有实现机械化、自动化，物流现代装备总体较为落后。

三、物流园区规划建设政策不适应

（一）物流用地难

物流业是融合运输、仓储、货代、信息等产业的复合型服务业，用地类型以仓储用地为主，还涉及工业用地、商服用地、交通运输用地、公共管理用地等多种类型，但在土地分类和国家经济行业分类中对物流业用地并没有明确的界定范围，增加了物流土地管理难度。由于物流用地属于基础设施用地，社会外部效应大，产生税收少，一些地方政府不愿意将日益紧张的土地资源投入其中，导致物流企业用地难。在园区项目报批过程中，部分地方政府过分强调投资强度、亩均税收，园区项目规划审批难。此外，物流用地分散，与其他交通设施不匹配，随着城市扩围导致物流用地不断置换外迁等问题也是物流用地难的重要原因。

（二）审批环节多

物流园区规划建设涉及规划、土地、建设、消防、环保等多个建设管理部门，运营涉及交通、仓储、城建等多个行业管理部门，需要办理的审批事项繁而杂。虽然近年来国家深入推进简政放权，"审批难"问题有所缓解，但依然需要耗费大量精力，从规划建设到实际运营所需时间较长。

（三）物流用地贵

物流园区是国家基础设施网络的重要组成部分，但一些物流用地按商业用地供地，价格偏高，物流企业难以承受。根据《2017 年第四季度全国主要城市地价监测报告》，全国主要监测城市商服、工业地价约为 7251 元／平方米、806 元／平方米。

（四）建设融资难

物流基础设施投资额度大、回收周期长、回报低，导致融资难。近年来，尽管国家通过上市融资、发行债券、PPP（公私合营）、物流地产基金等多种途径为园区建设筹集资金，但得到支持的园区数量较少，与实际需求有较大差距。

四、物流园区网络节点不连接

一是我国不同类型物流园区分属不同行业管理，跨地区、跨部门的协同管理机制尚未建立，各类园区条块分割、自成体系；二是物流园区网络性的特点，使物流业务复杂多变，难以建立合理的利益分配机制，园区缺乏合作的动力；三是物流园区管理主体、管理机制、功能定位、货物种类、服务规范等不尽相同，业务协同难度较大；四是物流园区设施设备缺乏统一规范，标准之间缺乏有效衔接，影响物流运作一体化；五是物流园区公共信息平台功能不一，平台之间缺乏统一的接口标准，政府部门的物流信息开放、共享严重滞后，物流信息难以共享。

我国物流园区发展展望

一、物流园区网络建设进入新阶段

党的十九大报告提出"加强水利、铁路、公路、水运、航空、管道、电网、信息、物流等基础设施网络建设"的新要求，物流基础设施网络上升为国家基础设施网络的重要组成部分。这一新要求对于统筹规划物流基础设施网络建设，加强城乡、区域和国家间物流基础设施衔接以及交通设施和物流设施融合具有里程碑意义。预计未来一个时期，我国物流园区网络建设将进一步完善。一是各地政府将以国家发展规划为引领，加强跨区域、跨部门合作，统筹区域物流园区规划，调整优化物流园区网络布局，促进物流基础设施共建共享，实现城市功能衔接、优势互补；二是物流发展规划将纳入新一轮城市发展总体规划中，物流园区将成为城市发展的有机部分，高效连接城市生产与消费，满足人们对美好生活的追求；三是物流发展规划将加强与城市交通规划衔接，铁路加速引进园区，园区周边交通有望改善，园区集疏运体系更加顺畅；四是物流设施配套将纳入城市产业规划内，园区将加强与产业联动，促进我国产业转型升级。

二、物流园区生态圈获得新发展

党的十九大报告中指出，"贯彻新发展理念，深化供给侧结构性改革，加快建设制造强国，推动互联网、大数据、人工智能和实体经济的深度融合，在现代供应链领域培育新增长点、形成新动能"。《国务院办公厅关于积极推进供应链创新与应用的指导意见》对供应链发展作了全面的部署安排。这些都表明，我国供应链迎来与应用发展的新时代，步入重要历史发展机遇期。物流连接社会生产、流通和消费，是供应链的核心环节及关键职能。供应链结构形态的变化，将对物流资源配置、商业模式、业务模式、作业流程等产生重大影响。作为供应链运作载体的物流园区将成为产业融合的重要平台，一是物流园区将加快延伸服务链条，承接企业物流业务，提供供应链增值服务，向供应链一体化服务商转型；二是物流园区将加强与产业园区融合发展，农业、制造业、商贸业的采购、分销、采购、回收等非核心在物流园区集成；三是园区产业业态的丰富，将吸引保险、金融、培训、咨询等服务业在园区高度集聚。

三、物流园区互联互通打开新局面

2017 年 3 月，《国务院办公厅关于印发东北地区与东部地区部分省市对口合作工作方案的通知》提出，要稳步推进东北地区与东部地区部分省市对口合作。6 月，国家发展改革委、国土资源部、环境保护部等 8 部门联合印发《关于支持"飞地经济"发展的指导意见》，提出要创新"飞地经济"合作机制，加快统一市场建设，促进要素自由有序流动，为推进区域协同发展做出新贡献。7 月，国家发展改革委、广东省人民政府、香港特别行政区政府、澳门特别行政区政府签署《深化粤港澳合作　推进大湾区建设框架协议》，共同推进建设粤港澳大湾区。10 月，商务部印发《长江中游区域市场发展规划（2017—2020 年)》，要求湖北、湖南、江西三省全面推进长江中游区域市场一体化建设。随着区域经济协同发展的不断深入，对货物快速高效流转的诉求日益增强，物流园区互联互通受到关注。

在众多物流园区企业呼吁下，由中国物流与采购联合会牵头，中国物流与采购联合会物流园区专业委员会在 2017 年 11 月向广大物流园区企业发出了共商、共建、共享物流园区公共服务平台"百驿网"的倡议。旨在扎根园区、服务园区，促进物流园区互联、信息互通、资源互享、信用互认，构建全国性的跨区域、跨领域、泛产业联动的智慧物流园区网络体系，提升物流园区品质、提升物流园区效率、提升物流园区层级。目前，"百驿网"系列产品已进入试运营状态，预计 2018 年年内正式发布，届时将有力推动物流园区互联互通。

四、智慧物流园区出现新场景

当前，新一轮科技革命和产业变革形成势头，互联网与物流业深度融合，正在成为物流业转型升级的重要源泉。在我国老龄化危机严峻、物流用地获得难度加大、环保压力加大等多种因素交织影响下，园区智慧物流将加速发展。一是菜鸟、京东、苏宁等电商快递企业正加速智能仓储物流基地布局；二是智能仓储物流基地建设正从电商快递、医药、汽车制造等行业向服装、家居、家电、钢铁等行业扩展；三是人工智能技术快速迭代，机器将在很多方面将替代人工，"无人园区"将成为可能；四是物流人员、装备设施以及货物将全面接入互联网，物流数字化、在线化、可视化成为常态，为园区经营管理提供决策支持。

五、资本推动形成物流园区主体新格局

《国务院办公厅关于进一步推进物流降本增效促进实体经济发展的意见》中要求，支持符合条件的国有企业、金融机构、大型物流企业集团等设立现代物流产业发展投资基金，加强重要节点物流基础设施建设。这就为物流地产商与资本市场合作，设立物流产业基金、加快物流节点布局提供了机遇。过去的一年，物流地产商设立物流地产基金进入"高峰期"。现选录如下表所示。

2017—2018 年 2 月物流地产商与资本市场设立物流产业基金事件选录

时间	企业名称	合作方	基金规模	主要用途
2017 年 6 月	菜鸟网络	中国人寿	85 亿元	用于菜鸟仓储物流项目、技术、人才等方面
2017 年 6 月	深圳赤湾石油基地股份有限公司、宝湾物流	中国保险投资基金、招商局资本控股有限责任公司等	37.5 亿元	用于国内重要节点城市共同投资开发、收购、持有及运营优质仓储物流项目
2017 年 10 月	万科产业园	乾元晟投资、江苏信托、博裕物流、飞虹壹号	60 亿元	用于投资中国境内确定区域的拟建、在建及已建成的物流地产项目
2017 年 11 月	苏宁物流有限公司	深创投不动产基金管理（深圳）有限公司	300 亿元	用于投资公司拟建、在建及已建成高标准仓储物流设施和寻求并购其他市场主体的高标准仓储物流设施
2018 年 2 月	普洛斯	中国人寿	100 亿元	用于在中国收购已完工物流和工业资产

从物流地产商设立基金的规模和主要用途来看，菜鸟、万科、普洛斯、苏宁、宝湾 5 家的产业基金规模就接近 600 亿元，主要用于投资收购国内的物流仓储项目。预计未来一个时期，物流地产兼并重组的步伐将加快，行业集中度将进一步提升。

六、管理体制改革释放物流园区新活力

我国经济进入高质量发展的新时代，经济体制改革将持续向纵深推进，将不断为物流园区发展带来新的活力。2017 年 2 月 6 日，《国务院办公厅关于促进开发区改革和创新发展的若干意见》，是我国第一个关于各类开发区的总体指导文件，对于建立、促

进和规范开发区发展的长效机制具有重要意义。一是各地政府将以中国开发区审核公告目录为基础，对小而散的各类开发区进行清理、整合、撤销，建立统一的管理机构、实行统一管理，有利于物流设施和物流企业集聚；二是各类开发区将积极推行政企分开、政资分开，实行管理机构与开发运营企业分离，有利于创新园区服务，优化营商环境；三是政府将加大简政放权力度，将能够下放的经济管理权限，依照法定程序下放给开发区，提升园区发展的自主权和话语权，有利于提高行政管理效能；四是开发区可委托专业物流园区运营管理机构，以托管的方式建立"园中园"，有利于提升物流园区运营管理水平和促进园区互联互通。除此之外，《交通运输部关于学习借鉴浙江经验推进区域港口一体化改革的通知》，要求各省级交通运输主管部门积极稳妥推进区域港口一体化发展。《中国铁路总公司关于全面推进铁路局公司制改革的指导意见》，18个铁路局均已改制为集团公司。东航物流已引进普洛斯、德邦物流等企业完成混合所有制改革。这些管理体制的改革，将形成新的集聚效应和增长动力，推动园区高质量发展。

七、优胜劣汰催生物流园区新版图

随着我国经济发展不断迈向高质量，物流园区优胜劣汰速度将加快，园区发展将呈现两极分化势态。从行业政策来看，许多省市发布了支持本地示范园区和重点园区建设发展的相关政策，加大了财政税收、投资金融、土地规划、行政管理、人才保障等方面的支持力度。从服务能力来看，随着园区竞争由单点竞争向网络竞争转变，服务创新已从传统资源要素积累向基于"枢纽＋通道＋网络＋平台"的资源协同创新转变，创新能力薄弱的园区将面临较大压力。从供应链结构来看，互联网与产业链的整合，供应链结构越来越短，货物流转速度越来越快，货物在园区存放时间越来越短，物流园区竞争将加大。从政府监管来看，2017年12月中央经济工作会议指出，必须加快形成推动高质量发展的指标体系、政策体系、标准体系、统计体系、绩效评价、政绩考核，创建和完善制度环境。政府对物流园区高质量发展要求将逐渐加大，一些定位不明确、集聚效应差、物流强度低的物流园区将加快淘汰。

八、绿色物流发展提到新高度

顺应生态文明建设的新要求，主动推进绿色、低碳和可持续物流发展。未来几年，绿色物流将在以下几个方面加速推进。一是园区新能源汽车数量大幅增加。2018年1月，《国务院办公厅关于推进电子商务与快递物流协同发展的意见》，鼓励快递物流领域加快推广使用新能源汽车，逐步提高新能源汽车使用比例。北京、深圳、海南等多个城市已经将电动物流车运营纳入物流补贴范围。二是园区建筑分布式光伏电站增加。国家能源局发布的《电力发展"十三五"规划》中指出，到2020年，我国分布式光伏电站总装机达60GW（$1GW = 10^9W$），是2016年保有量的6倍。《"十三五"节能减排综合工作方案》要求支持仓储设施利用太阳能等清洁能源。目前，我国部分园区建筑屋顶已经安装分布式光伏电站，取得了不错的经济效果，例如菜鸟网络要将此项技术推广到其上海、浙江、江苏、湖北、河南、福建、广东等多地的物流园区。三是带板运输、共同配送、多式联运、逆向物流等绿色物流模式将快速发展。

（作者：宫之光　中国物流与采购联合会物流园区专业委员会专家委员会
　　　　黄萍，陈凯　中国物流与采购联合会物流园区专业委员会）

专题篇

公路枢纽型物流园区发展报告

一、我国公路运输业发展趋势

（一）公路里程及密度均呈逐年上升趋势

从我国公路里程及密度看，总体呈现逐年缓慢上升趋势。2017 年年末全国公路总里程 477.35 万公里，比上年增加 7.83 万公里；公路密度 49.72 公里/百平方公里，增加 0.81 公里/百平方公里，如图 1 所示。

图1　2013—2017 年全国公路总里程及公路密度

资料来源：交通部网站。

从技术等级来看，2017 年年末全国四级及以上等级公路里程 433.86 万公里；二级及以上等级公路里程 62.22 万公里；高速公路里程 13.65 万公里。

2017 年全国公路里程技术等级构成，如图 2 所示。

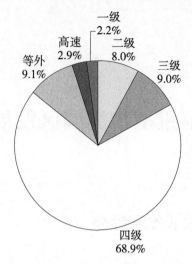

图2　2017年全国公路里程技术等级构成

资料来源：交通部网站原始数据，数据未做修改。

（二）货运规模增速放缓趋稳

2017年我国货运量达472.43亿吨，增长9.5%，货物周转量192588.50亿吨公里，增长5.6%；其中公路完成货运量368.69亿吨，增长10.3%，平均每日运送货物1.3亿吨，运量占比超过了78%，占据绝对优势地位，继续领跑整个货运体系，如图3所示。

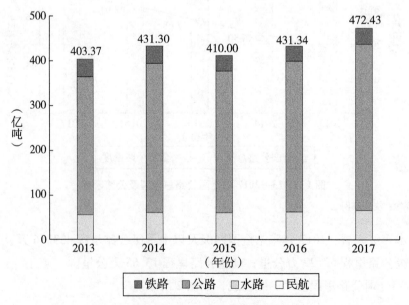

图3　2013—2017年货运量

资料来源：交通部网站，民航部分数据过小，在图中未能明确体现。

我国公路平均每吨货物的运输距离从 2013 年起快速增长，这几年一直保持在 180 公里左右，反映出商品交易的范围，即"商圈"在不断扩大，如图 4 所示。

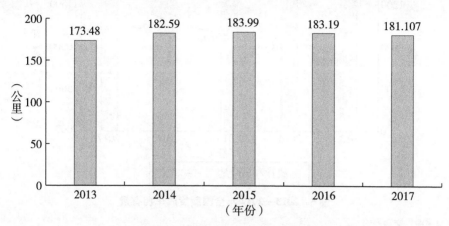

图 4　公路每吨货物平均运输距离

资料来源：2017 年交通运输行业发展统计公报整理。

新时期，公路货运量仍将延续增速放缓态势。由于经济结构优化和产业布局调整，长距离的大宗商品和大批量商品运输量将有所下滑，生产型货运需求增长将逐步放缓，直接影响到公路货运规模的上升；同时，高附加值、轻质化、高时效的货运需求将不断增强，特别是以电子商务为代表的消费型货运需求将保持稳步增长，蕴藏巨大的市场机会。

（三）货运车辆保有量有所下降

从货运车辆来看，我国拥有的载货汽车保有量虽然呈现了一定的波动，但整体呈下降趋势，从 2013 年的 1419.48 万辆下降到 2017 年的 1368.62 万辆。其中，普通货车 2017 年保有量 902.90 万辆，比上年下降 4.6%；专用货车 2017 年保有量 46.25 万辆，比上年下降 2.8%；而牵引车和挂车 2017 年分别为 207.29 万辆和 212.18 万辆，均比上年有所增长，达到了 19.0% 和 15.3%，如图 5 所示。

新时期，随着交通货运政策的限制以及资源整合技术提升，特别是商品结构、消费方式等的变化，公路货运车辆将基本保持稳定且略有下降的趋势，而大型货车以及服务城市物流的中小型货车吨位还会增长。上述趋势也从另一个层面表明我国运输空载率在不断下降，规模效益逐步上升。

（四）货运市场格局调整加快

目前，公路货运市场（干线）按照基础服务分，主要有快递运输（30 千克以下）、零担运输（30～3000 千克）和整车运输（3000 千克以上）。其中，零担运输又分为小

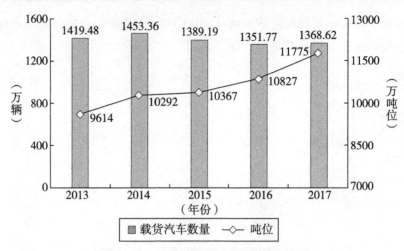

图 5   2013—2017 年全国载货汽车拥有量

资料来源：交通部网站。

票零担（30 ~ 300 千克）和大票零担（300 ~ 3000 千克）。初步估算，快递运输、零担运输、整车运输业务分别占到市场容量的 5%、40% 和 55%。2013—2017 年全国载货汽车拥有量如表 1 所示。

表 1   2013—2017 年全国载货汽车拥有量

公路货运种类	单票重量	代表企业	平均价格
整车运输	3000 千克以上	合同物流企业	0.5 ~ 1.5 元/千克
公路零担（大票）	300 ~ 3000 千克	专线市场中的中小专线企业、卡行天下、安能物流等	0.5 元/千克
公路零担（小票）	30 ~ 300 千克	德邦物流、天地华宇、佳吉快运等网络型企业	1.5 元/千克
快递运输	30 千克以下	顺丰速运、EMS、"三通一达"、京东等快递和电商企业	5 ~ 10 元/千克

1. **整车运输主要服务于大型工矿企业和合同物流企业**

由于大宗商品货运需求大幅下降，大批量、小批次、低时效的工业产品受需求变化和渠道下沉影响，逐步向小批量、多批次、高时效转变，整车运输增速呈下滑态势。

2. **零担运输主要服务于中小工商企业和个体消费者**

零担快运业务作为货运市场最具规模经济特征的细分领域，发展势头迅猛。德邦物流、佳吉快运、天地华宇、盛辉物流等一批大型零担快运企业近年来保持了较快的增长速度。近年来，加盟制零担快运企业异军突起，实现了快速赶超。专线运输作为零担运输的主要方式，市场逐步分化。一些专线企业深挖细分市场，积极延伸服务，尝试抱团取暖，取得了较好发展。还有一些企业业务量持续下滑，市场风险加大，被迫退出市场。

3. 公路运输仍然是快递业主要的运输方式

顺丰、申通、圆通、京东等快递和电商企业拥有和整合车辆都超过万辆，建立了自有干线运输骨干网络。近年来，快递市场继续保持50%左右的高速增长态势，预计未来较长一段时期，快递公路运输仍将保持快速增长。

4. 城市配送作为干线运输"最后一公里"实现快速增长

近年来，随着消费市场启动，商超日益重视配送效率提升，共同配送获得政策支持。特别是随着电子商务迅猛发展，快件配送以年均50%以上的速度超速发展。大型快递企业、电商企业、落地配企业是快件配送的主体。

新时期，快递、快运、配送等细分市场仍将保持较快增长速度，更加精准的细分市场将陆续出现，细分市场中的领先企业将获得较好的增长速度和盈利水平。

（五）标准化、定制化服务成为竞争焦点

从产品服务看，高端服务领域成为竞争焦点。一批领先的公路快运企业加快推进产品标准化、服务品牌化、管理现代化。德邦物流的"精准卡航"、佳吉快运的"红色快线"、天地华宇的"定日达"等产品，都以准时、高效、快速为基本特点，形成了标准化的产品体系和服务模式，提升了客户的服务体验，赢得了较高的利润水平。同时，具有较高专业化要求的合同物流也是高端服务延伸方向，冷链物流、危化品物流、IT物流、服装物流、快消品物流等受消费市场和工业制造带动，仍具有较大的发展空间。此外，金融创新成为高端服务的重要代表，从传统的油卡支付、代收货款到保理保险、融资租赁等，成为企业新的利润增长点。

（六）甩挂运输等高效运输取得积极成果

从运输方式看，高效运输取得积极成果。高效运输将传统追求成本的运输转变为追求效率的运输，从而满足客户较高的服务要求，提升企业盈利水平。目前，甩挂运输等高效运输方式获得政府支持和积极推广，如交通运输部推进的三批148个公路甩挂运输试点项目，带动了全社会平均单位运输成本和能耗强度下降10%～20%。同时，甩挂运输、带板运输、驮背运输等高效运输方式得到积极探索。此外，一批先进硬件装备在公路货运业的应用，有效推进了节能降耗、智能管理、安全制动，有效保障了高效运输的开展。

新时期，高效运输将成为公路货运企业核心竞争力和重要盈利来源，各种新技术、新模式、新方法的应用将切实推动行业技术改造和产业升级。

二、公路货运型物流园区的基本功能及运营模式

（一）公路货运型物流园区的基本功能

公路货运型物流园区属于国家标准《物流园区分类与规划基本要求》分类的五大物流园区类型：货运服务型物流园区、生产服务型物流园区、商贸服务型物流园区、口岸服务型物流园区和综合服务型物流园区中的交通枢纽型物流园区，且主要是围绕公路交通运输形式，为方便公路货运而建立的具有运输组织与管理、中转以及换装、装卸搬运、储存、信息流通和辅助服务等功能的综合性设施，一般多选在具有便利大量货物集散的交通线路交会地。公路货运型物流园区主要依托公路枢纽建立，主要具有以下功能。

1. **集疏运功能**

公路货运型物流园区将区域内数量多、种类广、规模小的货物进行集中，通过园区进行分拨，同时园区还可以兼具部分商贸功能。通过集散的作用，达到提高流通效率、降低物流成本的目的。

2. **换装换载功能**

随着城市人口的增长和汽车数量的增加，城市交通问题日益突出。交通问题已经给城市社会经济发展带来了严重影响，尤其是一线大城市，交通问题更为突出。公路货运型物流园区可在城市周边完成换装换载的任务，通过对运输方式的整合、优化和统一调度，开展共同配送的业务，以改善交通状况、缓解交通压力、提升城市面貌。

3. **信息服务平台功能**

由于我国物流企业规模小、组织化程度低，在货物的集散、分拨上缺乏有效的信息来源，也难以得到及时的沟通与共享，使得市场资源未能得到合理的配置和优化。公路货运型物流园区的建设，起到了提高货物运输效率、提升物流企业经营效益的作用。

4. **资源整合功能**

公路货运型物流园区通过信息平台或其他整合能力将社会上大量零散货运资源通过物流园区进行整合，将小批量汇集成大批量，形成规模效应；并且可以通过对所在区域或城市的入驻企业进行资源整合，形成物流业的产业聚集，增强组织化程度形成规模效应。

5. **"门到门"服务及需求快速响应功能**

由于公路货运型物流园区主要通过公路进行运输，凭借公路运输运送快、直达性好、机动灵活，运输途中不需中转，且在中短途运输中的运送速度平均比铁路运输快4~6倍，并可提供"门到门"服务的优势，使得公路货运型物流园区相比其他类型多

了"门到门"服务的功能及快速响应需求的能力。

(二) 公路货运型物流园区的开发模式

公路货运型物流园区的开发模式,实际是指政府和企业在园区的开发建设中所处的位置及主体归属问题。基于不同的开发主体,物流园区开发存在政府主导型、主体企业主导型、物流地产商主导型和政企合作型四种典型模式。

1. 政府主导型开发模式

政府主导型开发模式即由政府成立的园区管委会及相关部门为开发主体,负责筹措资金、办理规划、项目核准、征地拆迁及大市政建设等手续并组织实施,承担物流园区开发建设所需费用和风险,并享有土地开发的所有收益的开发模式。政府拥有相对较多的地区资源优势及强大的财政依托,因此早期的物流园区多数采取政府主导型开发模式。

2. 主体企业主导型开发模式

主体企业主导型开发模式是指由作为投资主体的大型企业来开发现代物流园区并率先在园区展开经营,带动和引导其他物流企业和相关产业的企业入驻,逐渐实现产业的聚集,达到现代物流园的开发和建设目的。代表性物流园区如临沂天源国际物流园区、邹城国际食品物流园区、广东林安物流园区等。

3. 物流地产商主导型开发模式

物流地产商主导型开发模式是指现代物流园区作为地产项目,首先由物流地产商进行物流园区的道路、仓库和其他现代物流基础设施及基础性装备的建设和投资,然后转租给客户,物流地产商只作地产投资开发和物业管理,日常业务仍由客户操作的模式。

4. 政企合作型开发模式

政企合作型开发模式即由政府或其控股公司与其他企业合作或合资组建开发公司作为开发主体或者负责管理园区开发建设各项工作的开发模式,物流园区管委会只负责行政管理事务,提供公共服务。政企合作型开发模式一方面能充分利用政府地区资源,另一方面可最大限度地吸引社会资金进驻,更有利于物流园区开发建设的推进。

(三) 公路货运型物流园区的运营管理模式

1. 管理委员会制运营模式

管理委员会制(简称管委会)运营模式是由政府派遣人员组建管委会,全面负责物流园区的规划建设、招商引资等各项工作的管理,并为园内企业提供工商、税务、物业管理等配套服务。园区管委会在身份上是行政管理主体,是政府在物流园区内的派驻机构,行使行政管理职能,为园区内企业提供政府服务,方便园区企业办事。特点是优惠政策的落实比较到位,但行政色彩较浓,缺乏一定的灵活性。

2. 公司化运营模式

公司化运营模式是由物流园区的开发商或主体企业成立专门的经营管理公司，全面开展园区的总体策划、物业管理、项目管理、基础设施开发以及为入驻企业提供各种配套服务，主要侧重经营和服务。物流园区管理公司负责园区总体平台的经营管理，为入园企业提供良好的发展平台。特点是专业、运营效率高、经济效益好，但操作难度较大。

3. 业主委员会运营模式

业主委员会运营模式是由参与园区开发的多个企业成立业主委员会，组建园区管理部门，成为园区的决策机构，负责物流园区的经营管理，负责具体的运作管理。由于该模式决策层松散，易发生推诿现象，效率低下，目前较少使用。

4. 协会制运营模式

该模式是在政府或物流协会主导开发物流园区的基础上形成的运营方式，在物流园区规划建设完成之后，政府以委托方式直接转交给行业协会或行业协会直接对整个园区进行经营管理，组织协调入园企业开展研发、生产、贸易等服务，同时政府给予必要的支持。

5. 物业管理公司运营模式

园区开发商完成物流园区的整体规划、建设与配套服务功能之后，把土地、办公楼、信息平台等设施出租给入园企业，自己退居幕后成立物业管理公司，负责物业管理，只收取租金，不参与入园企业的经营管理，侧重点在前期招租和后期物业管理。所以这种运营模式属于纯投资行为，对整个物流园区的开拓能力不强。

（四）公路货运型物流园区的盈利模式

公路货运型物流园区的盈利模式主要指收入来源及利润形成途径，是园区生存发展的基础。由于投资主体的不同，以及园区功能定位不同，不同园区的投资者有着不同的利益要求。

1. 基本盈利模式

基本盈利模式主要包括土地增值收入、租赁收入、商业地产收入、配套性管理及设施服务收入等几项主要内容。

（1）土地增值收入。对于园区的所有者与经营者来说，都将从土地增值中获取巨大收益。所有者在征地并完成初期基础设施建设后，地价将会有一定的升值，而到园区正式运营后，还将大幅上涨。对于经营者来说，土地的增值将能提高其土地、房屋等出租收入。

（2）租赁收入。包括园区的写字楼租赁收入、仓库租赁收入、设备租赁收入、停车场收入等。

（3）商业地产收入。主要是园区内为产业发展配套的商业性房产开发，以及商业性房产的出租和出售获得的收入。

（4）配套性管理及设施服务收入。通过对企业提供园区内物业管理服务和园区内相关配套设施的服务功能获利，比如修理厂、加油站等。

2. 增值服务盈利模式

（1）交易管理收入。通过按照对入驻企业提供免费在线交易平台，在该平台上的交易量或者交易金额制定相应比例收取交易费用，以及对企业按一定周期收取管理费等直接费用盈利。

（2）信息服务收入。为园区入驻企业提供车辆配载和货源需求的信息，采取共同配送从而提高车辆的满载率和降低有关的物流成本，并从节约的成本中收取一定比例的服务费。还可以通过园区的信息网络为客户提供信息传递、收集、分析、处理、发送、统计等信息服务。

（3）培训服务收入。利用园区的成功经验和在物流信息等方面的优势，园区还可提供企业物流人才培训等服务，从中收取培训费用。例如积极开展国家物流师考试培训等。

（4）金融服务收入。吸引银行等金融机构入驻园区，为客户提供仓单质押、税务登记、银行投资融资、财务咨询和管理、订单管理、统一结算等金融服务，并收取一定的服务费用。

（五）公路货运型物流园区的发展模式

物流园区的发展模式主要是指物流园区为实现发展目标所采取的发展措施和选择的发展道路，是园区对外部发展环境和自身发展条件进行互动优化和选择的结果。主要取决于其所在城市和区域的经济发展水平、产业特征和园区自身特点。当前我国货运型物流园区的发展模式主要有以下几种。

1. "物流＋贸易"模式

"物流＋贸易"模式是由物流业与商贸流通相结合而成。物流园区入驻企业的物流运作嵌入供应链之中，与分销企业、电商企业、批发零售企业建立合作关系，实现物流与商流的良性互动。一方面，工商企业可以充分利用园区的物流平台优势打造产品的展示和销售平台，增加销售机会并能够为客户提供高效、便捷的销售物流服务；另一方面，贸易的繁荣不仅使物流需求增加，也会对物流提出更高的要求，这样又能促进物流业更好更快地发展。

这种模式不仅适合于建在制造业较为发达城市的物流园区，也适合建在消费型城市的物流园区，展示交易区这一个功能分区的划分其实就是为满足这种发展模式的需要。

2. "物流＋产业链"模式

"物流＋产业链"模式是随着物流园区与周边产业的融合发展不断加深、集聚能力逐步增强而出现的一种模式，是"物流＋产业"模式的升级。物流园区依托自身便捷的集散分拨条件和物流资源集聚优势，围绕服务的核心产业，延伸产业链，向上游可以延伸拓展到技术研发环节，向下游延伸则可以使产业链到达开拓市场环节和售后服务环节，促使产业链上下游企业在园区内集聚实现链条化发展，成为产业链的枢纽。园区服务功能由初级的物流服务向深加工服务、展示交易、信息服务和金融保险服务拓展，实现由基础物流服务向高级的增值服务功能的转变。此外，园区还可以为某一种产业的集中采购和分销建设电子商务网站和实体的展示交易平台，实现产业链的线上线下同步发展。这种模式适用于物流园区依托大型交通枢纽，具有明显的交通优势，这样就拥有如汽车、大宗商品、装备制造等产业链纵深较长的货源资源，同时集聚了一批供应链管理企业。

3. "物流＋金融"模式

"物流＋金融"模式是基于物流增值链中的供应商、终端用户、金融机构和物流企业等各方的共同需要而产生和发展的，是近些年出现的新概念。广义的"物流＋金融"模式是指在整个供应链管理过程中，通过应用和开发各种金融产品，有效地组织和调剂物流领域中货币资金的流动，实现商流、资金流、物流和信息流的有机统一，提高供应链运作效率的融资经营活动，最终实现物流业和金融业融合发展的态势；狭义的"物流＋金融"模式是指在供应链管理过程中，第三方物流运营商与金融机构向客户提供商品和货币，完成结算和实现融资的活动，以及为客户提供采购执行、分销执行等服务，实现同生共长的一种经济模式。"物流＋金融"模式往往和其他模式共存在一个物流园区中。

通过对该模式的分析可以看出，"物流＋金融"模式是物流业与金融业相互渗透发展而形成的，不仅是金融资本业务创新的结果（如物流银行、仓单质押等），也是物流业发展壮大的需要。

4. "物流＋项目"模式

"物流＋项目"模式是将项目管理思想引入物流运作和管理之中而形成的。根据美国项目专业资质认证委员会主席保罗·格雷斯（Paul Grace）的观点，"在当今社会，一切都是项目，一切也将成为项目"，项目实际上就是一个计划要解决的问题或是一个计划要完成的任务，具有一次性、独特性和目标的确定性等特点。大到一个大型的土木工程，小到一个客户的订单，为满足其物流需求而开展的整个物流活动过程都可以视作一个项目，只是不同的项目所采用的业务管理方式、组织管理方式和成本管理方式不同而已。

5. "物流 + 互联网" 模式

"物流 + 互联网"，就是在物流园区发展过程中将线上平台和线下资源融合，实现实体平台与信息平台的联动发展，是伴随互联网在各行各业的不断渗透发展起来的。具体来说，采用这种发展模式的物流园区需要利用线下实体网络布局以及交易中心的优势，建设功能完善、操作便捷、完全可靠的线上信息平台，将货源、物流企业以及车源进行整合，为制造企业和商贸企业、物流公司、个人车主提供高效准确的物流交易服务，从而解决货主和车主信息不对称、运输过程不透明等问题，实现线上的交易、支付、车辆监控与线下的物流操作过程融合汇通。这种模式既可以单独存在，也可以与其他模式结合运用，适用于园区基础设施和服务功能完善、车源和货源等线下资源充足以及信息化建设水平较高的物流园区。

三、公路货运型物流园区的发展现状

近年来，随着我国物流业的快速发展，我国公路货运型物流园区建设也取得了显著进步，并呈现出一些典型特点。

（一）升级步伐加快，综合服务能力明显提高

随着互联网技术的发展及市场竞争的不断加剧，依靠租金、信息服务费等作为主要收入来源的传统业务模式已经不能适应新的市场形势。公路货运型物流园区在发展中积极吸收创新知识，利用整合资源、优化流程、技术创新、网络化经营等方式加快转型升级，通过实现智慧化物流园区建设，为司机提供一站式吃住、车辆维修、保险办理、金融服务等业务提升园区综合服务能力。

（二）集聚效应日益凸显，联动作用显著增强

在生产和消费需求增长、城镇化进程加快等多重因素带动下，基于城市物流中心的公路货运型物流园区的不断布局及建设，吸引大量物流企业加快向物流园区聚集，园区的规模效应和集聚效应不断扩大，配套服务不断完善，与周边产业的良性互动和联动发展明显增强，在支撑地方经济发展中的作用日益突出。

（三）线上线下协同推进，网络化经营步伐加快

公路货运型物流园区依托信息技术实现线上业务与线下业务的协同，线下基于公路货运型物流园区不断完善园区的服务水平。加强线下仓储、运输、货代、金融等资源整合，提升自身的增值服务功能；线上为司机找货、货主找承运人等搭建信息平台，全面推动线上线下融合发展，逐步形成一体化运行的物流网络，借助规模化和网络化

优势降低综合物流成本。

2014 年下半年开始，随着移动互联网技术的普及，一批新型的公路货运信息平台集中上线。顺应国家"互联网＋"热潮，这些新型平台依托物联网、大数据和云计算技术，试图跨过传统市场交易环节，改造传统的货运模式。利用移动终端进行车货匹配，整合优化车源货源，实践智慧物流模式，获得了资本市场的追捧。从进入市场的企业类型看，主要有互联网公司、货运企业、第三方物流企业、物流园区等。

（四）运输联盟合作方式更加普遍

当前，以往利用价格优势获取市场竞争力已无法满足中小企业的需求。由于在与大型企业竞争中，中小企业生存空间越来越小，联盟合作成为中小企业突围的重要方向。近年来，一批中小货运企业加快抱团取暖，探索资源整合型联盟和业务协作型联盟。各种形式的联盟模式不断涌现，通过资源整合、组织整合、服务整合、运作整合等多种整合方式，实现利益共享、风险共担、合作共赢。联盟合作成功的关键是良好的治理结构，包括战略定位、组织形式、准入机制、决策机制、结算体系、信息化手段、风险防范和文化融合等，这些都需要联盟企业在长期合作中摸索磨合形成。

（五）政府努力营造园区发展环境

作为园区发展的重要支撑保障，近几年不论中央政府还是地方各级政府在不同层面对物流园区的发展注入了新的活力。从 2015 年开始，国家发展改革委、国土资源部、住房和城乡建设部等开始了全国示范物流园区的评选工作，到目前为止，已进行了两批，共评出 56 家示范物流园区，其中就有若干家以公路货运为主的物流园区。

交通部为促进物流降本增效，加快推进货运枢纽（物流园区）建设，2017 年对申报 2018 年投资补助资金的货运枢纽（物流园区）项目进行了审核，并进行了统筹考虑。对其中的八家货运枢纽（物流园区）安排了投资补助资金，如表 2 所示。

表 2　　　　　　　　　货运枢纽（物流园区）一览

序号	项目名称	占地面积（亩）	总投资（亿元）
1	青岛胶州宝湾国际物流中心	398	3.2
2	凭祥市边境贸易货物物流中心	509	9.78
3	中国辣椒城综合物流园（物流中心）	209	4.45
4	重庆东盟国际物流园	357	7.6
5	重庆传化智能公路港	220	3
6	新疆联宇三葛庄国际内陆港	524	4.5

序号	项目名称	占地面积（亩）	总投资（亿元）
7	驻马店国际公路物流港（一期）	297	4
8	中国（杭州）跨境电子商务空港园区（杭州保税物流中心）	594.6	25

资料来源：交通部网站。

通过示范园区的评选为全国物流园区的未来发展提供了样板，起到了示范作用。而政府的补贴为解决物流基础设施投资大、回收期长的问题提供了新的路径。

四、公路货运型物流园区典型案例

（一）安能物流——专线直营、网点加盟模式

安能物流是一家专注于高端公路零担运输渠道和配送网络开发与运营的综合供应商。近年来，安能物流打造出主要面向同行的全开放经营平台，推出的加盟模式发展战略获得了业界和市场认可。

1. 安能物流的定位

市场战略方面，安能物流定位于公路快运专线市场中的大票零担市场，与社会专线相比安能的服务特点是定时达，与德邦、天地华宇、佳吉快运、新邦等快运企业相比，安能物流的专注点在大票零担，是在做一个差异化的细分市场。

价值定位方面，安能物流与德邦、天地华宇、佳吉快运等公路快运企业不同，当然也与处于市场主体地位的众多专线企业不同，经济优质的价值主张是安能推崇的原则，其追求以二流的价格做一流的服务。

2. 安能物流的业务体系

安能物流追求做成一个批发市场，依靠批发来做量，把利润让给专线和零售商。安能物流开放门店，向同行开放客户，通过汇集货量、多条线路直达运输、集中配送的策略以降低成本。

安能物流的业务体系中有两个核心，一个是专线，一个是门店。专线是安能物流的经营实体，通过专线形成网络，门店是安能的揽收体系和派送体系，帮助安能物流揽货、派送。这两个体系通过安能物流的管理平台进行管理。

（二）卡行天下——自营枢纽、专线加盟模式

卡行天下的平台模式主要是通过将线下公路枢纽园区与线上信息系统结合来推动

物流行业的整合、优化、提升、合作与共享。

1. 卡行天下的定位

作为一家创新型的物流平台企业，卡行天下坚持"只做标准物流"，并秉承打造"科技物流园区"的理念，创建了基于网络的平台化公路运输集约模式。

具体来说，卡行天下以公路枢纽港为基础，通过标准化、产品化、信息化实现公路运输的集约化整合，建设中国最快、最稳、最透明的公路运输网络。

卡行天下平台与成员打造的服务产品"直通车"，相当于德邦的"卡航"、天地华宇"定日达"，同等的服务标准，整合资源的价格更具优势。

2. 卡行天下的业务体系

卡行天下在全国各区域建设公路枢纽园区，将小而散的省际、省内专线企业与配送企业集结在一个节点枢纽内，每个园区的线路都可以直达全国省会与主要城市；除园区内优质专线外，园区外还有加盟网点、优质专线成员，通过节点之间的连接，在全国范围线下织成一张覆盖全部一线城市和较大的二线城市的物流运输地网，如图6所示。

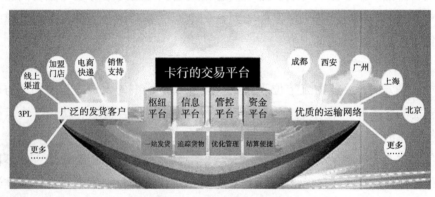

图6　卡行天下业务体系

卡行天下自主研发的智能管理平台将运输链条上的所有信息通过云架构方式，在一个信息平台上汇集后集中处理。该平台集成了结算、金融、监控等众多功能为一体，将信息数据跨公司流转于整个运营体系，最终形成互联互通的信息网络。

也就是说，对所有加盟成员，卡行天下平台提供统一的智能信息系统、统一结算体系，打通各个运输成员的信息流与资金流。让运输服务在线上实现全程可视化，让平台成员之间协同完成的服务结算更便捷，更是提高了发货客户的体验。

卡行天下平台最终实现的是全国公路运输资源的集约化整合，对于成员来讲，该平台实现了共赢发展，对于物流需求者而言，卡行天下平台提供了标准化、可视化、高性价比的运输服务产品。

（三） 传化物流——公路港平台整合模式

传化物流公路港平台整合模式，是浙江传化公路港物流发展有限公司的运营方式，其定位于"物流平台整合运营商"，致力于把众多的第三方物流企业集聚到一起，为它们提供一个包括"基础性的物流设施""信息交易服务"和"商务配套服务"的综合性运营平台。该平台由基础设施平台和电子商务平台构成。传化扮演平台组织者、管理者和服务者的角色，自己并不直接从事第三方物流业务。

1. 传化物流公路港平台的功能模块

传化物流开发了平台"6＋1"功能模式，通过"管理服务、信息交易、零担快运、运输、仓储、配送"六大中心及完善的配套服务功能模块，形成专业化运营的公路港物流服务平台，为吸引、整合、集聚资源创建一个有形的载体。

（1）管理服务中心。融合政府、中介和企业三个方面的服务功能。其中，公安、工商、税务、运管等政府职能部门为基地内的客户提供现场一条龙优质服务；银行、保险、邮政、商务、通信、网络等中介组织为基地内客户提供各项支持服务；传化物流为物流企业提供财务、信息化、物业等服务。三方一起为入驻企业打造优质的经营环境。该中心对于整合中小物流企业、选择和培育优秀的第三方物流企业有着重要的作用，使入驻基地的客户更加放心、安心地专注于自身的核心业务，提高的经营业绩，增强核心竞争力。

（2）信息交易中心。依托物流信息交易大厅和物流信息系统，专门为第三方物流企业、货运代理企业和社会车辆提供物流信息交易支持服务，被称为"公路货运信息超市"。该中心主要完成货主、司机和承运人的信息交易以及配套的登记、检验、信息受理、投保、查询等服务，是物流基地资源整合的基础平台之一。

（3）零担快运中心。依托于专业的零担仓库和科学合理的线路规划，建立起一个线路齐全、运作规范的"城际货运班车总站"式的道路零担快运市场，整合一批从事道路零担货物运输的企业，为当地的专业市场和制造企业提供小批量、多频次、快速度的货运物流服务。

（4）运输中心。也称作卡车中心、车源中心，是物流基地依托于大型停车场地、整合社会车辆的有形中心。传化物流采用多种先进技术和高度自动化的机电设备，将机械、计算机、自控设备以及智能IC卡（集成电路卡）技术有机地结合起来，实现车辆出入管理、自动收费管理、自动存储数据等功能，为基地内车辆提供方便快捷、收费准确可靠、保密性好、灵敏度高、使用寿命长、形式灵活、功能强大的智能停车场管理服务以及运输车辆的维修和给养服务。

（5）仓储中心。依托于大型现代化的仓库，拥有较大的库存储备和跨区域辐射能力，主要为制造企业或商贸企业在当地设立销售商品的地区分拨中心服务，也为季节性商品的存储与分拨服务。

（6）配送中心。依托于大型现代化的立体仓库和先进的物流信息系统，主要服务于大型超市、大卖场、便利店等连锁经营企业，辐射所在城市，并为其提供及时、周到、快捷的城市配送服务。

（7）配套服务区。主要引进餐饮、商店、汽车旅馆、员工宿舍、娱乐等后勤配套服务，优化物流平台的货代、运输等第三方物流企业和工商企业的投资与创业环境。同时，大大改善卡车司机的生活环境，在快速、低成本配到货（承接到返程运输业务）的同时，有一个"停好车，休息好"的生活配套。

传化物流在建立"6+1"功能模式的基础上，在连锁复制过程中还依据当地物流业发展的具体情况，对"公路港"物流平台标准功能模块进行重新组合，设计了"基本功能＋延伸功能"的创新性模板。如在苏州传化物流基地规划中，根据物流基地布局在京杭大运河沿线的特征，设计了"公水联运中心"，有效推动公水联运业务的开展；在成都基地新开辟了"展示展销中心"功能，加强物流与商贸业的互动。

2. 传化物流公路港平台业务体系

传化物流公路港平台是以信息交易功能为核心的规模大、功能全的综合性物流平台，信息交易中心是一个物流信息快速交易的超市。传化物流信息化建设支撑体系主要由物流交易管理系统、物流企业管理系统和运营管理系统构成。

同时，传化物流基地根据物流平台运营管理经验，依据综合物流园评价指标体系，以有效提升各项水平、标准化、规范化为目的形成传化物流管理体系。基于公路港单个平台的运营，建立集客户管理、财务管理、信息技术管理、安全管理、物业管理、基础管理、旅馆管理于一体的七大管理体系，如图7所示。

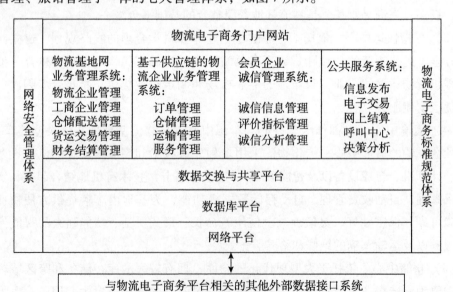

图7　传化物流业务体系

（四）公路 e 站——无车承运人模式

公路 e 站的定位为中国运输资源合作管理平台，通过管理体系将客户需求、市场运力和大量的线下物流网络进行快速高效的组织，打造最快、最透明、最具竞争力的运输服务链，实现物流运输的智能管理，合作共赢、服务社会，以降低企业物流运输成本和改善道路运输营运环境。

主要产品有订单管理系统、运输管理系统、仓储管理系统、GPS 跟踪管理系统、移动终端管理系统等。最大特点是只提供一个平台，对加盟客户的管控很小，没有形成品牌，如图 8 所示。

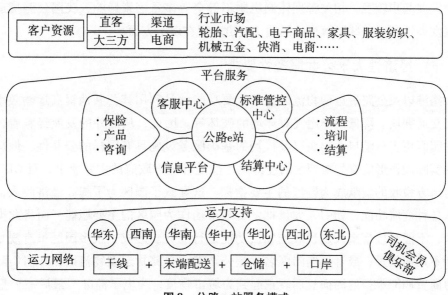

图 8　公路 e 站服务模式

（五）其他货运平台模式

1. 商桥物流

其模式为"一站式智能物流集成服务平台"。通过分拨中心自营，终端网络覆盖和信息互联的"章鱼模式"为零担客户提供全覆盖、全流程透明化的标准物流服务体系。

2. 好友汇

"好友汇"由 11 家专线企业发起，通过聚集全国干线运输商、加盟收派网点，整合各区域的专线运力，以枢纽、信息系统对接的方式，形成全国化的跨区域运营整合网络。由于是专线企业发起，其优势在于掌握的大量落地资源；但与专线联盟不同，好友汇具有独立运营模式、财务模式。

3. 孟源物流

孟源定位于"全方位开放式平台"，其模式主要为：以信息系统为管理手段，实现一级分拨中心直营＋营业部员工加盟＋镇级网点全开放。"营业部"即为地级市的二级分拨中心，当货量达到一定吨位的时候，公司会开始挑选加盟商，且只让内部员工加盟。对于镇级网点的加盟，孟源制定详细的规则与考核标准，放手让二级加盟商去筛选，即"全开放"。

五、公路货运型物流园区发展面临的主要问题

受发展起步较晚、相关管理体制机制不健全等多重因素影响，我国公路货运型物流园区发展还存在一些待解决的问题，突出表现在以下方面。

（一）经济性大于公共服务性要求

公路港以及公路货运型物流园区的重要功能就是利用其公共性提高运输效率、减少城市交通拥堵、降低汽车尾气对环境的破坏等。因此，从国外的发展经验看，这种类型的园区更多与港口、码头以及机场的基础服务设施具有同样的公共性，但从目前各地的实际操作形式看，对园区的经济性往往是各地方政府的主要要求，对 GDP 的贡献、对地方税收的贡献成为园区的主要指标。这导致了园区为了提高经济收入，不得已引入各种商流功能，如引入大量批发交易市场作为园区的主要职能，而将此类园区固有的、不能直接带来大量税收的物流功能进行弱化。形成了很多园区虽有规划，但因招商不足而闲置；或者虽然园区名称是公路港或公路货运型物流园区，但实际业务大多由商贸职能承担的局面。而真正起到为城市物流，为电子商务"最后一公里"的共同配送服务的真正意义的物流园区凤毛麟角。

（二）园区功能定位不够明确

长期以来，公路货运型物流园区的概念尚无统一界定，与此同时，公路货运型物流园区与货运场站、物流基地、货运主枢纽、配载中心、货运市场等概念的区别并无明确说明。我国在建设公路货运型物流园区的过程中，容易将其建设成商贸型物流园区或其他形式，满足本区域内商贸主体的运输需求或货运中转与集散需求。而根据日本及欧美国家的发展经验来看，公路货运型物流园区是建在城市周边交通枢纽交叉地，起到干线公路运输换装换载和服务城市货运功能，一方面，外部城市的货物运输到公路货运型物流园区进行统一分拣，再进行分装，将其运往城市内各个区域；另一方面，将城市内货物在公路货运型物流园区内进行集中装运，发往全国各地。

（三） 资源协同效益有待发挥

公路货运型物流园区是物流业规模化、集约化发展的重要载体，是公路物流资源的集聚平台，是支撑社会物流运行的重要基础设施，在更好发挥物流业的基础性、战略性作用，支持地方产业发展和经济增长，转变经济增长方式，优化资源配置，保障城乡居民消费和城市功能运转等方面具有重要意义。但目前大部分公路货运型物流园区运作属于单打独斗的"点式经营""非连锁式"经营；分散在各地的公路货运型物流园区间也缺乏互联互通，未构建物流园区间有机的联动机制以促进各物流园区的有效联动和优化物流资源配置，资源协同效益有待提高。

（四） 园区服务与产业联动不足

目前，公路货运型物流园区的主要服务内容是三个方面：一是利用设施设备优势提供如货物到发、中转、装卸搬运、储存、配送、信息服务、分拣、包装和流通加工等基础物流功能；二是利用企业聚集的优势，提供设备租赁、中介与担保、市场交易、商品展示、贸易代理等服务；三是提供一些配套服务，如物业管理、加油加气、停车、银行等。但各公路货运型物流园区基于不同区域产业特征，在为促进制造业及其他商业活动的发展方面以及公路货运型物流园区与制造业、商贸业融合和促进产业联动方面的服务上较缺乏。

（五） 商业模式和盈利模式单一

对公路货运型物流园区来说，商业模式单一是造成盈利能力不足或经营困难的重要原因之一。现阶段，大部分物流园区的商业模式仍停留在"卖地"阶段，如此一来导致园区的建设、管理以及日常的经营活动与入驻企业的发展需求极不匹配，而且这种园区也无法向入驻企业提供增值服务。长此以往，物流园区所承担的各项功能不仅无法实现，而且园区也将处于停滞发展状态。

现阶段，比较通行的对公路货运型物流园区主要收入来源划分包括：办公楼的租金、园区库房/货场租金、设备租金、配套设施租金/管理费、各种增值服务费、物业管理费、国家及地方财政的拨款、税收方面的优惠、所属企业的盈利、土地升值后的土地出租或出售回报等。而根据调查表明，在目前园区中，办公楼的租金、园区库房/货场租金仍然是园区最主要的收入来源，园区的商业模式单一、盈利形式单一导致盈利能力不足。

（六） 多式联运问题待解

目前，发展基于公路货运型物流园区的多式联运发展主要存在四个方面问题：一是运输装备标准不统一。在公路运输与其他运输方式相结合的多式联运发展中，运输设备标准不统——直是阻碍我国多式联运发展的绊脚石。二是多式联运相关法规标准不统一。我国各种运输方式的法规中对承运人、托运人之间的责任边界、保险、理赔等规定不同制约多式联运实际运作，造成管理成本高。三是信息接口标准不统一。公路、水运、铁路运输中的信息在不同的企业、不同区域均表现不一致，相互之间基本没有对接，造成在多式联运的信息交互过程中出现很多问题。四是对多式联运认知和观念的完善。目前政府和大多数企业对多式联运的认识不够，造成各自为政，不能打通物流链和供应链。

六、公路货运型物流园区未来发展趋势

（一）人工智能、区块链、务联网等新技术将进一步推进园区发展

随着务联网（服务联网）、人工智能、云计算、大数据、区块链等先进技术在物流领域的应用，智慧物流已成为物流业发展的新趋势。我国物流服务对象的小规模、组织化程度低，使得物流企业、运输企业等大量碎片化的存在，推进了行业组织的平台化趋势，而这一趋势催生了对物流系统的智慧技术、平台整合技术等的需求。预测未来，我们会发现，利用新兴技术不仅会使物流园区的效率提升，更重要的是将利用新的平台技术整合资源，将碎片化的供给和需求利用智慧物流、人工智能、区块链以及共享技术等整合出新的平台系统，给公路货运型物流园区注入新的活力和效益。同时，新的物流园区系统也将打通线上、线下之间的障碍，实现无界化运营。

（二）物流生态圈建设推动物流园区模式创新

随着数字经济时代的到来，公路货运型物流园区也从单一的货物集散、撮合交易等功能，向多层级、多架构等生态圈建设转化，而这种转化就需要不断创新发展模式。目前已有一些园区探索运用互联网、大数据、人工智能等技术，实现与实体经济深度融合的"物流＋互联网＋金融"的创新模式。通过技术手段实现线上构建物流平台，缩短司机找货、配货、找承运商等的时间并简化操作流程，线下丰富公路货运平台城市物流中心的服务功能，在满足以往基本功能的基础上，向产业链上下游延伸，实现货主企业产业链与物流服务企业之间的无缝衔接，打造生态圈。在金融服务领域，构建金融服务体系，为物流业生态圈内的各个主体提供系统的支付结算服务，并提供行业一揽子金融解决方案。

同时，生态圈平台建设者的运营模式上也会出现新的变化，会从平台的硬件建设、信息系统等支持保障角色向物流作业组织者角色转化，也会向不断开发出为物流需求

方提供物流服务产品的供应者转化，通过新的供给侧改革提升物流组织的效率。

（三）公路货运物流园区向纵、横双向延伸发展

公路货运型物流园区主要功能是提供多样化的物流功能服务。但随着我国经济的快速发展，需求的多样化、快速化等，促使公路货运型物流园区必须探索新的发展方向和模式，需要向纵向和横向延伸发展。纵向化是指园区之间的互通互联、产业的纵向延伸，纵观国内公路货运型物流园区，目前除单一物流运营主体经营外，大多园区的业务基本以区域内或园区内为主，缺少其他园区在系统对接、组织管理等方面的互通互联，使得物流运行效率大幅降低，形成不了真正意义上的物流网络化、系统化，也不能从根本上解决我国公路物流企业小微化、非组织化、碎片化的问题。

横向化发展则是指公路货运型物流园区在完成其主要功能外，为了满足多样化需求在运输组织方式上会向多式联运方式转化，即通过多种运输方式的无缝衔接，发挥不同运输方式、比较优势和组合效率、推动运输行业转型升级以及促进资源集约利用，实现节能减排；同时在经营模式、经营内容上，不断增加新的物流服务产品，提升园区的综合竞争实力。不同类型园区的边界会出现模糊，引发新的物流园区服务类型出现。

（四）困扰公路货运型物流园区发展的瓶颈需要新思维破解

面对我国物流需求企业散、分布广泛，而实际物流供给者又多为小规模个体户，组织化、规模化程度不高的现状下，公路货运型物流园区依托软硬件平台建设为双方提供撮合交易、物流业务操作等功能，为区域经济发展做出了巨大贡献。但随着需求的变化、交易规模的扩大、网络的延伸等，各地方相继出现物流园区土地供给不足，但需求却在不断增长的矛盾。而地方经济的发展又不能无限提供土地供给，特别是一些大城市不但不能继续提供物流用地，反而还会将现有城市周边的物流用地疏解。如何破解这一矛盾，是未来一段时间不得不面对的问题。因此，首先，需要园区经营者创新思维方式，重新审视物流园区对地区经济的贡献，其次，也要尽可能精准核算地区经济与实际物流用地需求量的关系，既不无限制地要求扩大物流用地供给，也要建设保证地区经济发展的"物流核心用地"，以促进经济的可持续发展，破解矛盾。

参考文献

［1］中华人民共和国交通运输部 . 2017 年交通运输行业发展统计公报 ［EB/OL］. （2018－03－30）［2018－04－10］. http：//zizhan. mot. gov. cn/zfxxgk/bnssj/zhghs/201803/t20180329_3005087. html.

[2] 许道涛，周洪成．物流园区互联互通的推进策略［J］．物流技术与应用，2018（3）．

[3] 王飞．对物流园区管理模式研究［J］．当代经济，2018（4）．

[4] 佚名．"九看"我国公路货运业的发展趋势［EB/OL］．（2017 - 05 - 18）［2018 - 04 - 10］．https：//www. sohu. com/a/141454710_797689.

[5] 索一．我国公路货运物流的出路在哪［EB/OL］．（2015 - 04 - 07）［2018 - 04 - 10］．https：//mp. weixin. qq. com/s？_biz = MjM5NjAzMjM4MA% 3D% 3D&idx = 3&mid = 205787922&sn = f735a0c6ef7a6827a8cd6a0611caf7a4.

[6] 佚名．公路货运行业现状惨烈，未来可期［EB/OL］．（2017 - 02 - 27）［2018 - 04 - 10］．http：//www. chinawuliu. com. cn/zixun/201702/27/319353. shtml？from = groupmessage.

[7] 何黎明．物流园区发展的形势、对策与政策诉求［N］．现代物流报，2016 - 07 - 15（A01）．

[8] 佚名．5个"物流 + 关键词"，详细阐述物流园区的各类发展模式［EB/OL］．（2017 - 07 - 06）［2018 - 04 - 10］．http：//www. sohu. com/a/154880356_224462.

（作者：肖玉徽　海口经济学院

温卫娟，邬跃，张永乐，张宁帅　北京物资学院）

我国铁路物流中心发展报告

铁路物流中心作为承担区域货物集散的重要节点，具有大运量、集约化、便于联运等诸多优势，是发展铁路现代物流的重要突破口和基地。自 2013 年 6 月 15 日起，中国铁路总公司货运组织改革已开展近五年，随着铁路货运改革领域不断拓展，改革层次不断深化，铁路物流中心的建设和运营也取得了新的进展。

一、我国铁路物流中心近三年发展状况

随着铁路货运改革的推进，铁路系统强烈意识到发展现代物流的重要性与加强铁路物流基础设施规划建设的紧迫性，近三年，铁路物流中心发展建设的规划与指导文件陆续出台，铁路物流中心建设快速推进，铁路物流中心服务能力不断提升，运营管理也取得了创新突破。

（一）铁路物流中心规划建设有序推进

1. 铁路物流中心相关规划陆续发布

为完善铁路物流基础设施，加快推进铁路货运向现代物流转型发展，充分发挥铁路在社会物流体系中的骨干作用，更好地服务经济社会发展，中国铁路总公司联合铁道第三勘察设计院集团有限公司、北京交通大学交通运输学院及各铁路局相对单位研究制定了《铁路物流基地布局规划及 2015—2017 年建设计划》（铁总计统〔2015〕232号）并于 2015 年 8 月印发，初步完成了铁路物流节点网络规划的顶层设计。在统筹考虑利用既有货场、大型装卸车点、集装箱中心站等设施设备的基础上，共规划了 33 个一级铁路物流基地和 175 个二级铁路物流基地。规划的 208 个一级、二级铁路物流基地中有 204 个基地具有集装箱运输功能，81 个基地具有商品汽车运输、存放、中转分拨等功能，74 个基地具有海关、检验检疫等口岸物流服务功能，103 个基地具有零散快运货物分拨、中转、仓储等功能，45 个基地具有冷链物流服务功能。

中国铁路总公司在《铁路物流基地布局规划及 2015—2017 年建设计划》基础上还进行了商品汽车、冷链等专业物流节点规划，加快了专业型铁路物流中心布局建设。

为完善铁路商品汽车物流基础设施，促进商品汽车物流要素聚集，提升商品汽车物流运行效率和服务水平，形成布局合理、功能完善、技术先进、便捷高效、节能环保、安全有序的铁路商品汽车物流服务体系，中国铁路总公司制定了《铁路商品汽车物流基地布局中长期规划》（铁总计统〔2015〕309号），共规划铁路商品汽车物流基地108个，其中区域性铁路商品汽车物流基地14个，地区性铁路商品汽车物流基地94个。区域性铁路商品汽车物流基地能够满足商品汽车班列开行条件，主要负责不同区域间商品汽车的调拨、中转等运输服务，以及本区域内商品汽车的集散、分拨、配送服务；地区性铁路商品汽车物流基地主要位于汽车主机厂所在地或汽车消费充足地区，主要承担本地区内汽车主机厂的装车发送以及城市配送作业。

为加快推进铁路冷链物流网络布局，进一步改善鲜活农产品流通环境，拓展铁路冷链物流市场，形成布局合理、技术先进、节能环保的铁路冷链物流服务体系，2016年中国铁路总公司制定了《铁路冷链物流网络布局"十三五"发展规划》（铁总计统〔2016〕42号），规划建设铁路冷链物流基地82个，其中区域级14个，地区级68个。区域级铁路冷链物流基地用地200~500亩，冷库容量达20万吨以上，年到发量100万吨以上，具备多功能冷藏冷冻及恒温仓储、国际食品交易、信息结算、农副产品加工、检验检疫、金融及其他增值服务功能；地区级铁路冷链物流基地用地50~200亩，冷库容量为3万~20万吨，年到发量为20万~100万吨，可为货主提供仓储、集中配送、流通加工等一系列物流服务。

与此同时，国家有关部门围绕"一带一路"倡议、多式联运发展、交通物流融合发展出台了一系列政策文件，铁路物流基础设施建设作为重要内容出现在多份规划文件中。中欧班列成为深化我国与沿线国家经贸合作的重要载体和推进"一带一路"倡议的重要抓手，为推进中欧班列健康有序发展，2016年国家发展改革委制定了《中欧班列建设发展规划（2016—2020年)》，明确在内陆主要货源地、主要铁路枢纽、沿海重要港口、沿边陆路口岸等地规划设立43个枢纽节点，其中铁路枢纽节点17个（如表1所示），在国家综合交通网络中具有重要地位，具备较强的集结编组能力，承担中欧班列集零成整、中转集散的功能。规划提出加强物流枢纽设施建设的主要任务，围绕中欧班列枢纽节点打造一批具有多式联运功能的大型综合物流基地，支持在物流基地建设具有海关、检验检疫等功能的铁路口岸。

表1　　《中欧班列建设发展规划（2016—2020年)》中铁路枢纽节点汇总

序号	节点	序号	节点
1	北京（丰台西）	4	哈尔滨（哈尔滨南）
2	天津（南仓）	5	济南（济西）
3	沈阳（苏家屯）	6	南京（南京东）

序号	节点	序号	节点
7	杭州（乔司）	13	成都（成都北）
8	郑州（郑州北）	14	西安（新丰镇）
9	合肥（合肥东）	15	兰州（兰州北）
10	武汉（武汉北）	16	乌鲁木齐（乌西）
11	长沙（株洲北）	17	乌兰察布（集宁）
12	重庆（兴隆场）		

为增强铁路货运市场竞争能力、提升运输整体效率效益，2017 年，国家发展改革委制定了《"十三五"铁路集装箱多式联运发展规划》（发改基础〔2017〕738 号），重点提出优化一、二、三级集装箱场站布局，加强综合枢纽建设，保障铁路集装箱多式联运进一步发展。一级集装箱场站主要服务于国家级流通节点城市，承担集装箱集散与分拨任务，年作业能力不低于 60 万 TEU，经济发达地区不低于 80 万 TEU；二级集装箱场站主要服务于国家级、区域级流通节点城市，承担集装箱集散任务，年作业能力不低于 20 万 TEU，经济发达地区不低于 30 万 TEU；三级集装箱场站主要服务于地区级流通节点城市，承担向一级、二级集装箱场站集散货物任务，年作业能力不低于 5000TEU。规划提出"十三五"期间，将着力打造高碑店、石家庄、大田、城厢、平湖南、王家营西等 20 余个一级集装箱场站。

2. 铁路物流中心建设计划快速落实

以《铁路物流基地布局规划及 2015—2017 年建设计划》为指导，近三年中国铁路总公司与各铁路局积极推进铁路物流基础设施建设工作。截至 2017 年 12 月底，规划的 33 个一级铁路物流基地中，已建成 23 个、在建 7 个、待建 3 个（具体情况如表 2 所示），规划的 175 个二级铁路物流基地中，已建成 83 个、在建 53 个、待建 39 个。

表2   我国一级铁路物流中心建设情况一览

序号	所属铁路局	所在地区	所在城市	项目名称（所在物流园区）	建设情况
1	哈尔滨局	黑龙江	哈尔滨	新香坊铁路物流中心	改扩建项目已开通运营
2	沈阳局	吉林	长春	长春铁路物流中心	已开通运营
		辽宁	沈阳	沈阳铁路物流中心（沈阳国际物流港）	已开通运营
		辽宁	大连	金港铁路物流中心〔大连保税区（物流园区）〕	已开通运营

续　表

序号	所属铁路局	所在地区	所在城市	项目名称（所在物流园区）	建设情况
3	北京局	天津	天津	新港北铁路物流中心	已开通运营
		河北	石家庄	石家庄南铁路物流中心	改扩建项目前期筹备中
		北京	北京	窦店铁路物流中心	前期筹备中
4	太原局	山西	太原	北六堡铁路物流中心（中鼎物流园）	已开通运营
5	呼和浩特局	内蒙古	呼和浩特	沙良铁路物流中心（沙良铁路物流园）	已开通运营
6	郑州局	河南	郑州	莆田铁路物流中心	改扩建项目已开通运营
7	武汉局	湖北	武汉	吴家山铁路集装箱中心站（武汉东西湖综合物流园）	已开通运营
8	西安局	陕西	西安	新筑铁路物流中心（西安国际港务区）	已开通运营
9	济南局	山东	青岛	即墨济铁物流园	在建
		山东	济南	董家镇铁路物流中心	在建
10	上海局	上海	上海	南翔铁路物流中心	前期筹备中
		浙江	杭州	杭州北铁路物流中心	已开通运营
		安徽	合肥	合肥北铁路物流中心	已开通运营
		浙江	宁波	宁波北铁路物流中心	已开通运营
		江苏	苏州	苏州西铁路物流中心	已开通运营
		江苏	南京	尧化门铁路物流中心	已开通运营
11	南昌局	江西	南昌	昌北铁路物流中心	在建
		福建	厦门	前场铁路物流中心	已开通运营
		福建	福州	杜坞铁路物流中心	在建
12	广铁集团	湖南	长沙	霞凝铁路物流中心（湖南金霞现代物流园）	改扩建项目已开通运营
		广东	广州	大田铁路物流中心	在建
		广东	深圳	平湖南铁路物流中心	在建
13	南宁局	广西	南宁	沙井铁路物流中心	已开通运营
14	成都局	四川	成都	城厢铁路物流中心（成都国际集装箱物流园）	已开通运营
		重庆	重庆	团结村铁路物流中心（重庆西部现代物流园）	已开通运营
		贵州	贵阳	改貌铁路物流中心	改扩建项目在建

续　表

序号	所属铁路局	所在地区	所在城市	项目名称（所在物流园区）	建设情况
15	昆明局	云南	昆明	王家营西铁路物流中心	已开通运营
16	兰州局	甘肃	兰州	东川铁路物流中心	已开通运营
17	乌鲁木齐局	新疆	乌鲁木齐	三坪铁路集装箱中心站	已开通运营

资料来源：根据网络资料整理。

规划的一级、二级、三级铁路物流基地全部建成后，将基本覆盖通达铁路的重要城市；基本联结"一带一路"倡议和"长江经济带"和"京津冀协同发展"两大国家战略覆盖的相关城市，为铁路现代物流的发展提供良好的基础设施支撑。

3.《铁路物流中心设计规范》出台

为深化供给侧结构性改革，推进铁路传统货场向现代物流中心转型升级，统一铁路物流中心设计技术标准，更好地指导铁路物流中心建设工作，2016 年中国铁路总公司联合铁道第三勘察设计院集团有限公司、北京交通大学交通运输学院等单位研究编制并正式出台了《铁路物流中心设计规范》（简称《设计规范》）。

《设计规范》的编制借鉴了社会物流企业和现代物流节点的经验及做法，以物流需求调查、物流需求预测、物流组织为主线，强调铁路物流中心应满足货物集装化、装卸机械化、运输快捷化、仓储自动化、仓配一体化、信息集成化、安全检测监控智能化、服务便捷化和管理现代化的要求。《设计规范》规定了物流需求调查、预测及功能设置的原则及方法，规定了物流运输组织及物流作业组织的相关规范，在此基础上对铁路物流中心的仓储配送功能区、铁路到发及调车场、集装箱功能区、冷藏功能区等功能分区及物流中心信息系统、配套设施设备的规划设计标准进行了规定，强调了铁路物流中心对多式联运的适应性，体现了融入全社会物流系统、合作发展的设计新要求，为后续铁路与其他交通方式融合发展提供了保障。

（二）铁路物流中心服务供给持续升级

1. 铁路物流中心服务功能不断拓展

近年来，铁路部门加大货运改革力度，大力发展全程物流。铁路物流中心根据不同层次客户需求，积极拓展上门取货、送货到门、仓储、快速装卸、分拣、配送、掏装箱等服务功能，不断增加货物快运班列、电商快递班列、特需货物班列的开行比例，同时跟随市场脚步，不断推出新的班列产品，完善物流产品谱系，大力推动商品车物流、冷链运输、高铁快运及集装箱运输发展，积极拓展汽车物流、新型冷链、快运和社会物流市场，铁路物流中心服务领域持续延伸，物流服务水平取得较大提升。

以 2016 年 11 月开通运营的山西中鼎物流园为例，园区以北六堡一级铁路物流中心为重要依托，建有集装箱区、商品汽车区、公铁转运区、铁路口岸区、公路港、小镇服务区等功能区，开展铁路运输、多式联运、仓储保管、仓库租赁、货物装卸搬运、物流配送、物流信息咨询、国际货运代理等业务，开展酒店、餐饮、住宿、众创、展览、金融、保险等"物流＋生活"一站式服务，通过物贸一体化为企业提供个性化和大众化的物流解决方案。园区物流服务功能较为健全，物流服务能力比较先进，2018年被国家发展改革委、国土资源部、住房和城乡建设部评为示范物流园区。随着一大批铁路物流中心建成运营，铁路货运与现代物流功能不断融合，成效逐步显现。

2. 铁路物流中心联运能力显著增强

铁路运输具有能力大、成本低、能耗小、安全环保等比较优势，一直以来都是多式联运的核心环节。多式联运具有产业链条长、资源利用率高、综合效益好等特点，对推动物流业降本增效和交通运输绿色低碳发展，完善现代综合交通运输体系具有积极意义，国家积极出台相关政策促进我国多式联运发展。《铁路"十三五"发展规划》等多项规划中多次提到促进铁路多式联运发展，《交通运输部等十八个部门关于进一步鼓励开展多式联运工作的通知》中明确提出完善铁路集装箱中心站、铁路物流基地等进出站场配套道路设施。在国家规划文件的指导带动下，铁路物流中心作为铁路发展多式联运的关键节点，中转、转运等联运设施不断加强，多式联运信息平台不断完善，多式联运服务水平不断提升，铁路物流中心整合铁路、口岸、港口、汽运等资源的能力显著增强。

2016年6月和2017年11月，交通运输部、国家发展改革委联合评选出了第一批和第二批共46个多式联运示范工程项目，城厢、即墨、宁波北、吴家山、团结村、新港北、北六堡、前场、赣州南等铁路物流中心在相应示范项目中起到了重要支撑作用。如城厢铁路物流中心联合四川省公铁物流服务联盟、空地物流服务联盟和四川甩挂（专线）物流服务联盟建立了多式联运甩挂场站，开发了多式联运配货平台，促进了铁路接取送达需求与社会运力的优化配置。北六堡铁路物流中心（中鼎物流园）积极探索铁水联运一单制，设立了多式联运快速换装中心，推动了集装箱多式联运发展，推进了基于多式联运的"公路＋铁路"的物流组织模式，促进了园区多式联运设施设备技术改造和运输组织流程优化，为物流业降本增效做出了重要贡献。

3. 铁路物流中心信息化水平有所提升

近年来，我国互联网、云计算、大数据及物联网等技术迅猛发展，铁路系统强烈认识到物流信息化在铁路物流中心发展中的重要性，加强了铁路物流中心的信息化建设工作并取得了一定成果。近三年，视频采集、条码、RFID等信息技术在铁路物流中心的应用推广进一步加强，车站综合管理系统、运输调度信息系统、货运95306网站等信息系统进一步优化，货物追踪、信息查询等信息服务功能进一步提升，货运电商平台等技术研究进一步深化，"上铁捷运"等货运平台投入运营，铁路物流中心开始通过微信公众号、微博等平台开展货运营销，部分铁路物流中心还成立了信息港和智慧物流平台。如沙良铁路物流园建设了物流信息港，通过信息管理平台系统采集车源信息和货源信息，实现"车找货，货找车"的智能交易匹配。北六堡铁路物流中心（中鼎物流园）与百度等公司合作开发了"智慧物流云平台"，利用平台实现"系统智能化派单""仓库一体化管理""车货数字化驱动""资源信息化共享"及"市场实时化分析"，同时开发了集铁公水航"多位一体"的多式联运物流信息系统。物流信息化水平的提升对铁路物流中心优化作业流程、提高货运效率和服务水平带来巨大帮助，有力推动了铁路物流中心发展。

（三）铁路物流中心运营管理不断突破

1. 铁路物流中心与地方融合发展初见成效

随着市场竞争加剧，依靠装卸费、租金等传统业务模式生存的铁路场站已难以适应市场需求，交通物流融合发展背景下，铁路物流中心开放融合，通过资源整合、流程优化、技术创新等方式，不断创新业务发展模式，加强与集团公司、物流企业业务连接，已经成为铁路场站转型升级的主旋律。近三年，我国铁路物流中心围绕开放融合已经进行了一系列有益探索，在与地方融合发展方面已取得初步成效。2016 年 6 月国家发展改革委、国土资源部、住房和城乡建设部公布了我国首批示范物流园区名单，其中重庆西部现代物流园区依托团结村铁路集装箱中心站，重点推动国际海铁联运大通道建设和国际多式联运枢纽发展，同时创新发行了狮城债，促进园区快速发展；武汉东西湖综合物流园依托吴家山铁路物流中心，以实现"功能集成、政策叠加、优势互补、资源整合"为发展思路，打造贸易国际化和开放型经济的窗口，形成了以进出口加工贸易、分销和售后服务为一体化的完整供应链；湖南金霞现代物流园依托长沙铁路货运霞凝货场，推行政府主导型"园中园"模式，组团发展多业联动；青岛胶州湾国际物流园依托青岛集装箱中心站，开通"胶黄小运转"班列，开行跨境国际班列。2018 年我国第二批示范物流园区名单公布，其中中鼎物流园以北六堡铁路物流中心为依托，重点发展以铁路为主导的多式联运，创新建成"集装箱中心＋公铁转运＋铁路口岸＋公路集散＋小镇配套"的"一园五核＋"多式联运枢纽模式；城厢铁路物流中心打造"路地合作"新模式，通过建立纵向管理、横向建设运营、创新驱动的管理机制，提高管理水平。上述典型案例成为铁路物流中心与地方融合发展的典范。

2. 铁路物流中心投融资改革展开探索

现代铁路物流中心的新建与铁路传统货场的转型升级均需要大量的资金支持，但由于铁路物流投资回报周期较长，部分铁路货场还存在经营管理不善的现象，铁路物流中心项目资金筹措比较困难。近三年，随着铁路货运组织改革的深化，铁路系统在铁路物流中心投融资模式改革上进行了大量的探索。

早期中国铁路总公司通过以划拨为主的方式，获得了大量交通基础设施用地，但按照相关法规，中国铁路总公司若想进行商业开发，必须进行招拍挂。为缓解中国铁路总公司债务压力，促进我国铁路健康发展，于 2013 年 8 月，国务院出台了《国务院关于改革铁路投融资体制加快推进铁路建设的意见》（国发〔2013〕33 号），支持铁路车站及线路用地综合开发利用，对原铁路生产经营性划拨土地，允许采取授权经营方式进行配置。2014 年 7 月，国务院办公厅又出台了《国务院办公厅关于支持铁路建设实施土地综合开发的意见》（国办发〔2014〕37 号），规定铁路划拨土地"因转让或改变用途不再符合《划拨用地目录》的，可依法采取协议方式办理用地手续"，为铁路物流中心投融资模式改革打下了基础。

在国务院文件的支持下，2014 年中国铁路总公司发布《中国铁路总公司土地评估和土地授权经营资产处置项目评估机构选聘招标公告》和《资产评估项目招标公告》进行公开招标，开始对既有土地进行摸底调查，重估和盘活资产，届时中国铁路总公司既有土地共 68 亿平方米，可开发利用土地高达 3 亿平方米。

2016 年 4 月，中国铁路总公司发布《中国铁路总公司关于进一步明确土地综合开发有关事项的通知》（铁总办〔2016〕74 号），规定已成立合资铁路公司的项目，由合资铁路公司组织开展土地综合开发，未成立合资铁路公司的，由铁路局负责组织开展土地综合开发。鼓励通过多种方式筹措资金用于铁路物流中心发展建设。近几年，铁路物流中心运用现代物流理念与技术，不断加强社会企业合资合作，初步探索出了铁路现代物流节点新型投融资模式。2016 年 12 月 30 日，开通运营的厦门前场铁路货场是厦门市与铁路部门合作，南昌铁路局、厦门集团、厦门象屿集团、厦门夏商集团和厦门海投集团联合建设的综合型现代物流基地，是铁路物流中心投融资模式改革探索的典型。2017 年 6 月，广州铁路集团公司就广州大田一级铁路物流中心项目面向全社会公开招标。2017 年 8 月，中国铁路总公司先后在上海和北京挂牌推介铁路土地综合开发项目 32 个，其中包含大同晋北铁路物流中心等建设项目。

铁路系统通过改革铁路投融资体制、实施土地综合开发、鼓励和扩大社会资本投资铁路建设等一系列政策措施，拓展了铁路物流中心融资渠道，吸引大型企业和国有大型银行入资控股，激发了市场活力，缓解了庞大的资金压力，有效保证了铁路物流中心建设发展的有序推进。

3. 铁路物流中心国际化运作步入正轨

随着"一带一路"倡议不断推进，我国与欧洲及沿线国家的经贸往来发展迅速，物流需求旺盛，贸易通道和贸易方式不断丰富和完善，为中欧班列带来了难得的发展机遇。铁路物流中心作为货物集散的重要节点，对中欧班列的货源整合、集结编组、列车发到等做出了重要支撑作用。近三年，铁路物流中心以中欧班列为重点，积极推进了铁路国际物流的发展。

铁路物流中心依托铁路物流资源，充分发挥自身货源整合、集结发到的优势，为中欧班列开行做出了重要贡献。2016 年中欧班列全年累计开行 1702 列，其中通过铁路集装箱中心站开行去程班列累计 890 列，占全路总开行数量 78.8%，返程班列累计 475 列，占全路总开行数量 83.0%。2017 年中欧班列全年累计开行 3673 列，其中仅重庆、成都、郑州、武汉铁路集装箱中心站累计开行 2316 列，占比已超过六成。

随着中欧班列开行数量迅速增长，我国满洲里、二连浩特等边境口岸能力趋于饱和。为支撑中欧班列发展，铁路物流中心陆续开通铁路口岸，配套建设海关监管区，拓展商检、关务等服务功能，目前重庆、西安、武汉、青岛、大连、郑州铁路集装箱中心站海关监管区均已建成运营。同时配合中欧班列平台公司，不断优化运输组织和服务流程，加强与沿线国家铁路部门的沟通协调，不断拓展中欧班列开行范围，吸引更多跨境货源。2017 年中欧班列联通欧洲 13 个国家的 36 个城市，铺设运行线路达 61 条，货源品类也由开行初期的手机、电脑等 IT 产品逐步扩大到衣服鞋帽、汽车及配件、粮食、葡萄酒、咖啡豆、木材等品类，涵盖了沿线人民生产生活的多个方面。

二、我国铁路物流中心发展中存在的主要问题

我国铁路物流中心在改扩建、新建过程中受资金、土地、人员的限制，存在一些不足，同时各地铁路物流中心发展不平衡，部分铁路物流中心开发不充分、经营理念尚未完全转变，也导致了铁路物流中心在规划建设及运营中出现了一些突出问题，主要体现在以下六个方面。

（一）规划建设前期调查工作相对薄弱

当前部分铁路物流中心在规划设计阶段缺乏详细的前期市场调查，在节点选址阶段未能充分结合地区产业布局需求与交通区位优势，在平面布局和作业流程优化阶段未能结合客户作业需求与物流服务模式，由此根据当前市场实际需求与未来业务发展预测确定物流中心的规模和配套服务环节变得困难，在物流中心功能设置与选择上出现了诸多问题，导致规划建设无法满足客户实际需要，形成了铁路物流中心网络布局不平衡，地区潜力发挥不充分等问题，部分铁路物流中心还出现了设施设备闲置现象，造成了铁路物流资源浪费。

（二）铁路物流中心建设有效投入不足

近三年，我国铁路年均完成投资 8087 亿元，总体投资规模较大，但实际用于场站改造、物流基地建设的资金占比很小，铁路物流中心发展建设有效投入严重不足，铁路物流中心核心竞争力打造和物流服务功能拓展资金匮乏。近几年，铁路物流中心在

投融资改革方面虽进行了有益探索，但体制机制方面尚存在较多问题，改革尚未引起社会广泛关注，引进社会资本进程较慢。同时铁路用地多为划拨用地，土地虽属各铁路局集团公司所有但产权单位不够明确，土地用途转变存在较多限制，导致了在推进投融资过程中合作融合发展面临很多现实不适应性。

（三）铁路物流中心技术装备能力偏弱

目前，我国铁路物流中心技术装备已具有一定规模，但技术装备的机械化和自动化水平不高，龙门吊、正面吊、堆垛起重机、旋转式起重机、超偏载检测装置、动态轨道衡等大型机械化装卸工具数量不足，电子汽车衡、自动分拣系统等设备应用较少，多数工作要靠人力辅助来完成，部分铁路物流中心货物装卸仍以人拉肩扛为主，限制了物流作业效率，导致部分铁路物流中心货车排队时间过长的现象，客户满意不高，降低了铁路物流在市场化竞争中的竞争力。

同时铁路物流中心设备多为传统铁路货运设备，以满足铁路运输为主，与配送、包装、流通加工等服务功能相配套的设施设备种类少、规模小，难以满足延伸物流服务。托盘等现代物流高效搬运和装载的单元化器具在铁路物流中心的应用面不广，跨出单一中心的循环使用也未实现。硬件支持的缺乏导致铁路物流中心业务功能单一，难以满足客户多样化的物流服务需求。

铁路物流中心还存在设备老旧等问题，部分铁路物流中心内仍存在很多陈旧落后、超期服役、工作状态不良的设备，一些铁路物流中心堆场、货物站台、仓库、货棚等存储设施仍是简单的结构，不仅使铁路物流中心作业效率和人员安全都面临严重挑战，更极大限制了铁路物流中心服务水平的提升和高质量发展。

（四）铁路物流中心服务功能有待完善

总体来看，我国铁路物流中心综合服务功能仍不够完善。当前铁路物流中心仍以装卸、仓储等传统铁路货场业务为主，铁路运费及装卸杂费仍为主要收入来源，利润较高的配送、流通加工、包装、信息处理分析等物流服务能力很弱甚至没有，与现代物流理念所倡导的供应链一体化服务相去甚远。原有铁路货场配套服务功能不足，能提供餐饮、住宿等服务的较少，且多为铁路货场周边零散布置的第三方餐饮与住宿，其安全性与可靠性难以保障。铁路物流中心个性化物流服务能力薄弱，缺乏全链条的物流服务解决方案，对客户或行业个性化、差异化的需求难以满足。另外，在铁路从"站到站"向"门到门"延伸发展的过程中，拓展了接取送达物流业务，但围绕铁路物流中心开展物流业务一体化的运作能力不足，表现在管理主体及目标不一致、各环节需求信息不对称、信息化管理手段不足等方面，造成铁路物流中心服务水平不高。

（五）铁路物流中心信息化水平有待提高

在信息和大数据时代，信息化建设对提高铁路物流中心服务能力，夯实市场竞争基础具有重要作用，完善的信息获取、信息传递、信息处理、信息再生、信息利用体系更是铁路物流中心实现智慧化运作的前提。当前各铁路物流中心普遍建有信息系统，但自建系统与铁路总公司统一建设系统并存，信息系统建设缺乏统筹规划，信息系统架构、版本多种多样，系统间信息交换和系统集成较为困难，不仅难以实现铁路系统内部信息的互联互通，更难以与外部市场进行即时沟通和信息共享。大多铁路物流中心未能与周边物流企业形成联动，没有形成货物运输信息共享平台，使铁路失去了很多获取物流管理收入和降低管理成本的机会。部分铁路物流中心对信息化重视程度不足，信息系统仅用于场站作业，与客户企业信息对接的应用不足，拉低了铁路物流中心整体作业效率。同时，铁路物流中心关于集装箱货物的跟踪技术水平偏低，仅能精确到托运货物的管内运输，定位到列车所在位置，无法准确查询集装箱状态，严重影响了客户的服务体验。

（六）铁路物流中心专业化人才较为匮乏

铁路物流中心员工多出身于铁路专业，对铁路运作管理较为熟悉，但缺乏对现代物流基本理论和现代物流企业运营管理的了解，同时物流职业培训和上岗资格培训环节较为薄弱，专业的规划人才、设计人才、运营人才、管理人才缺乏。铁路体系开放性不足，传统货场管理思想束缚较严重，员工参与社会物流专业领域讲座、培训及会议交流较少，体制内思想转变不够灵活，员工思路受限较大。在运营管理方面还按照传统的货场运营管理方式，对服务质量和服务细节缺乏足够重视，消极被动服务广泛存在，对"货主第一"的观念认识不到位，与我国先进物流园区平均水平相比还有较大差距。

三、我国铁路物流中心发展展望

当前，中国特色社会主义进入新时代，铁路物流中心的运营体制、运作机制等都面临重大调整。铁路系统和各级铁路物流中心将深入贯彻落实党的十九大精神和中央经济工作会议精神，按照高质量发展的要求，聚焦"交通强国、铁路先行"，深化"强基达标、提质增效"，以改革创新为动力，激发发展活力，提升服务能力，扩大走出去成果，加快实现现代化，在新时代展示铁路行业的新气象新作为，为服务国家发展战略、促进我国经济实现高质量发展提供有力保障。

（一）运输结构调整助力铁路物流中心提质升级

2017年12月，中央经济工作会议要求"调整运输结构，增加铁路运量"，2018年全国环境保护工作会议提出，推动大宗物流由公路运输转向铁路运输，为打赢蓝天保卫战取得突破性新进展。2018 年 1 月，中国铁路总公司开展工作会议，贯彻党的十九大和中央工作会议精神，提出奋勇担当"交通强国、铁路先行"历史使命，并于 1 月 26 日在北京举行"调整运输结构，增加铁路运量"签约仪式，由中国铁路总公司所属 18 家铁路局集团公司与 50 家大型企业签署年度运量运能互保协议，"调整运输结构，增加铁路运量"工作有了实质进展。

随着国家经济结构调整优化，大宗工业品运输需求呈现下降趋势，但随着"调整运输结构，增加铁路运量"的逐步落实，短期内铁路大宗货源将保持稳定，有效缓解了铁路物流中心转型压力。铁路物流中心将立足枢纽优势，充分发挥铁路运输的优势，优化铁路运输品类结构，在重视大宗工业品运输的基础上，重视农产品、日用品等生活性物流需求。通过区域物流资源整合，有效发展多式联运，通过与区域第三方物流企业合作，完善铁路城市配送网络，实现以铁路物流中心为核心、以铁路干线运输为基础、以公路区域运输为延伸的多方协同发展的物流网络服务体系。长期来看，铁路物流中心将成为吸引生活性物流的重要载体，而提供整体的供应链解决方案和多种增值服务将成为铁路物流中心新的利润增长点。铁路物流中心的提质升级，将有效提高物流速度，降低物流成本，提高铁路物流市场竞争力。

（二）路局公司制改革催生铁路物流中心发展活力

为提高国铁资本效率效益、增强企业活力，推进铁路局公司制改革，推动国铁企业真正成为依法自主经营、自负盈亏、自担风险、自我约束、自我发展的独立市场主体，中国铁路总公司制定《中国铁路总公司关于全面推进铁路局公司制改革的指导意见》（铁总改革与法律〔2017〕223 号）并于 2017 年 9 月印发，规定 18 个铁路局改制为集团有限公司，截至 2017 年年底 18 个铁路局均已改名为集团有限公司。

公司制改革是中国铁路总公司深化铁路企业改革的重要举措，有利于推动混合所有制改革，有利于引入社会资本，催生发展活力，促进融合发展。在铁路局公司制改制的背景下，铁路物流中心与社会企业开展合资合作，吸引企业投资入驻，有望使铁路物流中心发展取得新突破。铁路物流中心将不断加大综合经营开发力度，按照《铁路物流中心设计规范》要求，与企业合作拓展货物到发中转、装卸搬运、配送、信息服务、货运安全及检测监控、流通加工、金融物流、货运代理、咨询与方案设计、市场交易、贸易代理、商品展示、设施设备租赁等功能，积极融入企业供应链，将有力增强服务产品的市场竞争能力，带动铁路物流中心现代物流服务水平的提升。

（三）基础设施投资稳定带动技术装备升级扩能

当前我国已进入全面建成小康社会的决胜期，贯彻党的十九大要求，加快供给侧结构性改革，扩大有效投资、精准投资，是推动经济向高质量发展转变的重要手段。为解决我国铁路物流中心设施设备专业性不强、设备能力供给不足的问题，稳定的基础设施投资以支持设施设备升级改造是提升铁路物流中心生产效率和服务质量的必然选择。近几年，随着铁路投融资模式改革取得进展，社会资本参与铁路物流中心发展建设的途径不断开拓，铁路物流中心设施设备的升级扩能有了保障。

一段时间内，铁路物流中心仍将以设施设备补强、拓展物流服务功能为重点，增加龙门吊、正面吊、旋转式起重机、超偏载检测装置、动态轨道衡等大型装卸机械规模；根据自身业务发展需要，配置电子汽车衡、自动分拣系统、无人龙门吊等自动化、智能化设备；推进托盘、集装箱等标准化运载单元的应用推广；延伸物流服务，完善相应作业设备；对老旧失修及超出使用年限的设备进行更换，对仓库、雨棚、站台、堆场等仓储设施进行更新改造，对照明、排水、消防设备进行维修；使铁路物流中心设施设备向标准化、专业化、大型化、高速化、专用化、自动化、智能化、系统化、绿色化的方向不断发展。同时，伴随着冷链、高铁快运的快速发展，部分铁路物流中心也将根据需要加强冷库、城市配送、快递中转分拨等物流设施建设，以适应不断变化的现代物流市场，满足铁路货运进一步改革和现代物流发展的需要。

（四）资源整合推进铁路物流中心服务水平提升

铁路物流中心作为区域货物集散的重要节点，具有大运量、集约化、便于联运等诸多优势，随着中国经济由高速发展向高质量发展转变的推进，"交通强国、铁路先行"愿景的不断落实，铁路物流中心的资源集聚和整合能力将进一步增强，物流资源统一调配将进一步实现，物流资源利用将进一步集约，多种运输方式衔接将进一步改善，物流信息可追溯性将进一步提升，物流"最后一公里"将持续改进，物流服务能力和服务质量将不断提高，物流服务成本将不断降低。

随着《铁路物流中心设计规范》的贯彻落实，新建铁路物流中心将在充分进行市场需求调查、分析的基础上，广泛采用标准化、系列化、规范化的运输、仓储、装卸、搬运、包装机具设施及条码等技术，积极拓展储存、配送、包装、流通加工、信息服务等物流增值功能。优化作业流程和作业标准，完善有关规章制度，以市场需求为导向，充分发挥铁路优势，开发货运延伸服务项目，将传统的"站到站"运输服务升级为"门到门"的全程物流服务。

随着《铁路物流基地布局规划及2015—2017年建设计划》的稳步推进，我国铁路物流中心布局趋于完善，以铁路物流技术标准体系、管理标准体系和工作标准体系为主要内容的规范物流服务标准体系的需求日益迫切，以客户为中心，强化标准和流程管理，物流时效性、质损控制和信息服务等方面的问题将被重点解决，运输、配送、装卸等环节的物流服务标准进一步规范，各子系统的技术标准、业务工作标准和铁路运输系统与其他运输系统的衔接标准将陆续出台，物流标准化的进程会得到进一步推进。

以"互联网＋流通"行动计划为契机，铁路物流中心将不断提升信息化服务水平，扩大铁路物联网的应用范围，推进市场分析、货运受理、生产管理、追踪查询、物流配送等系统的深度融合，为客户提供更好体验，通过管理信息系统平台建设，畅通铁路物流生产组织与客户间的信息交流，实现客户关系管理、会员诚信管理、合同管理、视频监控、广播显示、一卡通管理、智能大门、火灾自动报警、机电设备监控、铁路货运管理、集装箱管理、办公管理等功能，实现商流、物流、资金流、信息流与采购、运输、仓储、加工、配送等环节有机统一，最终实现内部资源网络化、物流信息共享化和外部交易简单化。

（五）铁路物流中心以融合促发展推动形成生态圈

交通物流融合发展背景下，铁路物流中心将充分利用铁路的资源优势和多式联运优势，联合铁路企业、社会物流企业、快递企业、代理企业，推动社会物流资源集成和多种运输方式深度融合，有力促进铁路货运持续健康发展，支撑多式联运、中欧班列、集装箱、商品汽车、冷链运输等快速推进，推动形成物流生态圈。

随着运输结构的调整、国家多式联运顶层规划的出台和两批多式联运示范工程项目的深入推进，铁路物流中心多式联运发展迎来空前机遇。在当前国家大力推动多式联运发展的背景下，铁路物流中心作为多式联运重要节点，将充分发挥自身优势，以融合促发展，大力推动集装箱运输，加强与生产制造企业、港口及物流园区的合作，加快铁路专用线入企、入港、入园工作，积极开展铁水联运、公铁联运等多式联运。铁路物流中心及末端配送服务设施布局日趋合理，货物集散服务网络日益扩大，按照"无缝化"衔接要求，货运枢纽多式联运、集装箱运输、邮政快递运输、国际联运以及集疏运等"一站式"服务设施日益完善，枢纽集散能力和服务效率日益提升。

作为我国推动"一带一路"倡议的重要抓手，统一品牌后，中欧班列效应逐渐显现，发展前景广阔。铁路物流中心作为"一带一路"中欧班列组织与开行的重要作业基地，配套设施设备水平将进一步升级更新，对适箱货物的运输组织和作业能力将进一步加强，服务中欧班列的国际报关、国际中转等功能将进一步完善，为提升中欧班列集结转运效率、降低物流成本、推动中欧班列快速发展提供强力支持。

随着我国一、二、三级铁路物流中心规划持续落实，集装箱、商品汽车、口岸物流服务、零散快运货物、冷链物流服务功能不断完善，同时铁路商品汽车和冷链等专业型物流基地布局建设也在稳步推进，以基础设施为依托，铁路物流中心将持续拓展现代物流服务，不断创新商业运作模式，推行开放理念，同班列公司、制造企业、国内外贸易企业、社会物流企业、口岸海关等广泛开展多元化合作，持续推动区域内和区域间的合作与资源共享，实现区域物流资源的集聚，不断提高区域物流运行效率，降低物流成本，逐步形成多式联运、多业联动、多方共赢的物流生态圈。

参考文献

［1］中国铁路总公司．铁路物流基地布局规划及 2015—2017 年建设计划（铁总计统〔2015〕232 号）［Z］．北京：中国铁路总公司，2015.

［2］中国铁路总公司．铁路商品汽车物流基地布局中长期规划（铁总计统〔2015〕309 号）［Z］．北京：中国铁路总公司，2015.

［3］中国铁路总公司．铁路冷链物流网络布局"十三五"发展规划》（铁总计统〔2016〕42 号）［Z］．北京：中国铁路总公司，2016.

［4］中华人民共和国国家发展和改革委员会．中欧班列建设发展规划（2016—2020 年）［EB/OL］．http：//xbkfs. ndrc. gov. cn/gzdt/201610/P020161017546978452480. pdf.

［5］国家发展改革委．关于印发《"十三五"铁路集装箱多式联运发展规划》的通知［EB/OL］．（2017 - 07 - 06）［2018 - 05 - 30］．http：//www. ndrc. gov. cn/gzdt/201705/t20170512_847292. html.

［6］中国铁路总公司．铁路物流中心设计规范：Q/CR 9133—2016［S］．北京：铁道出版社，2016.

［7］杨宏燕，康福泉，张晓东．2015 年铁路物流发展回顾与 2016 年展望［M］//中国物流与采购联合会，中国物流学会．中国物流发展报告（2015—2016）．北京：中国财富出版社，2016：136 - 144.

［8］佚名．铁路总公司如何盘活庞大土地储备［EB/OL］．（2018 - 01 - 19）［2018 - 04 - 16］．http：//news. dichan. sina. com. cn/2018/01/19/1255040. html.

［9］张晓东，杨俊杰．2016 年铁路物流发展回顾与 2017 年展望［M］//中国物流与采购联合会，中国物流学会．中国物流发展报告（2016—2017）．北京：中国财富出版社，2017：165 - 176.

［10］陆东福．强基达标提质增效奋力开创铁路改革发展新局面——在中国铁路总公司工作会议上的报告（摘要）［J］．中国铁路，2017（1）.

［11］陆东福．交通强国　铁路先行　为促进经济社会持续健康发展做出更大贡献——在中国铁路总公司工作会议上的报告（摘要）［J］．铁路计算机应用，2018（1）：1 - 3.

［12］张晓东，杨俊杰．铁路物流中心发展现状与对策研究［J］．中国物流与采购，2017（19）：54 - 56.

（作者：张晓东，庄乾文，张明月，郎茂祥　北京交通大学交通运输学院）

港口物流园区发展报告

港口物流园区是指临近并依托港口，集中建设的物流专业设施群和众多专业化物流企业在地域上的物理集结地，是具有一定规模和综合服务功能的物流经济区域。港口物流园区的类别可按其所依托的港口和物流园区的自身属性进行划分。从港口维度，港口物流园区可分为沿海港口物流园区和内河港口物流园区；从物流园区维度，港口物流园区可分为综合型港口物流园区和专业型港口物流园区。根据港口和物流园区区位及功能关系，港口物流园区可分为三类：一是园区位于港区外，园区和港区相对独立，园区以相邻港口为依托联动发展，我国多数港口物流园区属于此类型；二是园区位于港区之内，园区是港区的一个功能板块，例如，我国很多保税物流园区多位于港区之内；三是港区位于园区之内，港区是园区的一个功能板块，园区以码头资源为核心统一规划，园区内同时包含港口码头作业区及物流作业区，例如钦州港综合物流园、潍坊滨海区临港物流园、太仓物流园等。

港口的发展对临港物流园区具有传导作用，港口物流园区主要为港口提供配套服务，支撑临港产业发展，港口物流园区功能与港口功能协同性较强，港口领域推进供给侧结构性改革、技术创新与应用，推动绿色平安港口建设，在港口物流园区方面也逐步得到体现。

一、2015—2017 年我国港口发展情况分析

（一）港口基础设施、吞吐量发展情况

2015—2017 年我国港口吞吐量保持稳定增长，增速放缓。受国际经济贸易发展的影响，2015 年、2016 年港口吞吐量同比增速仅为 2.39%、3.54%，集装箱吞吐量同比增速仅为 4.95%、3.77%。2017 年世界经贸逐渐复苏，港口吞吐量同比增长 6.11%，集装箱吞吐量同比增长 8.18%。

截至 2017 年年末，全国港口拥有生产用码头泊位 27578 个，比 2016 年减少 2810 个。其中，沿海港口生产用码头泊位 5830 个，减少 57 个；内河港口生产用码头泊位

21748 个，减少 2753 个。

2017 年全国港口完成货物吞吐量 140.07 亿吨，比 2016 年增长 6.1%。其中，沿海港口完成 90.57 亿吨，增长 7.1%；内河港口完成 49.50 亿吨，增长 4.3%。全国港口完成外贸货物吞吐量 40.93 亿吨，比 2016 年增长 6.3%。其中，沿海港口完成 36.55 亿吨，增长 5.8%；内河港口完成 4.38 亿吨，增长 10.0%。全国港口完成集装箱吞吐量 2.38 亿 TEU，比 2016 年增长 8.3%。其中，沿海港口完成 2.11 亿 TEU，增长 7.7%；内河港口完成 2739 万 TEU，增长 13.4%。全国规模以上港口完成集装箱铁水联运量 348 万 TEU，占规模以上港口集装箱吞吐量的比重为 1.47%。全国规模以上港口完成货物吞吐量 126.72 亿吨，比 2016 年增长 6.6%。其中，完成煤炭及制品吞吐量 23.34 亿吨，增长 8.5%；石油、天然气及制品吞吐量 10.02 亿吨，增长 7.7%；金属矿石吞吐量 20.28 亿吨，增长 6.0%。

2013—2017 年万吨级以上码头泊位数如图 1 所示。

2013—2017 年港口吞吐量趋势如图 2 所示。

2013—2017 年港口集装箱吞吐量趋势如图 3 所示。

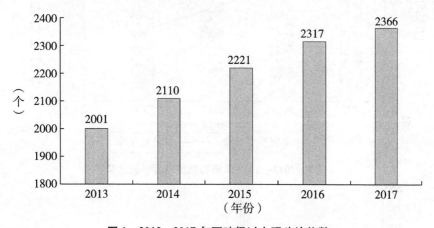

图 1　2013—2017 年万吨级以上码头泊位数

（二）主要港口企业的发展情况

2015—2017 年，我国港口行业发展总体上较为平稳，18 家上市港口企业均实现了盈利。2017 年，上海国际港务（集团）股份有限公司、宁波舟山港股份有限公司、天津港股份有限公司、大连港股份有限公司等 18 家上市港口企业营业收入 1449.00 亿元，同比增长 18.89%，净利润 220.84 亿元，同比增长 38.63%。

2015—2017 年我国主要港口经营情况如图 4 和图 5 所示。

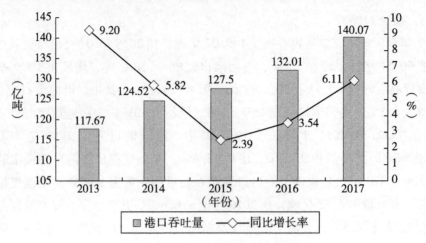

图2　2013—2017年港口吞吐量趋势

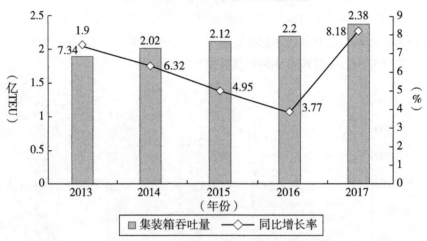

图3　2013—2017年港口集装箱吞吐量趋势

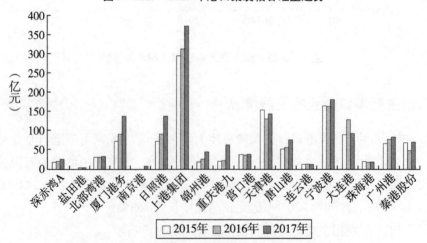

图4　2015—2017年境内上市港口企业主营收入情况

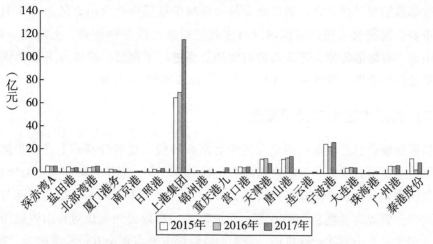

图5 2015—2017 年境内上市港口企业净利润情况

（三）我国港口发展与世界比较

当前，我国港口吞吐量已位于世界前列，2017 年全球主要港口货物吞吐量约为 163 亿吨，货物吞吐量前 20 大港口，我国大陆有宁波—舟山港、上海港、苏州港、广州港、唐山港、青岛港、天津港、大连港、营口港、日照港、烟台港、湛江港、黄骅港 13 个港口入围，中国香港位列第 18 位，其中宁波—舟山港货物吞吐量超过 10 亿吨，位列第一位；2017 年全球港口集装箱吞吐量达到 7.4 亿 TEU，同比增长 6%，2017 年全球集装箱吞吐量前 20 大港口，我国大陆有上海港、深圳港、宁波—舟山港、广州港、青岛港、天津港、厦门港、大连港 8 个港口入围，中国香港位列第 5 位，其中上海港完成超过 4000 万 TEU，位列第一位。

二、2015—2017 年影响我国港口发展的重大政策分析

（一）以供给侧结构性改革为主线，推进重点领域改革

2015 年，国家发展改革委与交通运输部相继联合下发《交通运输部 国家发展改革委关于放开港口竞争性服务收费有关问题的通知》《交通运输部 国家发展改革委关于调整港口船舶使费和港口设施保安费有关问题的通知》和《交通运输部 国家发展改革委关于印发〈港口收费计费办法〉的通知》，财政部与交通运输部联合发布《关于完善港口建设费征收政策有关问题的通知》。2016 年 1 月交通运输部、国家发展改革委发布了《港口收费计费办法》，进一步规范港口收费。2017 年，交通运输部会同国家发改委修订印发了《港口收费计费办法》，改革国内客运和旅游船舶港口作业费定价

模式、改革拖船费计费方式，港口企业每年再减少航运企业负担2亿元。11月，国家发展改革委会同交通运输部对国内沿海主要港口进行反垄断调查，上海港、天津港、宁波舟山港、青岛港等港口迅速对港口装卸价格进行了调整，2018年开始将调降进出口集装箱装卸作业费，预计每年减少进出口物流成本约35亿元。

（二）持续推进港口资源整合

港口资源整合已经覆盖从南到北的所有沿海省份，在整合基础上进一步提高资源效率，促进港口由分散竞争走向协同合作发展。2015年，以中远集团与中海集团重组、招商局集团中外运长航集团重组为背景，中远太平洋与中海码头、招商国际与中外运长航集团码头资源实现整合。2016年，宁波港股份有限公司完成对舟山港股份有限公司收购，宁波—舟山港从行政机构、资本和经营等方面实现全方位深度融合。2017年，辽宁省政府与招商局集团双方合作建立辽宁港口统一经营平台，以大连港集团、营口港集团为基础，实现辽宁沿海港口经营主体一体化，年末大连港、营口港资产正式划拨辽宁省，开启了整合的进程。交通运输部与天津市、河北省部省（市）联动推出《加快推进津冀港口协同发展工作方案（2017—2020年)》，共同推动津冀港口跨省级行政区域资源整合先行先试。江苏省成立江苏省港口集团，整合了沿江锚地、岸线和航线资源，初步实现港口一体化运营。广东省在粤港澳大湾区建设的战略下，以广州港为龙头，积极整合珠江口内及珠江西岸港口资源，力争打造成粤港澳大湾区世界级枢纽港。同时，在总结各地港口资源经验的基础上，交通运输部向全行业印发《交通运输部关于学习借鉴浙江经验推进区域港口一体化改革的通知》，引导各地因地制宜有序推进港口资源整合，优化水运供给，加快行业提质增效。

（三）推进平安绿色港口发展

2015年，天津港"8·12"特别重大火灾爆炸事故以及后期相继处理，震动全国，对安全生产、监管敲响了警钟，事件推动再次显示出巨大威力，各级政府和企业以空前的力度全面加强安全管理。针对港口安全生产形势，特别是汲取天津港"8·12"事故教训，交通运输部和各省均全面加强港口安全管理，其中：2016年3月，《天津市人民政府关于进一步明确和规范安全生产工作职责的意见》进一步明确港口安全生产监督管理职责；2016年1月，交通运输部发布《交通运输部关于严格落实法律法规要求加强危险化学品港口作业安全监管的若干意见》，4月发布《危险货物港口作业安全治理专项行动方案（2016—2018年)》，6月发布《危险货物水路运输从业人员考核和从业资格管理规定》，7月发布《交通运输企业安全生产标准化建设评价管理办法》，8月交通运输部发布《交通运输部关于牢记事故警示加强危险货物港口作业安全生产工作的通知》，9月发布《港口危险货物安全监督检查工作指南》，12月发布《危险货物港口作业重大事故隐患判定指南》，为进一步落实企业安全主体责任和政府监管责任提供了依据。2017 年，交通运输部印发了《交通运输部办公厅关于加强危险货物储罐安全管理的意见》等多份加强安全工作文件，同时深入开展港口危险货物作业安全专项治理。

2015 年，交通运输部发布《珠三角、长三角、环渤海（京津冀）水域船舶排放控制区实施方案》，提出在三大港口群设立船舶排放控制区。2016 年 4 月 1 日长三角核心港口、10 月 1 日深圳港率先实施船舶靠岸停泊期间使用硫含量不高于 0.5% 的燃油新标。2016 年和 2017 年，交通运输部和国家发展改革委连续两年推进实施多式联运示范工程项目，其中共有 28 个示范工程项目涉及集装箱铁水联运，推动了低碳环保集疏运体系建立，有效促进了结构性节能减排。2017 年 7 月，交通运输部印发《港口岸电布局方案》，提出着力推进已建集装箱、客滚、邮轮、大型客运和干散货 5 类专业化泊位的岸电设施改造，并积极推进靠港船舶使用岸电。

（四）鼓励港口领域技术创新

2017 年，交通运输部以港口智慧物流、危险货物安全管理等方面为重点，选取一批港口开展智慧港口示范工程建设，引起了业界广泛关注。青岛港、上海港洋山四期自动化码头先后投入使用，不论在规模上还是效率上都处于世界领先水平，在节能环保、操作安全、装卸效率等方面实现了技术创新。

三、港口物流园区的发展特点

（一）港口物流园区具有鲜明的港口特色

港口物流园区依托港口开展业务，多数港口物流园区由港口企业为主或参与开发建设和后期运营，港口物流园区入驻企业多为航运企业和货主企业。例如董家口港物流园区由青岛港集团为主开发，中哈（连云港）物流合作基地由连云港港口集团和哈铁快运公司在连云港港口后方共同建设；此外，很多为港口服务的内陆无水港也由港口企业为主投资经营，例如，宁波港在浙江、江西等地布局了萧山、绍兴、上饶、鹰潭、新余、萍乡等 13 个无水港；大连港布局了沈阳、通辽、穆棱等内陆港，初步形成"4 大中心、12 个场站、31 个站点"的内陆网络布局。

（二）港口物流园区与港口功能协同性强

港口物流园区主要为港口提供配套服务，港口物流园区的功能和港口的功能匹配协同发展。与集装箱码头配套的园区一般具有集装箱仓储、配送、集拼箱、提还箱、查验、商贸等功能；与矿石、煤炭等码头配套的园区一般具有矿石筛分、配矿，煤炭配煤，调剂与配送、临港商贸、质押担保等功能；与原油、液体化工码头配套的园区一般具有仓储、临港商贸等功能；与商品汽车滚装码头配套的物流园区一般具有 PDI（车辆售前检验）、VPC（汽车加工中心）、分拨配送、场地租赁、货运代理、海运解决方案等综合服务功能；与木材码头配套的物流园区具有运输配送、堆存加工、检疫通关等基本服务，以及与之配套的深加工、信息、商贸、质押融资、代理开证、废料处理等衍生服务。

（三）港口物流园区是港口和临港产业间的重要纽带

目前我国大多数临港区域已形成装备制造、石油化工、冶金、农产品加工等传统临港产业，并衍生发展了贸易、金融、信息、旅游等临港衍生产业。港口物流园区为传统临港产业提供仓储、配送、流通加工等传统配套服务，也逐渐升级提供贸易、金融、信息等增值配套服务，是临港产业与港口之间的重要纽带。例如，南京江北化工物流园，主要为临港化工企业提供物流服务。

四、2015—2017 年我国港口物流园区发展动态

（一）港口物流园区具备了一定规模

经过多年的发展，我国大多数港口后方均布局了物流园区，港口物流园区既承担了港外堆场的功能，也承担了港口物流增值服务的功能。港口物流园区的功能与港口功能协同性强，随着港口专业化水平逐步提升，港口物流园区的专业化水平也大幅提升，既建成了一批以集装箱、煤炭、矿石、石化、建材、商品汽车等为主要服务货种的专业化物流园区，也建成了一批具有保税功能的物流园区，港口物流园区服务功能不断完善和提升。我国主要沿海港口物流园区如表1所示，主要内河港口物流园区如表2所示。

表1　　　　我国主要沿海港口物流园区一览

区域	园区名称	简单描述
长江三角洲地区	洋山深水港物流园区	园区分为物流功能区与港口辅助区两部分，基本功能区有内河港区、国际物流区和综合设施配套区
	上海外高桥保税物流园区	服务功能定位为国际中转、国际配送、国际采购、国际转口贸易四大功能
	上海港浦东集装箱物流园区	主要功能区包括进口集装箱海关监管堆场、集装箱空箱堆场、物流转运中心、个性化仓库、海关查验区、国检放射性检测区、进出口集装箱熏蒸区、修洗箱及生活辅助区

区域	园区名称	简单描述
长江三角洲地区	宁波保税物流园区	位于宁波北仑四期集装箱码头后方，具有国际中转、国际转口、国际物流配送、国际国内采购、流通加工等主体功能
	宁波梅山保税港区物流园区	依托梅山港区，开展国际中转、国际配送、国际采购、国际转口贸易和出口加工、国际金融业务等现代国际物流业务
	连云港金港湾国际物流园区	多式联运服务功能；国际商贸交易功能；保税物流服务功能；临港产业加工增值服务功能；航运物流支撑服务功能；商务生活配套服务功能
	中哈（连云港）物流合作基地	庙岭作业区后方，毗邻集装箱和散粮泊位，北侧为陇海铁路，由连云港港口集团出资51%（约2.14亿元）和哈铁快运公司出资49%（约2.06亿元）共同建设，主要经营国际多式联运、拆装箱托运、仓储等国际货物运输业务
	张家港保税物流园	集国际航运、国际港口、国际贸易以及高新产业于一体的综合物流园区
	江苏江阴综合物流园区	具有综合运输、货物仓储、货运配载、装卸搬运、信息处理、流通加工、检验检疫、商务咨询、招商引资等功能
	太仓物流园区	太仓物流园区以太仓港物流基地为核心，占地约7.37平方千米，以港口物流为核心，将太仓港建成大宗散货、件杂货和战略资源的中转储运、保税仓储和物流配送基地
	泰州高港综合物流园	重点打造的海泰化工交易市场、锦泰金属交易市场、粮油交易市场"三大物流交易市场"，并为临港产业提供"零库存"配送服务
	南京龙潭港综合物流园区	依托龙潭港区，以集装箱多式联运为载体，具有储运、中转、分拨、配送、增值服务等物流运作及临港加工等功能
	南京江北化工物流园	依托西坝港区，建设化学品集散基地
	南京滨江钢铁物流园	依托铜井港区，实现以钢铁为主的采购、储存、加工、配送、转运、包装、交易、信息和结算功能
	南京七坝金属建材物流园	依托七坝港区，建设专业金属、建材集散基地
环渤海地区	青岛港综合物流园区	在前湾港区建设以集装箱、煤炭、矿石、原油等货种为主的综合物流园区
	青岛保税物流园区	主要开展国际中转、国际配送、国际采购和国际转口贸易业务

区域	园区名称	简单描述
环渤海地区	青岛西海岸物流产业园区	包括前湾港南港区物流园和董家口港区物流园
	董家口港物流园区	临近青岛港董家口港区，以大宗生产资料操作为主的物流园区
	烟台龙口临港物流园	依托烟台港龙口港区，以煤炭、铝矾土、液体化工三大货种为支柱性货源
	潍坊滨海区临港物流园	重点建设潍坊港和潍坊龙威渔港，以开发建设潍坊港为突破口，推进重点物流项目集群发展
	天津港保税物流园区	具备国际中转、国际配送、国际采购和国际贸易的四大功能
	秦皇岛临港物流园区	"交易、配送、展览、仓储、流通加工、信息处理"六位一体的综合性物流枢纽基地
	曹妃甸港口物流园区	钢铁、煤炭、矿石等大宗货物仓储、配送、交易
	盘锦辽东湾新区临港物流园区	依托盘锦港建设集装箱、石化产品、农产品、大型设备等综合物流园，重点发展仓储、中转、加工、采购分拨配送等高增值综合物流服务，形成大宗商品交易的"辽东湾价格"
	大连保税物流园区	园区由保税区、海港联合组成，是北方重要的国际物流基地
	营口鲅鱼圈港前物流园	为营口港配套的货物堆存、仓储园区
	辽宁（营口）沿海产业基地交通物流园区	服务镁质材料、冶金、石化、纺织服装、装备制造和新型建材等产业集群，提供运输组织、中转换装、装卸仓储、集装箱集疏、信息化处理、物流增值服务等综合型现代物流服务
东南沿海地区	厦门保税物流园区	保税、仓储、配送、国际中转、国际配送、国际采购、国际转口贸易功能
	福州保税物流园区	依托福州港江阴港区，具备保税仓储、国际物流配送、简单加工和增值服务、进出口贸易和转口贸易、口岸功能和退税功能、物流信息处理功能
珠江三角洲地区	深圳盐田港物流园区	园区具有保税仓储、流通性简单加工和增值服务、全球采购和国际配送、国际中转和转口贸易、检测维修、商品展示等功能

区域	园区名称	简单描述
珠江三角洲地区	深圳前海湾物流园	依托西部港群，重点发展港口及陆路散杂货集散、集装箱中转、加工、转运和配运，以及与物流业相关的货运交易、信息、管理、保险和金融等服务业
	广州南沙国际物流园区	发展与临港工业配套的仓储、增值加工、物资配送、分拣等服务以及具有国际中转、国际贸易、国际采购等功能
	广州黄埔国际物流园区	以广州港黄埔港区、广深铁路等区位优势为依托，在黄埔形成了港口物流、铁路物流以及相关物流产业聚集发展并初具规模
	普洛斯珠海港物流园	为横琴新区、珠海市区以及珠江西岸提供城市配送和区域配送等服务，将推动保税区转型升级
西南沿海地区	防城港东湾物流园区	构建集港口吞吐、口岸通关、港航服务、保税物流、仓储配送、国际中转、多式联运、国际贸易、综合物流信息、冷链商贸等多功能为一体的现代港口综合物流园区
	钦州港综合物流园	位于钦州市钦州港，占地面积约10平方千米，由西港物流区、中港物流区、保税港区三片组成，建设铁公海联运枢纽、出口加工基地和工业产品交易平台等重点项目
	湛江保税物流中心	位于湛江临港工业园区内，是B型保税物流中心，具有保税仓储、转口贸易、国际物流配送、出口货物入中心退税等多种保税政策功能

注：港口物流园区信息通过对各港口企业、物流园区经营企业网站发布信息、新闻媒体报道等整理获得。

表2　　　　　　　　　　我国主要内河港口物流园区一览

区域	园区名称	简单描述
长江	武汉阳逻港综合物流园区	建设集集装箱转运、粮食交易和煤炭配送三大全国性的物流配送中心为一体的可通江达海的综合型物流园区
	重庆寸滩物流园区	具有港口作业、空运服务、对外贸易、出口加工、商品展示、保税多式联运和金融商贸服务七大业务功能，并建有国内首个"水港＋空港"一区双功能的保税港区
	重庆果园港物流园	仓储、加工、交易、再包装、多式联运、保税、商贸等
	泸州临港物流园区	拖车物流服务及保税物流服务，兼有流通加工及城市配送功能
西江	梧州港港口物流中心	包括码头装卸区、集装箱中转区、多式联运区、仓储配送区、流通加工区、商务办公区、港口信息服务中心、金融物流区八个功能区

续 表

区域	园区名称	简单描述
京杭运河	徐州双楼物流园区	项目占地 1670 亩，港口岸线 1682 米，建设内容为徐州国家公路货运主枢纽、徐州保税物流中心、徐州港双楼作业区通用码头工程

注：港口物流园区信息通过对各港口企业、物流园区经营企业网站发布信息、新闻媒体报道等整理获得。

（二）港产园互动逐渐增强

我国大多数港口在确定港口功能时，专注的货物种类均和本地区或者周边的相关产业存在紧密的联系，随着港口与临港产业、园区的良性互动，港口物流园区在港口、临港产业间的纽带作用日益凸显，园区与港口及临港产业的互动逐渐增强，园区为港口、临港产业服务效率也进一步提升。

（三）港口物流园区集疏运体系逐步完善

港口及港口物流园区是多种运输方式高效衔接的重要节点，近年来，随着国家对综合交通运输体系建设的重视，原来集疏运系统不完善的港区和园区在逐步完善集疏运条件，特别是新规划建设的港区或港口物流园区重视公路、铁路、水运和管道等运输方式的衔接，经济、环保、高效的集疏运方式得到了更广泛的应用。

五、我国港口物流园区发展中存在的主要问题

在港口物流发展的带动和物流政策的支持下，我国港口物流园区取得长足的发展，但与国外的园区相比，整体而言，我国的港口物流园区的建设、发展还处于起步阶段，而且面临着以下的问题。

（一）园区的规划建设有待进一步优化

港口物流园区的规划建设需要与港口总体规划、城市总体发展规划、土地利用规划、交通规划等相衔接，港口物流园区主要为港口配套服务，需要科学论证园区的功能定位、服务对象、配套设施、建设规模等，使园区的发展与港口的发展高效协同。有些港口物流园区功能定位不明晰，园区位置距离港口较远，降低了竞争力，造成了资源的浪费；有些港口后方预留土地较少，限制了港口功能的拓展和临港产业的发展；有些港口物流园区功能设计不合理，规划土地使用效率低下，造成许多规划土地挪作他用或长期闲置。

（二）园区服务功能有待提升

从园区主要业务功能来看，仓储、运输、配送等传统业务功能仍然占主导地位，虽然部分园区能够提供流通加工、金融物流等业务，但比例还比较低。根据《第四次全国物流园区（基地）调查报告》（2015年）统计，能够提供金融物流服务功能的物流园区占比仅为36%。临港物流园区的专业化服务能力、标准化服务能力、信息化服务能力、多元化服务能力还存在短板。与鹿特丹港口物流园区、新加坡港口物流园区等世界先进港口物流园区相比，我国的港口物流园区在盈利方面还有很大差距。我国的港口物流园区盈利模式相对单一，主要盈利点集中在园区基础功能，增值盈利能力较弱或缺失。

（三）园区信息化发展水平有待提升

近年来，随着物联网技术的推广应用，港口物流园区的信息化水平得到了一定的提升，很多园区企业实现了与港口、海关、国检、海事等企业、部门的信息互通互联，提高了信息服务水平，但是从整体上看，港口物流园区整体的物流信息化水平仍然不高，没有出现整个行业大幅提升的局面，多数园区还没有建设信息系统，即使建设了信息系统，大多也未实现与港口、物流企业、政府部门三方面的信息系统互联互通。

（四）港口物流的高端综合物流人才极其缺乏

近年来，港口企业培养了大批的物流人才，也向港口物流园区做了一些人才输出，港口物流园区人才状况有了很大改善。但是港口物流园区作为国际贸易、国际物流的集聚地，需要大量的精通多式联运、国际物流、国际贸易、进出口报关、物流设计、物流信息等高端综合物流人才，而物流园区整体盈利水平较低，对于吸引人才、留住人才的竞争力较弱。因此，物流园区高端综合物流人才的缺乏，仍是制约港口物流园区发展的重要因素。

（五）安全绿色发展问题突出

2015年8月12日，天津东疆保税港区瑞海公司危险品仓库发生火灾爆炸事故，造成165人遇难。直接经济损失68.66亿元。天津"8·12"事故对港口物流园区的安全敲响了警钟，港口物流园区经营货类繁多，也包括很多危险品货类，绿色发展问题非常突出。

绿色发展是未来的重要发展趋势，港口物流园区在规划建设、货物作业、设备使用等方面与绿色发展的要求还有很大差距；在集疏运方式上，铁路集疏运量占比较低，结构性节能减排的问题突出。

六、我国港口物流园区发展展望

（一）交通强国战略要求港口物流园区提升服务能级

2018 年是全面贯彻落实党的十九大精神的开局之年，是改革开放 40 周年，是决胜全面建成小康社会、实施"十三五"规划承上启下的关键一年，也是交通强国建设的起步之年。党的十九大为我国港口开启了新的发展征程，港口物流园区也将进入新的发展阶段。交通强国建设要求港口物流园区在规划、运营、管理、服务、绿色、安全、创新等方面全面提升服务能级，更好地发挥好港口与产业之间的纽带作用，助力交通强国建设。

（二）"一带一路"倡议拓展了港口物流园区的发展空间

港口作为"一带一路"交通基础设施的重要节点，对于推进"一带一路"倡议的实施，将起到重要作用。近年来，招商局、中远海、上港集团等企业在"一带一路"沿线国家投资、运营多个港口，以招商局集团为代表对所投资的港口所在城市与国家进行"前港、中区、后城"整体规划投资，中资背景的港口物流园区在"一带一路"沿线国家发展迅速。未来，港口物流园区在"一带一路"仍有重要的发展机遇，随着中资企业在境外投资建设港口，经营港口业务的增加，境外配套建设、经营港口物流园区的需求也会持续增加。

（三）自由贸易港建设为港口物流园区发展带来新的机遇

党的十九大报告中"要赋予自由贸易试验区更大改革自主权，探索建设自由贸易港（简称自贸港）"。作为"自由贸易试验区"政策的进一步深化，自贸港将围绕货物、资金和人员三大要素的自由流动展开，在外汇管理、税收优惠、外籍人士领取中国绿卡及外地员工落户等方面有望取得突破，进一步提升地区功能定位，带动周边的经济发展，为其他地区的开放起到示范作用。除海南外，上海、天津、广东、浙江、福建等地都在启动或酝酿探索自贸港，2018 年相关政策将会有实质性推动和实践，港口物流园区依托港口具有土地资源和企业集聚的资源，具备落实自贸港优惠政策的优势条件，在自贸港发展架构下会有新的发展机遇。

（四）安全发展对港口物流园区提出了基本底线要求

天津"8·12"重大事故引发了港口领域一系列举措提高安全水平，安全发展是港口物流园区未来发展的最基本底线要求，未来港口物流园区特别是服务危险化学品的港口物流园区安全水平将进一步提升。更高的安全标准要求港口物流园区要通过建立和完善安全法规标准，建立专业化的安全监管人员队伍，运用新一代监管技术，构建快速可靠的应急救援体系，大幅提升安全管理水平。

（五）绿色发展要求港口物流园区贯彻绿色物流理念

港口领域推动船舶使用岸电，设立船舶排放控制区，实施船舶靠港使用低硫油，完善集疏运系统，有效推动了绿色发展。绿色发展是港口物流园区发展的重要方向，要求在港口物流园区基础设施规划设计、建管养运方面贯彻生态环保理念。未来，港口物流园区要不断完善集疏运系统，推动港口物流园区集疏运的结构性减排；要研究应用清洁低碳的物流园区装备体系，加快传统石化燃料替代，实现绿色装备转型升级。

参考文献

［1］邢虎松．我国临港型物流园区的内涵及分类［J］．水运管理，2016，38（3）：35－38．

［2］中华人民共和国交通运输部．2015 年交通运输行业发展统计公报［EB/OL］．（2016－05－06）［2018－04－21］．http：//zizhan. mot. gov. cn/zfxxgk/bnssj/zhghs/2016 05/t20160506_2024006. html.

［3］中华人民共和国交通运输部．2016 年交通运输行业发展统计公报［EB/OL］．（2017－04－17）［2018－04－21］．http：//zizhan. mot. gov. cn/zfxxgk/bnssj/zhghs/2017 04/t20170417_2191106. html.

［4］中华人民共和国交通运输部．2017 年交通运输行业发展统计公报［EB/OL］．（2018－03－30）［2018－04－21］．http：//zizhan. mot. gov. cn/zfxxgk/bnssj/zhghs/2018 03/t20180329_3005087. html.

［5］贾大山．沿海港口发展 2015 年回顾与 2016 年展望［J］．中国港口，2016（1）：9－15．

［6］贾大山．2016 年沿海港口发展回顾与 2017 年展望［J］．中国港口，2017（1）：8－16．

［7］贾大山．2017 年沿海港口发展回顾与 2018 年展望［J］．中国港口，2018（1）．

［8］中华人民共和国国家发展和改革委员会，中华人民共和国外交部，中华人民共和国商务部．推动共建丝绸之路经济带和 21 世纪海上丝绸之路的愿景与行动［EB/OL］．（2015－03－30）［2018－04－21］．http：//zhs. mofcom. gov. cn/article/xxfb/2015 03/20150300926644. shtml.

（作者：张哲辉　交通运输部水运科学研究院发展中心副主任）

航空物流园区发展报告

航空物流园区是指临近并依托机场，以航空货运为主要运输方式，为临空产业提供多功能、一体化的综合物流服务等功能的物流产业集群区域。该区域以降低物流综合成本、提高物流保障水平为目的，集中建设物流专业设施群和众多专业化航空物流企业，开发口岸功能，为临空产业提供航空供应链物流服务保障。

一、发展环境

（一）宏观经济稳健发展

2015 年以来，伴随着全球经济的稳健发展，我国经济发展进入新常态，贸易量稳定增长，激发航空货运需求。2017 年，我国 GDP 同比增长 6.9%，货物进出口总额达 27.8 万亿元，占世界贸易总额的 11% 以上。伴随经济水平的中高速发展，2015—2017 年我国航空货邮吞吐量呈现稳定增长趋势，2017 年完成货邮吞吐量 1617.7 万吨，比 2016 年增长 7.1%。航空运输作为继海运、河运、铁路、公路之后的"第五冲击波"，航空货运的增长对于区域内贸易和产业结构升级具有重大意义，同时也带动了临空经济区内航空物流园区的建设、发展需求。

（二）政策条件持续利好

2014 年 9 月，国务院发布的《物流业发展中长期规划（2014—2020 年）》将"加快国内航空货运转运中心、连接国际重要航空货运中心的大型货运枢纽建设"确立为"十三五"期间航空运输业的重要工作方向。2016 年 12 月，国家发展改革委、中国民用航空局发布的《中国民用航空发展第十三个五年规划》，提出"鼓励航空物流做大做强，把握快递物流、跨境电商、即时生产等市场发展趋势，完善航空货运发展的政策体系，以市场为导向，促进航空货运企业转型发展"。2017 年 10 月，《国务院办公厅关于积极推进供应链创新与应用的指导意见》发布，提出"积极融入全球供应链网络，加强交通枢纽、物流通道、信息平台等基础设施建设，推进与'一带一路'沿线国家互联互通"。同月，习近平总书记在党的十九大报告中提出要深化供给侧结构性改革，在现代供应链领域培育新增长点。政策环境的持续利好，航空物流业的做大做强，将成为我国航空物流园区蓬勃发展的重要基础。

（三）跨境电商、冷链医药等市场增长迅速

全球航空货运量大约只占全球货物贸易量的 0.5%，但是航空货运货值约占全球贸易货值的 36%。航空货运在精密仪器、鲜活易腐货物运输中具有明显的优势，适应于市场变化大、人民生活水平较高和工作生活节奏快的环境。近几年，跨境电商、冷链生鲜、生物医药等热点市场迅速发展，扩大了对航空物流的需求。2015—2017 年，中国跨境电商交易规模分别为 5.1 万亿元、6.3 万亿元和 7.5 万亿元，年均增长率 24.4%。在我国电子商务高速发展的背景下，由于生产企业、流通企业和消费者对于航空物流要求的不断提高，未来鲜活易腐、医药保健、时效产品等航空物流需求还会增加，对航空物流园区设施、规模的需求将不断提高。

（四）临空经济区开启建设热潮

2015 年以来，临空经济区建设进入快速发展期，各大机场掀起建设临空经济区的热潮。截至 2017 年年底，我国临空经济区数量达到 90 多个，已运营临空经济区的机场有 42 个。临空经济区是依托航空枢纽和现代综合交通运输体系，集聚发展航空运输业、高端制造业和现代服务业而形成的特殊经济区域。航空物流园区作为临空经济区的重要组成部分，也成为建设重点。航空物流园区与机场、临空经济的发展具有相互联系的互动关系，机场是航空物流园区物流运作的载体，航空物流园区的发展不仅促进机场的发展，提升临空经济的发展水平，同时，临空经济的发展又将促进机场发展，促进物流园区的功能提升。

二、发展现状

（一）机场发展现状

2017 年，我国大陆地区民用航空（颁证）机场共有 229 个（不含中国香港、中国澳门和中国台湾地区），比 2015 年增加 19 个，其中定期航班通航机场 228 个，定期航班通航城市 224 个。2017 年各机场中，年货邮吞吐量 10000 吨以上的机场有 52 个，较 2016 年净增 2 个，完成货邮吞吐量占全部境内机场货邮吞吐量的 98.5%，较 2016 年提高 0.2 个百分点，其中北京、上海和广州三大城市机场货邮吞吐量占全部境内机场货邮吞吐量的 49.9%，较 2016 年提高 0.3 个百分点。年货邮吞吐量 10000 吨以下的机场

有 177 个，较 2016 年净增 9 个，完成货邮吞吐量占全部境内机场货邮吞吐量的 1.5%，较上年下降 0.2 个百分点。

从整体航空货邮吞吐量排名来看，我国机场吞吐量已经有大幅上升，进入世界水平。2017 年全球货物吞吐量前 20 大机场，我国大陆地区有上海浦东机场、北京首都机场和广州白云机场 3 个机场入围，港澳台地区有香港赤鱲角机场、台北桃园机场 2 个机场入围，其中香港赤鱲角机场位列世界第一位。从国内机场的航空货邮运输情况来看，我国机场的发展呈现出不均衡性，由于一线城市大型机场发展基础完善、管理理念先进、政策条件优厚，成功获得较高的吞吐量，尤其北上广深机场的货邮吞吐量总和是国内货邮吞吐量排名前 20 机场（如表 1 所示）中其他机场总和的 1 倍多，而二、三线城市的一些中小型机场的各项发展条件相对欠缺，航空货运的发展情况不尽如人意。

表 1　　　　2017 年我国机场货邮吞吐量排名（大陆地区）

机场	2017 年排名	货邮吞吐量（万吨）		
		2017 年	2016 年	2015 年
上海/浦东	1	382.4	344.0	327.5
北京/首都	2	203.0	194.3	188.9
广州/白云	3	178.0	165.2	153.8
深圳/宝安	4	115.9	112.6	101.4
成都/双流	5	64.3	61.5	55.7
杭州/萧山	6	58.9	48.8	42.5
郑州/新郑	7	50.3	45.7	40.3
昆明/长水	8	41.8	38.3	35.5
上海/虹桥	9	40.7	42.9	43.4
南京/禄口	10	37.4	34.1	32.6
重庆/江北	11	36.6	36.1	31.9
厦门/高崎	12	33.9	32.8	31.1
天津/滨海	13	26.8	23.7	21.7
西安/咸阳	14	26.0	23.4	21.2
青岛/流亭	15	23.2	23.1	20.8
武汉/天河	16	18.5	17.5	15.5
大连/周水子	17	16.5	14.9	13.7
沈阳/桃仙	18	15.9	15.6	14.2
乌鲁木齐/地窝堡	19	15.7	15.8	15.6
海口/美兰	20	15.4	14.9	13.6

（二）航空物流园区建设情况

航空物流园区是航空物流发展到一定阶段的产物，是依托机场的高区位优势以及高效的物流运作，在聚集效益机制的作用下形成的综合物流服务区。我国东部沿海的大型机场货运吞吐量占领航空货运市场的主要份额，其周边的航空物流园区得到有效发展；而小型机场发展航空货运实力欠佳，对航空物流园区的需求较小，建设情况也远不如大型机场。

以国内货邮吞吐量排名前 20 的机场为大型航空物流园区的筛选标准，介绍国内较为典型的发展较好、有航空货物支撑的航空物流园区（如表 2 所示），通过大型机场的航空物流园区建设情况，了解我国航空物流园区的发展现状，以及未来建设趋势。

表 2　　　　　　　　　　大型机场的航空物流园区建设情况

2017 年我国机场货运吞吐量排名	2017 年机场货邮吞吐量（万吨）	园区名称	所在区域	建设规模	简　介
1	382.4	浦东空港物流园区	华东地区	规划面积4.31平方千米	园区叠加了综合保税区（简称综保区）、跨境电子商务综合试验区、自由贸易试验区（简称自贸试验区）三种区域的政策功能，区内重点发展国际货物中转、国际采购配送、国际转口贸易、国际快件转运、维修检测、融资租赁、仓储物流、出口加工、商品展示交易以及配套的金融保险、代理等业务，具有线上交易、线上监管、线上服务、线下支撑的规则体系，一站式监管的跨境电商公共服务平台。是航空产业与物流业联动发展的航空口岸型物流园区、全球跨境电子商务运营中心
2	203.0	北京空港物流基地	华北地区	建设面积1.55平方千米	园区叠加了北京天竺综保区等政策功能，重点发展现代物流、国际贸易、保税加工、保税研发、检测维修、保税展览、特色金融七大产业。聚集物流企业，是企业设立现代化物流中心、建设企业总部的最佳平台
3	178.0	广州白云空港物流园区	华南地区	建设面积0.66平方千米	园区叠加了综保区、跨境电子商务综合试验区、自贸试验区三种区域的政策功能。除了可进行基本的保税业务外，还可开展保税加工和保税贸易及配套保税物流和服务贸易。园区结合海外仓和海外营销网络，为企业提供全球营销推广、出口代理、物流运输等服务，打造"一带一路"建设服务平台、粤港澳跨境电子商务合作平台

续 表

2017 年我国机场货运吞吐量排名	2017 年机场货邮吞吐量（万吨）	园区名称	所在区域	建设规模	简 介
4	115.9	深圳机场航空物流园区	华南地区	规划面积1.16平方千米	具有国际航空货站、货运代理仓库区、出港货物拼装区、空港物流快线作业区和陆侧闸口、查验场、扣货库等基本功能设施。主要受理六大类业务：空运直接到达进口货物、空运进口转关货物、陆运进口转关货物、空运直接报关出口货物、空运转关出口货物、陆运出口转关货物。开展"线下展示＋线上交易"等业务，试点线上"保税展示＋交易"、线下"保税仓储＋一般贸易进出口"的M2B2C（外贸电商新模式）业务模式
5	64.3	成都航空港物流园区	西南地区	规划面积5.1平方千米，一期建设2.33平方千米	以实现"单一窗口，全域互通"的跨境电子商务通关服务为目标。主要为高附加值和时效性要求较高的航空货物提供仓储配送、中转分拨、保税监管、增值加工、信息服务、货运代理、展示交易等物流服务。区内企业可以开展加工制造、研发、维修、检测、物流、贸易、保税仓储、国际中转、配送、商品展示等多项业务，较整合前的成都出口加工区增加了转口贸易和产品展示两项功能
6	58.9	杭州萧山物流产业聚集园区	华东地区	规划面积8.69平方千米，一期建设2.5平方千米	实行"清单核放、汇总申报、集中纳税"通关模式，推进跨境电子商务全国通关一体化。目标成为物联网、大数据、云计算、电子商务、网络金融、跨境贸易的千亿级空港智慧物流园
7	50.3	郑州航空物流产业园	华中地区	—	园内含郑州新郑综保区，在跨境电商贸易、支付、物流、通关、退税、结汇等主要环节将进行系统革新并进行试验性实施，以建设产业集聚、基础设施和社会综合服务三大体系为支撑，重点发展特色产品物流、航空快递物流、国际中转物流、航空物流配套服务
8	41.8	昆明滇中新区空港航空物流园	西南地区	规划面积2.38平方千米	依托昆明综保区空港片区，为高附加值和时效性较高的航空货物提供仓储配送、中转分拨、保税监管、增值加工、信息服务、货运代理、展示交易等物流服务

2017 年我国机场货运吞吐量排名	2017 年机场货邮吞吐量（万吨）	园区名称	所在区域	建设规模	简 介
10	37.4	南京禄口国际机场货运中心	华东地区	建设面积 0.08 平方千米	依托邮政航空基地，为海内外航空公司、货主、货运代理提供货物过港保障、进出港交接以及仓储、地面运输等一站式的现代空港物流服务
11	36.6	重庆机场航空物流园区	西南地区	规划面积 6 平方千米	园区作为保税港区功能区构成之一，发展以高新技术为主体的保税物流和加工贸易区。具体物流仓储设施包括：国际货运站、国内货运站、物流分拨中心、航空货运街、快件中心、联检报关中心、海关监管中心、公共保税仓库、水产中心、进境水果指定口岸等
12	33.9	厦门国际航空港物流园区	华东地区	规划面积 1.17 平方千米	园区内分为保税物流区、航空工业区、商业配套区、行政办公区等几大功能区域。园区将发展城市配送、高附加值产品的国内外中转、国际物流、冷链物流、空港保税、航空产品生产及维修等业务
13	26.8	天津航空物流园区	华北地区	规划面积 7.5 平方千米	园区叠加了天津空港物流加工区、天津自贸试验区等政策功能，主要发展航空运输、邮件快递、电子商务、航空金融、商务服务、航空维修、教育培训和综合服务等产业，聚集各类资源要素聚集，服务和带动临空经济和周边高端制造业，发挥保税功能优势，满足空客及配套项目运作的需要
14	26.0	陕西国际航空物流港	西北地区	空港物流面积 0.2 平方千米	园区叠加了陕西西咸空港保税物流中心、陕西自贸试验区等政策功能，主要打造口岸通关、保税仓储、分拨配送、商品展示和跨境电子商务五大功能，形成以航空货运为基础，集公路、铁路、航空多种运输方式为一体的大型综合立体航空物流港
16	18.5	武汉国际空港物流园	华中地区	建设面积 0.67 平方千米	园区内包含武汉新港空港综合保税区等政策功能，对接"一带一路""长江经济带"两大国家战略，发展保税加工、保税物流、保税服务等保税业务，发挥肉类口岸、粮食口岸、水果口岸、汽车整车进口口岸等口岸功能，目标成为以商贸物流为主，工业物流为辅，专业化和综合性兼备的区域经济中心和重要的物流节点

续　表

2017年我国机场货运吞吐量排名	2017年机场货邮吞吐量（万吨）	园区名称	所在区域	建设规模	简　介
17	16.5	大连机场空港物流中心	东北地区	规划面积0.165平方千米	园区主要由国内园区、国际园区两部分组成，其中包括：机场货站、南航货站、快件中心、保税库、监管库、代理库、联检大楼及其他配套附属设施

注：该表格仅显示部分排名。

根据表2可以发现，航空物流园区分布符合经济发展情况，据统计的15个航空物流园区中（上海虹桥机场、青岛流亭机场、沈阳桃仙机场和乌鲁木齐国际机场由于航空物流产业未形成规模或将转场，未计入本次统计中），华东地区占4个，西南地区占3个，华北与华中地区各占2个，西北与东北地区各占1个。华东地区占据经济发展先天优势，承载较多货邮吞吐量，航空物流园区建设成为重要发展基础，同时，西南地区在海运方面不具备优势，积极发展航空等运输方式成为首选，从而导致物流园区建设具有相对优势。

除了上述以较高机场货邮吞吐量为发展基础的航空物流园区，我国一些中小型机场也在大力发展、建设航空物流园区（如表3所示），以期促进地方经济转型发展。

表3　　　　　　　　　中小机场航空物流园区部分建设情况

2017年机场货邮吞吐量（万吨）	园区名称	规　模	开发主体	功能定位
12.0	宁波空港物流中心	占地面积143万平方米	由宁波空港物流发展有限公司开发，总投资约为13.81亿元	规划建设集海关、检验检疫、税务、外汇管理、市场监管、质量监督、邮政等于一体的跨境电商"单一窗口"平台。以高科技产品和高附加值产品的流通加工为主体的物流相关产业，带动临空经济的发展
4.2	银川国际空港物流中心	占地面积387万平方米	项目业主为银川国际空港物流中心管委会，建设资金来自政府投资，出资比例为100%，投资47亿元	依托银川综合保税区空港片区，立足银川，面向全国，连通东西，集散国内外西进西出货物，建成辐射中东、中亚、北非、欧洲为重点的货运中转基地和全国清真食品、保健品及穆斯林用品集散地

2017 年机场 货邮吞吐量 （万吨）	园区名称	规 模	开发主体	功能定位
1.2	鄂尔多斯空港物流园区	规划面积 35.7 万平方米	内蒙古自治区人民政府批准设立，累计完成投资 135 亿元	重点突破现代物流、航空、综合保税三大主导核心产业；加快培育智能制造、生命健康、信息技术、新型服务业四大关联产业；建设若干个跨区域专业园中园，发展飞地经济，着力推动主导产业和关联产业集群集聚发展
0.012	张家口空港物流园区	占地面积 239 万平方米	由张家口通泰物流集团有限公司承办，总投资约 22.6 亿元	业务范围包括公路运输、航空快递、仓储、配送、装卸、加工包装、信息咨询等

鄂尔多斯空港物流园区是中小型机场发展航空物流园区的典型代表，截至 2016 年年底，园区签约引进大数据、跨境电商、先进制造等各类产业项目 59 个，已完成投资 29.44 亿元，注册企业总数 132 家，从业人员达 2600 多人。鄂尔多斯空港物流园区货运枢纽项目距鄂尔多斯火车站 2 公里，距鄂尔多斯国际机场 5 公里，距包茂高速入口 1.5 公里，距荣乌高速入口 15 公里，紧临空港货运作业区。

（三）航空物流园区的功能与特点

通常航空物流园区的功能规划以传统航空货运为基础进行拓展和延伸。具体来说，航空物流园区的功能可以分为以下三种：基本物流服务功能、航空特定物流服务功能、延伸增值及配套功能（如下图所示）。

基本物流服务功能主要有以下几个方面：集货、中转、分拨、仓储、分拣、装卸搬运、流通加工等货运服务。

航空特定物流功能主要包括有口岸、转口贸易、离岸贸易、跨境电商、保税加工、保税物流等服务。

航空物流园区会提供除基本物流功能以外的服务，为了最大化地满足园区内各个主体的服务要求，延伸增值及配套功能包括有：信息服务、交易展示、航空物流供应链金融、航空物流供应链管理等。

航空物流园区的主要特点体现在五个方面：第一，以区域性的枢纽机场为基础，具有广泛的福射范围和众多的国际国内航线。第二，准入门槛高。航空物流园区的规

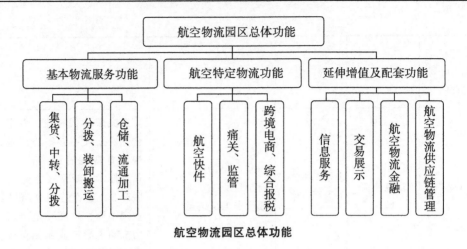

航空物流园区总体功能

划建设运营都是以当地所在的机场为依托，众所周知机场的配套基础设施建设具有很强的专业性，必须严格按照国际规定建设跑道以满足飞机的起降要求，建设停机坪以满足飞机装卸货物的需求，建设精密的导航系统以满足飞机安全飞行的要求。这些因素都导致了航空物流园区的建设的准入门槛较高，国家对于航空物流园区建设的批复要高于一般普通物流园区。第三，服务对象特定。航空物流的速度很快，但是同时也受到飞机载重的限制，这就导致了航空物流的成本高于其他交通运输方式的成本。所以并不是所有的货物都适合在航空物流园区进行运输中转。一般而言，价值高、体积小、时间紧的高科技产成品、鲜花蔬菜、紧急物品才会是航空物流园区的服务对象。第四，货物中转速度快。由于航空物流本身所追求的快捷性要求进入航空物流园区的货物要被迅速地中转或者运输，一般而言货物在进入园区后的 24 小时内就会安排运出物流园区，但保税中心或者保税区的货物除外。第五，具有保税功能。由于机场本身具有口岸的功能，随着国际贸易的发展，也为了更好地适应市场的需求，现在规划设计的航空物流园区都会划定专门的区域作为保税中心或者保税区，以便于货物的进出口和海关的监管，这成为航空物流园区区别于一般物流园区的特征。还有一个特点是服务临空经济区内临空产业之间的物流服务，提高临空经济区产业组织竞争力，促进临空经济产业集群化发展。

（四）航空物流园区的开发运营与管理模式

航空物流园区的建设发展情况与机场建设情况息息相关，不同规模的机场具有不同的建设模式，在近几年的发展情况下，已经逐步形成相对成熟的开发运营模式。现今我国物流园区的开发运营模式主要有四种，即政府主导的经济开发区模式、主体企业引导模式、物流地产商模式和综合开发运作模式（如表 4 所示）。

表4 　　　　　　　　　　　　　四种航空物流园区的开发运营模式

模式名称	投资主体	主要特点	案　例
政府主导的经济开发区模式	政府	以政府牵头成立专门的公司或委托专业的物流公司进行运作，在航空物流园区的开发建设过程中，既提供建设的基础条件，同时维护运作秩序，是一种自上而下的模式	北京空港物流基地最初是从机场的外缘开始发展，由北京市顺义区政府发起，但是随着物流基地的不断发展，它也在不断地向机场进行渗透或寻求与机场合作的途径。因此，空港物流基地与首都机场集团公司等合资成立航港物流发展有限公司，共同投资、规划了首都机场的大通关基地
主体企业引导模式	机场集团	指通过具有一定的技术优势或资源优势的企业，由其率先在园区内开发和发展，并在宏观政策的合理引导下，逐步实现在园区范围内的物流产业的聚集和依托物流环境引进或吸引工业、商业企业在园区所在区域进行发展，达到物流园区开发和建设的目的	深圳机场物流园区采取的是机场集团公司下属专业公司运营的模式。机场集团公司是一个企业化运营的机构，同时又行使一定的政府职能，负责深圳机场的运营管理。机场集团公司负责机场范围内的土地规划、交通设施建设和相关市政配套设施建设等
物流地产商模式	物流地产商	先由政府对物流园区进行统一规划，然后通过给予开发商适宜地产项目开发的土地、税收以及市政配套等优惠政策后，由物流地产商对园区的道路、仓库和其他物流基础设施及基础性装备进行投资和建设，再以租赁、转让或合资、合作经营的方式进行园区相关设施的经营和管理	—
综合开发运作模式	多方	指对上述的经济开发区模式、主体企业引导模式和物流地产商模式进行混合运用的物流园区开发模式。采用综合开发模式对园区整体制度的设计和建设期的管理要求较高，而且还会带来相关政策的协调问题	成都航空物流园由普洛斯公司、双流县人民政府和成都双流国际机场三方出资，共同组建一个合资公司，来整体开发成都航空物流园

　　航空物流园区作为一个特殊的组织，其管理模式可以有五种类型：管理委员会制、股份公司制、业主委员会制、协会制和房东制（如表5所示）。

表5 五种航空物流园区的管理模式

模式名称	管理主体	主要特点	案　例
管理委员会制	管理委员会	是政府仿照开发区的管理模式，对物流园区进行管理，提供企业登记、土地使用、人事代理等服务，物业管理等具体工作则委托专业公司来做，适合规模很大的物流园区	北京空港物流基地成立了管委会对物流基地进行管理
股份公司制	董事会	采取公司制管理园区，设立董事会、总经理、监事会与相关部门，按照责权利相结合的原则对园区进行管理。如果开发商是物流龙头企业，采用这种模式的可能性比较大	深圳机场航空物流园由深圳市机场股份有限公司和深圳市机场（集团）有限公司共同出资兴建的有限责任公司——深圳机场物流园发展有限公司进行运营管理。广州空港物流园区则是由广州白云国际物流有限公司运营管理，由中国南方航空股份有限公司和广州白云国际机场股份有限公司投资组建
业主委员会制	业主委员会	由参与园区开发建设的物流企业组成业主委员会，成为园区决策机构，组建管理部门负责具体的经营	—
协会制	物流行业协会	由物流行业协会负责整个园区的经营管理，组织、协调园区企业开展物流服务。这种形式和业主委员会制的不同在于，协会所代表的物流企业更加广泛，协会只是组织者，并没有对园区进行直接投资	—
房东制	投资商	指投资商完成土地开发、基础物流设施建设之后，把土地、仓库、办公楼、信息平台等设施出租给物流公司，投资商自己成为"房东"，只收取租金，不参与经营。园区为企业提供的服务职能则由政府有关部门提供，或者委托给专业公司	成都航空物流园由普洛斯公司、双流县人民政府和成都双流国际机场三方出资，共同组建一个合资公司，来整体开发成都航空物流园

现阶段我国航空物流园区以政府为主导进行开发建设时，多半会采用管委会管理模式的管理模式；而以主体企业引导模式和物流地产商模式进行开发建设的航空物流园区，则大多会选择企业主导型，主要以机场为主导的运营模式并以成立股份公司制的方式管理航空物流园区。除此之外，也存在诸如成都航空物流园区以综合运作模式

运营的，当然它最后的管理也是以管理委员会为主。

三、主要问题

（一）土地资源供应紧张，园区规划有待完善

航空物流园区因其功能等特点，需要有足够的土地资源支撑。尽管国家政府出台了一系列建设用地指标管理等相关政策，但目前机场建设用地指标依然紧张，尤其是机场多建于市郊区域，与农业保护地、耕地等指标经常发生冲突，而航空物流园区建设用地的规划指导尚不明显，导致问题出现时无法顺利协调，航空物流园区建设受阻。

由于政府规划以及征地限制等方面的原因，部分航空物流园区与机场没有实现无缝连接。机场在规划时往往会优先满足客运需求，并在机场周边建设配套的商业设施。规划时存在的"重客轻货"现象，导致航空物流园区可供使用的优质土地资源受限，直观表现为航空物流园区在地理位置上距离机场较远，航空物流园区与机场跑道零对接这一航空物流最突出的优势缺失，导致从物流园区出来的货物需要到机场"二次安检"，增加了交货时间与交接流程的复杂程度，影响航空货代入驻园区的积极性，阻碍园区招商活动的顺利进行。此外，园区的功能规划滞后，多数航空物流园区、综保区、商业开发区等用途没有明确，也造成了航空物流园区竞争力下降、资源浪费等问题。

（二）园区投资规模较小，影响后续建设发展

航空物流园区的建设投资大、资金回收期长、风险高，因此，相较于其他物流园区的投资规模小，远不及其他物流园区。根据第四次全国物流园区（基地）调查报告发现，航空物流园区投资规模大多在1亿～10亿元，位于第四梯次，如陕西国际航空物流港总投资为5.2亿元；而其他类型的物流园区多处于前三梯次，如张家港玖隆钢铁物流园计划投资300亿元，沈阳国际物流港经济区累计投资资金34亿元，投资规模在30亿元以上，都处于第一梯次。航空物流园区的投资问题势必会影响到航空物流园区的规模与建设水平，导致基础设施落后，财力供给的乏力将造成企业入驻困难、项目建设慢、人气集聚难等诸多问题，难以推动物流持续发展，影响园区后期的扩建。

（三）智慧物流园区建设缓慢，物流效率仍需提升

目前我国大部分航空物流园区的发展程度远远达不到国内港口物流园区的自动化程度，园区内货物的装卸、搬运等操作过程还处于人工水平，对自动导向搬运车系统、自动驾驶卡车以及装卸堆垛系统等应用较少，无法真正实现航空物流的自动化操作，导致物流服务效率不高，从整体基础设施上落后于其他运输方式。

此外，航空物流园区的物流信息化水平有待提高。近年来，随着物联网技术的推广应用，航空物流园区的信息化水平得到了一定的提升，但大部分港区内航空公司、物流公司、海关等部门之间的信息系统没有进行有效地连接共享，尤其是货代之间缺乏信息共享机制与有效的监管制约，产生监控端到端的业务执行透明度问题以及提取数据有用信息的问题，造成信息孤岛。消费者不能对运单、票务、货物进行有效地追踪，降低了服务质量。

（四）综合服务能力不足，缺乏大型物流企业引导

航空物流与其他物流方向相比，涉及的实体单位往往更加复杂，在协调货物流通和组织管理方面更加困难。我国航空物流园区内从事物流业务的物流企业多为航空货运公司及货代企业，缺乏有效的第三方物流。三大航凭借天然的资源优势，占据了航空货运市场的主体，但其核心业务为客运，在物流技术和装备等硬件设施方面较差，同时管理水平、创新能力以及专业化水平等软件方面也存在不足。虽然三大航的物流企业已开始通过混改等方式提升自身的物流服务能力，但由于其业务领域限制，还无法提供集货代、仓储、运输、配送为一体的综合物流服务，不利于今后航空物流协同化运作。

对于园区内货代企业缺乏全球性的机构组织，大部分货代经营主体的规模小，人力、物力、财力有限，大部分货代企业只能提供简单的货物运输和货物仓储服务，企业运营模式简单，服务水平较低、运作效率不高，不能为航空港物流提供稳定高效的高层次供给服务，市场运营竞争力不强，难以在短时间内形成规模，制约了航空物流园区的发展。此外，顺丰、圆通等自身拥有货运航空公司的民营快递企业虽有提供一体化的综合物流服务能力，但其可供处理的航空货物有限，在航空物流园区内仍以集散其他运输方式的货物为主。

受制于缺乏能够提供综合物流服务的大型航空物流企业，园区内外物流作业缺乏有效的衔接，在货物流通的过程中，用户需要和多个物流企业进行沟通，致使交易成本提升，并且影响货物在流通过程中的顺畅性与安全性，降低了园区的物流集散效应和辐射能力，错失招商引资的良机。

（五）多式联运进展缓慢，区内交通环境有待改善

尽管机场周边的基础设施建设取得了很大的成就，但整体综合交通环境有待改善。目前，城市快速路、地铁交通、高速公路等主体交通网络已经基本形成，同一运输系统内部基本能够实现高效运转和有效衔接，但是缺乏集成的运输枢纽，连接主体交通网络的支线网络尚未完善，导致目前仍然无法实现货物运输的"无缝对接"。

航空与其他运输方式之间的联运设施建设进展缓慢，多式联运的无缝衔接受到严

重制约，难以发挥航空在综合交通运输方式中的骨干作用。由于我国在交通运输领域政府管理职能的条块分割，我国各类物流园区分属不同行业部门管理，各类园区条块分制、自成体系，跨区域、跨部门的物流园区规划管理建设协调机制尚未建立，导致园区基础设施难以互联互通，设施共用、信息共享机制尚未形成，从而导致部分公、铁、水、空运输基础设施配套性、兼容性差。不同运输系统之间的衔接效率较低，出现了航空物流园区与机场距离较远、机场周围小规模的物流园区较多、航空物流园区重复建设等问题。

四、发展趋势

（一）园区规划趋于合理、超前，满足未来发展需要

航空物流园区的规划将趋于科学、合理，在进行总体规划建设的同时，充分考虑机场、航空物流园区与临空经济发展的相互促进关系。航空物流园区布局应该与机场临近，保证货物能在最快的时间内增值、周转和分销。同时，需要紧紧围绕物流功能，合理规划空间布局，明确园区定位，发展以电商、保税、转运等功能为主导，以仓储、会展、贸易等功能为主导等不同侧重的航空物流园区，避免相近区域重复建设。

针对现阶段航空物流园区建设出现的资源不足与资源过剩问题，未来航空物流园区建设将朝着量力而行、适当超前的方向进行。航空物流园区主要为机场配套服务，需要科学论证园区的功能定位、服务对象、配套设施、建设规模等，园区的规划建设需要与机场总体规划、临空经济区发展规划、交通规划等相衔接，使园区的发展与机场区域的发展高效协同。航空物流园区需要有一个建设过程与周期，不仅要满足当下航空物流需求，而且需要考虑长期需求，伴随机场规模的变化而变化，满足不同时期经济发展需求，保障运行效率。同时，过度超前会导致园区内各项设施使用效率不高，导致航空物流的总成本升高，降低航空物流园区的竞争力。因此合理规划、适度超前将成为航空物流园区今后建设的首选方式。

（二）投融资方式更加多样，降低航空物流园区建设风险

2014 年 12 月，国家发改委与财政部分别发布了《国家发展改革委关于开展政府和社会资本合作的指导意见》和《政府和社会资本合作模式操作指南（试行）》，通过投资补助、基金注资担保补贴、贷款贴息等多种方式，支持社会资本参与重点领域建设。未来航空物流园区可通过多种投融资模式，使政府与社会主体建立起"利益共享、风险共担、全程合作"的共同体关系，政府的财政负担减轻，社会主体的投资风险减小。航空物流园区主要面向社会提供公共服务，建设成本高、收益水平较低，投资风险较

大，采用多种投融资方式建设，未来将普遍应用于航空物流园区建设领域。

（三）智能新兴技术应用更加广泛，实现智慧园区发展

2015年7月，商务部办公厅下发《关于智慧物流配送体系建设的实施意见》明确指出要建立布局合理、运营高效的智慧物流园区。加强信息化建设，整合综合物流信息平台是建设智慧航空物流园区的基础。借助大数据、云计算技术，搭建园区货物流转信息平台，促进信息流转的无纸化、快速化，将电子航空货运所产生的信息整合，并进行有效分析，实现航空运力资源的有效利用及对未来市场需求的及时判断。同时该信息系统平台在实现信息共享的过程中，必须具备良好的开放性与安全性。依靠区块链技术，将去中心化、智能合约以及分布式数据库等新兴技术，与航空公司系统、海关系统、检验检疫系统、第三方及第四方物流公司系统甚至同空港物流园区内的各大系企业ERP（企业资源计划）系统进行连接及交换数据，实现货物相关信息共享，使物流活动中的不同合作伙伴建立起真正安全、高效的信任机制，促进航空物流降低成本，提高效率。

随着我国经济结构调整和转型升级的不断深入，人口红利将逐渐消失，人工成本上升加快，促使依靠人工的传统物流作业向机械化、自动化方向发展。未来，我国智慧物流园区的建设将迎来提档升级的黄金时期，将通过无人机、全自动装卸搬运系统、自动驾驶车辆等新兴技术，对物流园区实体元素的自动识别、自动感知、自动定位、自动管控、在线追踪、过程追溯，实现物流园区作业和管理的自动化和智能化，解决航空物流发展的瓶颈。尤其是对于近几年飞行人工成本高、支线运输以及"最后一公里"配送等问题的凸显，无人货机将成为未来航空物流运输的有力保障，而作为航空物流业务的载体——航空物流园区，将会加强建设，实现与无人货机等技术同步发展，避免因园区落后导致无人货机无法正常运转。

（四）整合供应链延伸园区服务功能，提高园区通关效率

2017年《国务院办公厅关于积极推进供应链创新与应用的指导意见》提出供应链发展的新理念。航空物流园区是集收货、分货、装卸、加工等多种功能于一体的场所，拥有多家不同类型的物流企业满足市场需求。企业不断聚集导致航空物流园区的资源整合及功能延伸，航空物流服务开始整合供应链上下游，向多元化发展。面对这种发展形式，南航、东航、国航等航空巨头相继发布混改方案与进展程度，完成改制，以满足客户个性化需求。未来，航空公司的改革机制将不断完善，并朝着综合一体化的物流供应商方向发展，注重对供应链上下游资源的整合，打造完善的航空物流服务体系。

此外，目前大多数机场的通关服务机构监管场所及办公地点分散于各国际货运站，

造成监管操作点多、进出口通关流程复杂，海关、商检等办事机构分散，形式不够灵活等问题。园区内航空口岸大通关基地不断完善将有效解决这一问题，以口岸服务、货运枢纽服务和商贸服务三方面为发展的关键点，服务机场口岸功能、提高口岸通关效率，提升贸易便利化水平。

（五）区内建立综合交通枢纽，促进多式联运发展

航空物流园区依托机场形成首要运输优势，但随着市场需求的变化，未来航空物流园区将朝着以航空为先导、陆路为骨干的现代综合货运集散体系的方向发展。由于机场货邮吞吐量的规模大小与空中航线网络、地面交通网络的发达程度有着非常密切的关系，各国和地区发展航空物流园区都以交通网络发达的国际枢纽机场为基础。欧美国家的主要枢纽机场大多与公路、铁路相连，与城市中心主要轨道交通连接，由此形成发达的立体交通运输体系；荷兰史基浦国际机场拥有世界上最好的空港物流园区，它不仅是航空运输枢纽，同时还是公路、铁路运输的枢纽。通过综合交通优势，提升航空物流货物集散的能力和速度。

国务院发布的《物流业发展中长期规划（2014—2020年）》，强调了航空运输与公路运输、铁路运输、水路运输等运输方式的高效衔接，机场及航空物流园区是多种运输方式高效衔接的重要节点。航空物流园区的规划建设要综合考虑如何与公、铁、水、管道等多种运输方式进行高效衔接。未来，随着国家对综合交通运输体系建设的重视，原来集疏运系统不完善的航空物流园区将逐步完善集疏运条件，新规划建设的航空物流园区将重视与航空、铁路、公路、水运和管道等运输方式的衔接，经济、环保、高效的集疏运方式将得到更广泛的应用。

（六）以自贸港为契机，建设新型航空物流园区

党的十九大报告提出赋予自由贸易试验区更大改革自主权，探索建设自贸港。自由港是设在一国（地区）境内关外、货物资金人员进出自由、绝大多数商品免征关税的特定区域，是目前全球开放水平最高的特殊经济功能区。自贸港建设将极大促进转口贸易的发展，激发更多货运需求，对于航空物流来说是一个新的发展机遇。

以探索建设自贸港为契机，拓展航空物流园区的服务功能，最大限度简化相关手续，吸引国际企业入驻，加强国际贸易，促进航空物流园区国际化发展，推动建设新型航空物流园区。

（作者：曹允春，张凯迪，付豪，宋文妍　中国民航大学临空经济研究中心）

商贸服务型物流园区发展报告

商贸服务型物流园区是指依托大型商圈、批发市场、专业市场、超市等商贸设施，能够为商贸企业提供运输、配送、仓储等物流服务以及商品展示、交易、电子商务、融资保险等配套服务，为满足一般商业和大宗商品贸易的物流需求而产生的一类专业物流节点。具有商流功能和物流功能并重、物流量有保证、有融资优势等特征，其主要功能包括商品集散功能、商品展示功能、商品交易功能、商品配送功能、流通加工功能、包装功能、信息管理功能、供应链管理服务功能等。

一、我国商贸型物流园区发展环境

2017 年，我国经济运行稳中向好。经济增速保持在合理区间、经济结构不断优化、发展质量效益实现新提高、新动能成长实现新突破。我国商贸物流业实现平稳健康发展，物流需求持续增长，结构调整趋于优化，政策环境持续改善。

（一）社会消费增长提档升级

2015—2017 年我国社会消费品零售总额从 30.1 万亿元增长至 36.63 万亿元，三年的增长速度分别为 10.6%、10.4% 和 10.2%，增长速度缓中趋稳。农村消费增幅连续六年高于城市，其中，2017 年城市社会消费品零售总额增幅为 10.0%，农村社会消费品零售总额增幅为 11.8%。2017 年单位与居民物品物流总额同比增长 29.9%，高于社会物流总额增长 23.2%，消费与民生领域高速增长对物流需求的贡献率持续提高，成为物流需求增长的重要驱动力。

2015—2017 年我国居民恩格尔系数从 30.6% 降为 29.3%，进入了联合国划分的 20%~30% 的富足区间。服务消费占比不断扩大，2017 年教育文化娱乐、医疗保健支出占居民消费支出的比重分别为 11.4% 和 7.9%，比 2015 年提高了 0.4% 和 0.5%。我国居民消费能力不断提高，2015—2017 年我国居民人均可支配收入从 21996 元增长至 25974 元，平均每年增长 8.6%，高于经济增长速度，其中 2017 年城镇、农村居民人均可支配收入分别实际增长 6.5% 和 7.3%，农村居民收入增速连续 8 年快于城镇居民。

我国消费主体也在发生变化，美国著名研究机构 ComScore（康姆斯克）的统计显示，中国大陆 25～34 岁主力消费人群占据总人口比例早已超过 30%，远在世界和亚太地区平均水平之上，这一群体更加注重品质与服务，追求个性化、新鲜刺激多样化、高品质、体验式消费。总的来看，全国居民消费升级综合指数自 2012 年的 0.341 上升至 2016 年的 0.363，年均增速约 1.58%；全国经济发展与结构升级指数有明显提升，由 2012 年的 0.350 上升至 2016 年的 0.408；全国宏观层面居民消费升级指数大幅提升，由 2012 年的 0.307 上升至 2016 年的 0.420。

随着人们生活水平的不断提升及新一代消费群体逐步成为社会的主要消费人群，个性化、多样化消费渐成主流。消费者更加注重产品的安全、品质、服务、个性及购物所带来的体验感，及时、小批量、多批次等特征越发明显，对与人民消费紧密相关的商贸物流提出更准时、更高效、更准确等要求，商贸物流园区面临亟须提升仓干配一体化运营能力、进一步提质增效。

（二）零售业全渠道融合发展

我国电子商务持续保持高速发展。2015—2017 年我国电商交易额从 18.3 万亿元增长至 29.16 万亿元，年平均增长 26.2%，全国网络零售额从 3.88 万亿到 7.18 万亿元，年平均增长 36.0%。2017 年实物商品网上零售额 5.48 万亿元，对社会消费品零售总额增长的贡献率超过了 37%，占社会消费品零售总额的比重上升到 15.0%，其中，吃、穿和用类商品分别增长 28.6%、20.3% 和 30.8%。我国世界第一大网络零售市场地位进一步稳固。近年来我国电子商务交易额及网络零售规模如图 1 和图 2 所示。中国物流与采购联合会发布的中国电商物流运行指数显示，2017 年电商物流总业务量指数平均达到 143.4 点，反映出电商物流业务量同比增速超过 40%。电商消费带动物流增长趋势明显。其中农村电商增长迅猛。近年来，随着互联网、物流网络等基础设施的完善和消费能力的显著提升，农村消费需求得到充分释放，中国电商物流运行指数显示，农村电商增长继续领跑全国，2016 年农村业务量指数平均为 191.5 点，反映出农村地区的电商物流业务量增长速度接近 100%。

零售业线上线下深度融合。一是线下实体资源的价值正在被线上企业重新认识和挖掘。《国务院办公厅关于深入实施"互联网 + 流通"行动计划的意见》（国办发〔2016〕24 号）和《关于推动实体零售创新转型的意见》（国办发〔2016〕78 号），大力鼓励线上线下融合发展。企业层面，阿里巴巴提出"新零售"，依托线上电子商务服务资源服务实体流通企业实现创新发展，同时开展了一系列针对线下流通资源的收购活动。各大电子商务平台也加大对实体流通企业服务的投入，京东开设 7 - Fresh 生鲜超市，当当网开设实体书店，三只松鼠等电商品牌也开始布局线下实体店。线下实体零售企业积极创新转型，新业态、新模式快速发展。传统商业场馆不断调整商品结构

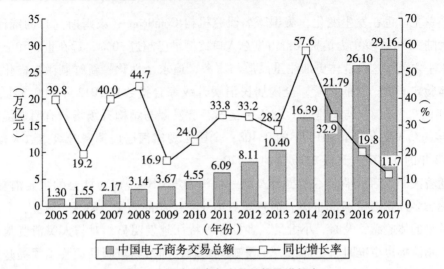

图 1　中国电子商务交易总额及增长率

资料来源：国家统计局。

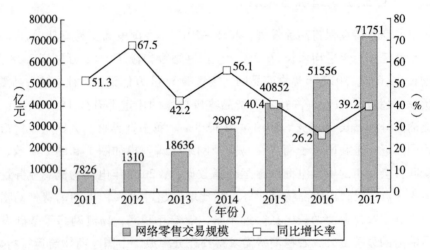

图 2　中国网络零售市场规模及增长率

资料来源：国家统计局，商务部《中国电子商务报告》。

和业态结构，带动实体零售业销售回暖。部分传统流通企业积极开拓线上市场，如永辉超市、华润百货、沃尔玛、大百等通过与线上电商平台合作，积极吸引线上客流，探索商业模式转型升级。

随着电子商务与实体零售的融合创新发展，线下线上从渠道、供应链、数据、场景等多方面正在逐步打通，最终形成零售新生态。为了确保形成全方位、不间断、跨时空的消费服务体验，商贸物流正面临新零售下的转型升级。

（三）专业化商贸物流快速发展

冷链商贸物流实现稳步发展。一是市场需求持续扩张。据国家统计局数据资料，2017 年我国生鲜市场（肉类、水产品、禽蛋、牛奶、蔬菜、水果）规模，达到 13.28 亿吨，冷链交易额市场规模达 4700 亿元。二是冷链物流水平整体提升。目前我国果蔬、肉类、水产品冷链流通率分别达到 5%、15% 和 23%，冷藏运输率分别达到 15%、30% 和 40%。2017 年，全国冷库总量达到 4775 万吨，产地冷库建设增多，冷藏库、保鲜库、气调库体量也有所增加，冷库扎堆建设情况有所改善，冷库市场结构趋于合理。国家层面，随着国务院和各级政府部门对冷链物流发展的高度重视，不断出台多项文件加大对冷链物流的政策支持力度，要求完善冷链物流体系，开展冷链物流标准化示范，重点加强全国重点农业产区冷库建设，鼓励建设低耗节能型冷库。企业层面，2017 年中国铁路总公司冷链货物发送量同比增长 110%；中铁铁龙公司特种集装箱运输分公司成功研制铁路用冷藏集装箱，开行了"百色一号"绿色果蔬冷藏集装箱专列，并被纳入第一批多式联运示范项目；中铁特货公司的 BX1K 新型冷藏集装箱特种车组投入运营，1 节大功率发电机组工作车可为 8 节插电平板车上的冷藏集装箱持续不间断地供电，解决了铁路机保车需要倒装及不能机械化作业的问题；中外运、中粮等第三方物流企业强化与上下游战略合作与资源整合拓展冷链物流业务；双汇、众品、光明乳业等食品生产企业组建独立核算的冷链物流公司，积极完善冷链网络；顺丰和苏宁利用线上流量和线下渠道相继开展冷链业务；罗牛山冷链物流立足海南产地优势建立国际先进水平的冷链物流园区，实现仓储环节智能控温、调拨环节自动化分拣，冷链全流程可视、可追溯，具备冷链加工配送、食品质检、信息追溯、批发交易功能。鲜易供应链构建链接生产、仓储、运输、加工、集采、交易、配送的一体化温控供应链，全国布局 20 多个温控基地，冷链网络覆盖 28 个省区市，为全国核心城市的 3000 多家门店提供城市冷链配送服务。

汽车商贸物流市场转型优化。2017 年，我国汽车物流市场保持增长，铁路和公路物流模式齐头并进，行业发展不断优化。一是市场规模持续扩大。中国汽车工业协会数据显示，2017 年我国汽车产销分别完成 2902 万辆和 2888 万辆，同比分别增长 3.1% 和 3.2%，增速同比有所放缓，但仍是在高基数的基础上出现的增长，行业整体经济运行态势良好，呈现平稳增长态势。在汽车产销增长的带动下，2017 年汽车物流市场规模继续扩大，服务水平不断完善，供应链日趋完整，实现了从零部件入厂物流向零部件供应商管理的纵向延伸，从售后服务备件物流向报废汽车以及其他后市场服务的横向拓展。二是货运新政促进多式联运。随着 2016 年 9 月《超限运输车辆行驶公路管理规定》（交通运输部令 2016 年第 62 号）的实施，汽车物流企业采取多种措施，如加强运力协调和联动、开展运价协商和调整，积极适应政策变化。与此同时，铁路汽车物流企业主动对接市场变化，中铁特货充分利用铁路既有场地，开辟铁路商品汽车装卸作业站，将生产企业汽车中转库前移至铁路物流中心。构建覆盖全国230多个城市的铁路商品汽车物流配送网络，通过深化与主机厂的合作，采取灵活多样的运输模式，提升市场渗透率。长久物流公司构建以多式联运为核心的服务网络提升新业态下的服务能力，单纯公路运输的比例持续下降，多式联运的比例开始上升。截至2018年4月，覆盖六大区域的多式联运基地中，长春、北京、天津、芜湖、重庆、成都、广州、柳州均已建成，全部建成后将进一步完善其运输网络，大大提升其竞争力。

专业化商贸物流的发展日新月异，专业物流领域的新变化对商贸物流园区功能体系、技术装备、组织模式等都提出了新的要求，促使商贸物流园区不断强化提升综合实力。

（四）国际化商贸物流势头强劲

根据国家统计局数据，2017年度进出口总额277921亿元，比上年增长14.2%，扭转了连续两年下降的局面。其中，出口153318亿元，增长10.8%；进口124603亿元，增长18.7%。2017年中国货物贸易进出口量分别增长8.3%和7.1%，大大超过全球贸易4.7%的增速。除了铁矿石、原油等大宗散货的国际贸易外，以集装箱为代表的现代商贸物流活动也愈加频发。2017年中国规模以上港口外贸集装箱量保持8.2%的增长至1.45亿TEU。国务院新设的辽宁、浙江、河南、湖北、重庆、四川、陕西七大自由贸易试验区落地运营后，不断吸引国内外企业集聚入驻，发展临港加工和贸易产业。随着中国探索自由贸易港制度，以保税形式或免于海关监管形式的国际贸易货物将进一步增加。

跨境电子商务物流设施开始全球布点。据中国电子商务研究中心监测数据显示，2017年中国跨境电商整体交易规模达7.6万亿元人民币，海关通过系统验放的跨境电商进出口商品总额达902.4亿元，同比增长80.6%，其中出口是336.5亿元，进口是565.9亿元，同比分别增长41.3%和120%。2016年1月，国务院发布《国务院关于同意在天津等12个城市设立跨境电子商务综合试验区的批复》，将跨境电子商务综合试验区从杭州扩展到天津等12个城市。2016年两会期间，打造"海外仓"作为促进外贸创新发展的重要举措被写入政府工作报告。随后商务部表示将采取有效措施支持有实力的企业设立"海外仓"，打造外贸发展的新亮点和新动能。受需求和政策利好双重推动，一些企业加快海外物流网络布局。菜鸟网络物流覆盖能力已至全球224个国家和地区，初步建立具有全球配送能力的跨境物流骨干网，日处理能力超过400万单；顺丰速运直发业务已覆盖全球241个国家和地区，并通过建立20个全球仓网来覆盖4个主要目标市场；洋码头网购平台布局全球物流中心，将更多采用海外直邮模式，在海外发货通过一次性快递配送到位；大龙网启动中国在欧洲最大跨境电商产业园；中国铁路总公司和俄罗斯股份有限公司共同推出跨境电商物流服务，计划开通北京至莫斯科的跨境电商班列，为跨境电商提供物流服务。

一带一路推动亚欧非商贸物流发展。随着"一带一路"建设不断推进，我国与欧洲及沿线国家的经贸往来发展迅速，物流需求旺盛，贸易通道和贸易方式不断丰富和完善。2017 年中国与"一带一路"沿线国家的进出口总额达到 7.4 万亿元，增长 17.8%。其中出口 4.3 万亿元，增长 12.1%；进口 3.1 万亿元，增长 26.8%；中欧班列开行 3673 列。我国与沿线国家的经济已经深度融合，我国企业已经在"一带一路"沿线 20 多个国家建设了 56 个经贸合作区，涉及多个领域，累计投资超过 185 亿美元，为东道国创造了近 11 亿美元的税收和 18 万个就业岗位。

随着国际商贸物流的快速发展，对于商贸物流园区结合国际贸易需求，加强产业规划和管理，创新拓展业务模式，探索进口商品保税展示交易、保税集货 CDC（中央配送中心）、保税融资监管等新型国际商贸物流模式，为打造国际分拨采购中心、国际物流服务平台、全球货物集散分拨中心创造良好的需求基础。

（五）政策环境不断利好

2015 年 9 月，国务院办公厅印发《国务院办公厅关于推进线上线下互动加快商贸流通创新发展转型升级的意见》（国办发〔2015〕72 号），要求推进零售业改革发展、加快批发业转型升级以及转变物流业发展方式，强调引导商品交易市场向电子商务园区、物流园区转型。以电子商务和现代物流为核心，推动大宗商品交易市场优化资源配置、提高流通效率。推广城市共同配送模式，支持物流综合信息服务平台建设。鼓励企业在出口重点国家建设海外仓，推进跨境电子商务发展。

2016 年 2 月，国家发展改革委、财政部等 10 部门《关于加强物流短板建设促进有效投资和居民消费的若干意见》（发改经贸〔2016〕433 号）发布，要求通过加强物流短板建设，健全重要节点物流基础设施，改善城乡末端配送设施条件，完善农产品冷链物流体系，为物流基础设施投资指明了方向。

2016 年 3 月，商务部、国家发展改革委等 6 部委共同发布《全国电子商务物流发展专项规划（2016—2020 年）》，提出到 2020 年，基本形成"布局完善、结构优化、功能强大、运作高效、服务优质"的电商物流体系，围绕电商物流信息化、标准化、集约化等关键领域和薄弱环节，实现重点突破。

2016 年 11 月，国务院办公厅发布《国务院办公厅关于推动实体零售创新转型的意见》（国办发〔2016〕78 号），提出加强商贸网点规划。统筹考虑城乡人口规模和生产生活需求，科学确定商业网点发展建设要求，并纳入城乡规划和土地利用总体规划，推动商业与人口、交通、市政、生态环境协调发展。鼓励以市场化方式盘活现有商业设施资源，减少公有产权商铺转租行为，有效降低商铺租金。

2016 年 12 月，商务部、中央网信办和国家发展改革委联合发布《电子商务"十三五"发展规划》，鼓励发展跨境及海外电子商务园区、海外仓设施，完善跨境电商综合配套服务体系和生态系统，鼓励电商行业建设跨境及海外电子商务园区或加入境外经贸产业园区，支持海外仓建设，增强产业集聚效益，打造完善的跨境电商产业链和生态链，形成覆盖全球、开放统一的电子商务大市场。

2017 年 2 月，商务部等五部委印发《商贸物流发展"十三五"规划》，提出构建多层次商贸物流网络，加强商贸物流基础设施建设、标准化建设和信息化建设，推动商贸物流集约化发展、专业化发展、国际化发展，促进商贸物流绿色化转型，建设商贸物流信用体系。确定了 39 个全国性商贸物流节点城市和 64 个区域性商贸物流节点城市。有利于促进物流园区分工合作、差异发展，构建层次分明的物流网络，从而加快支撑、引导产业在区域之间梯度转移和跨区域产业合作。

2017 年 8 月，国务院办公厅发布《国务院办公厅关于进一步推进物流降本增效促进实体经济发展的意见》（国办发〔2017〕73 号），从降税清费、仓储信息化标准化智能化、产业协同等七方面部署降低社会物流成本工作举措。党的十九大报告提出，要加强物流基础设施网络建设，并要求在现代供应链领域培育新增长点、形成新动能。商贸物流园区既是物流业重要基础设施，也是供应链创新应用的重要载体，其资源集聚的集约高效优势对降低社会物流成本有着重要作用，未来必将迎来新一轮重大机遇。

不断利好的政策环境为商贸物流园区的发展营造了良好的外部环境，既为商贸物流园区未来发展指明了清晰的方向，也为商贸物流园区发展提供了体制机制、土地、投融资、财税等各方面坚实的保障，商贸物流园区将迎来新一轮发展机遇。

二、我国商贸型物流园区发展状况

随着国家对商贸物流发展的重视，近年来商贸服务型物流园区发展十分迅速，在基础设施建设、层次体系优化、业务模式拓展、功能体系完善、服务水平提升以及标准化试点等方面实现了快速发展。

（一）基础设施不断完善，层次体系不断优化

根据中国物流与采购联合会《2018 年第五次全国物流园区（基地）调研报告》显示，截至 2018 年 6 月，我国共有物流园区 1600 多家，其中综合服务型物流园区数量最多占比约为 60.8%，其次是商贸服务型物流园区约占 17.2%，货运枢纽型物流园区约占 12.0%，生产服务型物流园区约占 4.4%，口岸服务型物流园区约占 5.6%。我国物流园区类型占比如图 3 所示。

2018 年 2 月，国家发展改革委等六部委联合发布《中国开发区审核公告目录》

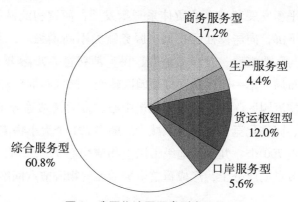

商务服务型
17.2%

生产服务型
4.4%

货运枢纽型
12.0%

口岸服务型
5.6%

综合服务型
60.8%

图 3　我国物流园区类型占比分析

（2018 年版），批准成立的国家级经济开发区、保税区、其他类开发区、高新技术产业开发区、出口加工区、边境经济开发区各类园区共 552 家，其中海关特殊监管区 135 家，批准占地 45678 公顷，平均每个占地 338 公顷；省（自治区、直辖市）人民政府批准设立的开发区共 1991 家。以普洛斯、安博、宝湾、宇培、丰树、盖世理、平安不动产等为代表的物流地产商，在全国大多数重点城市完成了自己的布局，搭建起物流园区或仓配中心的网络。

电子商务园区迅猛发展。截至 2016 年年底，全国评选出 70 个国家电子商务示范城市、100 个国家电子商务示范基地、10 个跨境电子商务试点城市和 13 个跨境电子商务综合试验区。中国电子商务产业园区呈现爆发式增长，截至 2016 年，全国电子商务园区达到 1600 家，同比增长约 120%。除港澳台外，全国 31 个省份均已经建设电子商务园区，实现了 100% 全覆盖，其中浙江省拥有 182 个电子商务园区，领先全国；粤苏鲁闽分别列第二位至第五位；西部地区园区建设热潮高涨，其中四川省以 60 个电子商务园区在数量上居西部第一。农村电商园区快速增长，根据中国国际电子商务中心研究院发布的《中国农村电子商务发展报告（2016—2017）》数据，截至 2016 年 8 月底，全国共有 1311 个淘宝村，其中，浙江、广东和江苏的淘宝村数量位居全国前三位。2016 年，我国各类农产品电商园区 200 家，占各类电商园区的 12%，仍保持快速增长趋势。电子商务园区的发展，催生了一批围绕电子商务园区建立的快递物流园区，促进了电商与快递的融合发展。以郑州为例，2018 年 3 月郑州市出台《郑州市跨境电子商务综合试验区发展规划（2018—2020 年）》，指出到 2020 年要培育 10 个跨境电商产业园，围绕河南经开综合保税区为核心，打造智能物流分拨基地和跨境商品集散中心、构建"三网融合、四港一体"的多式联运物流枢纽和跨境电子商务产业服务中心。

层次体系不断优化。城市配送、城际配送、农村配送有效衔接，国内外市场相互贯通，高效畅通、协调配套、绿色环保的现代商贸物流服务体系逐步形成。作为商贸服务体系中的节点和枢纽，商贸物流园区的网络布局进一步优化：一是商贸物流节点建设更加注重区域平衡发展和城乡商贸体系平衡发展，商贸物流网络加快向中小城市延伸，向农村乡镇下沉，向居民社区拓展，服务能力不断增强。二是园区更加接近消费地的区域发展，与工业消费、农产品消费、民生消费进一步融合。三是不同层级的物流节点优化分层布局，单一园区向网络型园区转变，园区布局已经步入"网络为王"时代。物流枢纽、物流园区、物流中心、配送中心、货运场站等分工合理、运作有序，园区之间无序竞争、同质化竞争现象大大减少。顺丰291个大小物流中心、京东263座仓库、苏宁大小节点700个、九州通地级市以上物流中心77个、日日顺100个物流中心，各大巨头企业节点层层分工，形成覆盖全国的商贸物流节点网络。

（二）业务模式不断拓展，功能体系不断丰富

业务模式不断拓展。随着商贸物流园区加快推动平台建设，形成了公共信息服务平台、资源整合交易平台、跨境电子商务平台等物流平台发展模式。适应连锁经营发展需要，形成了供应商直接配送、连锁企业自营配送、社会化配送及共同配送等物流配送模式。园区着眼于供应链管理，形成了商贸物流全产业链集成发展、互联网引领物流发展、商贸业和制造业联动发展等融合发展新模式，"物流＋商贸""物流＋金融""物流＋电子商务"等新型业态不断涌现。

功能体系不断丰富。除了运输仓储、中转联运、区域分拨、城市配送、货运代理、信息服务等基本物流功能不断强化之外，商贸物流园区在流通加工、商贸运营、电子商务、商品展示等延伸服务以及物流金融、供应链设计、管理咨询、技术研发等方面的增值服务功能也逐步完善，进一步拓展了物流产业的服务业态，提升了物流行业的多元化利益渠道。同时，园区还积极引入工商、税务、海关、商检等政务部门及银行、保险、会计、律师等商务机构，构建园区政务服务、公共信息、投融资等服务平台。开展车辆管理、检测维修、餐饮住宿等配套服务，园区配套服务能力全面提升。商贸物流园区的基础物流服务、增值服务及配套物流服务正逐步实现有机集成，为客户提供全方位、综合性、一站式服务。我国典型物流园区业务模式创新做法及突出功能如下表所示。

典型商贸物流园区业务模式创新及突出功能一览表

典型园区	业务模式创新	突出功能
河北迁安北方钢铁物流园区	搭建大宗商品电子商务交易平台，实现网上洽谈、签约、结算和网下配送电子商务交易模式；引导物流与钢铁生产加工、煤炭、矿石等企业打造互为供应商的全新供应链模式	为当地钢厂定制竞价买卖和集约采购等交易，以及钢坯、钢材现货电子化交易和期现套保服务，提供仓储、加工、销售、金融质押等服务

典型园区	业务模式创新	突出功能
内蒙古红山物流园区	开发物流云平台，运用云计算、物联网技术以及先进的企业管理理念和信息系统建设物流云项目，利用云架构模式部署的各个节点信息系统将整个供应链上的各个节点数据进行收集、处理、分析和共享	运用大数据处理技术，实现高效统一的、可追溯的、透明化的物流供应链全程一体化解决方案
安徽合肥商贸物流园区	建设重点农产品和食品批发市场的综合信息平台和交易平台，实现了鲜活农产品合作社直采和原产地直供流通体系，推广了农产品"超市＋基地"流通模式；建设民生电商现代金融产业园华东区管理总部、标准化电子监管仓（动产融资）、实体商品交易展示中心、结算中心库——华东区社区O2O（线上到线下）分拨配送	开展超市配送、批发零售物流、冷链物流等日用商品物流，提供电商配送、O2O 分拨配送、动产融资、商品交易展示、供应链管理等
临沂经济技术开发区现代物流园	依托电子商务平台、全国知名品牌销售分拨中心等平台，实现运输过程的全程智能化、可视化和可追溯化。创建了基于商业智能的"数据信用＋质押、线上线下一体化"的全渠道物流金融服务模式	提供采购供应、库存管理、物流计划、准时配送、产能管理、协同加工、运输分拨、信息服务、分销贸易及金融保险等供应链一体化服务；积极发展国际物流采购业务，积极打造国际物流采购中心
河南保税中心	全国首创"电子商务＋保税中心＋行邮监管"的通关监管模式（1210 监管模式）、"一次申报、一次查验、一次放行"通关模式（三个一模式）及"一平两网三链"的商业模式，B2C（企业到客户）跨境保税业务模式	推动园区成为创新中心、全球跨境物流集疏服务中心、新零售展示中心、金融服务中心、数据交易中心、跨境电子商务标准发布中心，为贸易企业提供仓储、物流、配送、报关、报检、金融等一站式服务功能

（三）服务水平不断提升，标准化试点效果显著

园区服务能力不断增强，服务水平不断提升，入驻企业对园区的黏性逐步增强。随着仓储分拣、装卸搬运、包装加工、运输配送等专用设施设备和条码、智能标签、无线射频识别、可视化及跟踪追溯系统、全球定位系统、地理信息系统等先进技术加速应用，云计算、大数据、物联网、移动互联网等新一代信息技术日益推广，园区服务能力不断增强。如防城港东湾物流园区开发了集管理平台、运营平台和公共信息平

台"三位一体"的信息平台，不仅实现了各企业和基础设施的精细化管理，还把港口、铁路、公路、仓储、船代、货代等行业及政府相关信息整合起来，实现信息资源共享。中鼎物流园与百度、清华同方等知名企业合作开发"智慧物流云平台"。平台集物流电商、云仓库、支付结算、商品交易、金融服务、数据交换等10大功能于一体，融合了11个铁路信息系统，成为园区多式联运体系的"指挥中枢"。中国物流与采购联合会物流园区专委会数据显示，先进企业的设备和信息投入比例为36.4%，日本MH协会（日本物料搬运系统协会）数据显示日本这一比例平均约为44%。我国仓储企业（43个仓库单位样本测算）相关数据显示，仓库平均综合投资3600元/平方米（含土地、技术、装备），其中平均信息化投入占总投资的6.4%，平均设备投入占总投资的18.6%，两者合计占总投资的25%。商贸物流服务更加高效便捷，"及时送""定时达"等个性化服务以及"门到门"等一站式服务更加普及。商贸物流园区积极开展仓单质押、保兑仓、存货质押、融资租赁、供应链金融以及票据融资等金融业务，物流金融服务体系不断完善。

商贸物流标准化试点工作逐步推进，标准化试点成果显著，近三年，商务部会同财政部、国家标准化管理委员会（简称国家标准委）开展了商贸物流标准化专项行动，以标准托盘及其循环共用为切入点，研究建立以标准托盘应用为核心的商贸物流标准体系，推广包括标准托盘、物流包装等标准物流设施设备的应用，切实提高了上下游物流设施设备和服务标准化水平，2016年9月商务部发布《托盘租赁企业服务规范》《托盘共用系统运营管理规范》《共用系统托盘质量验收规范》等物流领域行业标准。据相关机构统计，标准化试点的重点企业提升装卸货效率3倍以上、货损率降低20%~70%、综合物流成本平均降低10%。试点城市租赁标准托盘同比增长97.18%，平均综合物流效率提升3.8%。上海1号店100%的供应商开展托盘循环共用及带托运输，交货时间从原先每次2~3小时，提升到每次20~30分钟，节省了90%的收货时间，破损率降低50%，库存周转率显著提升。苏宁上海基地实施标准化、托盘联运以后，仓库利用率提高20%，仓库装卸作业效率提升40%，破损率由原先的0.7%下降到0.3%。中国外运长航集团在"带托运输"实施后，项目作业率提高75%，车辆周转率提高1.5倍，货运破损率降低50%，整个项目的供应链成本下降10%左右。

三、我国商贸型物流园区存在的主要问题

我国商贸物流园区建设进程逐渐加快，但物流园区的发展仍然存在诸多问题和疑惑，物流园区的基础设施建设明显滞后于市场需要，发展水平偏低，突出表现为以下四点问题。

（一）缺乏全局统筹规划，物流资源利用率较低

近年来，一些地方逐渐认识到商贸服务型物流园区对区域经济发展的带动作用，建设了一批功能齐全、设施先进的商贸物流园区。但也有的园区盲目扩大面积、加大商贸物流园区的投资力度，追求招商引资规模，已经超越当地需求。究其原因，一是商贸物流园区与区域经济发展规划衔接不够，超越经济发展水平，过分注重形象工程，高楼大厦多，相关设施不适用。二是缺乏顶层设计。商贸物流园的选址不准，人气不足。三是一些商贸物流园区的定位不够准确，核心竞争力不强，园区辐射区域相互重叠，服务同质化现象比较明显。部分三、四线城市，其 GDP 总量、人口数量两个关键经济要素均处于全国中下游水平的城市，但其商贸物流园区总量接近甚至超过国家级节点城市的平均水平。有的园区土地资源利用率不高，商铺出租率偏低。四是有的园区按房产开发模式进行，把商铺卖给商户，园区管理者缺位，共同事务无人协调，园区不能正常运营。五是部分园区开发商对于园区功能认识不深，只停留在园区土地的升值运作阶段，在建设投入、招商引资和运营等方面不太重视，以"围墙圈地"、土地开发为主，实际物流经营力度不大。甚至有的开发商购入土地之后，以住宅或商业地产的开发销售为主，伴随部分基础物流设施开发，以商贸物流服务等作为广告和营销手段，住宅、酒店、商场等配套设施反客为主。而地方政府对于企业拿地之后是否真的从事物流行业，也缺乏严格监管。

（二）不能适应电商需求，仓储供给结构性失衡

随着电商零售业规模的高速增长，我国电商快递物流园数量逐渐增多。电商企业"小订单、多 SKU（库存量单位）"以及快速响应的物流需求特征使得其对高标物流仓储需求显著。虽然自 2008 年以来我国仓储业固定资产投资额不断提高，投资累计已达 4 万亿元，全国仓储建筑面积已达到 10 亿平方米以上。但近年来仓储业投资额增速呈波动性下降趋势，2017 年首次出现了负增长，说明仓储设施存量已基本满足需求，结构性失衡问题逐渐显现。如图 4 所示。

一是物流仓储设施的配比不合理。布局分散、接近消费者、可以实现快速响应的小型配送或分拨中心仓库与能够预存大量货物的单体大型仓库供应严重不足。由于业务发展速度较快，我国大型电商企业单体库的面积需求一般在 10 万平方米以上，但是根据我国消防规定，单层仓库每个分仓的单体面积不能超过 6000 平方米，并且在每片区域之间要建 10 米宽的消防通道，使得我国大规模仓储设施的建设难度较大，数量较少。二是现在有许多大宗商品仓库和闲置工业厂房改作电商仓库，导致现有电商仓库的建设标准与仓库结构对电商业务的适应性不足，不能满足电商大量 SKU 快速选拣的要求。三是随着城市发展，城内老旧仓储设施纷纷面临拆迁、搬迁，但新的仓储设施未及时补充，仓库

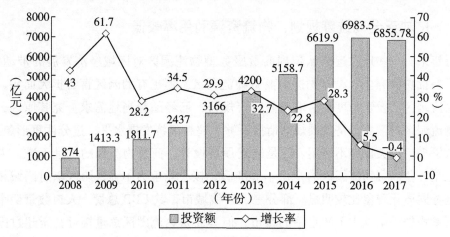

图4 2008—2017年我国仓储业投资情况示意

资料来源：中储发展股份有限公司资料。

网络布局存在空白点，无法建立快速高效全面的城市商贸物流配送网络。四是现代化物流装备和先进的信息技术推广应用不够，许多仓库至今还没有运用 WMS（仓库管理系统），配送车辆、集装技术、拣选技术、信息技术等亟须提升和改造。

（三）信息化水平较落后，需要系统性提档升级

在信息化和移动互联网快速发展的时代背景下，人们生活水平不断提高，对于物流服务水平要求也随之上升。商贸物流服务需要着眼于消费者最终需求，充分利用技术手段，提高物流响应能力和效率。但是，目前我国商贸物流园区通常重建设轻运营，缺乏专业的园区信息化建设团队以及总体规划和综合性需求分析，信息化与智能化水平发展相对缓慢，物流能力跟不上消费模式升级步伐。究其原因，一是园区的信息化设施设备较为落后，RFID、物联网、云计算、移动互联网等技术应用比例较低，在线调度管理、全自动物流配送以及智能配货等领域还不能满足消费者需要。二是园区的信息化管理软功能较为单一，局限于停车场管理、车牌自动识别系统等基本功能，且后期系统维护、升级存在严重的滞后现象。三是物流信息化建设标准化进程较慢，不同区域、不同类型的物流园区间信息平台互不兼容，没有实现跨地区跨行业信息共享，甚至存在恶性竞争，信息孤岛现象严重。四是物流全程监控水平低，鲜活消费品的产品可追溯性不足，农产品商贸园对区域作物种植的指导作用没有充分发挥。

（四）受城市建设影响大，园区内交通组织混乱

目前，随着城市化进程的加快和市区范围的不断扩展，原来的城市边缘区逐渐变化成为城市中心区，但商贸物流园区与城市总体建设规划缺乏一致性，物流园区资源配置与周边的交通运输规划缺乏有效衔接。城市内的商贸园区周边道路客货车辆混杂，

车辆型号杂乱，通行无序，易在园区周围造成交通拥堵、环境秩序混乱等"城市病"，对城市交通和环境造成不利的影响。但是目前城市治理手段相对单一，常常一味地依靠行政手段将商贸物流园区及仓库向外疏解，延长了城市内配送服务距离，部分企业的仓库和城市之间的距离甚至超过了150千米，降低了物流配送效率，提高了物流配送成本，难以发挥商贸物流园区对商贸业的推动作用。此外，商贸物流园区的物流组织较为混乱，基础设施建设相对滞后，不能为入驻企业提供完备的配套服务。究其原因，一是园区周边公路、水路、铁路等交通基础设施与园区衔接不够紧密，交通线路不畅，中转联运能力不强，多式联运比例低。二是水、电、路、通信等基础设施薄弱，装卸搬运等配套设施设备缺乏。三是存在公共交通不发达，人员上班不方便以及园区管理技术落后等问题。

四、我国商贸型物流园区发展趋势

（一）新业态变革倒逼物流模式创新

在宏观经济形势持续向好、现代信息技术应用步伐加快等利好因素作用下，智能化、数据化、线上线下一体化的"新零售"业态向前大步迈进。继2017年《政府工作报告》提出"推进实体店销售和网购融合发展"之后，2018年《政府工作报告》再度聚焦消费新业态新模式，并要求推动网购、快递健康发展。新零售带来了全新营销模式和市场环境的变革，大数据化下的消费者需求会越来越清晰，精准的细分需求会让背后的物流变得越来越碎片化和实时化，倒逼商贸物流模式进行重新构建。相比起以往厂商驱动、由产能水平和部分市场调研决定生产量的传统零售，新零售未来会实现"流程再造"——先由前端消费数据得出需求量，以此倒拉上游订单，再逐层进行订单启动。

新零售趋势下，"按需定制"成为拉动式供应链的主要形式，库存碎片化、补货需求高频化无可避免，物流响应速度和服务水平必须跟商品流通机制匹配。商贸物流园区将迎来新的发展机遇，将进一步推进仓配一体化，推动物流企业一体化运作、网络化经营，提供全面、全方位的物流配送综合服务，构建以商贸物流园区为基地的城市配送网络，促进商贸物流转型升级。拓展集中采购、订单管理、流通加工、物流金融、售后维修等增值服务，支持供应链集成创新。新零售时代下的商贸物流园区服务对象更加丰富，在人工成本、土地成本不断上涨的环境下，企业将加快新技术的研发、应用与普及来提高效率，降低成本满足新零售发展需求，不断满足人民日益增长的美好生活需要。

（二）新技术应用推动智慧水平提升

商贸物流园区作为货物集散中心、货物交易中心、物流信息中心和物流活动控制中心，推动"互联网＋"与其深度融合，有利于构建互联互通的网络体系，降低社会物流成本。随着《"互联网＋"高效物流实施意见》（发改经贸〔2016〕1647号）的逐步落实，商贸物流园区自动化、智能化发展有望加速。未来商贸物流园区将加强商贸物流信息资源的开发与利用，逐步实现园区互融互通和产业发展智慧升级。商贸物流园区信息平台具有整合物流活动所包含的各行各业信息资源的能力，并进行充分挖掘、加工和利用，成为开展物流管理与服务重要的信息载体，商贸物流园区将加快信息平台建设，为入驻企业提供咨询、交易、行业分析、价格、软件平台、票据传递、结算、支付、电子金融等全面的信息服务。以保证物流信息资源的充分共享，为行业监督管理、运输与物流管理、生产与服务提供强有力的技术支撑，全面提高园区管理与服务的水平。

商贸物流园区智慧化水平将不断提升。一方面，园区物流设施设备将加快升级，先进的立体化自动仓库、自动分拣系统、自动化装卸系统、AGV、多温层冷库、恒温恒湿冷链设施的应用将更普遍；另一方面，随着无线网络、3G/4G/5G网络、RFID、传感器、云计算、大数据等新一代IT技术的应用不断成熟，商贸物流园区将推广使用自动识别、电子数据交换、货物跟踪、智能交通、物联网等先进技术装备，探索区块链技术在商贸物流领域的应用，大力发展智慧物流。未来将通过整合物联网和互联网，对整合网络内的人员、机器、设备和基础设施实施实时的管理和控制，最终实现现代物流的自动化、网络化、可视化、实时化跟踪和智能控制。建立在信息技术的支撑基础上，将物流系统的运输、仓储、装卸搬运、包装、加工配送等环节均纳入信息系统的控制之下，实现系统全面感知、及时处理和有效调整。以信息技术为依托，通过物流系统的建设，实现商贸物流自动化、创新化、准确化。

（三）供应链创新助力产业融合发展

2018年4月，商务部等8部门联合下发《关于开展供应链创新与应用试点的通知》（商建函〔2018〕142号），要求通过全国范围内开展供应链创新与应用试点进一步落实《国务院办公厅关于积极推进供应链创新与应用的指导意见》（国办发〔2017〕84号）的要求，在现代供应链领域培育新增长点、形成新动能，助力建设现代化经济体系，推动经济高质量发展。全面融入供应链、融入互联网，围绕控制与调度库存、存货融资与供应链金融，支撑全渠道流通发展将成为未来商贸物流园区深度转型升级的方向。

未来商贸物流园区将主动延伸上下游企业，积极引入供应链管理理念、方法和技术，运用VMI（供应商管理库存）、JIT（准时制生产方式）等先进物流运作模式，向供应链管理转型升级。应更加广泛地运用云计算、物联网技术以及先进的企业管理理念和信息系统建设物流云项目，从产品采购、生产、仓储、运输、配送、政府监管、金融服务直至销售到客户手中，利用云架构模式部署的各个节点信息系统将整个供应链上的各个节点数据进行收集、处理、分析和共享。根据企业对产品信息、行情、区域资讯的特殊需求，通过移动互联网、GPS（全球定位系统）、RFID、电子支付等技术手段提供定制的信息推送服务，实现供应链上下游企业的紧密联系。逐步集聚交易、物流、金融等功能，面向冷链、汽车、钢铁等专业物流领域为客户提供一体化、个性化和精益化的供应链物流服务，进一步提升园区产业的深度融合。

（四）多契机引领商贸物流国际化突破

随着我国对外开放水平不断提高，诸多契机引领未来商贸物流国际化发展，在经济全球化背景下不断实现新的突破。

一方面，未来我国进口市场将不断扩大，境外消费将逐步回流。作为国际贸易发展史上第一个以进口为主题的国家级博览会——中国国际进口博览会通过搭建"优选优进"的合作平台，为我国消费升级提供多渠道的优质供给。结构合理、规模适度的进口不仅有利于改善国内生产要素供给，引进先进技术、标准和管理经验，培育新兴战略产业，降低成本、改进工艺、创新技术，提升产业竞争优势，还有利于在全球范围内促进生产要素自由流动、资源优化配置，实现供销对接、适销对路。据商务部数据，未来 5 年中国将进口超过 10 万亿美元的商品和服务，在对世界精品开放和同台竞争过程中也将带来商贸物流国际化需求的新一轮升级。

另一方面，中欧班列、自贸试验区的发展如火如荼，我国与"一带一路"沿线国家经贸往来越来越密切。随着跨境电商和国际贸易的飞速发展，商贸物流国际化发展速度将进一步高速增长。未来在"一带一路"国际大通道、沿线中心城市、重点港口、重点境外经贸合作区建设物流中心，发展商贸物流型境外经贸合作区成为商贸物流的大势所趋，海外物流基础设施（境外研发中心、分销服务网络、物流配送中心、海外仓等）的建设将成为新一轮热潮。随着国内商贸物流企业与外商投资企业国际合作的加强，有望通过仓储资源信息平台实现国内外仓储资源共享。跨境商贸物流的迅猛发展将促进商贸物流园区在融入全球供应链、进出口保税、货运代理、多式联运等方面的运营模式、设施设备和物流技术加速发展。商贸物流园区将推动本地优势产业对接并融入全球供应链体系，开展更大范围、更高水平、更深层次的国际合作，向全球价值链中高端跃升，打造更具全球竞争力的产业集群。全球范围内供应链协同和配置资源的能力将不断提高，并通过提升商业创新水平和创新现代服务理念，实现结构升级和服务能力提升。

参考文献

［1］谷岩. 辽宁省商贸物流园区发展现状及对策研究［J］. 现代商贸工业，2017（15）：48－49.

［2］佚名．长久物流 2017 年年度董事会经营评述［EB/OL］．（2018 - 04 - 17）
［2018 - 04 - 27］．http：//yuanchuang. 10jqka. com. cn/20180417/c603969501. shtml.

［3］谢文卿．2017 年中国外贸集装箱保持温和增长［EB/OL］．（2018 - 03 - 30）
［2018 - 04 - 27］．http：//www. cinic. org. cn/xw/schj/427573. html.

［4］佚名．海关总署：2017 年跨境电商进出口商品总额 902. 4 亿元［EB/OL］．
（2018 - 02 - 28）［2018 - 04 - 27］．http：//www. sohu. com/a/221640734_362042.

［5］中华人民共和国商务部电子商务和信息化司．中国电子商务报告 2016［EB/
OL］．（2017 - 06 - 14）［2018 - 04 - 27］．http：//dzsws. mofcom. gov. cn/article/dzsw/
tjjc/201706/20170602591881. shtml.

［6］中华人民共和国国家发展和改革委员会，中华人民共和国科学技术部，中华人
民共和国国土资源部，中华人民共和国住房和城乡建设部，中华人民共和国商务部，中
华人民共和国海关总署．中国开发区审核公告目录（2018 年版）［EB/OL］．（2018 - 03 -
03）［2018 - 04 - 27］．http：//www. gov. cn/xinwen/2018 - 03/03/content_5270330. htm.

［7］郭代伟．物流园区信息化建设现状及问题研究［J］．现代经济信息，2016（14）.

［8］中国物流与采购联合会．物流园区运营统计分析报告（2018）［EB/OL］.
（2015 - 08 - 11）［2018 - 04 - 27］．http：//www. chinawuliu. com. cn/wlyq/201508/11/
304096. shtml.

［9］中国物流与采购联合会，中国物流学会．中国物流发展报告（2016—2017）
［M］．北京：中国财富出版社，2017.

［10］中国物流与采购联合会，中国物流学会．中国物流发展报告（2015—2016）
［M］．北京：中国财富出版社，2016.

［11］孔庆广．我国物流园区发展存在的问题及解决策略［EB/OL］．（2013 - 06 -
18）［2018 - 04 - 27］．http：//blog. sina. com. cn/s/blog_4a72a7f40101axfi. html.

［12］佚名．物流园区信息化建设状况不容乐观［EB/OL］．（2016 - 01 - 27）［2018 -
04 - 27］．http：//www. chinawuliu. com. cn/zixun/201601/27/309110. shtml.

［13］佚名．物流园虚热背后：行园区之名搞"商业地产"之实［EB/OL］．（2014 - 08 -
19）［2018 - 04 - 27］．http：//house. people. com. cn/n/2014/0819/c164220 - 25496206. html.

（作者：姜超峰　中国物流与采购联合会物流园区专业委员会

张晓东，曾茹冰，任宇轩　北京交通大学交通运输学院）

高新技术开发区物流园区发展报告

高新技术开发区（简称高新区）是指我国在一些知识密集、技术密集的大中城市和沿海地区建立的发展高新技术的产业开发区。根据科学技术部火炬高技术产业开发中心显示，目前我国有国家高新开发区 122 家，广泛分布于除西藏自治区以外的 30 个省、自治区和直辖市。

一、高新区发展概况

作为产业集聚的重要形式，高新技术开发区自 1988 年火炬计划以来启动，经过 30 年发展，已初具规模。电子科学与电子信息技术、生态科学与环境高等保护技术、地球科学和海洋工程技术、基础材料科学和辐射技术、空间科学与航天技术、材料科学与新材料技术、光电子科学与光机电技术、生命科学与生物工程技术、能源科学与新能源及节能技术、制药科学和生物医学工程等高科技行业得到了很好的发展，降低成本和技术溢出效益持续显现，产业集聚的效果十分显著。高新区已成为我国高科技产业化，高新企业聚集，民营科技企业活跃，创新创业氛围浓厚的一项重要成果，也发挥着良好的示范和带动作用。

近几年，高新区集中建设区的产业增加值，规模以上工业增加值，以及员工人数等各项数据都处于上升趋势。以 2018 年调查的多家高新区为例，企业总产值共计 590 亿元，其中，产值超过千万元的有 24 家；产值超过亿元的有 26 家；其中，产值超过 1 亿元的有 7 家企业，产值在 2 亿~5 亿元的有 10 家企业，产值在 5 亿元以上的有 9 家企业。高新企业员工人数在 50 人以下的占 32%，拥有 50~100 人的企业占 27%，另外有 27% 的企业员工人数在 100~200 人，还有 14% 的企业拥有 200 人以上的员工规模。

高新区企业可能出现的问题主要集中在产业领域发展不均衡，在某些领域的竞争力较弱。高新技术企业缺少规模大、水平高，对地区发展有显著推动力的高新技术产品。另外，根据高新企业物流融合问卷调查内容，发现有部分企业对自身物流体系、成本等问题认知不准确，进而缺乏宏观的发展方向及详细的解决方案。

二、高新区物流园区发展现状

从各个高新开发区的空间布局可以看到，除了设有核心产业园、商务区、孵化器等核心区域，还会在非核心功能区设立专门的物流园区，为园区内部的企业提供物流服务。高新区的交通区位特征及产业特征较为明显，高新区物流园区的服务功能也随着区位的不同及主体产业的不同而有较大的差异。高新区的物流作业运作方式逐渐由物流企业分散运营，转变为物流园区集中化运营。高新区物流园区的服务模式逐渐呈现出多样化、全面化、人性化的特点。技术在高新区物流园区中的应用逐渐深化，集成化、自动化的物流园区发展模式逐渐呈现。

（一）交通区位特征

从我国高新区规划和建设可以看到，有相当一部分高新区处于各个交通运输网络的节点地带，部分高新区处在了航运网络、铁路运输网络、公路网和水路网共同的节点地带，这些高新区的区位选址造就了天然的物流优势。

物流园区借助高新开发区的区位特点，积极发展多式联运的物流形式。如唐山、郑州等地的高新开发区毗邻机场，建设空港物流园有较大优势，有望成为国际物流中心。常熟地处长江入海口北侧，以常熟国际物流园为主要载体，加快口岸保税物流、园区物流、商城物流建设步伐，重点发展港口物流。南通市内部是长江北侧入海口，外部与黄海相连。可以依托铁路和江港、海港、空港和高速公路枢纽，打造有效协作的综合现代物流体系。河南新乡处于我国中原，是中北部经济区物流、人流和信息流汇集处，新乡国家高新技术开发区规划并兴建了医药物流中心，冷链物流等多个项目，推进农业现代化进程，希望成为中原地区北部的区域物流中心。徐州是长三角北端重要的产业经济中心，徐州国家高新技术园区已经成为了淮海经济区的商贸物流旅游中心，大力促进现代物流发展，提供一流的物流服务，形成淮海经济区和苏北地区的区域性物流中心。连云港市已经开通了至西宁、成都、西安和郑州等地的集装箱"五定"班列，西至阿拉山口的集装箱"五定"班列已经延伸到了俄罗斯莫斯科，形成了欧亚贯通格局。连云港是亚欧大陆桥的东部桥头堡，也是中西部地区重要的双向进出口通道，密集交会了多种交通方式，正在逐步确立在长三角、新亚欧大陆桥沿线乃至全国物流业供应链中的节点地位。江西省宜春市被誉为"中部之心"，江西宜春丰城高新园区创建国家级高新区希望将园区打造成为赣中地区现代服务业创新发展示范区，形成区域性物流中心。

（二）产业特征

作为高新开发区内的生产性服务主体，高新开发区内的物流园区的产业化服务体系也有较大的差别。现代农业、生物技术、医药等多个产业需要发展冷链物流，石油、天然气、页岩气等新能源产业需要发展危险品物流，高新开发区的产品销售渠道决定了物流园区的服务范围，需要提供口岸保税物流、商贸物流等多种形式。例如，南通高新技术开发区充分利用南通家纺城、国盛义乌城、古镇灯具城等专业市场资源，推进国际棉花交易仓储中心、中国南通家纺城物流园区、铁路物流园区、空港产业园区的建设。克拉玛依高新开发区重点规划了产业发展区，包含已规划的石油炼制、油气化工、机械制造、油气技术服务、物流仓储等功能区范围，逐步建成若干兼具研发与生产功能的产业园，推动产业集聚集群发展。通化药业高新技术产业开发区正在从医药行业的基础上向高科技和高端服务领域拓展。医药产业以中医药产业为主，高新产业以生物制药产业为主，高端服务业以健康服务业为主。基于医药行业，配套发展医药物流业、医学教育培训、医疗电子信息、医疗器械、中草药种植、保健食品等行业，同时发展生物制药、生物农业等生物技术产业、康复治疗、中医养生、商业服务和科技服务等相关服务产业。

（三）运营主体

我们通过实地走访和发放调查问卷的方式对我国20多家高新区进行了调研。成立较早的高新区大多没有设立单独的物流园区，但园区内的物流业务以三种形式在开展：一是企业成立单独的物流部门，服务于本企业内部的物流业务，这些物流部门大多数不会涉及其他企业的物流业务。部分规模比较大的物流部门会成立单独的物流公司，这些物流公司会服务于其他的企业，但主要还是服务于本企业。二是园区内部没有物流园区，但物流企业会入驻高新区内部，服务于高新区内的高新企业。三是高新区外部的物流园区为高新区的企业提供物流服务。第一种方式规模较小，物流公司作为成本中心而不是盈利中心的形式存在。后两种方式因为缺少集约化的组织模式，运营成本偏高，服务质量较差。

根据调查结果可以看到，在该园区内仅有3家高新区企业拥有自己旗下的物流公司；对于高新区企业来说，选择一家合作物流企业考虑的因素按被选择频率来排序分别是物流费用、运输时间、运输范围、物流企业专业化程度以及企业规模。目前来看，企业选择物流企业的合作模式大多是快递，大部分企业选择与一家快递合作或与多家快递长期合作，极少数企业没有合作的物流公司。关于高新区企业内部专门的物流成本会计科目，只有6家企业表示其设立了相应的会计科目；在即将设立的会计科目中，半数企业最为看重的是运输费用，其他考虑科目还包括仓储费用、采购费用和包装费用等。

（四）服务模式

现代物流是指将信息、运输、仓储、库存、装卸搬运以及包装等物流活动综合起来的一种新型的集成式管理，其任务是尽可能降低物流的总成本，为顾客提供最好的服务。反应快速化与功能集成化是现代物流的两大特征。与传统物流不同，现代物流业与制造业、金融、环境、信息等行业的联系越来越紧密，行业融合发展趋势也越来越明显，同时信息化、智能化和标准化的程度也不断提升。

高新区积极推进现代化物流服务体系建设，发展多种形式的现代化物流服务。德阳高新区形成了商贸物流蓬勃发展的产业格局。其中，天旭物流产业园是以综合物流为依托，集物流、商流、信息流为一体的现代物流中心，建成后将成为西南地区的物流枢纽与零担供运基地。南通高新区推动国际棉花交易仓储中心、空港产业园、铁路物流园和中国南通家纺城物流园建设。南通市提出加快发展南通高新区，大力发展多式联运，大力发展包括保税物流、国际快件物流、高附加值物流等空港物流服务，从而提高第三方物流的专业化服务水平。扬州高新开发区积极引进国际物流基础设施提供商，高标准打造专业化物流园区。

作为生产型服务的重要组成环节，在高新区的发展过程中，越来越重视物流园区的规划和发展。高新区都在积极探索适合于园区发展的物流模式，提供全面、高效的多种形式的物流服务，积极打造现代化物流服务体系。

（五）技术驱动

技术驱动是高新园区内物流园区发展的重要特点。高新企业的发展需要更高效、更低耗、更敏捷的物流服务，传统的物流组织形式已经无法满足高新企业的发展。需求带动了产业升级，同时也要求配套的物流企业和物流园提供效率更高、能耗更低的高质量物流服务。高新区的物流园区的技术驱动主要体现在以下三个方面。

1. 智能化仓储物流技术

物流园区建设了智能化仓储物流系统，充分发挥物联网技术在物流园区的应用。推广全球统一编码、标准化托盘、标准化集装箱、单元化物流的发展，应用自动分拣技术、RFID 技术、自动控制技术、电子标签、自动识别技术、自动化仓库系统（AS/RS）、AGV、实时追踪技术等智能化技术，实现了仓储物流环节的标准化与全自动。

物流园区智能化仓储物流技术的实现能够有效地提高运作效率，为高新企业的原材料采购和产品销售提供了坚实的后勤保障。从而减少人工的投入，增加了运转时间，降低了运作成本，有效控制了流通环节中错误的产生。

2. 信息平台建设

建设了仓库管理系统（WMS）、电子数据交换（EDI）、智能分拣系统（ISS）、实时追踪系统、制造资源计划（MRP）、企业资源计划（ERP）、园区管理系统、车辆管理系统等多种类型的信息平台，实现了线上线下联动。

信息平台建设能够实现园区内部管理可视化，有效提高了园区管理效率。实现了入库、出库、盘库等库存环节的自动化，减少了库存环节的人员投入。实现对车辆以及分拣环节的实时追踪，实现了物流环节的透明化管理。通过获取物流信息、订单信息、仓储信息等多种信息，应用大数据云计算等技术，可以实现订单需求的预测，帮助物流企业制定更加合理的运营策略。

3. 供应链整合技术

物流是供应链的重要组成环节。通过智能化和信息化可以实现园区内部物流企业的联通以及物流企业和高新企业的联通，可以实现供应链纵向一体化以及供应链横向合作。通过供应链整合技术可以充分发挥园区内部所有物流企业的能力，实现订单共享、能力共享以及收益共享。供应链整合是以大数据和智能化为基础的，需要高新区、高新企业、物流园区、物流企业等多个主体单位协作完成。部分高新区积极发挥政策优势，建设国际物流中心。

三、高新区物流园区面临的主要问题

1. 物流成本较高，物流运作模式有待改善

根据调研结果显示，高新区企业的物流成本占营收比重为10%以下的占80%，少数企业认为其物流成本占到营收比重的10%～30%；在这些企业中，运输费用成为物流环节中成本占比最高的一项，高新企业对物流企业的需求最大的也是运输服务，因此对于高新区企业来说，降低运输成本是亟待解决的问题。

企业最为担心的问题在于物流企业在运输过程中，难以保证运输质量，产品存在损坏；并且，较高的物流费用使高新区企业难以承受；少数企业认为物流企业还存在运输时间长、无法按时送达、质量保证困难等问题。因此，对于物流企业来说，降低客户的物流成本，提高物流效率是高新区企业最为关注的需求点。很多高新区企业会把备选的物流企业较少视作与物流企业合作时出现问题的主要原因。高新区企业对物流合作伙伴多样化的需求很大，并且期望与物流企业建立长期的合作伙伴关系。对于物流企业来说，企业管理不规范，装备落后，订单信息不完善都是目前发展过程中亟待解决的问题。因此，推动物流企业的信息化和智能化，是完善高新区企业供应链体系的重点，如图1、图2和图3所示。

2. 园区发展科学性不足，孤岛效应明显

物流园区大发展的同时带来了很多问题。物流园区发展规划缺乏科学性，市场估算偏向乐观，存在产能规划过剩的问题。物流园区远离市场和产业，导致了严重的供需不匹配，物流能力闲置率过高。物流园区的孤岛效应明显，缺乏有效的物流园区互联互通公共服务平台，园区内的物流企业主导了不同区域之间的贸易与流通环节。物流园区的集聚效应没有得到应有的体现，园区内物流企业合作较少，同一个园区内部

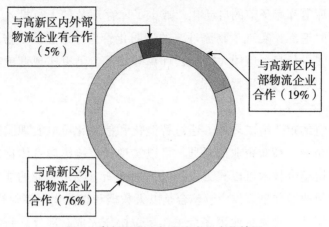

图1　高新区企业与物流企业合作情况

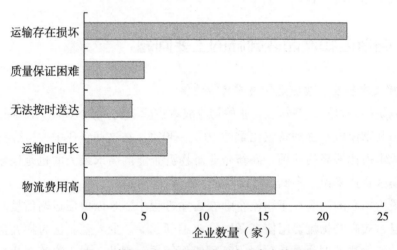

图2　高新区企业与物流企业合作存在的问题

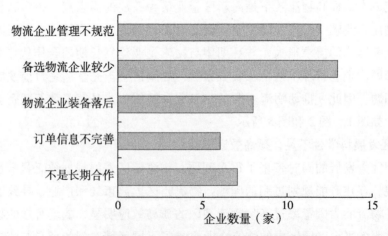

图3　高新区企业与物流企业合作存在问题的因素

可能同时出现不同的物流公司的物流能力无法发挥和包裹堆积的问题。园区管理相对落后，部分园区仅仅提供场地和基础的物业服务，物流园区以物流地产的形式显现。对区位的依赖程度过高，地处贸易流通大通道的物流园区能力发挥相对明显，流量相对不足的物流园区生存危机较为明显。

3. 物流标准不统一，基础设施较为薄弱

目前，社会物流成本高居不下，物流标准化是当务之急。物流标准化可控制物流过程规范，保证服务质量，同时也可降低物流服务成本，提高可靠性。另外，部分企业的物流标准化意识不够强。物流标准化程度低的直接后果是降低物流效率，产生不必要的物流成本。物流运输标准不统一，例如公路、铁路、航运等托盘标准不统一，甩挂运输也受到标准不统一的影响，以上都会影响多式联运的发展。物流基础设施与包装规格不配套的标准不统一则会影响装卸设备满载率，空间利用率，运输车辆装载率等指标。物流信息标准不统一形成信息不对称性，将会形成数据壁垒，阻碍信息共享平台上的信息交换。因此亟须在相关领域制、修订一批物流标准，用以协调采购、生产、销售、回收等供应链各环节。

物流基础设施薄弱是目前高新区物流园区存在的主要问题。首先，综合交通运输体系未形成，路网结构性矛盾比较突出。铁路客运线路发展滞后，货运路网结构不完善，高速公路、普通干线公路和农村公路发展不平衡，中心城市路网主骨架仍未形成。其次，公路网覆盖率较低，区域分配不均衡，铁路运输的短板，公路交通不堪重负，现有的公路运输通道等级较低，服务环节和配套设施基础薄弱，由此引发的环保和城市规划交叉矛盾比较突出。值得一提的是，在我国港口物流发展的现状中，目前存在问题有专业化程度低、基础设施薄弱，我国大型港口还存在专业、大型的深水泊位不足，深水航道里程不长，自动一体化设备不完备，和物流基础设施标准化不统一的问题，对我国港口物流的发展产生影响。

4. 高新企业和物流企业融合程度不高

尽管高新区的高新企业和物流企业存在一定的融合，使得高新区内的物流园区的整体生存环境比其他地区的物流园区要好一些，但这种融合依然存在不充分、不全面的问题，物流园区的孤岛效应依然存在。

大部分高新区的物流发展定位过于传统，缺乏创新。高新技术开发区在制定规划的时候都会对高新区的物流产业进行规划，对于物流服务的规划重点还是承担运输、仓储、配送等基础的物流服务，高新区内的服务主体不明确，目前的高新开发区内提供物流服务的主体还是第三方物流企业，在规划过程中弱化了物流园区应发挥的作用。

部分高新区在规划中对物流的发展有比较前瞻性的定位，大力促进物流企业和高新企业的融合，物流企业承担的不仅仅是物流服务，还帮助高新企业承担订单整合、渠道拓展、信息追踪、大数据分析等拓展服务。对于物流园区的定位也有一些比较前

瞻性的规划，物流园区应该搭建公共服务平台，提供园区管理、订单管理、生产管理等多种管理平台。但从实际的运营情况来看，这种模式运行的并不理想，订单整合、渠道整合等服务并未使得物流企业形成明确的商业模式和盈利模式，物流公司很少有动机进行资源的整合。物流园区的公共服务平台建设专业化程度不够，无法深刻理解高新企业的生产和运营模式，导致了公共服务平台的渗透率不高。

从当前的发展状态来看，高新企业和物流园区、物流企业的融合依然需要进一步探索，需要探索出一套符合多方利益且可执行的运营模式出来，物流与产业融合的路依然很长。

5. 物流园区产业化服务体系有待加强

高新开发区的物流园区在建设过程中凸显的一个重要的问题是产业化服务体系建设不足。除此之外，还存在服务基础薄弱，产业化结构不是非常合理，服务全产业链建设相对滞后，物流服务和其他生产型服务和生活型服务的结合性低，服务功能过于单一，和高新企业及个体客户互动太少，服务体验仅满足物流需求等不足。

高新开发区的产业化服务体系建设不足在全国范围内是一个比较广泛的问题。徐州高新区还处在建设初期，此时现代服务业中对经济发展贡献较大的咨询服务、现代物流等产业寥寥无几；徐州高新区现代服务业基础不够好，企业数量不多，结构不合理，占全区经济比重较小。莱芜高新技术开发区服务业发展相对滞后。生产性服务业发展层次低，无法满足现有企业发展要求。尤其是金融保险、现代物流、中介机构等服务业发展滞后，难以对相关行业产生支撑作用，不利于企业提高自主创新能力。生活性服务业发展质量有待提高。高新区商贸流动、房地产、餐饮、住宿、文化娱乐等生活性服务业的发展都还有较大提升空间，亟待完善。

6. 物流企业集约化服务能力较差

传统物流行业的网络节点通常在各大型企业周边很密集，在宏观上物流企业及其仓库或中转中心则显得极为分散。物流企业布局分散，难以形成集聚经济，物流企业的集约化服务能力也有待提升。为了加快高新区的物流建设，多地开展城市物流配送试点，创新城市配送模式，大力发展统一配送、集中配送、共同配送等多种形式的集约化配送，然而目前有诸多因素制约物流集约化发展，例如城市配送的"最后一公里"问题。

一般的地级市都有几个物流园区，若干个物流基地，而且存在货源分散、设备自动化程度不高、满载率低等问题，很难做到物流集聚。虽然一般高新区物流园区内入驻的物流企业数量多，但龙头企业较少，大多数企业仍是规模小、实力弱，先进信息技术和物流设备应用推广水平较低，物流设施设备的自动化、智能化程度和物品管理的信息化水平与发达地区差距较大。物流业发展存在"小、弱、散"的问题，物流运输速度慢、服务质量低、损耗大、成本高，物流集聚的规模经济较难实现。

四、高新区物流园区发展展望

1. 推动物流标准化，增加基础设施投入

促进高新区物流标准化是保证物流业务安全、便捷、高效流动的重要手段。高新区要在物流标准实施中发挥主体作用，鼓励企业采用标准化的物流设施和设备，积极推行先进的物流技术标准和新的物流模式标准；建立和完善高新区的行业组织、公众媒体和物流企业间多方监督机制，鼓励行业组织，标准化技术组织和其他第三方建立各种形式的标准实施效果监测系统，并开展标准化监测和实施反馈。

针对高新区物流园区物流基础设施不完善的问题，需要增加基础设施投入。港口、铁路、高速公路、机场和通信等优越的基础设施条件是形成物流集聚的先决条件。多式联运的实现可以加快周转速度，降低物流成本，提高服务质量。路网密度的增加、交通运输速度的提高以及各种交通模式的建立，是形成和发展大型物流节点的技术条件和重要推动力量。道路网络密度的增加将会提高城市和城镇之间的直接连通性，使得地区和城市之间的联系更密切。特别需要在该地区的中心城市建立能够满足周边腹地物流需求的物流集群。

2. 增强高新企业和物流企业的融合

物流园区的定位不应该仅仅为高新企业提供仓储、运输、搬运等基础性服务，应该深入到高新企业的全产业链条中，发挥物流企业专业化、高效化、精细化的物流作业特点。物流企业与高新企业的深入融合应集中在以下几个方面。

（1）战略性采购。高新企业和物流企业签订战略性合作协议。由物流企业和高新企业研发、生产相关部门进行配合，针对高新企业的生产计划、库存情况、需求情况等进行优化配置，采用多种订货策略，帮助企业在保证研发和生产的基础上，减少库存，增加现金流。同时物流企业可以和多个相似的高新企业进行合作，凭借自身的专业优势，在进行批量采购的时候可以获得比较大的折扣，帮助高新企业降低采购成本，充分发挥物流企业自身的规模经济优势。

（2）销售拓展。物流企业与高新企业的销售部门进行配合，沟通全国甚至全球市场。在产品下线之前对产品的数量、物流要求、运输网络等信息进行了解，制定最优的物流规划路径，帮助高新企业无缝隙、不断链地将产品从产地直接运输到需求地。帮助高新企业打开需求市场，拓宽销售渠道，保证产品的供应链不断链。同时以专业化的零担及整车运输服务，帮助高新企业在不提高管理成本的基础上，获得更多的订单，产生更大的收益。

（3）信息资源整合。在采购方面，帮助高新企业对原材料市场进行分析，综合考虑运输成本、价格、质量、品牌效应等多种因素，筛选出符合高新企业生产研发的原

材料供应商，可以进一步促成高新企业、物流企业和原材料供应链三方订立战略合作协议。在生产方面，针对已经成熟的产品，及时获取市场反馈及竞品的销售情况，帮助企业快速应对变化的市场需求，调整生产计划，及时增加或减少产品的产量，针对不同需求市场的变化情况，可以及时修改不同地区的投放情况。

3. 建设物流园区产业化公共服务体系

通过供应链整合技术，进一步推进由推式供应链向拉式供应链的转变，逐步提高供应链的敏捷性、灵活性，以降本增效为目标，改变原有的高新企业和物流企业运作模式，打造新型的产业供应链公共服务体系。

（1）强化园区服务。通过园区机械化、标准化的基础设施建设以及自动化、智能化的信息系统的建设打造完善的软硬件平台，为提高物流园区的服务效率与服务水平打好坚实的基础。针对高新区产业的特点，加强物流园区对服务产业的采购原材料、加工半成品、生产制成品的运输、仓储、装卸、加工、配送等一体化服务能力，通过制造商、供应商、仓库、配送中心等多层次的物流网络调度优化，降低产业物流成本，提升产业物流效率。

（2）注重产业孵化。通过打造成熟全面的综合性公共服务体系，助力高新区中小企业的发展，实现产业孵化。物流园区可打造实体设备支持、管理模式支持、技术功能支持、财务金融支持等综合性服务，为产业链上下游的中小企业实现多层次、全方位的服务支撑。

（3）进行资源整合。高新区产业链上下游进行信息整合，开发区内企业上下游之间以及物流企业之间相互分享市场需求、生产交货日程、库存状态等信息，帮助企业预测需求，设计生产采购计划。同时，供应商成员间进行物流库存资源的共享，生产商将其库存补给的权利赋予下游供应商，由供应商完成补货。对物流服务能力进行资源整合，一方面要完善物流园区的仓储设施与运输设备；另一方面也需要完善物流园区的货运方式和存货控制，招集素质高、专业化强的物流服务管理团队，降低园区空置率，提高资源使用率。

五、发挥产业集聚和物流集聚的效应

突出高新区产业特点，发挥产业比较优势。促进物流产业集群内部企业在专业化分工基础上进行有序竞争与互惠合作。发挥"中国制造2025"的战略优势，在重点发展领域着力，根据地区区域经济与产业发展特点，结合自身优势发展高新区产业链。坚持企业为主体、市场为导向、政产学研相结合的制造业创新体系。从整体层面，形成物流服务产业规模化、集约化，促进物流企业与物流企业、物流企业与上下游产业的双边与多边合作机制，建立协同创新、合作共赢的协作关系，推动高新区内形成高水平的物流企业服务集群。

　　广泛吸纳资源要素，形成资本、信息、人才聚集地。提升财政资金对高新区内产业的支持效率，促进资金重点投入到高新区内具有产业特色与核心竞争力的领域。针对生产性服务业发展要求，推动面向高新区内产业的信息技术服务，加强园区内重点行业的信息系统开发设计和综合集成运用的能力。完善园区内人才吸引与培养体系，推动技术人才、管理人才和技能人才的培养，打造高素质人才团队。

（作者：陈丽华　北京大学光华管理学院教授、北京大学国家高新技术产业开发区
　　　　　　发展战略研究院副院长、中国物流学会副会长
　　　　赵瑞　北京大学光华管理学院博士研究生
　　　　鲁毅　北京大学光华管理学院博士研究生）

口岸服务型物流园区发展报告

目前，我国经济已由高速增长阶段转向高质量发展阶段，供给侧结构性改革深入推进，创新能力不断提升，调控政策效果显现。在国内外形势向好与外贸扶持政策发力的共同作用下，我国对外贸易运行呈现增速较快、结构优化、质量提升、效益提高的发展态势。

《全国物流园区发展规划（2013—2020年）》将物流园区分为货运枢纽型、商贸服务型、生产服务型、口岸服务型、综合服务型五种类型，首次提出口岸服务型物流园区的概念。该规划指出，口岸服务型物流园区是指依托口岸，能够为进出口货物提供报关、报检、仓储、国际采购、分销和配送、国际中转、国际转口贸易、商品展示等服务，满足国际贸易企业物流需求的物流园区。2017年国家标准化管理委员会发布的《物流园区分类与规划基本要求》在修改了2008年发布的《物流园区分类与基本要求》的基础上，增加了"口岸服务型物流园区"的概念，进一步界定了物流园区分类，指出口岸服务型物流园区所依托的"口岸"是指对外开放的海港、空港、陆港及海关特殊监管区域及场所。

结合口岸服务型物流园区与其他类型物流园区在区位、构成、功能、服务对象等方面的不同，本报告认为口岸服务型物流园区应当满足以下条件。①基本属性必须是物流园区，项目是以物流园区、物流基地、公路港、铁路港、物流港、无水港的署名在政府相关部门报备及立项。②核心是依托口岸，即依托对外开放的海港、空港、陆港及海关特殊监管区域及场所而建。根据海关特殊监管区域及场所的特性和规模，口岸服务型物流园区可以被包含于海关特殊监管区域及场所或者本身便包含了海关特殊监管区域及场所。③主要服务对象是国际物流相关企业，为进出口货物提供国际采购、分销和配送、国际中转、国际转口贸易等国际物流综合服务。④战略定位是支撑我国外向型经济发展，跨境货物吞吐量占园区货物总吞吐量比例应不低于50%①。

口岸服务型物流园区是支持外向型经济、推进国际物流发展的重要物流基础设施，

---

① 这里我们沿用了《国家十三五货运枢纽（物流园区）建设方案》中对口岸服务型货运枢纽（物流园区）的界定，以跨境货物吞吐量占项目总吞吐量比例不低于50%计算。

是依托口岸而规划建设的发挥综合协调和基础作用的物流设施的区域集合体,是大规模、集约化物流设施的集中地和物流通道的交会点,是多个物流中心或货运中心、配送中心的空间载体,具有集成多种物流方式和物流形态的作用。对外贸易的发展离不开口岸服务型物流园区,口岸服务型物流园区为其健康发展提供了有力的支撑,满足了国际贸易企业的物流需求。

本报告在上述概念界定的基础上,首先总结了中国口岸服务型物流园区的发展历程,然后回顾了 2017 年中国口岸服务型物流园区的发展,最后对中国口岸服务型物流园区 2018 年的发展趋势进行了预测与展望。

一、我国口岸服务型物流园区发展历程

口岸服务型物流园区旨在为国际贸易企业提供报关、报检、仓储、国际采购、分销和配送、国际中转、国际转口贸易、商品展示等国际物流综合服务,服务内容涉及国内物流和国际物流两方面,所以离不开我国保税物流的发展①。因此,根据我国保税物流监管体系的发展历程,我们认为口岸服务型物流园区经历了两个发展阶段。

(一) 口岸服务型物流园区萌芽期

该阶段为 20 世纪 80 年代初至 2013 年。这个阶段,国内还尚未正式提出口岸服务型物流园区的概念,但伴随着中国改革开放战略的不断深化与发展,中国的对外贸易逐渐成为拉动国民经济持续增长的主要动力。此时,替代口岸服务型物流园区概念、支持对外贸易发展的是广义上的保税物流园区②,又称为保税物流集聚区域,是指国务院及海关总署在保税物流服务发展模式的创新和改革实践中,通过将加工制造、保税物流以及对外贸易等相关服务和功能一体化后,所形成的以保税区、出口加工区、保税物流园区、保税港区和综合保税区等为主体的多种海关特殊监管区域和保税物流场所,此外还包括保税物流服务延伸到新兴的跨境工业园区和境外保税仓库等。

1. 保税仓库和出口监管仓库

保税仓库和出口监管仓库是我国在改革开放之初设立的最早的保税物流区域类型,设立审批权直属海关。

2. 保税区

保税区是在 20 世纪 90 年代开始设立的,主要是为了适应我国当时多种经济成分和

---

① 保税物流是国际物流与国内物流的接力区,特指在海关监管区域内,包括保税区、保税仓、海关监管仓等,从事仓储、配送、运输、流通加工、装卸搬运、物流信息、方案设计等相关业务,企业享受海关实行的"境内关外"制度以及其他税收、外汇、通关方面的特殊政策。
② 这里定义引用自 2014 年中国物流与采购网发布的我国保税物流园区发展报告相关内容。

多种贸易方式的出现。

3. 出口加工区

为了促进加工贸易转型升级，我国从 2000 年开始创立出口加工区模式。近年来，随着我国保税物流区域类型的进一步优化和功能的综合性加强，国家对出口加工区的批复设立开始放缓。截至 2017 年 4 月底，我国出口加工区数量为 62 个。

4. 保税物流园区

我国保税物流园区是 2003 年在实施保税区"区港联动"的基础上发展起来的，目的是为了解决出口退税问题及优化保税区功能缺陷。

5. 保税物流中心

保税物流中心是为了解决我国内陆地区保税货物的进出口问题而设立的，分 A 型和 B 型两种。截至 2016 年年底，我国海关已经审批设立的保税物流中心 73 家，基本都是 B 型。

6. 保税港区

我国的保税港区是进入 21 世纪后，为促进区港一体等贸易便利化以及发展大宗商品贸易而设立的，是目前我国开放程度最高、政策最优惠、功能最齐全、区位优势最明显及与国际惯例最接近的特殊经济功能区。截至 2017 年年底，全国共有 14 个保税港区。

7. 综合保税区

综合保税区是我国设立在内地的具有保税港区全部功能的海关特殊监管区域。截至 2016 年 9 月，经国务院批准设立的综合保税区有 46 家，是我国近年来批准设立最多的海关特殊监管区域。根据 2015 年 8 月国家出台的《加快海关特殊监管区域整合优化方案》，现有出口加工区、保税物流园区、跨境工业区、保税港区及符合条件的保税区将逐步被整合为综合保税区，新设立的海关特殊监管区域统一命名为综合保税区。

8. 跨境工业区

跨境工业区全国共两个，珠澳跨境工业区和中哈霍尔果斯边境合作中心。①珠澳跨境工业区。2003 年 12 月经国务院批准设立，总占地面积 0.4 平方千米，享受保税区、出口加工区优惠政策、24 小时通关便利。②中哈霍尔果斯边境合作中心。2012 年 4 月 18 日正式运营，总面积为 5.28 平方千米，是集商贸洽谈、商品展示销售、仓储运输、金融服务等多种功能于一体的综合贸易区，享受相应的关税优惠政策，人流、物流、资金流在其中可以无障碍跨境流动。

表 1 是从现有的口岸服务型物流园区概念出发展示的各保税监管场所及特殊海关监管区域为国际贸易企业提供的国际物流综合服务对比情况。

表 1   保税监管场所及特殊海关监管区域提供服务对比情况

园区形态 ╲ 园区功能	报关	报检	保税仓储	国际采购	分销和配送	国际中转	国际转口贸易	商品展示	出口加工
保税仓库	—	—	√	—	—	—	—	—	—
保税监管仓库	—	—	√	—	—	—	—	—	—
保税区	√	√	√	—	—	—	√	√	√
出口加工区	√	√	√	—	—	—	—	√	√
保税物流园区	√	√	√	√	√	√	√	√	—
保税物流中心	√	√	√	√	√	√	√	√	—
跨境工业园区	√	√	√	√	√	√	√	√	√
保税港区	√	√	√	√	√	√	√	√	√
综合保税区	√	√	√	√	√	√	√	√	√

（二）快速发展期

该阶段为 2013 年至今。这个阶段，我国形成了口岸服务型物流园区的概念，并不断出台政策支持口岸服务型物流园区的发展。2013 年发布的《全国物流园区发展规划 (2013—2020 年)》首次提出口岸服务型物流园区的概念。之后，各地在规划的指导下，纷纷依托自身区位优势（口岸资源），或规划建设口岸服务型物流园区，或不断丰富和完善原有广义保税物流园区功能，形成概念意义上的功能较完备的口岸服务型物流园区，口岸服务型物流园区快速发展。2015 年第四次全国物流园区调查显示，口岸服务型物流园区全国约 60 家，占比园区类型 5%。不过，由于有综合服务型物流园区的存在，整体来说，至少有 338 家（约 28%）的物流园区能为企业提供口岸服务。2016 年 6 月交通运输部发布的《"十三五"货运枢纽（物流园区）建设方案》提出要重点建设口岸服务型货运枢纽（物流园区）。2017 年发布的《物流园区分类与规划基本要求》在国家标准层面上规定了"口岸服务型物流园区"的概念。

此外，这个阶段，支持我国口岸服务型物流园区发展的载体不断增加。为了进一步推进改革开放、加快国际经济一体化的进程，我国大力建设自贸试验区和自贸港。由于有极为优惠的外贸政策支持，这些自贸试验区和自贸港往往为口岸服务型物流园区发展营造了良好的发展环境，成为口岸服务型物流园区发展的良好平台，如上海自贸试验区中外高桥保税物流园区和洋山保税港区物流园区两个口岸服务型物流园区先后被评为国家三部委的全国示范物流园区。

1. 自贸试验区

自贸试验区是保税区的升级，不仅包括了综合保税区所具有的功能，而且使金融服务、商业服务等功能更加开放，真正实现了"境内关外"。随着 2017 年 4 月辽宁、浙江、河南、湖北、重庆、四川、陕西七地设立的自贸试验区挂牌，我国自贸试验区建设开启了"1+3+7"的新时代，成为中国对外开放的一张"新名片"。

2. 自贸港

自贸港是新时期自贸区的升级版，和自贸区"试验田"的战略定位不同，自贸港的战略定位是全面开放的新高地；是中国进一步提升对外开放水平，对接国际标准，实现贸易强国的新举措。

2017年3月，国务院印发的《全面深化中国（上海）自由贸易试验区改革开放方案》明确提出，在洋山保税港区和浦东机场综合保税区等海关特殊监管区域内设立自由贸易港区。2018年4月13日，习近平在庆祝海南建省办经济特区30周年大会上宣布，党中央决定支持海南全岛建设自由贸易试验区，支持海南逐步探索、稳步推进中国特色自由贸易港建设，分步骤、分阶段建立自由贸易港政策和制度体系。

综上所述，在综合考虑我国保税物流监管形态变化的基础上，我国口岸服务型物流园区发展历程如图1所示。

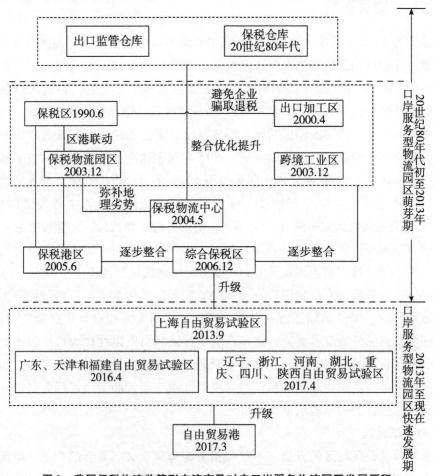

图1 我国保税物流监管形态演变及对应口岸服务物流园区发展历程

二、2017 年中国口岸服务型物流园区发展回顾

（一）口岸服务型物流园区需求端稳中向好，发展态势良好

口岸服务型物流园区是支持我国外向型经济、推进国际物流发展的重要物流基础设施，旨在满足国际贸易企业的物流需求。2017 年，我国对外贸易蓬勃发展，尤其是与一带一路沿线国家的贸易实现了较大幅度的增长，总体来说，口岸服务型物流园区需求端稳中向好。据海关统计，2017 年，我国货物贸易进出口总值 27.79 万亿元，比 2016 年增长 14.2%，扭转了此前连续两年下降的局面。其中，出口 15.33 万亿元，增长 10.8%；进口 12.46 万亿元，增长 18.7%；贸易顺差 2.87 万亿元，收窄 14.2%。进口货物物流总额为 12.5 万亿元，同比增长 8.7%，增速比上年提高 1.3 个百分点。此外，我国对前三大贸易伙伴进出口同步增长，与"一带一路"沿线国家进出口增势较好。2017 年，我国对欧盟、美国和东盟进出口分别增长 15.5%、15.2% 和 16.6%，三者合计占我国进出口总值的 41.8%。2017 年，全国共计开行中欧班列 3673 列，同比增长 116%，与"一带一路"沿线 65 个国家进出口共 7.37 万亿元，占我国外贸总值的 26.5%，增长 17.8%，比全国进出口增速高约 3.6 个百分点。其中，出口 4.3 万亿元，增长 12.1%，进口 3.07 万亿元，增长 26.8%。与部分"一带一路"沿线国家进出口增势较好，对俄罗斯、波兰和哈萨克斯坦等国进出口分别增长 23.9%、23.4% 和 40.7%，高于我国外贸总体增幅。

在这一大背景下，口岸服务型物流园区发展态势良好，为我国外贸增长贡献了很大的力量，其所依托的海关特殊监管区域进出口情况可以为我们从侧面反映这一点。前 11 个月我国以海关特殊监管方式进出口 2.65 万亿元，增长 15.4%，占我国进出口总值的 10.5%。其中出口 8574.6 亿元，增长 8.8%，占出口总值的 6.2%；进口 1.79 万亿元，增长 18.9%，占进口总值的 15.9%。2017 年全年我国主要海关特殊监管区域运行情况如表 2 所示。

表 2　　　　　　　　2017 年我国主要海关特殊监管区域运行情况

主要海关特殊监管区域	出口（亿美元）	进口（亿美元）	总额（亿美元）
保税区	630.1	1464.4	2094.5
出口加工区	626.6	375.2	1001.8
保税物流园区	29.6	48.1	77.7
保税物流中心	38.8	71.1	109.9

续　表

主要海关特殊监管区域	出口（亿美元）	进口（亿美元）	总额（亿美元）
保税港区	302.1	472.6	774.7
综合保税区	1822.1	1112.1	2934.2
珠澳跨境工业园区	1.12	1.29	2.41
国际边境合作中心	1.37	0.17	1.54

综合来看，2017 年中国主要海关特殊监管区域外贸进出口总额达到 6996.8 亿美元，具体分布情况如图 2 所示。其中综合保税区、保税区、出口加工区和保税港区分别占比达 41.94%、29.94%、14.32% 和 11.07%，四者的总和达到整体水平 97% 以上，表明这四者已经成为中国口岸服务型物流园区外贸活动发展的核心依托。同时，保税物流园区和保税物流中心的占比分别为 1.1% 和 1.6%，这主要是因为一方面政策上 2015 年出台的《加快海关特殊监管区域整合优化方案》明确了出口加工区和保税物流园区将逐步被整合为综合保税区；另一方面由于保税港区是我国发展保税物流层次更高、政策更优惠、功能更齐全、区位优势更明显的海关特殊监管区域，很多保税物流中心、保税物流园区升级成为了保税港，而保税港在内地是以综合保税区形式存在的。

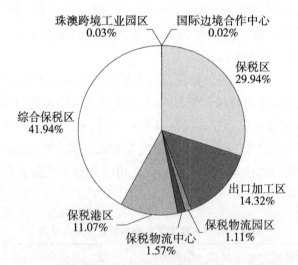

图 2　2017 年我国主要海关特殊监管区域进出口情况占比

图 3 是 2017 年我国主要海关特殊监管区域进出口总额相较 2016 年增长率对比情况。鉴于上文提到的原因，保税物流园区和出口加工区分别出现了大的负增长和微增长，而综合保税区和保税港区作为中国目前保税物流层次最高、政策最优惠、服务最齐全的海关特殊监管区域，成为我国口岸服务型物流园区发展过程中越来越倚重的资源。

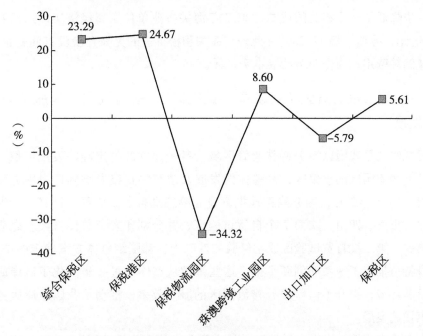

图3 2017年我国主要海关特殊监管区域进出口总额增长率对比

（二）口岸服务型物流园区服务效率进一步提升

从园区服务功能来看，口岸服务型物流园区旨在为国际贸易企业提供国际物流综合服务，即报关、报检、仓储、国际采购、分销和配送、国际中转、国际转口贸易、商品展示等。这一过程必然涉及相关物品、人员的进出境活动，而我国海关依法对这一过程实施监管。所以，从这一角度来说，海关的通关和监管效率直接关系到口岸服务型物流园区的服务效率。2017年，在海关通关和监管体系不断优化的前提下，我国口岸服务型物流园区的服务效率进一步提升。

首先是2017年我国海关深入开展的全国海关通关一体化改革很大程度上提升了国际贸易企业货物的通关效率。2017年我国海关监管体制发生了革命性变革，真正实现了"全国海关是一关"，企业可在全国任一海关通关，适用相同监管标准，通关速度更快、成本更低。2017年12月，全国海关"自报自缴"报关单29.1万份，涉及货值1856亿元、税款358亿元，环比分别增长20.1%、8.1%和11.2%；进、出口事中人工处置率比改革前下降50%以上。

其次是2017年海关大力推进简政放权，为园区内企业降低了成本，也提高了货物通关效率。一方面，我国海关进一步取消行政审批2项，行政许可标准化测评全面达标，大力压缩了海关通关时间。2017年，我国海关进出口通关时间压缩了37.5%，12月当月通关时间压缩比65.2%；另一方面，我国海关大力清理规范进出口环节涉企收费，进一步降低了企业相关的成本。2017 年海关事业单位所属经济实体经营服务性收费 2.18 亿元，继续下降 57.28%。此外，海关积极推进的免除查验没有问题企业吊装、移位、仓储等费用，为企业节约成本 7 亿元。

（三）第三批自贸区争当改革"试验田"，助力我国口岸服务型物流园区快速发展

自贸试验区是我国以海关特殊监管区域为基础建立的特定经济发展区域，是诸多口岸服务型物流园区的集聚区，其整体的发展及改革将直接影响到口岸服务型物流园区的发展。2017 年 3 月，国务院正式批复设立第三批自贸试验区，即辽宁、浙江、河南、湖北、重庆、四川、陕西 7 个自贸试验区，并分别印发了总体方案。之后，各地在复制第一、第二批自贸试验区成功经验的基础上，都围绕总体方案确定的试点任务，结合自身特色推出了一系列创新举措，这些举措从整体上进一步优化了口岸服务物流园区的发展环境，提升了口岸服务物流园区的服务效率，推动了我国口岸服务型物流园区健康快速发展。

一方面是根据第三批自贸试验区总体方案确定的 683 项任务分工，7 个省市和相关部门正在扎实推进相关的落实工作。辽宁围绕热点难点问题，在国企改革方面提出了相关的工作思路；浙江多措并举，全力推进油品的全产业链投资贸易便利化；河南以制度创新为核心，率先在深化商事制度改革和投资项目承诺制方面开展试点；湖北深化"放管服"改革，发布了首批 378 项"马上办、网上办、一次办"清单；重庆积极推进行邮办理与跨境电商联动，探索国际铁路行邮新规则；四川率先推出多式联运"一单制"，积极探索研究铁路提单物权属性；陕西积极推动现代农业国际合作中心建设，创新现代农业交流合作机制。

另一方面是各地结合自身特色取得了一些创新进展，尤其是围绕创新推动体制机制的积极变革方面。辽宁省商务厅积极推进国际贸易"单一窗口"升级工作，研究融资租赁等行业创新发展；出入境检验检疫局制定出台 28 项措施，包括推行"多证合一"登记备案制度、推行检验检疫报检无纸化模式等，各部门分工把口、协同作战的合力正在形成。

河南自贸区有关部门通过随机抽取职能部门的执法人员，开展多部门联合执法。借此尝试和探索综合监管、检查人员选派、检查事项抽取、结果反馈、推送公示、联合惩戒等一系列流程，为自贸区开封片区探索实行精准监管新举措更加制度化、规范化、高效化提供了宝贵的经验。

浙江自贸区管委会已结合全省"最多跑一次"改革，制定实施《浙江自贸试验区企业注册登记管理暂行办法》。改革后，建设用地审批、立项审批、项目报建可根据需要同步办理、并联推进；外贸企业"证照联办"全流程压缩至 7 个工作日；油品贸易

企业可以通过招商平台代办登记注册等。浙江省工商局、浙江省税务局先后出台支持自贸试验区建设 8 条意见、10 项创新举措。

重庆西永综保区推进的通关机制创新区在全国首创了多次进出境研发用样机免于办理强制性认证监管制度,以帮助企业快速完成产品开发、测试、定型,促进企业产品更新换代;同时探索国际铁路行邮、国际铁路供应链金融、国际铁路外贸综合服务、国际铁路冷链进口等方面的新规则。

湖北、陕西与四川复制推广第一、第二批自贸试验区成功经验效果显著,完成复制推广经验超过 80 项。与此同时,自贸试验区也自主形成了可复制、推广的制度创新。四川省政府为贯彻国发 5 号文意见出台 28 条政策措施;出入境检验检疫局制定了推动自贸试验区发展 20 条。陕西自贸试验区在海关特殊监管区积极探索保税监管新模式,建立货物状态分类监管制度;在国际港务区片区,设立进出口商品展览展示交易基地,支持相关企业在德国法兰克福、帕西姆国际机场设立海外仓。

(四) 口岸服务型物流园区多式联运获进展

作为物流园区的一种,口岸服务型物流园区也承担着物流枢纽的功能,2017 年,我国口岸服务型物流园区多式联运枢纽地位显现。具体表现为三方面。

一是"一带一路"格局下,口岸服务型物流园区国际铁路联运枢纽地位显现,呈现出良好的发展前景。作为我国国际铁路联运进展的代表,2017 年,中欧班列依托口岸服务物流园区,业务获得了爆发性增长,开行数量、开行线路和开行密度不断增多,回程班列明显增加。2017 年开行数量达到 3673 列(铁路部门统计),同比增长 116%,超过过去 6 年总和;国内开行城市 38 个,到达欧洲 13 个国家 36 个城市,较 2016 年新增 5 个国家 23 个城市,铺设运行线路达 61 条;开行密度也逐步提升,进一步释放了亚欧陆路物流和贸易通道的潜能,促进了中国与沿线国家以及其他欧洲国家之间的经贸合作;回程班列明显增加,回程班列数量已超去程班列的 50%,显示出了良好的发展前景。中蒙俄通道、中国到东盟通道、中国到南亚通道逐步形成,长江黄金水道联通中欧班列、联通铁水联运通道的新市场、新模式逐步形成。表 3 是我国主要铁路口岸中欧班列进出境班统计,图 4 是我国主要城市中欧班列开行统计,图 5 是中欧班列回程班列开行统计。

表 3　　　　　　　**2017 年我国主要铁路口岸中欧班列进出境班统计**

口岸	阿拉山口	满洲里	二连浩特	霍尔果斯
班列数(列)	1970	1302	575	5
同比增长(%)	75.40	25.68	34.5	—

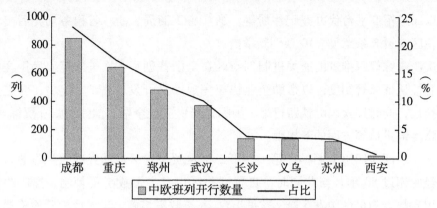

图4　2017年我国主要城市中欧班列开行统计

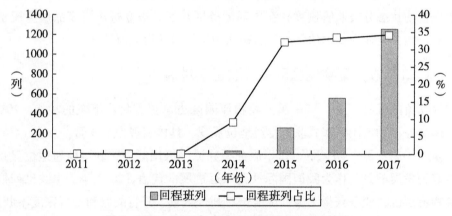

图5　2011—2017年中欧班列回程班列开行统计

　　二是在国家多项政策推动下，依托沿海港口而建的口岸服务物流园区多式联运发展进入快车道，铁水联运量呈明显上升态势。2017年前三季度中国港口完成铁水联运量250万TEU，预计全年铁水联运量完成320万TEU左右，同比增速将超过17%，铁水联运量实现快速增长。我国铁水联运量基本上集中在大连、营口、天津、青岛、连云港、宁波、盐田港七个港口，以上港口铁水联运量占全国的90%左右，集中度高。其中，1—10月，青岛港和营口港完成量均超过60万TEU，继续领跑我国沿海港口铁水联运发展。图6和图7分别是我国主要港口集装箱铁水联运量统计和主要港口集装箱吞吐量和铁水联运量占比情况。

　　三是国家政策层面上，国家先后出台《"十三五"货运枢纽（物流园区）建设方案》《推进物流大通道建设行动计划（2016—2020年)》《"十三五"港口集疏运系统建设方案》《交通运输部关于推进供给侧结构性改革　促进物流业"降本增效"的若干意见》《交通运输部　外交部　国家发展改革委　公安部　财政部　商务部　海关总署　质检总局关于贯彻落实"一带一路"倡议　加快推进国际道路运输便利化的意见》

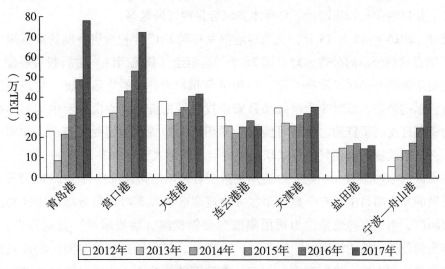

图 6　我国主要港口集装箱铁水联运量统计

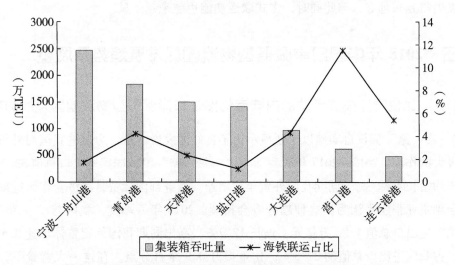

图 7　2017 年我国主要港口集装箱吞吐量和铁水联运量占比情况

等文件，口岸服务物流园区多式联运发展获得了国家政策上的大力扶持。

2017 年 11 月 10 日，交通运输部和国家发展改革委联合公布了第二批 30 个多式联运示范工程项目名单，交通运输部将对符合要求的示范工程枢纽站场纳入部货运枢纽（物流园区）建设项目库，并根据有关政策给予投资补助。同时，地方政府也会给予相应的政策及财政优惠。这 30 个示范工程项目中，有 14 个（天津港、潍坊港、南京港、马鞍山港口、厦门港、黄石新港、岳阳城陵矶新港、深圳市盐田港、广西北部湾国际港、重庆港、曹妃甸港等）是由沿海、内河以及内陆港口经营企业牵头或参与，这样便覆盖了不少依托港口口岸而建的口岸服务物流园区，如天津港保税物流园区、山西方略保税物流中心、南京龙潭保税物流中心、厦门保税物流园区、赣州综合保税区物流园区、盐田港保税物流园区、乌鲁木齐综合保税区园区等。

此外，2016 年 12 月 13 日，交通运输部发布对 2017 年拟投资补助货运枢纽（物流园区）项目进行公示的公告，对全国 31 个货运枢纽（物流园区）进行投资补助；2017年，交通运输部办公厅又发布了关于对 2018 年拟投资补助的货运枢纽（物流园区）项目进行公示的公告，拟对 8 个申报项目安排投资补助资金。两次公示中均有不少口岸服务物流园区受到了资助，但是可能作为通用集散型货物枢纽受到资助，如阿拉山口综保区多式联运物流园项目以多式联运型货运枢纽形式获中央补助 7000 万元；济南市综合保税区国际物流园（一期）以通用集散型货运枢纽得部补助资金 2500 万元。2018年预资助的 8 个项目中有 6 个是口岸服务物流园区或具有口岸服务物流园区功能的综合物流园区，当中有些也是作为通用集散型货物枢纽（物流园区）受到资助。无疑，无论作为何种类型的物流园区受到资助，2017 年，口岸服务型物流园区的发展都受到了国家的关注和支持。我们有理由相信，在政策的扶持下，我国口岸服务型物流园区必会发展得越来越好，与此同时，多式联运功能也越来越凸显。

三、2018 年中国口岸服务型物流园区发展趋势及展望

（一）保税物流模式带动的内陆港仍然是口岸服务型物流园区发展的热点

"一带一路"倡议自实施以来便显示出了良好的发展前景，为促进我国对外贸易起到了极大的作用。2013—2017 年，我国与"一带一路"沿线国家进出口总值 33.2 万亿元，年均增长 4%，高于同期我国外贸年均增速。商务部国际贸易经济合作研究院学术委员会副主任张建平认为，这种趋势将会持续。2018 年一季度，我国与"一带一路"沿线国家进出口总值 1.86 万亿元，增长 12.9%，高出同期我国外贸整体增速 3.5 个百分点，占我国进出口总值的 27.5%，比重提升 0.9 个百分点。在这一大背景下，相比一直以来便具有得天独厚地理位置的沿海省份，位于"一带一路"沿线区域的内陆地区将迎来前所未有的发展对外贸易的机遇。

而"内陆港"又称"无水港"，是建在内陆地区但具有与沿海港口基本相似功能的现代物流中心；常常集成口岸、物流、增值服务等功能；货物在"无水港"内"一站式"完成订舱、报关、报验、签发提单等一切通关手续，然后通过铁路运输为主、公路运输为辅的发达运输网络直接与港口相连，货物送到沿海港口就可以直接装船出海。内陆港将海港的功能延伸到内陆集装箱运输通道中的节点上，提高了国际集装箱内陆运输的效率，并降低了成本，为企业提供了多式联运过程运输费用最少、运输时间最短的内陆服务。近些年，各地内陆港项目一直在持续，但基于"一带一路"背景下内陆城市不断增长的对集约城市物流资源、降低物流成本、提高通关效率的需求，

我们预计 2018 年，以保税物流模式带动的内陆港仍将是不少内陆城市发展的热点。

此外，近年来在贸易全球化的不断深入和信息技术的高速发展的大背景下，电商渗透率不断提升，传统外贸转型加速，进而驱动跨境电商爆发性增长，跨境电子商务在我国进出口贸易中的地位不断上升，同时也对海港内陆通达性提出了新要求。而内陆港可以看作是海港提高内陆通达性需求的一个有效解决措施。它将海港搬到了内地，有效延伸了港口腹地距离，进一步集约交通运输资源，构建综合交通网络，提高了国际供应链运行效率和港口运行效率。因此，从这个角度来说，保税物流模式带动的内陆港也将是 2018 年内陆城市发展的热点。

这一趋势在过去的 3 个月里一直有所体现。2018 年 1 月 11 日，兰州市人民政府与天津市商务委员会、天津市人民政府口岸服务办公室签订了《加强商务及口岸合作备忘录》，宣布两地将共建内陆"无水港"；山西朔州市平鲁区的一期工程也于 2018 年年初初见成效；山东省政府工作报告提出，支持济南打造"内陆港"、设立空港保税物流中心；3 月 14 日，湖北荆门市委常委、常务副市长李涛在荆门国际内陆港和保税物流中心（B 型）（以下简称 B 保中心）建设推进会上强调，各地各相关部门要加快推进荆门国际内陆港和 B 保中心建设。

（二）口岸服务型物流园区之间协作进一步加强

口岸服务型物流园区旨在支持外向型经济、推进国际物流发展。2017 年我国对外贸易取得了不错的发展，货物进出口总额 277923 亿元，比上年增长 14.2%；对"一带一路"沿线国家进出口总额 73745 亿元，比上年增长 17.8%。随着改革开放、"一带一路"的不断深化和跨境电商的不断发展，2018 年我国对外贸易总额将保持增长，国家信息中心初步预计，2018 年人民币计价我国出口和进口将分别增长 8% 和 11.5% 左右，美元计价分别增长 5% 和 8.5% 左右。

国际物流业务的不断增长给我国口岸服务型物流园区的发展带来了机遇和挑战，机遇是为口岸服务型物流园区带来了足够的需求。挑战在于需要我国口岸服务型物流园区提供更好的服务；更好地发挥物流枢纽（多式联运功能等）的作用，降低国际贸易企业物流成本；更好地提高通关效率，提升国际贸易企业的办事效率；更多的保税物流优惠政策，进一步降低国际贸易企业运行成本等。从长远来讲，我国口岸服务型物流园区只有加强协同和互联互通，注重整体性和系统性发展，形成合力，才能更好地发挥其集成多种物流方式和物流形态的作用，才能更好地在制度层面上进行优化，进一步提高办事效率，进而更好地为我国的国际物流服务。基于此，我们预测 2018 年我国口岸服务型物流园区之间的协作将进一步加强。

此外，国家"三大战略"和"四大板块"的区域协同发展战略也在一定程度上促进了我国口岸服务型物流园区间的协作。

同样，这一趋势在过去将近1/3的2018年已经有所体现。首先，我国11个自贸区间的全面协作从一定程度上反映了我国口岸服务型物流园区间的协作。2018年4月1日，上海、广东、四川等11个自贸试验区在成都启动《中国自由贸易试验区协同开放发展倡议》，明确将进一步强化协同改革、协同创新、协同发展的思维，大力实施内陆与沿海沿边沿江协同开放战略。其次，上文提到的内陆港建设也是我国口岸服务物流园区间协作的一种表现形式。最后，全国海关监管的协作进一步推动了我国口岸服务型物流园区业务协作。2018年海关总署工作安排指出，将继续深化全国海关通关一体化改革，加快推进海关特殊监管区域整合优化。

（三）"智慧海关"建设将推动口岸服务型物流园区智慧化发展

口岸服务型物流园区的发展离不开我国海关的发展。近年来，中国海关在促进贸易自由化便利化发展的道路上，不断进行技术升级创新，借助科技手段，用多重技术"组合拳"不断提高海关监管水平，开创海关管理模式"无线时代"，积极推进智慧征管、智慧监管、智慧保税、智慧统计、智慧稽查、智慧缉私、智慧服务、智慧管理。2018年，"智慧海关"建设正在如火如荼地进行中。

首先，海关总署2018工作计划明确指出要推进智慧海关建设。包括建设全国海关大数据应用中心，构建以大数据为核心的新一代海关信息系统（智慧海关）总体框架；加快推进"互联网＋海关"建设，拓展服务入口，扩大服务事项和内容；深入推进全国通关一体化改革，继续加强电子口岸建设，依托电子口岸进一步推广应用国际贸易"单一窗口"；大力提升海关科技应用水平，发挥科技装备支撑保障作用，加大大型集装箱检查设备（H986）、X光机、移动单兵作业系统等各类装备设备的科学配备力度，推进装备设备信息化改造和创新性研发应用。

其次，各地积极配合海关总署推进"智慧海关"建设。为了加强科技的支撑性和先导性作用，以智慧产业化推动监管智能化，由中国海关出版社主办，各地海关、口岸协会与报关协会协办的2018中国智慧海关与口岸建设展览会将于8月15—17日在上海新国际博览中心举办；长春海关于2018年年初表示，目前长春海关已推出多重技术"组合拳"，除了引进高、精、尖的智能设备外，还成立长春海关监管指挥中心，利用物联网、视频监控、图像分析等技术，对海关业务现场的各类信息节能型分析、处理、存储额阐释，解决了监控指挥中心对业务现场的多媒体交互、对现场通关查验工作的监控指挥、对风险和突发事件的防控处置等问题。下一步，长春海关将继续推进"智慧海关"建设，为长春省外贸高质量发展提供"硬支撑"；贵州2018年3月召开的口岸工作会议指出，今后贵州省将以"智慧口岸"建设为核心，着力构建"口岸＋海关特殊监管区域＋多式联运"开放体系；宁波海关近年来在通关模式上创新，初步打造智慧海关版图，机检查验是宁波海关近年来重点打造的科技项目，凭借着非侵入式、高效率、低成本、零损耗等优势，逐渐成为进出口企业的"通关利器"。黄埔海关立足现有监管资源，与东莞市政府结合实际，坚持改革创新、先行先试，优化服务，在黄埔海关驻凤岗办事处联合推出"东莞市推进跨境新业态"，打造智能型海关，为企业提供便利；黄岛海关表示，2018 年黄岛海关将以党的十九大精神为指引，继续落实党中央、海关总署及青岛海关各项决策部署，继续深化改革，不断推动"智慧海关"建设，勇做关区改革创新的先行者和排头兵，服务青岛港跨越式新发展。

基于此，我们预测 2018 年"智慧海关"建设将进一步提升我国口岸服务型物流园区的服务效率，推动口岸服务型物流园区智慧化发展。与此同时，从物流园区整体来说，口岸服务型物流园区的"智慧化"发展趋势和由于电商爆发性增长带来的物流园区整体"智能化"趋势是一致的。

（四）自贸港建设成热点，高标准开放进一步助推口岸服务型物流园区发展

同自贸试验区一样，自贸港也是口岸服务型物流园区发展的沃土。只是相较于前者区内实行"一线放开、区内自由""先进区、后报关"，但货物到港还是要向海关申报，企业仍需要进境备案清单的政策，自贸港作为目前全球开放水平最高的特殊经济功能区，考虑的是，一线，不申报，是更高标准的开放，更加有利于我国口岸服务型物流园区的发展。2018 年，我们预计自贸港建设将成为热点。

一方面，2017 年 3 月 31 日，国务院印发的《全面深化中国（上海）自由贸易试验区改革开放方案》中明确提出，在洋山保税港区和浦东机场综合保税区等海关特殊监管区域内设立自由贸易港区。同年，党的十九大报告又提出，赋予自由贸易试验区更大改革自主权，探索建设自由贸易港。2018 年，李克强总理在作政府工作报告时再次提出，将全面复制推广自贸区经验，探索建设自由贸易港，打造改革开放新高地。2018 年 4 月 13 日，习近平总书记在庆祝海南建省办经济特区 30 周年大会上郑重宣布，党中央决定支持海南全岛建设自由贸易试验区，支持海南逐步探索、稳步推进中国特色自由贸易港建设，分步骤、分阶段建立自由贸易港政策和制度体系。

另一方面，建设自由贸易港不仅是中国自身发展的需要，也是平抑经济逆全球化波动，推动世界经济开放发展和强劲复苏的需要，更是国际社会特别是发展中国家对中国的期待，是大国的责任担当。

目前，这一趋势已经有所体现，多地试水自由贸易港建设。截至目前，已经有包括上海、海南、浙江、四川、上海、河南等十余个省份竞逐自贸港，上海、广东、浙江、河南等多个地区已经将自贸港写进政府工作报告，有些省市甚至将此作为主要任务。

另外，有不少地方已经形成了自贸港的初步方案。其中，上海已经明确了"依托洋山深水港和浦东国际机场"这两大核心承载区探索建设自贸港。辽宁省已正式将大

连申报自由贸易港方案上报国务院，大连自贸港将按照"境内关外、一线放开、二线管住，区内贸易、投资、金融、运输自由"等基本原则，形成全域封闭化、信息化、集约化的监管体系；山东省也在积极争取在青岛港创建自贸港；浙江提出未来五年将全力争取自贸港落地浙江；安徽提出积极创建自贸区，主动跟进融入自贸港建设。

随着自贸港的建设成为热点，预计 2018 年，口岸服务型物流园区将拥有更好的发展环境，进而为我国对外贸易增长做出更大的贡献。

四、结束语

随着我国改革开放的不断深化、"一带一路"倡议的继续推进、自贸区的不断建设与改革创新、通关条件和效率的不断优化，口岸服务型物流园区迎来了重大的发展机遇，未来将进一步为我国对外贸易发展、降低物流成本、提升物流效率做出贡献。同时，还将有利于提升我国在全球经济一体化进程中的地位，一定程度上也将有利于我国构建以"人类命运共同体"理念为指导的新型国际关系，树立大国外交。

面对新的发展态势，宏观上建议政府营造良好的口岸服务型物流园区发展环境：①加大对口岸服务型物流园区的政策支持和引导，不断完善口岸服务型物流园区发展的环境，抓好示范工程的建设；②海关等相关部门不断深化改革，提高通关效率，同时不断完善与创新监管模式，形成新的开放优势。

微观上建议各口岸服务型物流园区结合自身特色，不断提升自身竞争力：①重视自身运营，加强管理，不断探索服务模式的创新，提升综合服务质量；②依托"互联网＋"与高科技产品，不断提升园区信息化、智慧化程度；③重视相互之间的交流与合作，提升协作水平，借鉴彼此发展经验，共同为我国对外贸易的发展做出贡献。

参考文献

［1］中华人民共和国国务院办公厅. 加快海关特殊监管区域整合优化方案［EB/OL］.（2015－09－06）［2018－06－11］. http：//www. gov. cn/zhengce/content/2015－09/06/content_10141. htm.

［2］中华人民共和国国务院. 全面深化中国（上海）自由贸易试验区改革开放方案［EB/OL］.（2017－03－31）［2018－06－11］. http：//www. gov. cn/zhengce/content/2017－03/31/content_5182392. htm.

［3］中华人民共和国国家发展和改革委员会. 关于印发全国物流园区发展规划的通知［EB/OL］.（2013－09－30）［2018－06－11］. http：//www. ndrc. gov. cn/fzgggz/jjmy/zhdt/201310/t20131015_562493. html.

［4］中华人民共和国交通运输部．对 2018 年拟投资补助的货运枢纽（物流园区）项目进行公示的公告［EB/OL］．（2017 – 10 – 13）［2018 – 06 – 11］．http：//zizhan. mot. gov. cn/zfxxgk/bnssj/zhghs/201710/t20171013_2924621. html.

［5］中华人民共和国交通运输部．对 2017 年拟投资补助的货运枢纽（物流园区）项目进行公示的公告［EB/OL］．（2016 – 12 – 13）［2018 – 06 – 11］．http：//zizhan. mot. gov. cn/zfxxgk/bnssj/zhghs/201612/t20161213_2138192. html.

［6］中华人民共和国国家质量监督检验检疫总局，中国国家标准化管理委员会．物流园区分类与规划基本要求：GB/T 21334—2017［S］．北京：中国标准出版社，2017.

［7］马忠玉．中国与世界经济发展报告（2018）．北京：中国市场出版社，2018.

［8］张颖．浅析我国保税物流中心发展现状［J］．现代营销，2017（8）：232 – 233.

［9］中华人民共和国海关总署 2017 年工作总结和 2018 年工作要点［EB/OL］．（2018 – 02 – 26）［2018 – 06 – 11］．http：//gkml. customs. gov. cn/tabid/1033/ctl/InfoDetail/In-foID/31162/mid/445/Default. aspx? ContainerSrc = ［G］Containers/_default/No + Container.

［10］冯其予．7 大自贸区竞争力源自哪里，第三批自贸区争当改革"试验田"［EB/OL］．（2017 – 8 – 15）［2018 – 06 – 11］．http：//www. ce. cn/xwzx/gnsz/gdxw/201708/15/t20170815_25001793. shtml.

［11］佚名．自贸港建设，多地将高标准开放列为今年重点［EB/OL］．（2018 – 04 – 17）［2018 – 06 – 11］．http：//www. xinhuanet. com/city/2018 – 02/23/c_129814882. htm.

［12］中国交通运输协会联运分会．2017 年我国多式联运发展回顾及展望［R/OL］．（2018 – 03 – 21）［2018 – 06 – 11］．http：//www. chinawuliu. com. cn/information/201803/21/329579. shtml.

［13］刘小明．抓住用好黄金时期 加快推进多式联运发展［EB/OL］．（2017 – 01 – 23）［2018 – 06 – 11］．http：//www. mot. gov. cn/jiaotongyaowen/201701/t20170122_2157627. html.

［14］中华人民共和国交通运输部，中华人民共和国国家发展和改革委员会．第二批多式联运示范工程项目名单发布［EB/OL］．（2017 – 11 – 24）［2018 – 06 – 11］．ht-tp：//www. ndrc. gov. cn/gzdt/201711/t20171124_867826. html.

［15］佚名．13 个港口入选第二批多式联运示范工程项目名单［EB/OL］．（2017 – 11 – 10）［2018 – 06 – 11］．https：//xueqiu. com/9371001315/95382273.

［16］兰州天津联手推进兰州"无水港"建设［EB/OL］．（2018 – 01 – 13）［2018 – 06 – 11］．http：//gansu. gansudaily. com. cn/system/2018/01/13/016889672. shtml.

［17］安晓奕，谢宏，范磊．平鲁区积极兴建内陆港．山西日报，2018 – 01 – 23（7）.

［18］王彬．2018 年省政府工作报告中"济南元素"真不少［EB/OL］．（2018 – 01 – 26）［2018 – 06 – 11］．http：//www. dzwww. com/shandong/sdnews/201801/t2018012 6_16967306. htm.

［19］杨迪，袁秋岳. 我国 11 个自贸试验区启动协同开放［EB/OL］.（2018 – 04 – 02）［2018 – 06 – 11］. http：//www. xinhuanet. com/2018 – 04/01/c_1122622473. htm.

［20］佚名. 我的大中国！厉害了！2018 中国国际智慧海关 – 口岸建设 – 展览会［EB/OL］.（2018 – 03 – 29）［2018 – 06 – 11］. http：//www. sohu. com/a/226708214_627539.

［21］佚名. 打造"智慧海关"［N］. 大众日报，2018 – 02 – 01（11）.

［22］中华人民共和国海关总署. 全国海关关长会议在京召开［EB/OL］.（2018 – 01 – 26）［2018 – 06 – 11］. http：//www. customs. gov. cn/customs/302249/302425/1443522/index. html.

［23］权威，冯耕中，刘缨缨. 我国保税物流园区发展报告［R/OL］.（2015 – 05 – 30）［2018 – 06 – 11］. http：//www. chinawuliu. com. cn/wlyq/201405/30/290279. shtml.

（作者：白甜　西安交通大学管理学院硕士研究生

冯耕中　西安交通大学管理学院院长、教授

赵东月　西安交通大学管理学院博士研究生）

致谢：本项研究获国家自然科学基金项目（71572145 和 71390333）的支持。

地 区 篇

北京市物流园区发展报告（2018）

根据《国家发展改革委办公厅关于组织开展物流园区调查工作的通知》、中国物流与采购联合会《2018 年物流园区调查工作实施方案》相关要求，为全面了解和掌握北京物流园区规划、建设和经营管理情况，分析研判物流园区的发展趋势和特点，发现并解决物流园区建设发展面临的问题，北京市发展改革委会同北京市商务委以及各区发展改革委及商务委，在北京市交通委员会、北京市规划和国土资源管理委员会等有关部门以及中国铁路北京局集团有限公司、北京物流协会等单位的大力协助下，开展了北京市物流园区的调查工作，北京市各物流园区积极配合此次工作，本次调查工作采取问卷调查、材料提供、实地调查、座谈等多种形式，形成《北京市物流园区发展报告（2018）》。

一、北京市物流园区建设情况及相关做法

（一）北京市物流业发展情况

2016 年，全市社会物流总额达 6.4 万亿元，同比下降 5.6%，占全国 2.8%；实现增加值 800.3 亿元，同比增长 2.7%，占 GDP 比重为 3.2%；物流业从业人员 47.7 万人，同比下降 5.2%，占从业人员总数的 4.0%；物流业务收入 2517.3 亿元，同比增长 4.5%。规模以上物流企业达 784 家，5A 级物流企业达到 31 家。物流业发展稳中有进，规模稳步增长，对全市经济社会发展起到了重要支撑作用。

（二）北京物流园区建设情况

北京物流园区首都特色较为鲜明，空间分布趋势与北京城市总体发展要求吻合，物流设施基本保障了首都的生产生活需求和各类政治经济文化活动的需要。四大物流基地建设进程加快，各物流园区充分利用自身特色和区位条件，吸引差异化的物流企业集聚。总体来说，北京物流园区建设发展具有以下特点。

1. 园区高端服务型物流特色明显

北京作为全国科技创新中心，不仅拥有大量的知识和技术资源，还形成了新能源、电子信息技术、生物医药、航天航空、新材料等一批具有特色的高新技术产业群和产业聚集区，随之带动装备制造业物流、医药物流、食品冷链物流、航空物流等现代化专业物流聚集发展。天竺综保区、空港物流基地、北京通州物流基地、亦庄保税物流中心等特色物流园区，依托良好的区位优势、现代化的物流基础设施和便利的地理条件，服务着大批国际国内著名企业。

2. 开放型物流园区格局基本形成

依托首都国际机场，天竺综保区、空港物流基地不断加快国际航空中心综合服务平台建设，与首都机场实现区港一体。开发区出入境检验检疫局入驻亦庄保税物流中心，实现了一站式通关服务。2015 年，北京天竺综合保税区实现货物进出口 62133 吨，同比增长 25.3％，北京亦庄保税进出货物总量为 72541 吨，同比增长 12.06％，由此可以看出，北京市服务外向型经济的物流园区功能体系发展良好。

3. 在功能上实现差异化定位与错位发展

天竺综保区以国际空港为依托，形成了以医药、航空、文化、电子为主要特色的产业格局，创新开展保税医药国际分拨、航空维修、保税拍卖、离岸数据服务、跨境融资等新型业务；空港物流基地发挥临空经济区核心区的区位优势，优先发展体现北京产业优势和特色的航空物流，吸引高端物流企业入驻；马驹桥物流基地不断改善硬件投资环境，加快形成服务北京及周边区域的物流集聚区，同时，大力推进朝阳口岸平移马驹桥，提升北京通州物流基地的国际物流服务功能；平谷马坊物流基地不断完善口岸基础设施，加大平谷国际陆港建设力度，在实现京津海陆联运的基础上，推进与京津唐的口岸对接与物流合作；京南物流基地依托铁路专用线及主要进京公路货运通道，承担北京南部货运集散功能，在推进基础设施建设的同时，加快物流资源整合与提升，重点发展以展示和交易为特征的商贸物流。

（三）物流园区规划建设发展的有关做法

1. 高标准规划和建设物流园区

北京空港物流基地系统提出了建设"四大平台、八大功能区"的目标，即建设基础设施平台、信息网络平台、管理服务平台和环境政策平台、航空物流区、商务办公区、一级场站枢纽区（含物流信息与多式联运交易中心）、汽车贸易物流区、第三方物流区、生产资料物流区、流通加工区和新业态物流区。同时，提出了物流产业用地的理念，科学设置规划指标，系统绘制出一个道路宽阔实用、市政配套齐全、绿地开阔别致的现代化绿色园区的大格局大框架。

2. 注重打造良好的园区服务软环境。

北京通州物流基地在推动城市副中心建设、京津冀协同发展背景下，围绕"物流＋总部"的建设理念，积极引导企业总部和业务一站式入驻。着力吸引企业总部入驻，园区推动了"物流＋金融"等多业融合，在提供金融基础服务基础上，建设总部交易结算中心，实现"物流、信息流、商流和资金流"四流合一，促进物流产业服务增值。在北京市吸引高端企业总部政策基础上，提供定制化保障措施服务，实现了企业与园区发展共赢。2016 年北京通州物流基地被评为"全国首批示范物流园区"，2017年获得"优秀物流园区"称号。

空港物流基地始终坚持为企业服务无止境的理念，做到全天候在岗，24 小时在线。设立投资服务部门，为投资企业提供全程享受免费、快速、便捷、高效的优质服务，协助企业办理从领取营业执照、项目立项到工程开工所需全部手续。为方便企业投资，编纂了针对物流企业的《企业投资流程及收费标准》。为搭建与企业沟通的桥梁，创办了《物流人》杂志，介绍基地建设、发布政策信息，做到了向企业交实底、与企业通实情、为企业办实事。

3. 重视绿色生态园区建设

北京通州物流基地以生态文明建设为统领，自 2014 年起，园区进一步改善基础设施及资源高效利用系统，组建绿色车队，调整车辆能源结构，编制环境报告书，搭建生态信息管理中心、扩建供暖中心、改造燃煤锅炉、建设 LNG 汽车加气站、继变电系统等项目，促进资源节约和废弃物减排，打造生态园区。到 2016 年，初步建立起低碳、循环、高效的绿色物流体系，明显提高物流设施能源利用效率，稳步降低车辆空驶率，基本建成国际化生态化智慧化物流产业园区。大力发展绿色货运，鼓励使用节能环保和新能源车辆，建立新能源汽车 LNG 加气站，实现车用燃油总量略有下降，2016 年进入物流产业园区的车辆排放达标率达到 100%。加快绿色仓储建设，合理规划和优化仓库布局，采用现代化储存保养技术，降低各类仓储损耗；完善仓储设施节能环保标准；支持仓储设施利用太阳能和其他清洁能源。到 2017 年，北京通州物流基地实现单位总收入能耗、水耗较 2014 年下降 35%。

二、北京物流园区调查基本情况

（一）物流园区调查对象和统计口径

为全面掌握北京物流园区有关情况，本次调查涵盖了北京市 16 个区，署名为物流园区、物流基地、物流中心、公路港、铁路港、物流港、无水港、货运枢纽、公路铁路货运场站等单位或企业，对被调查对象设定以下限制条件：园区占地 10 万平方米及以上，并具有政府部门核发的用地手续。

从收回的各区调查统计结果和问卷材料来看，基本能够反映北京市物流园区基本建设发展情况。全市符合条件的物流园区总共 15 家，其中朝阳区 3 家，丰台区 3 家，大兴区 3 家，通州 1 家，顺义 2 家，平谷 1 家，房山 2 家。

从物流园区的类型上看，分为 3 类：第一类为较为规范标准的物流园区，以空港物流基地、北京通州物流基地、京南物流基地、平谷马坊物流基地这北京四大物流基地以及天竺综保区、亦庄保税物流中心为代表；第二类为依托公路、铁路货运场地形成的物流园区，比如北京汉龙公路货物运输服务中心、首发西南货运枢纽、大红门和黄村货场（铁路货运枢纽）等，这些货运物流聚集区具有物流园区的基本功能，占地面积和吞吐量较大，且已经形成多家企业入住的格局；第三类为一家大型企业为主导，多家企业围绕主导企业仓储设施形成聚集运营的局面，比如北京外运金盏物流中心、神龙丰农特产品蔬菜瓜果配送中心，以及北京外运丰台陆运中心、三间房物流中心等。

（二）物流园区的空间分布情况

本次调查北京全部 16 个区当中，符合条件的物流园区主要集中在平原地区新城、城六区和生态涵养区。具体情况如下：北京中心城区即城六区，包括东城区、西城区、朝阳区、海淀区、丰台区、石景山区，符合条件的物流园区只有朝阳区 3 家，丰台区 3 家，其他 4 个区无符合条件物流园区；通州新城 1 家；顺义区、大兴区、昌平区、房山区位于平原地区的新城共 7 家；门头沟区、平谷区、怀柔区、密云区、延庆区等生态涵养区只有平谷区有 1 家。

（三）北京物流园区建设发展的基本情况

1. 物流园区建设状态

15 家物流园区中，已经运营的 14 个，约占 93.3%；在建的物流园区 1 个，占 6.7%。

2. 物流园区基本类型

货运枢纽型物流园区和口岸服务型物流园区数量最多，各有 9 家，占 60%；商贸服务型物流园区 3 家，占 20%；综合服务型物流园区 3 家，占 20%。

3. 物流园区开发方式

政府规划、企业主导开发的物流园区最多，有 8 个，占 53.3%；企业自主开发的物流园区有 7 个，占 46.7%。

4. 物流园区投资建设主体

投资建设主体呈现多元化趋势，既有国有企业、民营企业，也有外商投资企业；建设资金来源既有自有资金也有银行贷款。民营及民营控股企业参与投资建设的物流园区数量最多，其次是有国有及国有控股企业参与出资建设的物流园区。另外，部分物流园区有外资投资建设。

5. 物流园区总投资规模

将园区总体投资规模分为 5 个等级：①1 亿元以下；②1 亿～10 亿元；③10 亿～20 亿元；④20 亿～30 亿元；⑤30 亿元以上。

因物流园区整合变迁等原因，投资数据统计困难，园区投资规模数据不完全。据已有的调查问卷显示，物流园区规模较大的为北京通州物流基地，投资额超 100 亿元，其次是大兴京南物流基地。

6. 物流园区占地规模

本次调查将物流园区占地面积划分为 6 个等级，占地面积在 0.1～1 平方千米的数量最多，有 10 个，占 66.7%；占地面积在 1～2 平方千米的有 2 个，占 13.3%；占地面积在 3～5 平方千米的有 2 个，占 13.3%；占地面积在 5～10 平方千米的有 1 个，占 6.7%。

7. 物流园区内入驻企业和实体主要类型

本调查将物流园区内入驻企业和实体的类型划分为 8 类：①物流公司；②货代公司；③商贸企业；④生产企业；⑤运输企业；⑥快递公司；⑦银行等服务机构；⑧其他。

问卷调查显示，入驻物流园区企业和实体中，物流公司、商贸企业和快递公司数量较多，且相对持平；生产企业、银行服务机构以及其他机构的数量占比相对较少。

8. 物流园区盈利模式

本次调查中物流园区收入来源主要包括：①办公楼租金；②库房/货场租金；③设备租金；④配套设施租金/管理费；⑤各种增值服务费；⑥物业管理费；⑦国家拨款；⑧税收优惠；⑨所属物流企业物流业务；⑩土地升值后出租或出售。

物流园区的盈利模式中，主要收入来源首先是库房/货场租金，其次是所属物流企业、增值服务费，然后是办公楼租金、配套设施租金/管理费和物业管理费，最后是设备租金、待土地升值后出租或出售、税收优惠以及国家拨款所得。

9. 园区建设发展面临问题

问题主要包括：土地资源制约、周边交通受限、创新驱动不足、运营成本高、政策不配套、缺乏管理人才等，以上是按照企业反映问题的次数多少排序的情况。以当前趋势，在北京市疏解整治背景下，土地资源限制将是长期存在的情况。

三、北京物流园区发展趋势

（一）面临结构和功能优化的要求

根据《北京市新增产业的禁止和限制目录（2015 年版）》规定，批发零售业禁止新建和扩建批发市场和新建营业面积在 1 万平方米以上的零售设施；交通运输、仓储和邮政业禁止新建仓储业（规划的城市配送点除外）。按照首都城市布局，北京的物流园区将逐步外移，有些甚至搬到河北境内。

与首都城市战略定位、产业结构相适应，按照新版北京城市总规要求，一般制造业不作为北京未来发展的重点领域，服务于生产资料的物流园区、配送中心将逐步退出北京。北京市目前的物流活动特点是以商品外埠输入转化为内部消费与生活物流需求为主。此外，从北京四大物流园区承担的功能和作用看，随着非首都功能加快疏解，一些区域性、非规划范围内的园区面临着拆迁，在短期内可能会对北京市物流保障产生一定影响，从货物吞吐量来看，大量分散的中小型仓库、配送中心是北京商贸物流的重要支撑，大量物流中心疏解后，四大物流园区还不能完全承担起保障北京超大型城市运行的需求。这也对各大物流园区未来发展提出了新的要求，需要重新定位自身的物流功能。

（二）物流园区面临转型升级要求

目前，北京市物流园区转型升级发展趋势比较明显，一些物流园区正进行产业转型试点，着力打造以高端供应链管理、跨境商务、智慧城市管理、物联网应用等为核心的创新发展特色新兴产业集群，并积极对接文化创意、高端商务等重点产业项目，逐步形成新业态产业孵化园区，助推首都四个中心建设。适应现代物流发展趋势，北京物流园区正逐步打造智慧化物流运营体系，进一步搭建智慧物流的发展与管理体系，构建智慧化共享信息平台，夯实物流降本增效信息化基础。

北京市在规划指引下，正努力优化提升物流园区等物流节点设施，优化内部功能布局，完善现代商贸、智能配送、供应链管理等服务功能：加快顺义空港物流园区的航港联动发展，进一步打造服务跨境电商物流、航空保税以及国际供应链管理的高端空港型智慧综合物流节点；平谷物流基地以"公转铁"降本增效为契机，依托现有地方铁路、京平高速、大秦铁路等交通基础设施和平谷海关等配套设施，打造外集内配平衡、装备水平高端、运输设施低碳、管理服务智能的绿色物流产业，建设"北京东部物流枢纽"；大兴京南物流基地正加快转型，进一步依托优质仓储资源优势打造以服务电商终端消费为特色的北京市城市共配中心；北京通州物流基地进一步打造以消费品供应保障为主、北京与天津港联动的京津口岸冷链协同示范基地。在六环外合理布局货运场站，重点保障城市运行与生活消费的货物中转、分拨。加快规划确定铁路货运场站改造升级，加强与城市配送体系对接。

四、促进物流园区高质量发展的建议

（一）加强京津冀协同发展，统筹规划建设物流园区

北京、天津、河北三地正大力推动京津冀协同发展国家战略的落实，三地间产业、经贸、金融、物流、文化、科技等领域合作在不断加快。物流园区作为现代物流体系中重要的载体和枢纽，对区域经济持续协调发展具有重要的促进作用。北京市目前正加快推动新版北京城市总规落地，制定并落实相关专项物流规划。建议国家有关部门着眼于京津冀区域整体空间布局，立足于京津冀三地比较优势，加大对物流园区规划建设和发展的指导和协调，从京津冀联动发展角度统筹物流园区资源，对京津冀物流园区在整个区域范围内进行布局优化和调整。

（二）推动政策创新，解决物流园区土地制约

在目前减量发展大背景下，北京各园区正加快土地集约利用步伐，但是从总体上看，为满足北京超大型城市功能正常运行与持久发展要求，还须破解物流园区土地资源紧张的难题，建议在国家出台的促进物流设施和物流枢纽建设发展相关文件当中，加大对物流园区土地政策支持力度，积极探索针对促进物流园区发展的多种供地方式，鼓励通过"先租后让""租让结合"等多种方式向园区物流企业供应土地。

（三）鼓励多式联运，加快启动北京货运外环线建设相关工作

铁路货运外环线的建设可以有效疏解过境货运，实现中心城区货运场站外迁，有利于建设多式联运物流园区，促进中心城区货运场站功能向城市服务转变。建议从国家层面优化既有铁路货运格局，加快启动北京货运外环线建设，疏解铁路过境货运功能，释放既有铁路资源，促进多式联运模式进一步发展，提升物流园区公铁联运的服务功能。

（四）多措并举，促进园区物流企业降本增效

物流园区发展还需要进一步优化服务环境，需要从改善营商环境角度，明确物流园区入驻企业减税降费的范围和标准，在证照发放上，进一步简化行政审批手续，归并减少审批事项，为园区物流企业降本增效和可持续发展创造良好环境。

（五）积极引导，鼓励智慧物流园区建设

北京市物流园区现有仓储物流设施多为传统储备型，部分物流设施老化，现代化

物流仓储设施存量不足。建议与发达城市进一步对标，出台鼓励政策，推进智慧型物流园区建设，促进物流设施改造提升，加强北斗导航、物联网、云计算、大数据、移动互联等先进信息技术在物流园区的应用。支持物流新技术自主研发，支持有条件的物流企业申请高新企业资质。

（作者：徐逸智　北京市发展和改革委员会经济贸易处处长

　　　　潘立宁　北京市发展和改革委员会经济贸易处调研员

　　　　张雨萌　北京市发展和改革委员会经济贸易处干部）

江苏省重点物流园区发展报告（2018）

为全面贯彻落实党的十九大精神，推进我省物流业高质量发展，促进物流业转型升级，我省加快推进重点物流园区基础设施建设，积极开展物流园区试点示范工程，物流园区运营效率稳步提升，服务功能日趋完善，创新能力明显增强。截至目前，全省省级示范物流园区达 25 家，其中已被评为国家级示范物流园区有 4 家，重点储备物流园区有 18 家，为促进全省物流业持续健康发展发挥了积极作用。

一、2017 年全省重点物流园区发展总体情况

（一）基础设施逐步完善，多式联运加快发展

全省重点物流园区加大投资力度，加快推进基础设施建设，相关配套设施不断完善。截至 2017 年年底，43 家重点物流园区累计完成投资 2123 亿元，平均投资强度 156.8 万元/亩；园区实际运营总面积达 8730 万平方米，仓储面积达 3326 万平方米，其中仓储面积超 20 万平方米的物流园区 31 家。园区中转联运设施建设加快推进，港口、铁路场站、公路货运枢纽等的集疏运体系不断完善，一批园区引入铁路专用线并投入运营，多式联运发展加快。截至目前，全省已开展多式联运业务的重点物流园区 21 家，占全省重点物流园区的比重为 48%。上合组织（连云港）国际物流园 2017 年投资 6.7 亿元用于铁路专用线、装卸场站、园区集疏运道路、智慧物流信息中心等项目建设，已建成内河泊位 52 个，全年完成海河联运量 542 万吨，同比增长 24.8%。无锡西站物流园区累计投入 11.5 亿元建设铁路专用线、港池码头、园区道路等设施，建成铁路专用线 5 条，500~1000 吨级泊位 15 个，园区道路 9 条，自 2016 年 10 月铁路专用线投入运营以来，园区已完成公铁水联运量 330 万吨。全省重点物流园区实际完成投资情况和投资强度情况如图1、图2所示。

（二）运营效率稳步提升，示范工程成效显著

2017 年，全省 43 家重点物流园区实现运营总收入 5023.4 亿元，其中运营收入超

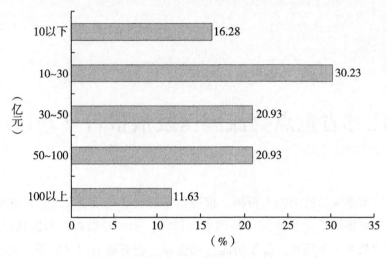

图1 全省重点物流园区实际完成投资情况

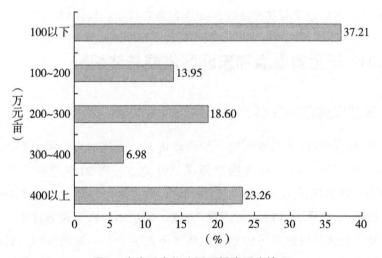

图2 全省重点物流园区投资强度情况

百亿元的物流园区 9 家；重点物流园区平均运营收入 116.8 亿元，比 2016 年增长 4.3%；实现税收总额 80.8 亿元，其中税收超 2 亿元的物流园区 13 家。全省重点物流园区加快物流资源集聚，加大招商引资力度，园区集约化水平不断提高。截至 2017 年年底，43 家重点物流园区累计入驻企业 1.9 万家，其中物流企业 3847 家，占入驻企业总数的 20.2%；自有货运车辆 2.6 万辆，整合社会货运车辆 170 万辆。示范物流园区带动作用不断增强，镇江惠龙港国际物流园、张家港玖隆钢铁物流园、南京龙潭综合物流园、上合组织（连云港）国际物流园 4 家园区先后被评为国家级示范物流园区，在供应链管理、智慧物流、多式联运、产业集聚等方面发挥了标杆引领作用。2017 年，全省 25 家省级和国家级示范物流园区完成运营收入 3468.6 亿元，占全省重点物流园区运营总收入的 69%；累计完成项目总投资 1548.5 亿元，占重点物流园区项目总投资的 73%；入驻企业 1.2 万家，占重点物流园区入驻企业总数的 63%；整合社会货运车辆 164.3 万辆，占重点物流园区整合社会货运车辆总数的 96%。其中，张家港玖隆钢铁物流园 2017 年实现营业收入 1800 亿元，同比增长 11%，完成税收总额 3.9 亿元，同比增长 20%，完成货物运输量 988 万吨，同比增长 23%。

（三）服务功能日趋完善，园区特色逐步形成

重点物流园区加快完善服务功能，提升服务质量，货运班列、电商物流、汽车供应链等业态加快发展，国际化、专业化服务水平不断提升，对产业带动作用逐步显现。上合组织（连云港）国际物流园依托"连新亚""连新欧"班列、中哈（连云港）物流合作基地，与乌兹别克斯坦、吉尔吉斯斯坦等中亚国家以及郑州、乌鲁木齐、霍尔果斯等国内沿线城市加强物流联动，不断完善保税仓储、国际国内中转、国际分拨配送、国际采购、国际转口贸易等服务功能，着力打造区域性国际物流枢纽和上合组织物流出海基地。2017 年，"连新亚"开行出口班列达 612 列，发运 6.12 万标箱；中哈物流公司完成货物进出库量 424 万吨，同比增长 32%，集装箱吞吐量 25.7 万 TEU，同比增长 46%。苏南快递产业园、张家港保税港区进口汽车物流园、仪征汽车物流园等一批专业物流园区加快发展。苏南快递产业园入驻快递品牌 14 个，支干线运输车辆 1300 余辆，每天开行全货机航班 9 架次以上，2017 年完成快递中转量达 20 亿件，同比增长 35%；实现业务收入 15.3 亿元，同比增长 24.6%。张家港保税港区进口汽车物流园发挥江苏唯一整车进口口岸优势，加快发展整车及零配件进出口物流、展示交易、分拨配送、检测改装等服务，2017 年完成整车进出口超 7.5 万台，实现营业收入 185 亿元。仪征汽车物流园推进汽车整车分拨中心、零部件分拨配送中心、智慧物流中心、汽车综合服务平台等建设，大力发展汽车供应链物流，推动物流与汽车制造融合发展。

（四）信息平台强化建设，创新能力不断增强

重点物流园区加快实施"互联网＋"战略，加强园区信息化建设，提升互联互通水平。张家港玖隆钢铁物流园重点打造钢铁物流"信息中心、交易中心、结算中心、价格中心、加工中心"五大中心，构建"玖隆在线"电子商务平台，2017 年完成钢材交易量达 188 万吨，交易金额 71.4 亿元，累计会员达 1.5 万家。徐州淮海智慧物流园加强物流信息平台建设，华东大宗商品电子交易网、淮海跨境交易中心、大龙网等电商平台纷纷投入运营，新华网物流大数据平台、徐州港多式联运平台积极筹建推进，线上物流交易业务逐步开展。重点物流园区加强创新驱动发展，由以往单纯依靠运输、仓储、商贸等的传统模式运营逐渐向多元化业态发展，由物流枢纽向供应链枢纽升级。海安商贸物流园依托保税物流中心，建设有色金属和塑料原料期货交割库，2017 年完

成入库量 28 万吨，出库量 23 万吨。南京溧水航空物流园依托南京空港枢纽经济区优势，重点打造航空物流港、公路物流港、城市配送中心和电商物流中心，2017 年实现运营收入 19.6 亿元。南京龙潭综合物流园复制推广自贸区政策，提供保税展示交易、仓储按状态分类监管、检验检疫预检验和登记核销管理模式等创新服务，2017 年完成仓储按状态分类监管货值 7.3 亿美元，实现保税展示交易额 2.3 亿元。

（五）物流技术推广应用，绿色物流加快发展

重点物流园区进一步推广应用物流新技术、新装备，无人仓、无人机、无人驾驶、物流机器人、自动分拣等一批国际领先技术试验应用。宿迁电商物流园大力推进京东智慧物流全国运营调度中心建设，开展无人机、无人车、无人仓测试，并建成全球首个无人机运营调度中心。苏南快递产业园积极探索电商仓储智慧化升级，落户江苏首个超级机器人旗舰仓。苏州市望亭国际物流园引进自动交叉带全自动分拣设备、矩阵流水线分拣设备等自动化设备，加强物流装备智能化建设。重点物流园区积极贯彻绿色发展理念，推进节能环保技术、新能源的推广使用，大力发展绿色物流。张家港玖隆钢铁物流园充分利用仓库，建成 40 万平方米屋顶光伏分布式电站，每年发电约 3717 万度，相当于节约标煤 1.3 万吨。镇江港口物流园积极引进新能源汽车租赁项目，拟购买新能源汽车 1000 辆、冷链设备 100 台，用新能源汽车替代传统汽车开展城市配送服务。大丰港现代物流园加大清洁能源、防风抑尘等新技术、新工艺的推广应用，积极建设绿色低碳示范港。南京龙潭综合物流园注重绿色环保，引进太古冷链物流美国冷库设计经验，采用先进控制系统，制冷效率成倍提高，余热得到合理利用，该项目获得美国绿色建筑 LEED（绿色能源与环境设计先锋奖）认证。

（六）支持力度不断加大，发展环境持续优化

国家高度重视物流园区发展，先后印发出台了《国务院办公厅关于进一步推进物流降本增效促进实体经济发展的意见》《关于做好第二批示范物流园区工作的通知》，加大示范物流园区支持力度，推进物流降本增效。我省在深入贯彻国家政策文件的同时，加快推进全省物流园区创新发展。2017 年，省政府办公厅转发了《省发展改革委、国土厅、住建厅关于加快推进省级示范物流园区创新发展的意见》，提出推动"创新园区""高效园区""枢纽园区""智慧园区""品牌园区""绿色园区"六大园区的发展重点，并从财政、税收、金融、土地、降本增效、行政管理、人才保障等方面提出了一系列政策措施支持园区发展。2018 年 2 月，省政府办公厅印发了《国务院办公厅关于进一步推进物流降本增效促进实体经济发展的实施意见》，着力解决制约行业发展的关键问题，进一步降低制度性交易成本。其中提出重点保障国家级和省级示范物流园区新增物流仓储用地，国家和省专项资金优先支持示范物流园区，对于加快示范物流

园区创新，实现可持续发展具有重要意义。

二、当前物流园区发展存在的问题

虽然我省物流园区发展质效提升、创新步伐加快，但与物流业高质量发展的要求还存在较大差距，物流园区发展过程中的一些突出问题需要重点关注。

（一）设施衔接配套不够完善

物流园区内外部基础设施建设有待进一步完善，部分物流园区与综合交通设施缺乏有效衔接，集疏运通道不畅，中转联运设施建设和业务推进缓慢。目前全省43家重点物流园区大部分未引入铁路专用线，虽然已有21家园区开展多式联运业务，但多式联运物流量占比较低，物流园区多式联运能力有待进一步提升。

（二）规划建设水平有待提升

部分物流园区对建设发展规划不够重视，规划水平不高，存在规划落实不到位、项目布局不合理等问题，造成物流资源分散、集聚化程度不高，土地集约利用水平有待进一步加强。物流园区同质化、重复建设现象依然存在，部分物流园区规划建设脱离实际市场需求，片面追求占地面积，造成较大的资金压力和运营风险。

（三）园区服务能力有待加强

物流园区总体创新能力仍然不足，增值服务和配套服务不完善，运营管理水平有待进一步提升。有的物流园区主营业务特色不明显、不突出，区域影响力不足，核心竞争力有待进一步提升。有的物流园区尚未建立物流公共信息平台，不能实现物流信息的有效整合和资源共享，"互联网＋"战略在物流园区还未能得到有效实施，园区的数字化、在线化、可视化水平亟待提升，线上线下融合有待加强。物流园区城乡配送功能仍需进一步完善，对农村物流发展的支撑作用有待增强。

（四）政策落实仍需加大力度

物流用地指标紧张，融资难等问题仍然存在。部分物流园区所在地的城市总体规划修编滞后，物流用地供应紧张，存在招商引进的新项目因用地指标不足而难以落地的现象。物流企业大多为轻资产企业，贷款授信难度较大，尤其是民营物流企业融资成本高。此外，物流园区人才短缺问题比较突出，对综合型物流管理与工程人才的需求十分巨大。

三、下一步推动物流园区高质量发展的重点工作

2018 年是贯彻党的十九大精神的开局之年，是决胜全面建成小康社会的关键一年，是推进供给侧结构性改革的深化之年。随着"一带一路"、长江经济带、"互联网＋"等国家战略的深入实施，物流"补短板"、物流降本增效、物流与交通融合发展的不断推进，我省经济在增长动力、发展模式的持续转换中，积极向好因素不断累积，物流园区发展环境持续向好。站在服务全省发展大局的高度，围绕推动物流园区高质量发展的目标，近期我们将着力做好以下几方面重点工作。

（一）着力抓好政策落实，推动物流园区高效发展

认真落实省委省政府部署要求，力促江苏省物流业和物流园区规划、物流降本增效、冷链物流发展等一系列规划和政策举措落地见效。推进实施《关于加快推进省级示范物流园区创新发展的意见》，加快"创新园区""高效园区""枢纽园区""智慧园区""品牌园区""绿色园区"六大园区发展。各地相关部门要形成联动工作机制，加强对规划组织实施、项目推进、政策落实等方面的监督与评估，确保各项政策措施落到实处，促进物流园区高质高效发展。

（二）着力开展试点示范，培育物流园区品牌特色

围绕科学规划、功能提升和企业集聚，继续认定一批省级示范物流园区；进一步加强国家级示范物流园区申报创建工作；继续筛选一批发展基础较好的物流园区，充实省级物流园区储备库并给予重点培育。完善省级示范物流园区考核评价体系，继续加强对全省示范物流园区的跟踪检查和动态考评，抓紧建立完善省级示范物流园区退出机制。不断提升示范物流园区品牌价值，加快培育和创建一批知名物流园区品牌，对外进行连锁复制和模式输出，推动品牌园区的网络化发展。

（三）着力加强枢纽建设，提升物流园区服务能力

加快打造一批各具特色、优势互补的重点物流枢纽，着力推进南京区域航运物流中心、南京空港枢纽、徐州铁路物流枢纽等建设，进一步完善多式联运基础设施建设，提升综合服务功能。推进打造淮安区域性物流枢纽，加快建设和做大做强淮安货运机场。加快推进上合组织（连云港）国际物流园建设，建成面向"一带一路"沿线国家的区域性国际物流枢纽。加快推进有条件的重点物流园区引入铁路专用线，进一步完善集疏运体系，推进园区与干线公路、铁路场站、港口、机场的有效衔接和资源共享，提升园区中转联运能力。

（四） 着力加快创新驱动，促进物流园区转型升级

以示范物流园区为载体，培育和孵化一批物流创新高地，积极推进物流园区的模式创新、体制创新、技术创新和政策创新。推动物流园区结合产业优势与区位优势，与制造、商贸、金融、交通、互联网等多业融合联动，提升园区一体化供应链管理能力。扎实开展全省供应链变革与发展专题研究，推动物流园区向供应链枢纽升级，培育物流业发展新动能。鼓励物流园区之间通过合作，持续推动区域内和区域间物流园区的合作与资源共享，提升园区之间互联互通水平，逐步构建合作共赢、互惠互利的产业生态圈。

（五） 着力强化规划引导，推进物流园区健康发展

充分发挥规划引领作用，各地要根据物流业发展规划和物流园区发展规划，结合城市发展和产业布局，加快整合现有物流资源，严格控制物流园区数量和规模，防止盲目建设或以物流园区名义圈占土地。对未列入规划或不具备发展条件的物流园区要引导其转型发展或归并重组。各物流园区特别是新增的重点培育园区要重视规划引导作用，高起点、高水平编制园区建设发展规划，明确园区发展定位，合理规划用地布局与建设方案，科学指导园区健康有序发展。强化用地管理，积极盘活存量土地资源，提高园区土地利用节约集约水平。

（作者：周晓林　江苏省发展和改革委员会经济贸易处处长）

浙江省物流园区发展报告（2018）

物流园区作为物流业规模化和集约化发展的核心载体平台，具有功能集成、设施共享、用地节约等优势。近年来，浙江省始终坚持把物流园区看作是物流市场运作的载体、物流网络的节点、物流资源整合的平台、物流服务的窗口、区域物流的超市和现代物流企业成长的摇篮。始终把发展现代物流园区作为新生事物来抓，科学规划、合理布局、精心组织、规范运作，培育创建了杭州传化公路港等6家国家示范物流园区和2批14家省级示范物流园区，并涌现出了长兴综合物流园区等一批全国优秀物流园区，走在全国前列。

一、浙江省物流园区发展现状

（一）物流园区建设速度较快，总体发展水平不断提升

浙江省物流园区健康快速发展，出现了货运枢纽、生产服务、口岸服务、商贸服务和综合服务等多种类型，形成了不同物流需求与多种服务方式有机对接的平台。截至2018年6月底，浙江省符合"集中建设、统一主体管理和提供公共服务"三个要素特征且占地面积150亩以上的物流园区总数82个。其中已经运营的物流园区49个，约占物流园区总数的60%；在建的物流园区27个，约占物流园区总数的33%；规划中的物流园区6个，占物流园区总数的7%，如下表所示。

浙江省物流园区基本情况

项目	类别及其数量				
建设状态	已运营（49）	在建（27）	规划（6）		
园区类型	商贸服务型（14）	生产服务型（2）	货运枢纽型（12）	口岸服务型（6）	综合服务型（48）
管理主体	政府管委会（24）	企业自主（57）	委托第三方（1）		
开发类型	政府规划、企业主导（42）	政府规划、地产商主导（1）	企业自主开发（39）		

物流园区基础设施设备投资不断增加，技术水平不断提高，行业整合和模式复制明显加速。通过更新智能仓储设备，移动仓配作业能力增强，双层分拣设备川山甲太极云仓、浙江网仓移动网仓和顺丰空港园区等项目已达到国内领先甚至国际先进水平。传化物流 2013 年起开启全国化拓展的步伐，目前已布局 120 多个园区，涵盖 27 个省市自治区，运行 65 个，形成覆盖主要经济区域的"智能公路物流网络系统"。

（二）物流园区转型升级步伐加快，一批国家级示范园区脱颖而出

浙江传化物流基地、嘉兴现代物流园、义乌港物流园、衢州工业新城物流园区等园区通过整合资源、优化流程、技术创新、网络化经营等方式加快转型升级。与入驻企业开展多种形式的合作，将服务范围逐渐拓展至供应链管理、物流金融、资金结算、保险、车辆维修、司机住行等多个方面，成为物流与相关行业跨界融合的重要载体。

2014 年，浙江传化物流基地、义乌内陆口岸站场等 4 家物流园区荣膺全国优秀物流园区；2015 年，又有德清临杭物流园区、嘉兴港区综合物流园等 4 家园区入围；2016 年，杭州传化公路港、嘉兴现代物流园、宁波（镇海）大宗货物海铁联运物流枢纽港还跃居国家级物流示范园区；2018 年，义乌港物流园、衢州工业新城物流园区、宁波经济技术开发区现代物流园又入选第二批国家级物流示范园区，数量在全国首位。园区涵盖了大宗商品、电子商务、工业品与危化品运输、冷链、小商品等服务领域，成为物流产业发展的排头兵，也代表了未来物流园区的发展方向。

（三）物流园区集聚联动效应明显增强，专业化园区逐渐兴起

在生产和消费需求增长、城镇化进程加快等带动下，大量物流企业加快向物流园区聚集，物流园区的规模效应和集聚效应不断扩大。园区配套服务不断完善，与周边产业的良性互动和联动发展明显增强，在支撑地方经济发展中的作用日益突出。全省重点物流园区集聚各类企业近万家，园区年营业收入超 45 亿元的物流园区有 6 个。杭州、宁波、义乌、嘉兴等重点物流园区集聚了一批国内外知名企业，成为物流业规模化、集约化、专业化发展的平台。

物流园向专业化方向发展已经成为一种趋势，具体体现在物流园区物流功能、服务功能、运行管理体系等多方面的综合，体现其现代化、多功能、社会化、大规模的特点。如衢州工业新城物流园区以基础物流为起点，以化工物流为特色，总规划面积 2300 亩，可容纳危化品运输车辆 350 辆，是区域内知名的大型化工特色供应链物流集成服务商。

（四）物流园区供给侧结构性改革步伐加快，新型商业模式不断涌现

物流园区集约化水平大幅提升，多式联运广泛应用，运营效率明显提高，信息化水平全面提升，对集聚物流产业、降低物流成本、服务经济社会发展的作用进一步增

强，成为物流业供给侧结构性改革的先行区。在互联网大潮的催动下，围绕《"互联网＋"高效物流实施意见》，全省物流领域上下协同、融合创新，"互联网＋"物流得到了长足发展，"互联网＋"高效物流成效不断扩大。

传化物流围绕供给侧结构性改革，建设能够实现各物流园区业务和信息的互联互通、集分运配各环节高效衔接、多式联运一体化协同运作的"智能公路物流网络运营系统"；国家交通运输物流公共信息平台互联中日韩三国17个港口、23个物流园区，服务中小企业30万家；长兴综合物流园区借助"要发货"互联网平台实现与全国各地重点物流园区的互联互通，形成一个多平台的大物流网络。

二、浙江省物流园区建设的主要做法

（一）科学研究布局规划，精心谋划区域发展篇章

从《全国物流园区发展规划（2013—2020年）》（简称《规划》）发布以来，省发展改革委组织开展全省物流园区科学发展研究，全面摸排省内物流园区建设运营情况和问题，为完善全省物流园区布局提出建议。同时，从省级层面加强组织领导，明确相关厅委部门职责，开展跨部门联动。在区域物流园区布局规划上，改变以往"以规划落实规划"的做法，结合全省实际，通过促进各地做实物流园区布局规划，"自下而上"打好基础；重点引导杭州、宁波、温州、金华（义乌）、嘉兴、湖州等一、二级物流园区布局城市整合资源；最终推动形成合理的物流园区网络和枢纽节点布局。鼓励各地出台区域物流园区布局规划，不贪大求全，加强对各市编制物流园区规划时的指导和协调。统筹协调各市物流园区规划，推动形成省、市联动衔接的物流园区布局体系。

（二）合理评价园区样板，切实发挥示范带动作用

围绕《规划》确定的一、二级物流园区布局城市，依托产业集群和大型专业批发市场，按照"分类指导、特色示范"和"成熟一批、认定一批、提升一批"的原则，围绕货运枢纽、商贸服务、生产服务、口岸服务和综合服务五大重点领域，分类制定评选标准。省级物流示范园区的评定并不是"终点"，而要"百尺竿头，更进一步"，以此为总结和新的起点。在评定的基础上，鼓励园区选择一个或几个物流环节提升发展，突出园区特色，总结提炼促进园区发展的共性、特性经验并加以推广，以点带面，促进全省物流园区科学健康发展，并为申报国家级示范物流园区奠定基础。传化物流通过提升，构建了线上以"易配货""易货嘀""运宝网"为核心的互联网物流平台，现下以"实体公路港"为核心的物流基础设施网络，线上线下互动的传化公路港模式

受到国家发展改革委、交通运输部等五部委联合发文在全国推广。义乌港通过提升，实现了"义乌市场采购贸易监管模式"落地，使得整体物流效率大幅提高，海关监管效率达到全国先进水平。同时，制定《浙江省级智能化仓储物流示范基地评定方案》，进一步挖掘物流园区建设示范的带头引领作用。

（三）市场主导多方参与，建立示范园区滚动提升机制

按照市场发挥资源配置决定性作用的导向，以企业为主体推进示范物流园区建设，政府给予必要的引导和扶持，构建企业、社会、政府共同参与的联动机制。在土地保障上，示范园区内的项目优先列入省服务业重大项目计划和省重大产业项目计划，优先安排建设用地指标。在资金支持上，积极吸收社会资本参与投资建设，支持园区及入驻企业与金融机构联合打造物流金融服务平台，形成多渠道、多层次的投融资环境。同时，建立评估、考核、培育、退出、增补机制，实现动态管理、良性竞争，对省级示范物流园区实行动态管理，定期进行考核。对考核优秀的，进一步加大政策支持力度，对两个以上年度考评结果较差的，取消"浙江省级示范物流园区"称号。促进示范物流园区不断提升水平，实现可持续发展。

三、下一步工作建议

物流园区作为物流产业的重要集聚区和孵化器，亟须通过增值服务和转型升级，适应社会经济和物流业发展的"新常态"，而政府则要淡化主导园区建设运营的意识，转向服务型定位。

一是促进物流园区提档升级。当前我省物流园区多以"物业式"经营为主，仅提供仓储、运输、配载、停车、理货、分拨等基本服务，综合服务功能较薄弱。一方面要提升单个园区服务能级。深化产业合作层次，促进物流业与制造业、商贸业、金融业等"多业联动"。服务功能要向集中采购、订单管理、流通加工、物流金融、仓配一体化、供应链管理等高附加值增值业务、个性创新服务拓展延伸；另一方面要提升省内园区整体竞争力。在重要的物流节点城市加快整合现有园区，鼓励现代化立体仓库和信息化平台建设，打破园区"孤岛"，通过示范园区提升发展工作。认定培育一批示范园区，提升发展一批示范园区，在省内形成物流园区"比、学、赶、帮、超"的良好氛围。

二是推动物流园区商业模式创新。园区基地平台、公路货运平台、电商物流平台、物流金融平台逐渐升温，对物流园区的发展提出了新的要求，也带来了无限商机。我省物流园区的发展要紧紧抓住"公路港"和"跨境电商物流"两大先发优势，把握"一带一路"的政策红利和自贸区政策溢出效应，在园区商业模式方面走出"浙江特

色"。一方面是公路港智能网络信息平台要开创新局面。发源于浙江的"公路港"物流模式已在全国各地生根开花，在整合运输资源、提升公路运输效率、降低公路运输成本和车辆空载率等方面取得了较好效果。要在此基础上顺应大物流、云计算的要求，为物流插上信息化的翅膀，借力"公路港"实体平台，推动虚实结合的物流平台成为行业整合的突破口，进而将"公路港"打造成为"一带一路"倡议下，新丝路上的驿站。另一方面是跨境电子商务背景下的承载园区要走出新路子。中国（杭州）跨境电子商务综合试验区已经获批，浙江省已基本确定杭州（下沙）出口加工区等三个园区作为首批线下试点园区。要通过集聚电商平台企业、外贸服务企业、电商专业人才、电商专业服务等要素，集成通关、物流、金融等综合服务，探索跨境电商商务监管服务与线下园区有机融合的新路径，推动电子商务信息流、资金流、货物流"三流合一"。

三是明确政府角色定位。一方面要转变观念。在市场对资源配置起决定性作用的环境下，政府要淡化主导园区建设运营的意识，转向服务型定位。可通过政策咨询、用地保障、资金支持、税收优惠等方式为园区建设提供帮助。同时，参照国外经验，政府可以作为园区基础设施主要投资者的身份参与建设。在园区后期运行阶段，可引入 PPP 模式，采取公共、私营合作的方式。另一方面要扶持载体。要突出行业自律和行业帮扶，探索物流园区交流合作的新平台，通过组建物流园区的利益代表机构（物流园区专业委员会）或依托行业协会对物流园区进行引导和管理。在此过程中，政府部门应加强政策宣介和业务指导，鼓励产学研结合，营造园区发展的良好外部环境。

（作者：缪姬蓉　浙江省发展和改革委员会

陈达强　浙江工商大学）

安徽省物流园区发展报告（2018）

近年来，安徽省高度重视物流园区发展，出台全省物流园区发展规划，实施园区示范工程，强化资金、用地等政策扶持，园区建设步伐明显加快，布局日趋优化，功能不断完善，成效逐步显现。

一、安徽省物流业发展基本情况

2017 年安徽省物流运行总体向好，社会物流规模平稳增长，物流成本持续下降，物流行业转型升级步伐加快，发展质量和效益稳步提升。

（一）社会物流规模持续扩大

2017 年全省社会物流总额 60094.8 亿元，同比增长 6.5%。其中，农产品物流总额 4728 亿元，同比增长 25.4%；工业品物流总额 43199.8 亿元，同比增长 4.3%；进口货物物流总额 231.6 亿美元，同比增长 45%；其他物流总额 10685 亿元，同比增长 8.4%。全省货运量 40.3 亿吨，同比增长 10.7%。其中，公路货运量 28 亿吨，同比增长 14.7%；水运货运量 11.4 亿吨，同比增长 2.9%；铁路货运量 0.9 亿吨，同比下降 3.4%。全省货物周转量 11414.5 亿吨公里，同比增长 4.9%。其中，铁路货运周转量 731.4 亿吨公里，同比增长 3.6%，公路货运周转量 5179.7 亿吨公里，同比增长 5.4%，水运货运周转量 5503.1 亿吨公里，同比增长 4.6%。全省实现集装箱吞吐量 138.4 万 TEU，同比增长 20.6%。"合新欧"班列累计发运 70 列，运送集装箱 2.1 万 TEU，其中合肥至宁波铁海联运班列发运近 1.5 万 TEU。

（二）物流降成本取得实效

随着供给侧结构性改革深入推进，安徽省物流领域降成本取得明显成效。2017 年全省社会物流总费用 4375.5 亿元，与 GDP 的比率为 15.9%，同比下降 0.6 个百分点，降幅快于全国 0.3 个百分点。社会物流总费用中，运输费用 3369.1 亿元，占 77%，同比下降 0.7 个百分点；保管费用 722 亿元，占 16.5%，同比提高 0.5 个百分点；管理费用 284.4 亿元，占 6.5%，同比提高 0.2 个百分点。

（三）转型升级步伐加快

1. 快递物流高速发展成为亮点

2017 年全年完成邮政业业务总量 248 亿元，同比增长 41.8%；业务收入 158.2 亿元，同比增长 27.7%。其中，快递业务量完成近 9 亿件，业务收入完成 89.6 亿元，同比分别增长 25.3% 和 27%。乡镇快递服务网点达 4001 个，覆盖率达到 100%，行政村快递通达率达 80% 以上。建成社区快递公共服务站 768 个，补建完成 278 个空白乡镇邮政局所。全省通过邮政网络配送农特产品进城量达 3968 吨，农特产品交易额 3492 万元，带动 6.5 万贫困人口增加收入。合肥国际邮件互换局全面开通进出口业务，国际邮件全程时限平均缩减 2 ~ 3 天，全年业务总量 1256 万件。

2. A 级物流企业数量实现较快增长

2017 年全省新增 A 级物流企业 32 家，总数达 145 家。其中，5A 级物流企业 2 家，4A、3A 和 2A 级物流企业分别为 70 家、51 家和 22 家。从企业类型看，145 家 A 级物流企业中，综合服务型物流企业 103 家，占 71%，运输服务型物流企业 25 家，占 17%，仓储型物流企业 17 家，占 12%。

3. 智慧物流发展提速

维天运通路歌互联网物流平台获批国家首批骨干物流信息平台试点。共生物流、慧通互联等 13 家企业成为全国首批无车承运人试点。马钢物流多式联运示范工程获批国家多式联运示范。电子商务和快递物流协同发展水平进一步提升，京东、菜鸟、唯品会等龙头企业在我省布局建设大型智能化仓储基地，全省投入使用智能快件箱 9000 多组。

（四）基础设施建设进一步加强

2017 年全省交通运输、仓储和邮政业完成固定资产投资 2035.7 亿元，同比增长 11.6%，高于全部投资增幅 0.6 个百分点。全省新增高速公路里程 130 公里，铁路运营里程 142 公里。截至 2017 年年底，高速公路通车里程达到 4673 公里，铁路运营里程达到 4365 公里，内河航道通航里程达到 5728 公里。全省拥有生产用码头泊位 935 个，其中 5000 吨级以上泊位 22 个（其中万吨级泊位 17 个）。交通物流融合发展积极推进，合肥派河国际综合物流园、芜湖宝特铁路物流基地等一批综合物流枢纽、大型物流园区建设进展顺利。

（五）物流政策环境明显改善

2017 年，安徽省认真贯彻落实国家工作部署，紧扣物流业发展关键领域和薄弱环节，出台多项政策措施。

1. 聚焦物流降本增效

出台《关于进一步推进物流降本增效促进实体经济发展的实施意见》，推动物流产业链完善和整体运行能力、综合服务能力全面提升。

2. 加快发展快递、冷链、电商等专业化物流

落实《关于促进快递业发展的实施意见》，制定出台《国务院办公厅关于加快发展冷链物流保障食品安全促进消费升级的实施意见》和《推进电子商务进农村全覆盖工作方案》，推动专业物流加快发展。据初步测算，2017 年累计为企业降低物流成本超21 亿元，其中高速公路 ETC 货运车辆通行费优惠减免 6.6 亿元，落实鲜活农产品运输"绿色通道"政策减免 11.8 亿元，取消收取货物港务费减免约 3 亿元。

二、安徽省物流园区发展现状及存在的主要问题

近年来，在国家和省一系列有关物流园区发展规划和政策的引导和支持下，我省物流园区在园区数量、建设布局、功能服务等方面实现了快速发展。

（一）园区数量稳步增长

随着经济社会的快速发展，全省社会物流需求增长较快，物流规模不断扩大推动物流园区加快建设。截至 2018 年 4 月底，全省共有占地 150 亩以上的建成运营、在建和规划的各类物流园区 62 个。其中，建成运营园区 33 个，部分建成投入运营的园区10 个，在建未投入运营的园区 10 个，规划园区 9 个。分年来看，2015 年、2016 年、2017 年、2018 年 1—4 月建成运营和部分建成投入运营园区分别为 6 个、6 个、6 个、3 个，占运营园区的 60% 以上。

（二）网络体系初步形成

合肥成为全国性综合交通物流枢纽、国家骨干联运枢纽（城市）和国家一级物流园区布局城市，芜湖、马鞍山、安庆、阜阳入围国家二级物流园区布局城市。全省各地依托港口、铁路站场、公路货运枢纽、机场、口岸、专业市场和产业园区，规划建设了一批定位清晰、特色鲜明的综合型和专业型园区，物流园区网络体系初步形成。从地域分布看，全省 16 个市除池州市没有规划建设物流园区外，其余 15 个都规划建设了一批物流园区。其中，合肥、芜湖、马鞍山、安庆和阜阳等国家一级、二级物流园区布局城市分别规划建设了 13 个、6 个、3 个、2 个和 5 个物流园区，占全部园区的46.8%。从园区类型来看，综合服务业型园区 33 个，货运枢纽型园区 16 个，商贸服务型园区 7 个，口岸服务型园区 3 个，生产服务型园区 3 个。综合服务型和货运枢纽型园

区合计占全部园区的 79%。

（三）园区功能持续提升

各类园区通过加大现代物流技术装备建设改造力度，加快构建公共服务平台，引入专业化物流企业，强化自身运营管理，服务功能不断增强。物流基础功能有效提升，信息服务、物流金融、展示交易等增值功能持续拓展，商务及生活配套功能加快完善，物流效率和服务水平进一步提高。如下表所示。

各主要服务功能具备的园区个数情况

服务功能	具备的园区个数	服务功能	具备的园区个数	服务功能	具备的园区个数
仓储	32	运输	28	配送	29
转运	24	货代	18	贸易	17
信息	22	流通加工	14	金融物流	11
工商	7	税务	7	金融	9
保险	10	海关	11	国检	6
停车	19	住宿	16	餐饮	18
物业	18	修理	15	加油（加气，充电）	11
购物	7	办公服务	20	商品展示	5

注：仅对已建成运营的 33 个物流园区进行统计。

（四）集聚效应开始显现

全省物流园区共入驻各类企业超万家。公路港等先进模式推广应用，"互联网＋"高效物流蓬勃兴起，园区资源整合能力、运营效率和区域辐射带动作用明显提升。合肥商贸物流园、安徽华源现代物流园获批全国示范物流园区。安徽华源现代物流园、合肥中外运物流中心等 6 家园区成为首批省级示范物流园区。6 家首批省级示范物流园区运营状况良好，2017 年入驻企业完成营业收入 511.1 亿元，同比增长 12%；上缴税收 9.7 亿元，增长 28.6%。园区信息化基础设施投入 1.45 亿元，同比增长 18.1%。

尽管安徽省物流园区建设发展取得长足进步，但在规划、建设、运营和管理等方面还存在一些突出问题。

一是建设发展有待规范。物流园区建设缺乏统筹规划，低水平重复建设、同质化竞争较为普遍。从调查来看，规划建设的绝大多数都是综合服务型园区，且园区流转的主要商品多数也相同，园区间竞争激烈。部分园区选址未能与城市规划、交通规划等有效衔接。有的远离产业、生活等物流需求中心，运输距离过大；有的远离交通枢纽，周边道路基础设施不完善，运输效率低下；有的与城市居民区、商业圈紧临，运输衔接不畅。

二是设施能力有待提升。园区规模偏小，具有较大体量和大辐射半径的园区较少。在已建成运营的园区中，占地面积小于500亩的22个，占66.7%。路网等基础设施建设滞后，普遍缺少铁路、多式联运及中转设施。33个已建成运营园区中，运输方式以公路运输为主导方式的28个，铁路和内河、航空运输为主导方式分别仅有2个、2个、1个。园区公共信息平台功能不全，互联互通不够，"信息孤岛"现象依然存在。

三是服务功能有待完善。多数园区服务还仅局限于仓储、运输、配送等传统功能。多式联运、供应链管理、冷链物流、保税物流等增值服务功能明显不足，工商、税务等政务服务和金融、保险等商务服务功能亟须进一步加强。从调查来看，已建成运营的33个园区中，缺少金融物流、流通加工等增值服务功能的园区分别为22个、19个；缺少工商、税务等政务服务的园区分别为26个、26个；缺少金融、保险等商务服务功能的园区分别为24个、23个。

四是经营管理有待加强。部分园区未建立专门的管理机构，缺乏专业运营团队和市场化运作机制，经营管理和可持续发展能力不强。入驻园区的5A、4A级物流企业数量较少，专业化物流能力和综合服务能力不强。园区建设标准、评价和统计体系等基础工作滞后。

五是政策环境有待改善。由于物流园区占地面积大，产生的直接税收少，许多地方政府不愿意将有限的土地资源投入其中，导致园区建设落地难。另外，由于园区建设投入大，回收时间长，可抵押物少，金融机构也不愿意贷款，园区建设资金问题突出。

三、主要做法与经验特色

近年来，安徽省以促进物流业降本增效、转型升级为导向，着力优化空间布局，加强设施建设，完善服务功能，创新体制机制，推动开放合作，全面增强物流园区集聚效应、协作水平。

（一）推进园区融合共建

优先整合现有园区，加大存量资源开发利用。新建园区要注重加强与土地利用总体规划、城市总体规划、综合交通规划、产业发展规划等衔接。着力打破行政区划界限，重点围绕推动合肥都市圈提质扩容，加快合肥物流核与沿江、沿淮物流轴联动共建，培育壮大物流集群和重点园区。进一步加强与长三角、京津冀、珠三角等区域物流节点城市的联系，在更大范围内整合物流资源，开展物流功能分工协作。支持国家和省级示范物流园区以合作共建等形式整合周边园区，优化功能布局和产业配置。

（二）加强综合物流枢纽建设

加快布局和建设一批具有多式联运功能、支撑保障区域和产业经济发展的综合物流枢纽。推进铁路无水港建设，通过调整既有铁路场站规模及功能、移地建设等方式，建设合肥、阜阳、蚌埠等一批国家一、二级铁路物流基地，强化铁路集装箱运输功能。加快港口多式联运设施建设，推动铁路引入芜湖港、马鞍山港、合肥港、安庆港等主要港口，形成一批具备公铁联运、铁水联运、江海联运等功能的临港物流园区。以新桥国际航空港为重点，大力推动空地联运设施建设。进一步完善集疏运体系，加强铁路物流基地、港口、机场和物流园区之间，以及与干线通道之间的互联互通，解决"前/后一公里"衔接不畅问题。提升综合枢纽的设施设备衔接配套水平，有效减少货物装卸、转运、倒载次数，提高物流运作一体化水平。积极申报国家多式联运示范工程。

（三）加强园区信息化建设

推进"互联网＋"物流园区，加强大数据、物联网、云计算等先进信息技术在物流园区中的应用，提升园区在信息发布、仓配管理、追踪溯源、数据分析、信用评价等领域的服务水平。鼓励和支持物流园区加快信息平台建设，建立和完善园区信息采集、交换和共享机制，促进入驻企业、园区管理和服务机构、相关政府部门之间信息互联互通和有序交换。推进口岸服务型物流园区与"单一窗口"平台建设无缝对接。鼓励大型物流园区建设区域性公共信息服务平台，引导社会化、专业化物流信息平台向园区延伸服务。引导物流园区通过电子化、数据化方式采集物流交易和物流活动信息，推广应用电子运单、电子仓单、电子面单等电子化单证，大力发展第三方支付。鼓励园区依托互联网推动仓储资源在线开放和实时交易，提高仓储利用效率。

（四）加强园区标准化建设

以合肥、芜湖、马鞍山等城市开展全国物流标准化试点为依托，完善全省物流园区标准体系，建立物流园区建设和服务规范，明确园区内部各功能区建设标准和要求，促进物流园区规范化发展。加快对园区现有仓储、转运设施、装载单元的标准化改造，推广1200毫米×1000毫米标准托盘和600毫米×400毫米包装基础模数，支持标准装载单元器具在各物流园区之间循环使用。加快中置轴汽车列车等先进车型推广应用，鼓励各地创新政策措施，推广标准化、厢式化、轻量化、清洁能源货运车辆。

（五）推进园区创新发展

推广公路港模式，重点建设一批综合型、基地型和驿站型公路港。鼓励公路港开展连锁经营，积极参与组建全国公路港联盟，发展无车承运、甩挂运输、共同配送等运输组织方式，推进一单到底、港港互通。加快建设绿色园区，推广绿色低碳技术，鼓励园区采用节能环保的物流设施，促进资源的循环利用。加快建设智慧园区，推进园区作业自动化、过程可视化、产品追溯化、设施数字化、管理智能化，积极争创国家智能化仓储物流示范基地。创新物流园区发展模式，推广"物流＋商贸""物流＋电子商务"等新型业态，积极开展仓单质押、保兑仓、存货质押、融资租赁、供应链金融等"物流＋金融"服务。支持物流园区与物流研究机构、大专院校、科研院所等开展合作，推动技术、模式创新和人才培养。

（六）完善园区经营管理体制和服务功能

建立和完善政府规划协调、市场化运作的物流园区开发建设模式和经营管理体制，指导物流园区建立规范的管理机构和公司化运营管理机制。积极鼓励支持国内外第三方龙头企业，通过自建、股权投资、加盟合作等方式建设物流园区，复制推广智慧园区管理、车货匹配信息服务、物流金融服务、信用评价等先进管理服务模式。推动园区进一步完善工商、税务、报关、报检等政务服务，会计、金融、保险、法律、咨询等商务服务和供应链设计、贸易会展、加工配装、保税物流等增值服务功能。

四、政策环境营造情况

近年来，安徽省紧扣推动物流园区高质量发展工作目标，针对制约物流园区发展的主要问题和突出短板，出台了一系列政策措施，着力提升物流园区运行质量和效率。

（一）注重规划引领

在制定的《安徽省"十三五"物流业发展规划》中，明确提出要实施物流园区工程，依托交通枢纽、口岸、开发区等，规划建设一批物流园区。为做好与国家政策呼应对接，统筹规划、科学指导我省园区发展，2017 年，安徽省发展改革委会同相关部门制定了《安徽省物流园区发展规划（2017—2021 年）》，推动物流园区围绕综合交通枢纽和需求中心布局建设、集聚提升，加快形成一批物流产业集群。全省二级以上物流园区布局城市要根据本规划，编制本地区物流园区发展规划，科学确定物流园区数量和规模。

（二）加强示范推广

开展省级物流园区示范工程，"十三五"期间规划建设 20 个省级示范物流园区。2017 年，安徽省发展改革委会同省国土资源厅、省住房城乡建设厅联合开展首批省级物流园区示范工作，围绕商贸服务型、口岸服务型、生产服务型等类别，认定安徽华源现代物流园、合肥宝湾国际物流中心、马鞍山慈湖高新区港口物流基地、芜湖港朱家桥综合物流园、蚌埠皖北徽商物流港、合肥中外运物流中心 6 个园区为首批省级示范物流园区。支持合肥商贸物流园、安徽华源现代物流园获批全国物流示范园区。

（三）落实用地政策

将物流园区纳入所在地城乡规划和土地利用总体规划，统筹规划和建设，涉及新增建设用地的，合理安排土地利用计划指标。对纳入国家和省级示范的物流园区新增物流仓储用地给予重点保障，符合条件的可以申报省级预留建设用地计划指标。鼓励通过"先租后让""租让结合"等多种方式向物流企业供应土地。对利用工业企业旧厂房、仓库和存量土地资源建设物流设施或提供物流服务，涉及原划拨土地使用权转让或租赁的，经批准可采取协议方式办理土地有偿使用手续。对符合条件的物流企业自有的（包括自用和出租）大宗商品仓储设施用地，根据规定减按所属土地等级适用税额标准的 50% 计征城镇土地使用税。

（四）加大金融支持

鼓励物流园区运营主体通过银行贷款、股票上市、发行债券、增资扩股、合资合作、吸引外资和民间投资等多种途径筹集建设资金。鼓励银行业金融机构创新适应物流业发展特点的信贷产品和服务方式，加大对物流园区建设信贷支持力度。引导社会资本通过设立物流产业投资基金以及 PPP 等方式，支持多式联运等重大基础设施建设。支持物流园区开展仓单质押、保兑仓、存货质押、融资租赁、供应链金融及票据融资等金融业务，构建物流金融服务平台，满足入园企业金融需求。对于国家级和省级示范物流园区，有关部门可根据项目情况予以融资支持。

五、未来规划与发展展望

我国经济发展已进入了新时代，由高速增长阶段转向高质量发展阶段，在这种大背景下，未来我省物流园区将迈入以创新和转型升级为主线的发展新阶段，逐步从追求速度规模增长向质量效益提升转变，园区的集聚效应和服务功能不断提升。

（一）规划布局

一是规划物流园区布局城市。统筹考虑物流基础条件、需求规模、发展潜力等因素，并与相关规划衔接，将合肥作为一级物流园区布局城市，将安庆、阜阳、马鞍山、芜湖、蚌埠作为二级物流园区布局城市，其他地级市作为三级物流园区布局城市10个。二是形成"一核、两轴、多集群"布局。以一级物流园区布局城市为核心，二级物流园区布局城市为支撑，兼顾三级物流园区布局城市，着力形成"一核、两轴、多集群"的园区布局，构建覆盖全省、辐射全国、连通全球的物流园区网络。其中，"一核"即合肥物流核。"两轴"即沿江物流轴和沿淮物流轴。"多集群"即合肥北部枢纽物流产业集群、合肥东部智慧物流产业集群、芜湖临港物流产业集群、阜阳内陆港物流产业集群、蚌埠商贸物流产业集群。

（二）发展展望

到2021年，全省物流园区规划布局明显优化，设施能力显著增强，多式联运广泛应用，集约化水平和运营效率明显提升，资源集聚能力和辐射带动作用进一步增强，基本形成布局合理、规模适度、功能齐全、绿色高效的物流园区网络体系。力争建成10个左右综合物流枢纽，20家左右省级示范物流园区，3~4家国家级示范物流园区，培育形成2~3个产值1000亿元左右的物流产业集群。

（作者：陆加军　安徽省发展和改革委员会贸易和服务业处副调研员）

山东省物流园区发展报告（2018）

按照有关要求，我们对山东省物流园区发展情况进行了摸底调查，组织 170 余家企业填写了调查表，并对数据和情况进行了调度汇总分析，报告如下。

一、物流业保持了稳定发展的良好态势

2017 年，山东省物流业运行与宏观经济趋势基本吻合，呈现出提质增效、稳中向好的态势。物流业转型升级、降本增效成果显著，物流质量和效益稳步提升。全年物流总额 20.36 万亿元，增长 10.5%；其中农产品物流 7524.4 亿元，下降 2.4%；工业品物流 14.96 万亿元，增长 9.9%；外地货物流入 2.75 万亿元，增长 8.6%。全社会物流总费用 10320.3 亿元，占 GDP 的 14.2%，比全国平均水平低 0.4 个百分点；其中运输费用占 46.5%，保管费用占 39.5%，管理费用占 14%。物流行业固定资产投资完成 5759.6 亿元，增长 9.5%，高于全省投资增速 2.2 个百分点。青岛、临沂、济南分列全省物流业前三强，分别占全省的 12.1%、11.2% 和 8.7%。综合交通运输体系不断优化，公路通车里程 27.1 万公里，海港年吞吐量 15.2 亿吨；铁路运营里程超过 5000 公里。山东先后有 2 个城市、5 个园区、1 个信息平台、2 个智慧云仓，纳入了全国试点示范行列。全省物流企业达到 22000 多家，其中重点物流企业 836 家。国家 A 级物流企业 312 家，其中 5A 级 34 家，4A 级 147 家，3A 级 116 家，2A 级 15 家。全省冷库超过 2200 座，低温储存能力超过 900 万吨，其中冷藏库 350 万吨，冷冻库 470 万吨。注册资金在 1000 万元以上的冷链物流企业超过 200 家，星级冷链物流企业 13 家，其中 5 星级 2 家，4 星级 4 家，3 星级 5 家，2 星级 1 家。智慧物流快速发展，城市共同配送网络覆盖全省 56% 以上的人口和 60% 以上的经济总量。

二、物流园区发展概况

（一）政策环境营造与成效

近年来，山东省委、省政府将加快物流园区发展作为推动物流业提质降本增效的

重要抓手，制定出台了一系列政策措施促进物流园区的设施加强、功能完善和集约集聚发展。

1. 加强政策规划引导

按照国家促进物流业发展的各项决策部署，结合山东实际，山东省相继出台了《山东省物流业转型升级实施方案（2015—2020 年)》《关于加强物流短板建设促进有效投资和居民消费的实施意见》《关于促进邮政和快递服务业健康发展的实施意见》《关于加快农村物流发展的实施意见》，其中对物流园区的规划布局、功能完善、模式创新、运营管理等给予了多方面政策支持，为物流园区的有序健康发展提供了良好的政策环境。

2. 加快推进重点园区项目建设

印发实施了《山东省现代物流项目三年滚动投资计划（2017—2019 年)》，将全省50 个重点物流园区建设项目纳入储备库，科学规划梯次储备，有效促进了全省物流园区的合理布局和有序发展。积极争取国家和省各类资金 5.8 亿元以支持 31 个功能强、模式新、带动大的重点物流园区建设发展，突出在基础设施完善、信息化标准化水平提升、专业化园区打造等方面予以重点支持。

3. 强化试点示范带动

积极争创国家级示范物流园区，组织开展了申报单位的专家评审，先后两批择优推荐了山东盖家沟国际物流园、临沂经济技术开发区现代物流园、青岛胶州湾国际物流园、山东佳怡物流园、威海国际物流园 5 家成功入选国家级示范物流园区。目前，各示范单位在国家级称号的鼓舞带动下，发展水平不断提升，示范带动作用明显增强，逐步走出了一条符合物流业发展方向的专业化特色园区发展道路。

4. 加大多渠道支持力度

税收方面，认真落实简并增值税税率，增值税税率由四档简并为三档，将税率由13%降为11%。阶段性降低城镇土地使用税税额标准，将城镇土地使用税在 2016—2018 年间税额标准降低 1 元。融资方面，出台了《关于金融支持物流业发展的意见》，提出提高物流企业抵质押物财产险、贷款保证保险等覆盖面，对合作银行发放的物流小微企业贷款损失给予 30% 补偿等具体措施。出台的《关于促进邮政和快递服务业健康发展的实施意见》中对专门快递产业园区给予了明确优惠政策支持。如生产设施项目用地按工业仓储用地政策执行；对利用存量工业和仓储用房兴办快递业的物流园区，可享受在一定年期内不改变用地主体和规划条件的过渡期政策，过渡期满需办理改变用地主体和规划条件手续时，除符合《划拨用地目录》的可保留划拨外，其余可以协议方式办理；列为省重点项目名单的快递业项目，确需新增建设用地的，按重点项目用地指标优先支持。对在农村地区或山东省西部经济隆起带建设公益性、基础性快递基础设施和在快递产业园（含电商和快递产业园）内总投资 500 万元以上的生产设施建设项目，或新建 1 万平方米以上且为 30 家以上山东省电商企业提供快递配送服务的项目，按规定统筹利用服务业和区域发展相关资金给予扶持。

（二）发展趋势与特点

经过多年来政府、企业、协会和社会各界等多方的共同努力，山东省物流园区得到了长足发展，呈现出以下几个特点。

1. 数量规模持续扩大

据统计，目前全省共有专业物流园区近 400 家，现运营园区 339 家，约占 85%，规划在建 60 家，占 15%。其中三级省级物流园区 15 家，二级物流园区 18 家，一级物流园区 8 家，总仓储面积近 900 万平方米。132 家抽样调查园区总投资 2421 亿元，平均投资 18.3 亿元；入驻企业超过 2.2 万家，平均入住企业数超过 160 家。

2. 功能服务日趋完善

随着物流产业需求的不断升级扩大，山东省根据各地实际，规划建设发展了多种类型的物流园区。济南、青岛、临沂等交通枢纽型或物流集聚型城市具备多式联运及大宗货物转运功能的货运枢纽型物流园区加快布局，在本次抽样调查中占比达 8%。毗邻大城市及京津冀、环渤海经济区，可提供仓储配送分拨功能的商贸服务型物流园区发展迅速，占比达 20%。围绕山东石油化工、钢铁、装备制造等工业发展，生产服务型物流园区供应链一体化服务水平不断提升。滨州、济宁、菏泽等市可实现转运、保税等功能的口岸服务型物流园区正在积极申建中。具备仓储、转运、分拨、配送、金融信息、供应链服务等多种功能的综合服务型园区成为发展热点，占比达 67%。

3. 运营模式不断创新

盖家沟国际物流园通过建设"盖世云仓"，着力打造智能化物流服务平台，并开发了农产品电商 App（应用程序）"天天优菜"，在农产品供应链物流服务方面做出了积极探索。青岛胶州湾国际物流园创新物流园区一体化运营模式，依托综合信息、多式联运海关监管中心综合管理、中心站信息系统"三位一体"信息化管理服务平台，探索线上线下、国际国内一体化发展新模式，借助"海陆空铁"四位一体的区位优势打造"互联互通"无缝对接的开放通道，构建"一带一路"双向开放桥头堡。临沂经济技术开发区依托园区内智能制造、生物医药、新能源、新材料等优势产业集群，推动核心业务同物流、采购、配送等辅助业务分离和物流企业与制造业企业间的无缝对接，探索发展了深度制造业供应链一体化服务模式。济南佳怡物流园实施行业需求差异化服务策略，为医药、汽车、电器、新材料等 14 大行业提供一站式、一体化供应链物流服务，实现了社会效益与经济效益的同步提升。威海国际物流园定位"韩国商品分拨中心"，全力打造"中韩跨境贸易电子商务产业园"，积极培育跨境电商综合服务平台，实现了跨境电商直购进口"一单到底"。

4. 信息化标准化水平有效提升

随着物流园区功能的提升与服务需求的扩大,信息化和标准化成为园区发展的重点和方向。从抽样调查的132家物流园区情况看,运营园区全部建设了公共信息平台,可提供信息发布、货物跟踪、支付以及物业管理等多种功能。其中,可提供4项以上信息服务的园区占比超过50%,可提供8项以上信息服务的园区占比超过20%。有36家园区已入住信息平台类企业,占总数的27%;有54家园区已入住电商企业,占总数的41%。同时,山东省研究制定了《山东省物流园区等级划分与认定标准》,评估认定省级物流园区41家。抽样调查中,有50家园区使用了标准化托盘,平均日常在用托盘数超过1万片。有27家园区建设了智能化仓库,总仓储面积超过93万平方米;有8家园区使用了机器人。

三、存在的主要问题

(一) 园区规划的科学性和合理性仍需进一步提高

物流园区的发展涉及多个维度和多方因素,受行政地域和城市规划等影响,园区选址局限较大,类型定位接近、同质化现象不同程度存在,盲目追求数量规模、过大面积规划和配套布局分散等问题不容忽视。园区规划缺少与城市建设、交通布局等总体规划的衔接与统筹,各级规划的一致性和系统性不强。由此直接影响到物流园区的效用发挥和功能完善,使园区发展受到较大制约。

(二) 发展水平仍需进一步提高

从我们抽样调查的情况看,园区功能亟待完善与增强,只能提供仓储、运输、配送、转运等基本功能的园区占9.8%;提供10项以上服务的仅50%左右。运输方式相对单一,仅有一种运输方式的园区占1.5%。园区服务能力不够,信息服务平台仅停留在信息发布等简单服务功能的占比接近四成;提供园区公共信息平台网页级别(PR值)的仅为27家。有4A级以上物流企业入住的园区仅有25家,占比不到20%;仅13家园区入住世界500强企业32家,占比仅一成。

(三) 园区管理体制仍需更加专业化

由于对物流园区概念的模糊和认识上的偏差,个别地方存在园区建设管理大而化之现象,缺乏针对性和有效性。各园区条块分割、自成体系,跨区域、跨部门的物流园区规划管理建设协调机制尚未建立,导致园区基础设施难以互联互通,设施共用、信息共享机制仍未形成,园区运营统计制度尚未建立完善。运营管理人才缺乏成为园区下一步发展的突出短板，调查中反映这一问题的园区达到 47 家，占比 35.6%。

四、发展展望

（一）基础设施更加完善，绿色智慧快速发展

随着经济社会对物流园区发展需求的不断扩大和提升，物流园区在提高服务效率、促进产业结构优化调整、降低流通成本等方面的作用将更加突出。这就要求物流园区的基础设施要更加完善，条码、电子标签等技术和自动化立体仓库、自动分拣配套设备将进一步改造升级，智能化和自动化的功能作业和管理模式将引领园区迈向新的水平和高度。

（二）产业融合不断深入，服务链条延伸扩展

随着一、二、三产业的转型升级和结构优化，物流园区作为流通环节的重要节点和载体被赋予更加丰富和强大的功能，从传统的运输、仓储、配送业务不断升级为原材料采购、订单管理、信息服务、金融服务、仓配一体化等于一体的复合增值功能，推动物流园区加快转型步伐，从而实现从物流服务商到供应链管理提供商、从规模经营向效益经营的重大转变，物流业态也将实现与农业、制造业、流通业、金融业的多业联动和融合发展。

（三）商业模式加快创新，政策环境持续优化

在大数据、云计算、物联网等新一代信息技术的推动下，物流产业智能化、智慧化的步伐不断加快，随之带来的物流环节的高效互联、数据信息的协同共享，以及实体网络与虚拟信息的无缝衔接，使得商流、物流、资金流实现资源的高效配置和深度融合，给物流园区商业模式的发展提供了无限可能。国家近年来出台了一系列支持物流发展的政策措施，在试点示范和降本增效方面给出了多项含金量高、针对性强的举措，随着政策效应的不断显现，物流园区在基础设施、功能完善、管理体制、运营效果等方面将得到大幅提升，布局合理、规模适度、功能齐全、绿色高效的物流园区网络体系将逐步形成。

（作者：张中英　山东省发展和改革委员会经济贸易处处长

刘客　山东省发展和改革委员会经济贸易处副处长

刘晓晔　山东省发展和改革委员会经济贸易处一级主任科员）

河南省物流园区调查报告（2018）

一、前言

根据国家发展改革委有关要求，河南省按照中国物流与采购联合会提供的物流园区调查方式、范围、内容等，在全省范围内开展了为期一个月的物流园区调查工作。

本次调查坚持"全面普查、重点突出、抽样均衡"的原则，除采用网络、电话、访谈、考察、座谈会等传统方法外，还采用电子邮件问卷、政府及协会收集等多样化渠道。同时，增加了网络复核、邮件确认、多渠道对比确认等数据手段。

本次调查的范围：一是限于署名物流园区、物流基地、公路港、物流港、无水港等的单位和企业；二是园区占地规模在 150 亩（约 0.1 平方千米）及以上，并具有法人资格；三是规划、在建、运营的实体单位。

本次调查筛选确认物流园区 113 个，包括河南省示范物流园区 18 个，并按照与示范物流园区所在地市、园区建设情况和园区类型相同或相近的原则筛选出 13 个非示范物流园区进行对比分析。

二、发展基本情况

（一）分布、规模与分类情况

本次调查划分为豫东、豫西、豫南、豫北以及豫中五地区的地级市和省直管县市，即豫东（开封市、商丘市、周口市 3 个地级市以及永城市、兰考县在内的省直管县（市）），豫西（洛阳市、三门峡市 2 个地级市和汝州县 1 个直辖县），豫南（南阳市、驻马店市、信阳市 3 个地级市和邓州市、固始县、新蔡县 3 个河南省直辖县（市）），豫北（安阳、新乡、焦作、濮阳、鹤壁、济源 6 市），豫中（郑州市、平顶山市、许昌市、漯河市 4 个地级市）。

1. 园区分布相对集中，东西部地区有待加强

截至 2018 年 4 月，共有 24 个地级市和直辖县（市）提交调查表，全省共有运营、在建和规划各类物流园区113家。豫东5个地区数量较少，均在5家及以下，共15家；豫西3个地区数量最少且主要集中在洛阳市，共计14家；豫南6个地区共22家；豫北6个地区数量最多，共38家；豫中4个地区共24家，如图1所示。

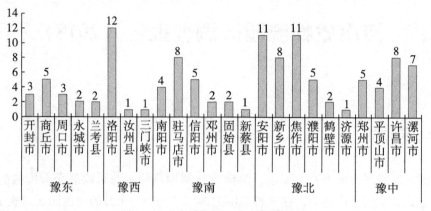

图1 河南省物流园区分布数量统计

调查结果显示，豫北地区物流园区数量最多，占全省总量34%，豫中地区占21%，豫南地区占20%，豫东地区占13%，豫西地区占12%，如图2所示。

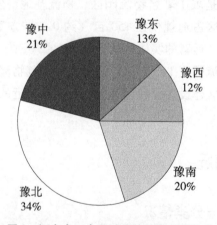

图2 河南省五大区域物流园区数量占比

2. 园区建设步伐加快，投产运营园区逐年增多

截至2018年4月，全省已开业的物流园区共计有77家，最早在2003年开业，截至2009年年底开业的不超过10家，2010年开业数量较2009年大幅度增加，从2012年起每年开业数量均不少于7家，如图3所示。

调查显示，河南省已开业物流园区数量占全省总数的68%，如图4所示。

3. 建设状态差异明显，区域差距逐渐拉开

从各区域物流园区建设状态看，豫东和豫中地区数量"运营大于在建大于规划"，

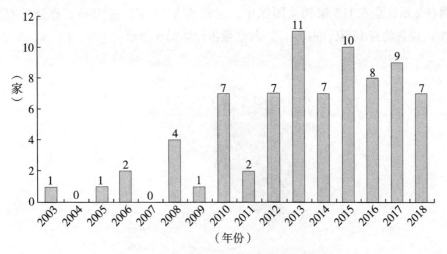

图 3　河南省物流园区开业年份数量统计

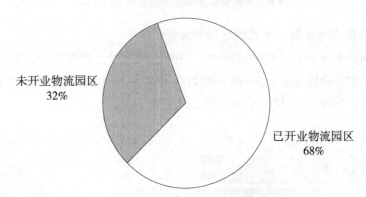

图 4　河南省物流园区营业状态数量占比

豫西、豫南和豫北地区数量"在建大于运营大于规划",其中豫西地区暂无规划中的物流园区,豫北地区在建数量最多,如图 5 所示。

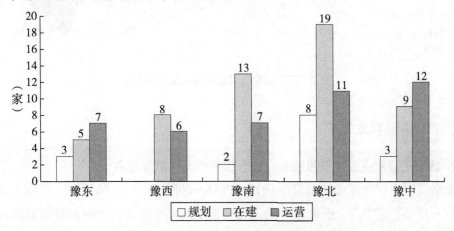

图 5　各区域物流园区建设状态数量对比

调查显示，全省 113 家物流园区中，运营的有 43 家，占 38%；在建的有 54 家，占 48%；规划的有 16 家，占 14%。其数量占比如图 6 所示。

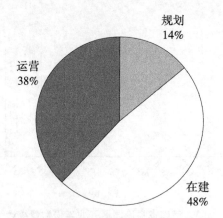

图 6　河南省物流园区总体建设状态占比

4. 公路运输主导发展，多式联运仍需加强

调查显示，全省 113 家物流园区中，78% 的园区以公路为主导运输方式；13% 的园区以铁路为主导运输方式；5% 的园区以内河为主导运输方式；3% 的园区以航空为主导运输方式；1% 的园区以海运为主导运输方式，如图 7 所示。

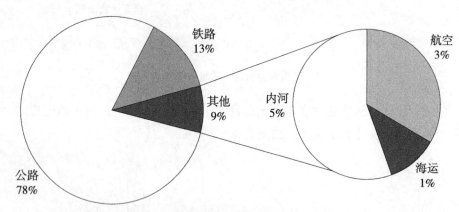

图 7　河南省物流园区主导运输方式占比

（二）建设基本情况

1. 政府主导和企业建设相结合，综合服务性园区数量居多

根据《河南省物流业转型发展规划（2018—2020 年)》总体要求，河南省要着力构建"一中心、多节点、全覆盖"的现代物流空间网络体系，为河南省物流园区发展指明了方向。调查结果显示，目前政府规划、企业主导开发和企业自主开发方式成为

河南省物流园区开发建设的主要方式,占被调查园区的比例分别为49.58%和44.54%,如图8所示。

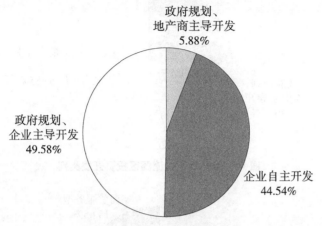

政府规划、地产商主导开发 5.88%

政府规划、企业主导开发 49.58%

企业自主开发 44.54%

图8 河南省物流园区开发类别

在本次的调查范围中,省级示范物流园区数量为18个,占总调查数量的15.9%。在园区开发类别方面,示范园区中政府规划、企业主导开发和企业自主开发的各占半数,如图9所示。非示范物流园区中企业自主开发的为数最多,占53.85%;政府规划、企业主导的占30.77%,与示范园区不同的是,非示范园区有15.38%是由政府规划、地产商主导开发的,如图10所示。以上分析表明,示范物流园区比较注重政府规划和企业合作,而非示范物流园区大部分是由企业自主投资开发,缺少政府的统一规划和管理,无法宏观整合企业资源,从而实现物流园区的规模效益和集聚效应。

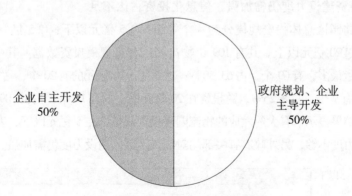

企业自主开发 50%

政府规划、企业主导开发 50%

图9 省示范物流园区投资开发类别

调查结果显示,综合服务型园区占比为65.04%,是占比最多的园区类型;其次商贸服务型、货运枢纽型、生产服务型物流园区分别占比15.45%、11.38%和5.69%;口岸服务型占比最少,为2.44%,如图11所示。

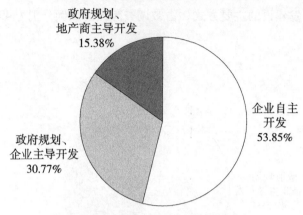

图 10　省非示范物流园区投资开发类别

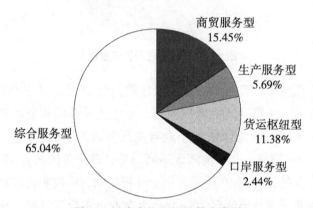

图 11　河南省物流园区基本类型

2. 园区投资建设力度仍需加强，信息化投资占比不足

本次调查将园区总体投资规模分为 4 个等级：①5 亿元以下；②5 亿～10 亿元；③10 亿～20 亿元；④20 亿元以上。共有 109 个物流园区有总规模投资数据。其中，总投资在 5 亿元以下的数量最多，有 69 个，占 63.30%；在 5 亿～10 亿元的有 20 个，占 18.35%；在 10 亿～20 亿元的有 9 个，占 8.26%；总投资在 20 亿元以上的有 11 个，占 10.09%，如图 12 所示。以上调查结果显示，有大约六成的物流园区投资规模都在 5 亿元以下，表明物流园区对投资商的吸引力度不够，另外政府有关部门对物流园区的建设力度仍需加强。

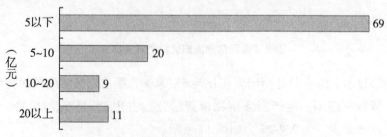

图 12　河南省物流园区总投资规模

随着互联网、物联网和电子商务的快速发展，信息系统已成为物流园区完成业务服务的重要手段，信息化投入成为物流园区的重点投资方向。调查结果显示，河南省物流园区信息化投资额约占投资总额的 11.78%，信息化水平仍相对落后，物流园区在信息化建设方面还有很大的提升空间。

投资规模方面，省级示范园区投资总额为 1656.25 亿元，占总和 72%，但数量上仅占物流园区总数 16%，如图 13 所示。可见示范物流园区吸纳了大部分投资，对河南省物流园区总体发展起到了先导作用。示范园区平均投资规模为 54.15 亿元，其中信息化投资为 18.46 亿元，占比 34.09%，如图 14 所示；非示范园区平均投资规模为 2.71 亿元，其中信息化投资额为 0.28 亿元，占比 10.33%，如图 15 所示。相比之下，非示范园区由于缺少政府干预，对投资主体的吸引力度不够，投资总额与试点园区相差甚远。

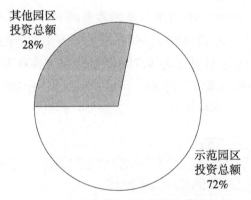

图 13　省示范物流园区投资总额占比

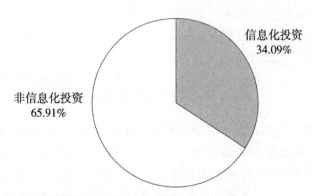

图 14　省示范物流园区信息化投资占比

另外，非示范园区信息化水平相对落后，失去了信息就意味着失去了竞争力，因此非示范园区在信息化建设方面还有很大的提升空间。

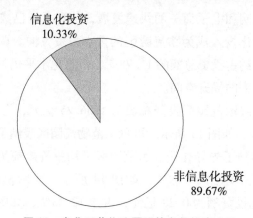

图 15　省非示范物流园区信息化投资占比

3. 园区规模偏小，物流用地需缩减

调查中占地面积在 10 万～20 万平方米的数量最多，有 35 个，占 30.97%；在 10 万平方米以下的有 22 个，占 19.47%；在 20 万～30 万平方米的有 15 个，占 13.27%；在 30 万～50 万平方米的有 11 个，占 9.7%；在 50 万～100 万平方米的有 12 个，占 10.62%；在 100 万～200 万平方米的有 6 个，占 5.31%；在 200 万～500 万平方米的有 7 个，占 6.19%；在 500 万平方米以上的数量最少，有 5 个，占 4.43%，如图 16 所示。

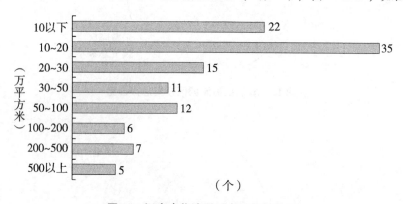

图 16　河南省物流园区占地规模分析

占地规模方面，示范园区平均为 557.65 万平方米，其中物流运营占地面积为 123.76 万平方米，占总面积的 22.19%，如图 17 所示；非示范园区为 26.14 万平方米，其中物流运营为 17.99 万平方米，占总面积的 68.82%，如图 18 所示。通过对比可以看出，非示范园区大多还经营着传统的物流项目，而示范园区已纷纷向现代化物流转型，通过吸引电商及其他信息企业入驻来完善服务。非示范园区应加快传统作业和服务模式的创新和改变，使物流园区实体平台与"互联网＋物流"的网络化平台相结合，向着多元化、网络化的方向发展。

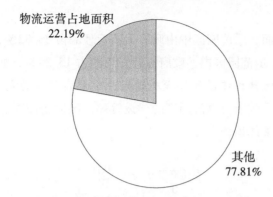

图 17　省示范物流园区物流运营占地面积

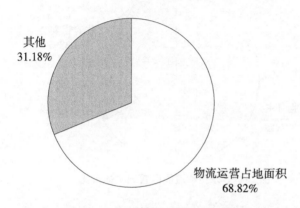

图 18　省非示范物流园区物流运营占地面积

（三）运营基本情况

1. 自主经营方式居多，合作共赢受到重视

问卷调查结果如图 19 所示，物流园区经营管理方式以企业自主经营为主，占比 73%；由政府管理委员会（简称政府管委会）管理的占比为 20%；委托第三方管理的占比仅为 2%。

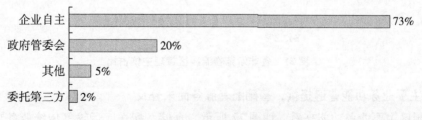

图 19　河南省物流园区运营管理方式

调查发现，土地资源难以获取是制约物流园区发展的重要问题，缺乏运营管理人才、资金周转困难、运营成本较高以及创新驱动不足等问题也在影响物流园区发展

速度。

　　园区运营管理方面，示范园区中由政府运营管理的占 33.33%，其他由企业自主经营，如图 20 所示；非示范园区中，政府运营管理的占 15.38%，如图 21 所示，通过对比可知政府在物流园区建设中的作用至关重要，主要表现在规划、征地、项目审批等环节，相关措施强化了政府对物流园区的建设管理。政府仍需对非示范园区加强干预，促进河南省物流园区整体均衡发展。

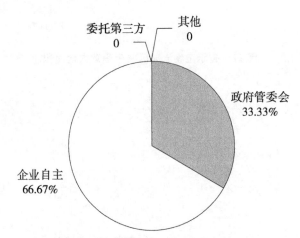

图 20　省示范物流园区管理主体占比

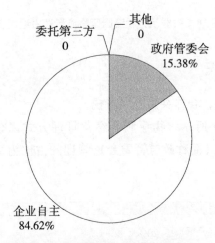

图 21　省非示范物流园区管理主体占比

2. 主要业务功能普遍提供，基础配套服务尚未普及

　　从园区主要业务功能来看，如图 22 所示，仓储、配送、运输等传统业务功能占主导地位，能够提供流通加工、金融物流等业务的占比明显上升，表现出物流园区功能发展的全面化。

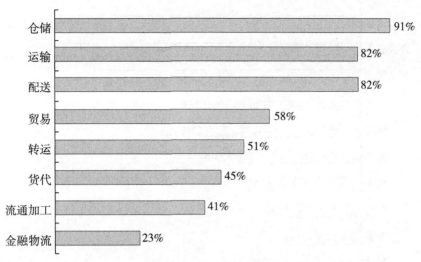

图22 物流园区主要业务功能

如图23所示，随着物流园区发展，有近半数的物流园区开始提供基础配套服务，但此类服务项目还未普及，表现出园区综合实力参差不齐，部分园区需要加大基础服务投资力度。

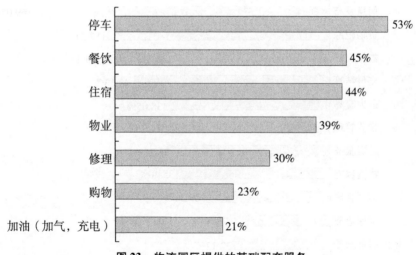

图23 物流园区提供的基础配套服务

在提供基础配套服务的同时，物流园区继续提供商务和政务服务，但是调查结果显示和基础服务结果类似，如图24所示。物流园区提供的主要业务外的服务不是很多，而信息服务只有57%的园区能提供。园区大部分认识到了物流信息化对其工作效率带来的提升与帮助。

3. 信息服务水平偏低，缺少拓展性服务

随着信息化发展加快，物流园区认识到信息化对效率提升的作用，不断加大对

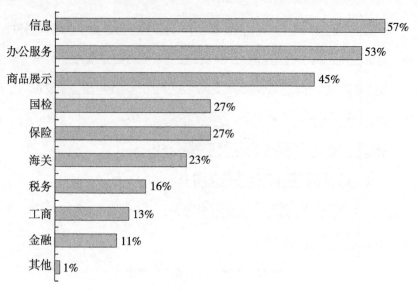

图24　河南省物流园区提供的政务和商务服务

公共信息平台的投资，服务项目逐步齐全。如图25所示，近50%的园区用信息平台来实现信息发布、数据交换、货物跟踪等功能。

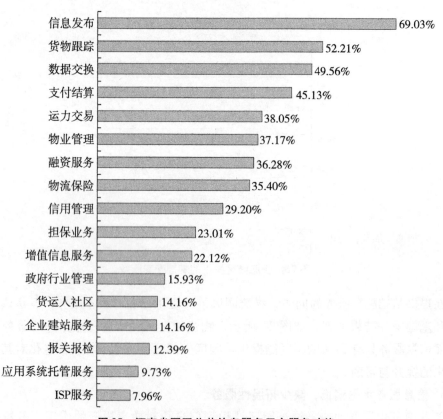

图25　河南省园区公共信息服务平台服务功能

4. 提供传统商品流转服务居多，高新技术产品流转服务较少

多数园区提供邮件快递件物流、农副土特产品物流和食品物流等传统服务。调查显示，河南省物流技术得到进一步发展后，部分园区开展了危化品物流以及药品物流，如图26所示。

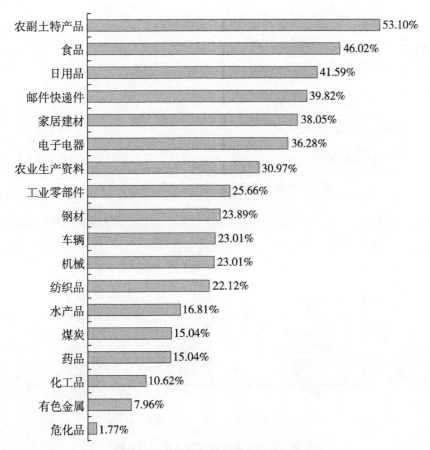

图26 河南省物流园区流转主要商品类别

（四）发展基本特征

1. 辐射范围相对较小，国际业务有待加强

截至2018年4月，在调查的物流园区中，16.79%的园区业务辐射到国际，其中，辐射范围1~5个国家占比较大。开设国内业务的园区较多，其中，覆盖省市范围1~10个的园区居多，占比接近50%。说明园区的业务范围还很局限，特别是国际业务方面，需进一步扩展。河南省物流园区国内业务辐射范围分析如图27所示。本次调查对物流园区货物进出口额进行了统计，调查结果如图28所示。2015—2017年，进出口额逐渐增加，且出口的增长速度比进口的快，说明"一带一路"倡议的推进、中国（河

南）自由贸易试验区的发展、跨境电商的深入、中欧班列（郑州）的运行都为河南省物流园区带来了发展机遇。从图29、图30的18家示范物流园区进出口总额和113家物流

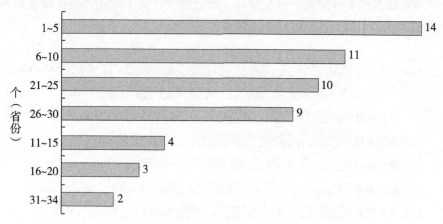

图27 河南省物流园区国内业务辐射范围分析

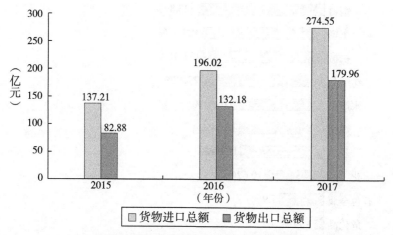

图28 河南省物流园区货物进出口总额

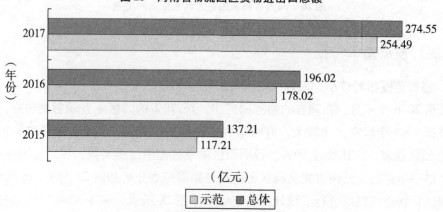

图29 省示范性物流园区与总体货物进口总额

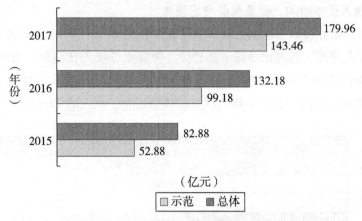

图30　省示范性物流园区与总体货物出口总额

园区的进出口总额对比可以看出，在 2015—2017 年，示范物流园区的货物进出口总额在总体货物进出口总额中占比均较高，特别在 2017 年，示范物流园区货物进口总额为 254.49 亿元，113 家物流园区的进口总额为 274.55 亿元，占比高达 92.7%；在出口方面，示范物流园区货物出口总额为 143.46 亿元，113 家物流园区的出口总额为 179.96 亿元，表明非示范性物流园区的货物进出口贸易有待进一步加强。

2. 入驻企业类别多样，商贸物流企业主导

本次调查将入驻园区内的企业划分为 10 类：①商贸企业；②物流企业；③电商企业；④加工制造企业；⑤公路专线企业；⑥快递企业；⑦信息平台类企业；⑧金融保险类企业；⑨世界 500 强企业；⑩其他。调查结果如图 31 所示，入驻企业中，商贸和物流企业数量较多，其中商贸企业占比超过 40%；电商和加工制造企业数量占比次之。

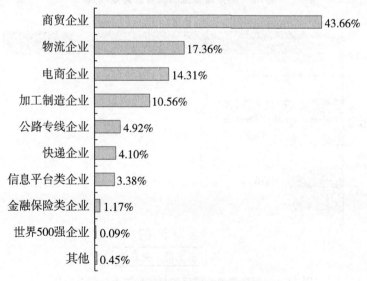

图31　河南省物流园区入驻企业类别

3. 园区收入逐年增加，物流业务增速较快

在园区自身营业收入方面调查结果如图 32 所示。2015—2017 年，商品贸易收入是园区的主要收入来源，但占比呈现下降趋势，物流业务收入在增加。如图 33 所示，示范物流园区和总体在物流收入方面的对比，增长幅度明显落后于总体值，特别是在 2017 年示范物流园区的物流业务收入仅占总体物流业务收入的 26.4%。

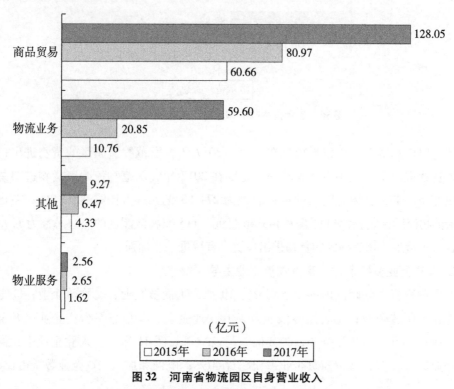

图32　河南省物流园区自身营业收入

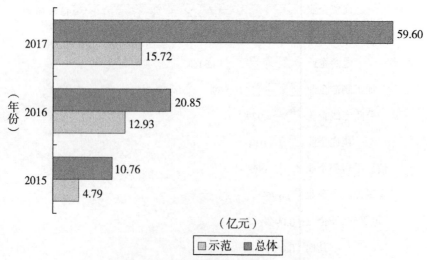

图33　省示范性物流园区和总体物流业务收入对比

在入驻企业营业收入方面调查结果如图34所示。物流业务收入和加工制造收入是物流园区入驻企业的主要收入来源，其中加工制造接近50%，说明园区入驻企业的制造业呈现出快速发展的态势；另外，具有商品贸易收入的入驻企业占比进一步提升，在2017年已经超过物流业务收入，说明商贸的发展速度已经超过了物流业务的发展速度。

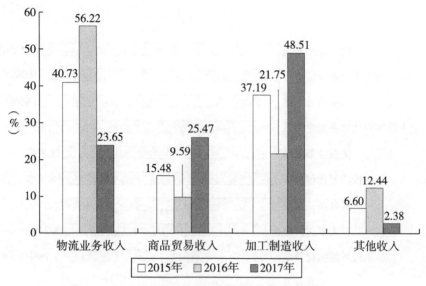

图34　河南省物流园区入驻企业营业收入

4. 园区平稳快速发展，合作与科技并举

本次调查的物流园区作了今后三年发展计划，调查结果如图35所示，113家物流园区中，选择快速发展（年均增长10%以上）的占比接近30%；选择平稳发展的占25%；选择升级改造和高速发展的（年均增长30%以上）占比约20%。

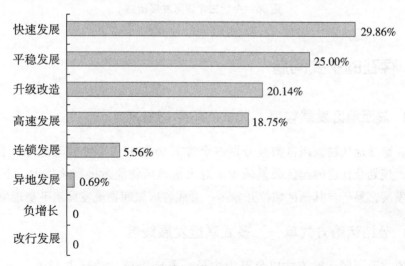

图35　河南省物流园区今后三年园区发展计划

　　各园区根据发展目标，制定了相应的发展措施。调查结果如图36所示，在与各类产业深度融合、与上下游客户建立紧密关系、推广供应链、采用智慧物流技术、拓展业务领域、降低运营成本、加强服务工作、提高服务质量、扩大辐射区域、提高员工素质和互联互通等方面是物流园区未来需要加强的工作，更新设备和集约用地也有所涉及。

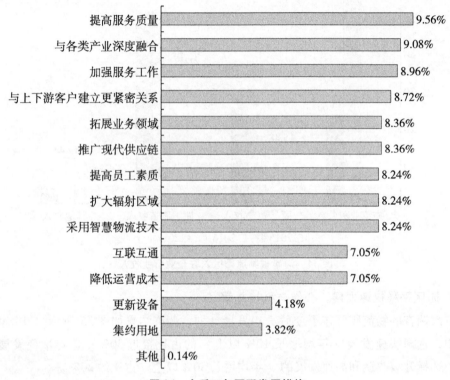

图36　今后三年园区发展措施

三、存在的主要问题

（一）东西地区发展较缓，区域间不平衡显现

　　豫东、豫西地区物流园区数量分别占全省13%和12%，相较其他地区数量较少，发展缓慢，规划及在建的园区数量较少，对未来地区物流发展影响较大，不利于区域物流快速发展，易于与其他区域拉开差距，造成各区域间物流发展不平衡现象。

（二）公路运输方式单一，多式联运发展缓慢

　　河南省物流园区运输方式以公路为主导，占比78%，铁路占13%，内河占5%，

航空占3%，海运占1%。园区运输方式以公路和铁路为主，航空和内河运输方式发展缓慢，自郑州航空港经济综合试验区和中国（河南）自由贸易试验区设立对河南省物流运输发展起到极大推进作用，但其发展还有很大提升空间，目前看来运输方式较为单一，除公路外的运输方式发展较为缓慢。

本次调查对全省各物流园区发展面临的主要问题进行了统计，结果如图37所示。

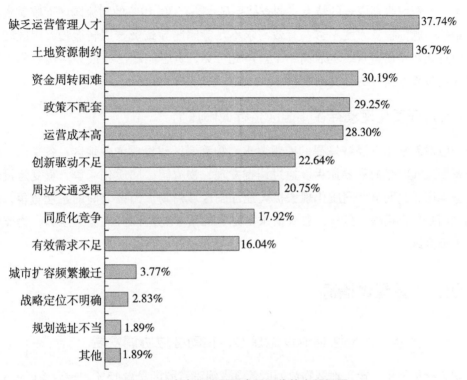

图37　河南省物流园区发展面临的主要问题

（三）运营管理人才需求旺盛，创新能力有待提升

目前，"互联网＋高效物流""物流＋金融""物流＋电商"等新业态、新模式不断涌现，多式联运、甩挂运输、共同配送等先进运输组织方式发展迅速。但是新模式需要新人才来支撑和发展，随着河南省物流业的转型升级，旧的运营管理模式越来越不能适应现代物流的创新发展模式。调查结果显示，有37.74%的园区认为缺乏运营管理人才是园区发展面临的主要问题。

（四）土地资源制约现象存在，交通条件仍需改善

调查发现，征地困难是制约物流园区发展的主要因素之一，特别是城镇化程度高的地区。有36.79%的园区认为土地资源的制约是园区发展的瓶颈。由于河南省农

村地区面积相对较大，交通基础设施不够完善，有 17.92% 的园区认为周边交通受限。

（五）资金周转动力不足，运营成本居高不下

物流园区是一个高投入、长期回报的行业，呈现出前期投资规模大、资金占用周期较长、投资回收期限长的特点。调查结果显示，有 30.19% 的物流园区面临着资金周转困难的问题，投资力度不够、有效需求不足等问题导致资金周转缓慢，园区转型升级和信息化建设使运营成本居高不下。由此可见，资金问题已经成为河南省物流园区建设发展过程中遇到的重要困难之一。

（六）同质化现象存在，园区生存面临压力

为应对新常态下经济发展的宏观要求，物流园区建设成为各地区、各部门、众多企业发展现代物流的重要抓手。通过调查发现，物流园区同质化竞争、重复建设现象在部分地区相当明显。同质化现象极大地加剧区域内物流园区之间的恶性竞争，使部分园区面临生存挑战。另外，有效需求不足也加重了物流园区的竞争压力，物流园区亟待转型升级。

四、主要建议措施

（一）加强东西地区物流设施建设，推动区域协调发展

调查结果显示，豫东地区物流园区数量占河南省园区总量 13%，豫西地区占 12%，较其他地区物流园区数量较少，建议对豫西地区深度调研，在该地区增加 3～5 个物流园区规划并加快在建物流园区的建设进度，加快投入使用以推动豫西物流发展。豫东地区要尽快推进规划园区投入建设，尽快投入使用，促进区域产业经济的形成和发展，逐步缩减省内各区域间物流发展差距，推动河南省各区域协调发展。

本次调查对全省各物流园区发展主要政策诉求进行了统计，结果如图 38 所示。

（二）加大对示范物流园区支持力度和政府资金投入

调查结果显示，在物流园区发展的主要政策诉求中，加大对示范物流园区支持力度和加大政府资金支持力度的诉求占比最高，均有 68% 的物流园区提出此项诉求。建议继续加强全省示范园区、标准化建设，加大示范园区的支持力度，定期进行园区审核评定，对示范园区加大政府资金支持，形成创新优、争模范的示范效应，带动全省园区向好发展。

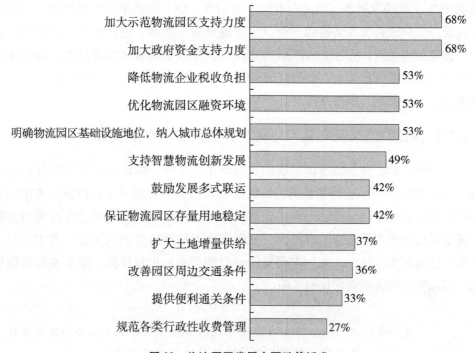

图 38　物流园区发展主要政策诉求

（三）明确物流园区基础设施地位，纳入城市总体规划

调查结果显示，在物流园区发展的主要政策诉求中，对明确物流园区基础设施地位，纳入城市总体规划的诉求达到 53%，建议从区域发展的角度考虑物流园区发展，充分理解物流园区的基础性、战略性与公益性特点，正确处理物流园区和区域经济发展的关系，科学规划物流园区的区域总体布局与战略定位，明确物流园区基础设施地位，使其与城市总体规划相融合，促进园区与城市协调融合发展。

（四）优化物流园区融资环境，降低物流企业税收负担

调查结果显示，在物流园区发展的主要政策诉求中，优化物流园区融资环境和降低物流企业税收负担的诉求均达到 53%，建议完善民营物流企业融资担保制度，发展物流业股权投资基金，积极支持符合条件的民营物流企业上市和发行债券等，在融资环境上给予物流企业更多的优化支持。在降低物流企业税收负担上，统一物流业务各环节增值税税率，允许物流企业集团统一纳税，进一步落实土地使用税减半征收政策，调整和修订不合理税收政策，以实现物流企业税收减负。

（五）支持智慧物流创新发展，鼓励发展多式联运

调查结果显示，在物流园区发展的主要政策诉求中，支持智慧物流创新发展的诉

求达到49%，鼓励发展多式联运诉求的达到42%，建议加快推进智慧物流产业技术与装备发展，升级改造物流装备和产业技术，提升物流效率。创新发展多式联运，以空陆、公铁联运为重点，完善多式联运场站设施，构建多式联运标准体系，建设多式联运信息平台，理顺管理体制，创新监管模式，探索多式联运的"河南方案"，为构建现代物流体系夯实基础、提供支撑。

（六）保证物流园区存量用地稳定，扩大土地增量供给

调查结果显示，在物流园区发展的主要政策诉求中，保证物流园区存量用地稳定的诉求达到42%，扩大土地增量供给的诉求达到37%，建议研究和加强物流用地的立法保护。物流业是基础支撑性产业，合理规划物流用地是保障经济社会发展的基础条件。基于目前物流用地紧张的情况，一方面应重点治理改变土地用途、囤积土地、闲置土地、低买高卖等行为；另一方面要保证物流用地的供地期限，按成本价提供物流用地，保障物流园区规划的长期可用。

（作者：刘宏海　河南省发展和改革委员会服务业发展办公室副主任

李玉民　郑州大学管理科学工程学院副院长

李鹏　河南省物流与采购联合会秘书长）

湖北省物流园区调查报告（2018）

根据《物流业发展中长期规划（2014—2020 年）》《全国物流园区发展规划（2013—2020 年）》和《关于促进全省物流园区规范发展的指导意见》要求，为掌握全省物流园区建设的总体情况和存在的主要问题，为国家有关部门和业内企业提供有关物流园区发展的决策支持服务，湖北省发展改革委对全省重点物流园区展开了调查。

本次调查坚持"全面普查、重点突出、抽样均衡"的原则，力求获取数据的全面性与准确性。

本次调查范围是：①署名为物流园区、物流基地、物流中心、公路港、铁路港、物流港、无水港等的单位或企业；②园区占地面积在 150 亩（约 10 万平方米）及以上，并具有政府部门核发的用地手续；③园区有多家企业入驻，能够提供社会化物流服务。（规划、在建及运营的物流园区均在调查范围）

按照以上调查范围及方法，本次调查筛选核实的物流园区问卷样本数量为 85 个，作为报告的基础数据。

一、湖北省物流园区建设发展情况

（一）园区地区分布不均衡

本次调查的物流园区样本一共 86 家（包括运营、在建和规划的各类物流园区），从地区分布来看，十堰市的物流园区数量最多，有 11 家，武汉市 10 家、黄石市 4 家、襄阳市 8 家、宜昌市 8 家、荆州市 8 家、荆门市 8 家、鄂州市 7 家、孝感市 3 家、黄冈市 2 家、咸宁市 2 家、随州市 1 家、恩施土家族苗族自治州 7 家、仙桃市 4 家、天门市 1 家、潜江市 2 家，如图 1 所示。

（二）在建物流园区占比最高

调查显示，86 家样本中，运营的园区有 38 家，占 44%；在建的园区有 44 家，占 51%；规划的园区有 4 家，占 5%。其中，在建的物流园区占比最高。如图 2 所示。

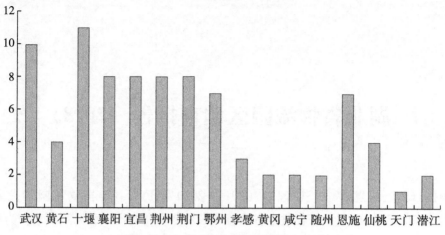

图1 全省各地物流园区分布样本数

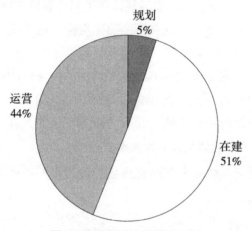

图2 物流园区建设状态占比

（三）综合服务型园区数量居多

按照《全国物流园区发展规划（2013—2020年）》中对物流园区的分类，我们针对物流园区的类型进行了调查。问卷调查结果显示，综合服务型物流园区60家，占比70%，是占比最多的园区类型；其次是商贸服务型12家，占比14%；货运枢纽型12家，占比14%，生产服务型2家，占比2%。如图3所示。

（四）公路运输为主要运输方式

问卷调查结果显示，以公路运输为主的园区有60家，占71%；以铁路运输为主的园区有7家，占8%；以内河运输为主的园区有16家，占19%；以航空运输为主的园区有3家，占2%；调查的样本里没有以海运为主的园区。如图4所示。

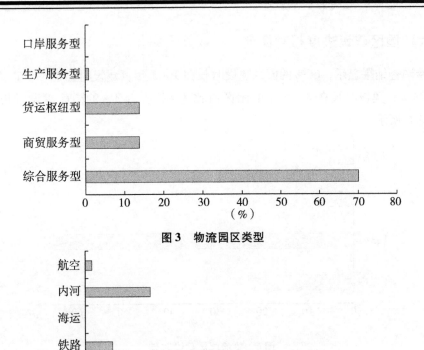

图 3　物流园区类型

图 4　物流园区主导运输方式

（五）企业自主管理，政府规划和企业主导相结合

在 85 家样本中，由企业自主管理的园区有 72 家，占比最高，占 84%；其次是由政府管委会管理的园区有 10 家，占 12%；委托第三方管理的园区有 3 家，占 3%；其他管理方式有 1 家，占 1%。

问卷调查结果显示，目前政府规划、企业主导仍是湖北省物流园区投资开发建设的主要类别，占被调查园区的比例为 54%；其次是企业自主开发建设的园区，占比为 45%；政府规划、地产商主导的园区占比为 1%，如图 5 所示。

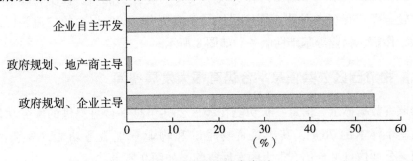

图 5　园区投资开发类别

（六）园区建设进度相对稳定

问卷调查结果显示，66%的园区建设时长在1～3年，建设时长在1年以内的园区占比为23%，建设时长在3～5年的园区占比为8%，有3%的园区建设时长达5～8年，如图6所示。

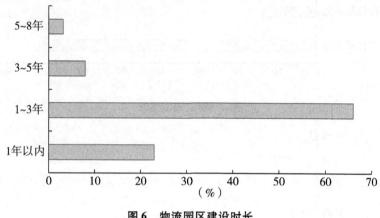

图6 物流园区建设时长

（七）生活资料占主要地位

问卷调查数据显示，物流园区流转商品中农副土特产品、食品、日用品、家居建材、电子电器等生活资料占主要地位。只有不到50%的物流园区流转商品中含有钢材、纺织品，含有色金属和化工品的物流园区仅占29%和27%，含有煤炭的物流园区仅占12%，如图7所示。

（八）传统物流服务仍占主导地位

从园区主要业务功能来看，仓储、运输、配送、转运等传统物流业务功能仍然占主导地位，贸易、信息、流通加工、金融物流等服务功能所占比例相对比较平稳，其中能够提供信息服务的物流园区占59%。

问卷调查结果显示，物流园区在实现了主要的业务功能后，在基础配套服务方面发展也比较全面。有67%的物流园区提供了停车服务，50%以上的物流园区还分别提供了餐饮、住宿、物业等基础性服务。如图8所示。

（九）物流园区公共信息平台仍有很大发展空间

问卷调查数据显示，信息发布功能在园区公共信息平台可提供的服务功能中占比最多，占整个样本的76%，其次是货物跟踪和物业管理服务功能，分别占60%和51%。园区公共信息平台仍有很大的发展空间，如图9所示。

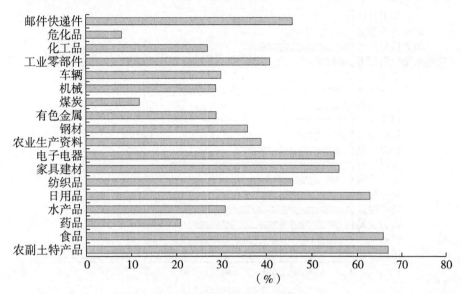

图7 物流园区流转主要商品类别

注：图中百分比是勾选选项的被调查园区占有效调查样本总量的比例，反映被调查园区对该选项的认可程度。

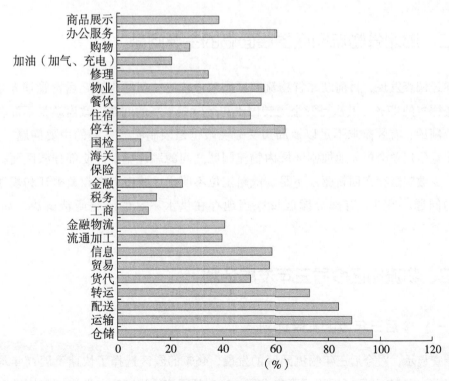

图8 园区主要服务功能

注：图中百分比是勾选选项的被调查园区占有效调查样本总量的比例，反映被调查园区对该选项的认可程度。

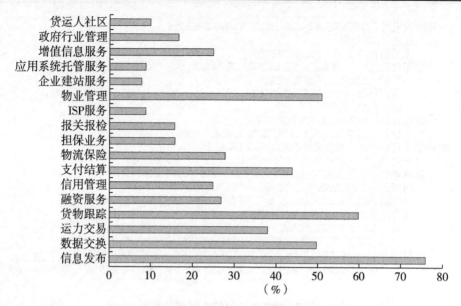

图9 物流园区公共信息平台可提供的服务功能

注：图中百分比是勾选选项的被调查园区占有效调查样本总量的比例，反映被调查园区对该选项的认可程度。

二、湖北省物流园区发展面临的主要问题

通过调查发现，目前湖北省物流园区反映最普遍的问题是缺乏运营管理人才，占被调查样本的47%，其次是资金周转困难和运营成本高的问题。政府政策不配套、土地资源制约、有效需求不足以及周边交通受限也是限制园区发展的主要问题。同时，同质化竞争现象会极大地加剧区域内物流园区之间的恶性竞争，使部分园区面临生存挑战。少数园区存在创新驱动不足、战略定位不明确、城市扩容频繁搬迁和规划选址不当的问题。另外，有部分园区反映当地存在供水不足的问题亟待解决，如图10所示。

三、物流园区今后三年发展计划

（一）今后三年园区发展计划

调查显示，对今后三年物流园区的发展，46%的园区选择了快速发展（年均增长10%以上），33%的园区选择了平稳发展，21%的园区选择了高速发展（年均增长30%以上），还有18%的园区在快速发展的同时会对园区进行升级改造，7%的园区会进行连锁复制。没有园区选择负增长、异地搬迁和改行歇业。

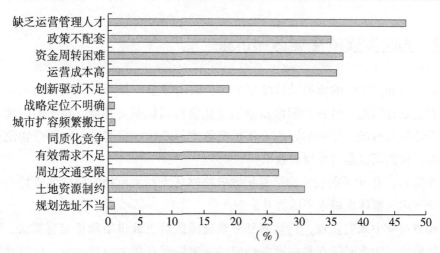

图 10 物流园区发展面临的主要问题

注：图中百分比是勾选选项的被调查园区占有效调查样本总量的比例，反映被调查园区对该选项的认可程度。

（二）今后三年园区发展措施

调查结果显示，提高服务质量、降低运营成本、与各类产业深度融合、与上下游客户建立更紧密的关系、拓展业务领域等措施仍是物流园区未来需要重点加强的工作，如图 11 所示。在人才培养方面，提高员工素质也是未来物流园区需要加强的工作。同时，越来越多的园区意识到发展现代供应链和智慧物流的重要性，有 75% 的园区今后考虑推广现代供应链，71% 的园区将来会采用智慧物流技术来推动园区发展。

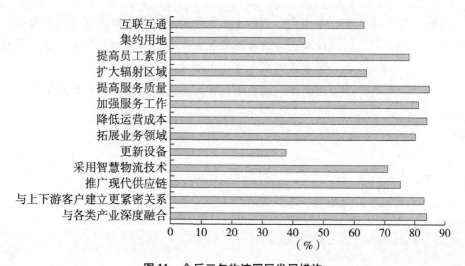

图 11 今后三年物流园区发展措施

注：图中百分比是勾选选项的被调查园区占有效调查样本总量的比例，反映被调查园区对该选项的认可程度。

四、园区发展的主要政策诉求

在资金方面，82%的物流园区希望能加大政府资金支持力度，改善物流园区存在的一系列基础性问题，61%的园区希望能优化物流园区融资环境，76%的园区希望降低物流企业税收负担，35%的园区希望规范各类行政性收费管理，在降低物流企业成本的同时，提高园区运营发展的效率。

调查显示，有80%的物流园区希望政府能够加大对示范物流园区的支持力度，带动全省物流园区整体发展水平的提升。

在调查过程中我们发现，仍然有部分物流园区对土地供给和稳定有需求。37%的园区希望能保证物流园区存量用地的稳定，落实好现有相关用地政策，保障物流园区基础设施建设用地；40%的园区希望扩大土地增量供给。

物流园区由于有一定的集中性和规模性，运营过程中还需要有时效性，因此对基础设施和交通环境的要求相对比较高，有44%的全区希望明确园区基础设施地位，将园区基础设施建设纳入城市总体规划中；鼓励发展多式联运的园区占57%，希望改善园区周边交通条件的园区占60%，有27%的园区希望能提供便利的通关条件。

有60%的园区支持智慧物流创新发展，将智能大数据与物流产业深度融合，降低全产业链成本，提高物流供给质量，为物流行业释放发展所需的新动能。另外，有部分园区提出了对物流管理型人才的需求。

（作者：刘伟平　湖北省发展和改革委员会财金贸易处副处长

杨文亮　湖北省发展和改革委员会财金贸易处主任科员

章学军　湖北省现代物流发展促进会会长

周旷祺　湖北省现代物流发展促进会主任助理）

广东省物流园区发展报告（2018）

2017 年，广东省经济保持中高速增长，全省 GDP 达到 8.98 亿元，总量继续居全国第一。物流业是广东省经济发展的重要支撑，产业规模在全国领先，降本增效成效明显，物流园区已经成为支撑我省物流发展的重要载体。全省社会物流总额达 22.6 万亿元，占全国 8.9%；社会物流费用与 GDP 的比率为 14.5%，比全国平均水平低 0.1 个百分点。

一、基本情况

根据物流园区调查收集的情况，纳入调查范围的物流园区共有 64 家，总占地面积约 3000 万平方米，其中珠三角地区 47 家，粤东西北地区 17 家。园区建设状态方面，正在运营的 38 家，占地面积约 1300 万平方米；在建 19 家，占地面积约 1000 万平方米；规划建设的 7 家，占地面积约 700 万平方米。园区类型方面，综合服务型 35 家，货运枢纽型 17 家，商贸服务型 6 家，口岸服务型 4 家，生产服务型 2 家。广东省物流园区呈现出以下四个特点。

（一）发展集约化

按照"政府搭台、企业唱戏"的原则，政府负责统一规划并指导协调物流园区建设，企业为投资开发主体，采用市场化方式进行运营，推动了一大批物流企业入园集聚发展，逐步形成了广州白云机场综合保税区、状元谷电子商务产业园、菜鸟网络中国智能骨干网广州增城园区、惠州金泽国际物流园、东莞保税物流中心、中山华南现代中医药城等一批大型物流园区。如惠州金泽国际物流园引进了包括世界 500 强和国内物流 100 强在内的 250 多家物流公司进场营业，实现全园区营业收入 23 亿元，提供就业岗位 3000 多个，线路遍及全国乃至世界各地。

（二）运作平台化

物流园区整合物流、商流、信息流、资金流，通过大数据、移动互联网技术应用，推动线上线下融合发展，提供多样化的智能产品和服务，创新物流服务模式。例如广东林安物流园打造"网上＋网下"物流信息交易平台，通过先进的信息处理技术，将当地特色产业信息与一、二、三方物流企业及相关企业需求整合起来，打造厂家、商家直接面向物流供应商的网络物流集中采购渠道、物流供应商面向厂家和商家的网络营销渠道、物流供应商之间的同行网络共赢合作渠道，提供供应链一体化服务方案。

（三）操作智能化

积极推广物联网、北斗导航、云计算等技术系统的应用和普及，加速物流业与现代信息技术及网络技术的结合。开展物流核心技术装备研发，对物流技术装备进行引进创新、集成创新和原始创新，推动关键技术装备产业化。例如，广百骏盈现代物流园区作为广东省第二批省战略性新兴产业发展专项资金支持项目，利用 RFID（射频识别）芯片、终端以及信息化系统在物流园区形成一个物联网示范应用，把物流园区的任何人和任何物品与互联网连接起来，进行信息交换和通信，以实现物流园区在任何时间、任何地点对任何人、仓储物品信息或者环境信息的掌控，为工商企业、电子商务企业等提供综合物流服务。

（四）市场国际化

广东省作为外贸大省，国际物流市场规模不断扩大，跨境物流需求不断提升。通过加快建设国际物流中心、保税物流中心、保税仓、中转站、集装箱集散中心等国际物流网点，完善保税、口岸、物流金融、国际贸易、展示等功能，逐步建立全球物流供应链和境外物流服务体系，完善跨境物流网络布局，助推国际贸易和跨境电商发展。如广东南方物流集团有限公司立足状元谷电子商务产业园区，以园区内亚马逊、京东、苏宁易购等电子商务企业为服务对象，整合第三方物流与快递物流企业，为跨境电商企业提供通关、分拣、仓储、配货、包装及配送一体化服务，构建起辐射面较广的跨境物流配送网络体系。2017 年广东省跨境电商进出口 442 亿元，增长 93.9%，占全国 49%，稳居全国首位，物流国际化水平持续提升。

二、主要措施

（一）加强规划引导

广东省先后出台了《推进珠江三角洲地区物流一体化行动计划（2014—2020 年)》《广东省重点培育示范物流园区遴选办法》《广东省现代物流业发展规划（2016—2020 年)》以及《广东省物流业降本增效专项行动实施方案（2017—2018 年)》等文件，均明确提出支持物流园区建设，促进物流集聚区与交通枢纽、产业基地、城市商圈融合发展，系统性、前瞻性地引导推动物流园区加快发展。

（二）积极开展典型示范

围绕国家重点支持的示范物流园区类型，加强对物流园区指导培育，支持一批规模大、带动力强的园区申报建设国家示范物流园区。积极推进林安物流园、南方物流集团物流园区等国家级示范物流园区建设，结合城市总体规划、土地利用总体规划加强对示范物流园区的规划指导和支持，积极保障物流业用地供应，对示范物流园区新增建设用地，优先列入建设用地供应计划。通过试点示范，形成和积累好经验、好做法并积极推广，以点带面提升广东省物流园区建设、管理和服务水平。

（三）创新金融支持方式

充分利用国家和省专项建设基金，组织召开全省重大物流项目推介会，推动银企对接，加强信息交流互动，支持保利电商港、中德现代物流园、澄海国际玩具商贸物流城、阳江高新区港口物流园、北部湾农产品流通综合示范园区等项目获得专项建设基金支持。鼓励有条件企业开展融资租赁、供应链金融等物流金融业务，推动一批物流园区做大做强。

（四）加强重大项目建设

按照"建设一批，储备一批，谋划一批"的工作思路，扎实推进现代物流重大工程项目库建设，做好重大物流园区项目储备，为拉动投资提供持续动力。每年从重大工程项目库中筛选一批条件较成熟的项目列入省年度重点项目计划，从土地、资金等方面给予支持，引导物流园区高质量发展。

三、存在问题

（一）物流园区用地保障不足

地方在制定城乡土地利用规划时，忽视了物流发展的实际需求，没有合理确定城市物流用地规模，导致了各地物流园区土地指标紧张。同时，城市周边的物流园区还面临着因城市扩容需要搬迁的困境，尤其是广州、深圳等城市物流用地难问题突出。

（二）物流园区"同质化"现象较严重

部分物流园区缺乏科学规划和全局性统筹论证，功能定位不明确，导致区域物流园区之间的恶性竞争，影响园区的长期可持续发展。

（三）物流园区之间协作有待加强

部分物流园区及物流企业存在信息化程度不高、局域网建设不规范、信息技术标准不统一等问题，信息平台相互独立，形成信息孤岛，导致不能充分利用各园区的货车运载能力，提高了货运成本。

（四）物流园区布局不太合理

全省物流发展区域不平衡，大部分物流基础设施集中在珠三角地区，导致物流园区主要集中在广州市、惠州市、中山市、东莞市等运输网络发达的珠三角城市。

（五）物流园区综合服务能力有待提升

部分物流园区运营机构管理体制落后，人才短缺问题比较突出，只侧重于收取租金、管理费用，在基础设施、金融、信息等方面缺乏配套服务，不能为入驻园区企业提供完备的支持性增值服务，影响园区服务质量。

四、下一步工作思路

（一）加快推进物流业降本增效

贯彻实施国家物流业降本增效专项行动方案，深化"放管服"改革，激发物流运营主体活力，进一步降低物流成本。加强部门间工作联系和统筹协调，加强物流园区规划引导，加大园区用地保障力度，推动园区差异化、专业化发展，实现物流园区健康可持续发展。

（二）加强物流园区基础设施建设

积极对接国家级物流枢纽布局规划，在广州市、深圳市等地布局建设国家级物流枢纽。积极推进国家示范物流园区、国家智能化仓储物流示范基地建设，推广复制成熟的经验和做法。推动航空物流枢纽、铁路物流基地以及多式联运系统建设，促进航空物流、铁路物流发展。

（三）促进物流园区转型升级

积极推进物流园区的模式创新、体制创新、技术创新和政策创新。推动物流园区结合产业优势，与制造、商贸、金融、交通等多业融合发展，提升园区一体化智慧供应链管理服务能力。以国家骨干物流信息平台试点建设为契机，鼓励物流园区之间物流信息平台相互协作，共享信息数据。

（四）积极支持骨干物流园区发展

建立重大物流园区项目储备库，汇总梳理一批投资规模大、影响较强的物流园区项目，做好跟踪服务工作。积极争取国家支持，加强与银行等金融机构对接，支持物流园区尤其是骨干物流园区拓宽融资渠道。鼓励物流园区不断更新现代物流技术，开展信息化改造，提升园区管理和服务水平。

（广东省发展和改革委员会服务业发展处）

重庆市物流园区发展报告（2018）

一、重庆市现代物流业发展综述

（一）物流业总体规模稳步增长

2017 年，物流业增加值达到 1280 亿元，同比增长 11%，占 GDP 比重达到 6.6%。社会物流总费用占 GDP 比重为 15.9%，比 2016 年降低 0.2 个百分点。完成货运量 11.5 亿吨，同比增长 6.9%。货物周转量 3370.8 亿吨公里，同比增长 13.6%。港口集装箱吞吐量 128.9 万标准箱，同比增长 11.8%。国际物流加快发展，水运外贸集装箱 61.3 万标准箱，同比增长 14.2%；国际航空货邮吞吐量 13.3 万吨，同比增长 10.7%。

（二）物流通道网络不断丰富

已形成"一枢纽九干线"铁路网，运营里程 2371 公里，在建铁路里程 850 公里，形成 11 个对外通道。已形成"三环十二射多连线"高速公路网，高速公路通车里程 3023 公里，省际出口增至 19 个，路网密度继续保持西部前列。水路"一干两支"通江达海航道体系基本建成，果园、珞璜、龙头、新田四大多式联运枢纽港已初步形成。空中通道基本覆盖全国和全球主要经济体，航线总数 286 条，通航城市 179 个，全货机航线 17 条。其中国际（地区）全货机航线 14 条，通航城市 13 个，每周执行航班 24 班。长江"五定"快班轮、"渝新欧""渝桂新""渝满俄""渝深""渝甬"班列以及东盟国际公路班车提供了多层次国际物流通道服务。

（三）物流园区平台体系加速形成

已形成"3 + 12 + N"物流园区体系。2017 年，"3 + 12"物流园区完成投资 293 亿元，累计完成投资 1719 亿元；新建成仓储建筑面积 122 万平方米，累计建成仓储建筑面积 787 万平方米；入驻园区企业达到 2589 家，营业收入 722 亿元。其中，西部现代物流产业园、航空物流园、果园港物流园、南彭贸易物流基地，口岸（保税）、现代物流、多式联运等多重功能正在逐步叠加，对外开放平台作用和物流园区大宗物资集疏中转作用显现。

（四）物流业市场主体更加活跃

物流市场主体 11.2 万户。其中，企业经营户 1.5 万户（规模以上 989 家）。2017年，规模以上物流企业营业收入 1097 亿元，同比增长 19.5%；营业利润 76 亿元，同比增长 9.9%。A 级物流企业 46 家；其中，5A 级 5 家，4A 级 8 家，3A 级 25 家。重庆长安民生物流股份有限公司、重庆港务物流集团有限公司成为 2017 年全国百强物流企业。马士基航运、美国联邦快递、中远、中外运、澳大利亚嘉民、新加坡普洛斯、美国安博等国内外知名物流企业入驻。"渝新欧""渝桂新"等一批公司应势而立，对重庆融入国家"一带一路"倡议和长江经济带发展战略提供了强有力的支撑。

二、重庆市物流园区发展概况

按照差异化、分级次、有特色的原则，立足交通、产业、城市、物流"四位一体"，全市规划形成"两环五带"物流空间布局，着力构建以枢纽型物流园区为核心、节点型物流园区为辅助、配送型物流园区为补充的"3 + 12 + N"市域物流园区网络体系，推动重点物流企业和项目向园区集中，物流要素加快向园区集聚。尤其是 3 个枢纽型物流园区，有效整合铁、水、空 3 大交通枢纽，3 大保税区、3 大一类口岸，形成"三个三合一"格局，有效降低了物流成本，提高了物流效率。目前，全市规划建设物流园区 19 个，其中"3 + 12"物流园区规划面积 182 平方千米，总投资 5200 余亿元。2017 年完成投资 293 亿元，累计完成投资 1719 亿元；新建成仓储建筑面积 122 万平方米，累计建成仓储建筑面积 787 万平方米。入驻园区企业达到 2589 家，2017 年营业收入 722 亿元，缴纳税费 32 亿元，同比增长 17.2%。

（一）典型案例一：重庆西部现代物流园

重庆西部现代物流园规划面积 35.5 平方千米，是依托团结村铁路集装箱中心站和兴隆场特大型铁路编组站设立的内陆保税物流园区，是"渝新欧""渝桂新"国际贸易大通道起始站、重庆铁路口岸所在地，是重庆自贸区重要组成部分，是国家发展改革委批复重庆设立的"三基地四港区"物流总体规划中的铁路物流基地、国家服务标准化试点园区和首批市级重点物流园区。荣获首批"全国示范物流园区"称号。园区区位和交通优势明显，物流资源丰富。汇集了"渝新欧"国际贸易大通道、中新互联互通南向铁海联运通道、"渝满俄"国际贸易大通道 3 大国际铁路物流通道；拥有团结村铁路集装箱中心站、兴隆场铁路编组站等重大交通基础设施；汇集重庆自贸试验区、中新（重庆）战略性互联互通示范项目、国检综合实验区三大平台；具备重庆铁路口岸、重庆整车口岸、重庆铁路保税物流中心（B型）三大功能。园区重点从以下几个方面进行探索和实践。

1. 推进国际通道建设，构建国际铁路多式联运枢纽

服务保障中欧（重庆）班列常态开行。相继开行对哈萨克斯坦、德国的国际铁路行邮快运试验班列；2017年5月实现中欧班列首批肉类进口测试运输，11月实现中欧班列首次药品规模化进口。积极培育壮大"渝桂新"铁海联运通道。在中新（重庆）战略性互联互通示范项目框架下，与广西北部湾集团、中外运、民生物流等大型物流企业合作，成功开通重庆—钦州港的"渝黔桂新"南向通道铁海联运班列，现已实现每周3班双向稳定对开。积极构建"渝满俄"通道。2017年7月成功开通从重庆铁路口岸出发，经内蒙古满洲里口岸、俄罗斯，连接中东欧的"渝满俄"铁路运输通道。筹划中亚国际物流通道。积极参与泛亚铁路通道研究工作，与新疆乌鲁木齐铁路口岸开展战略合作，深化在沿边关键节点合作层级，发挥铁路陆上大通道的辐射作用，增强物流贸易带动能力。

2. 加快完善口岸功能，优化口岸服务能力和关检环境

依托铁路口岸的发展平台，打造一体布局、高效便捷、服务优质的开放口岸。多元化贸易口岸初步形成，终极汽车、力帆进出口等平行进口车企业相继入园，成功构建起整车进口、展示展销、维修保养等功能齐备的进口整车全产业链，2017年全年整车进口达到3288辆，累计进口整车6000辆，内陆第一整车进口口岸地位进一步巩固；植物种苗、肉类、水果等指定口岸建设有序推进。口岸服务能力进一步提升，海关H986光机顺利通过验收并投用，大幅提升了海关通关查验效率，B保一期A地块建成投用，包含保税冻库的B地块稳步推进，预计2018年7月建成投用，口岸配套服务能力显著提升。口岸关检环境进一步优化，内陆首个国检综合实验区成功落户，同广西钦州港、新疆阿拉山口、内蒙古满洲里等沿海沿边口岸的关检协作进一步深化，扎实开展国际贸易"单一窗口"建设试点，打造高效、便利的通关通检环境。

3. 布局完善物流产业，做大做强国际贸易产业

物流基础设施不断完善。经过十年发展，完成基础设施投资279亿元，累计开发面积14平方千米，口岸贸易服务大厦等一大批配套设施建成投用，产业发展新城形态初现。物流产业规模显现。引入新加坡丰树、意大利维龙、美国安博等200余家国内外物流企业，建成仓储面积达104万平方米，红星美凯龙、永辉等企业的西南分拨中心相继落户，初步形成物流仓储、集散分拨、区域配送等物流产业集群。国际贸易逐步壮大。引入力帆进出口公司、农产品国际贸易公司、重庆舜嘉等规上企业5家。与云南后谷咖啡合作开展咖啡出口贸易，首批出口货值达3700万美元，大宗商品贸易取得突破。引进美国银洲泰富等4家肉类进口贸易企业入驻，冷链产业初显成效。2017

年，园区实现进出口贸易额 10.2 亿美元，同比增长 292%。

4. 围绕自贸区建设，探索金融服务规则

聚焦多元金融形态，开展定制化、一站式、组合式的金融服务，构建纳入中小企业和跨境企业的金融平台。与海外资本合作，拓宽产业融资渠道，共建股权基金，为园区及入园企业提供海外上市、发债、海外直贷等融资平台。针对园内和全市的物流企业，打造无边界的物流服务产业集群线上交易平台。积极引进自贸区银行，帮助企业开展国际贸易和跨境支付服务，实现外商投资和监管便利化。

（二）典型案例二：秀山（武陵）现代物流园区

秀山（武陵）现代物流园区总规划面积 6 平方千米，其中一期 3.5 平方千米，布局"8 区 1 园"。目前，已建成专业市场区、铁路物流区、城市配送区、仓储区、总部经济区和化工品园区，建成区面积 2.8 平方千米。园区重点从以下几个方面进行探索和实践。

1. 坚持规划先行，发展蓝图率先绘就

立足区位优势，把提振商贸物流产业作为转方式、调结构的突破口，精心编制园区 6 平方千米发展规划，按照"8 区 1 园"布局，建设集交易、配送、仓储、加工、会展等功能为一体的综合性物流园区。提出到 2020 年，实现年货运量 3500 万吨、市场交易额 500 亿元，建成武陵山区商贸物流中心。

2. 提高平台承载力，项目建设快速推进

从建园之初，区位偏僻闭塞的城郊结合部，到后来繁忙兴旺的城东新区，园区始终按照"一城三园"战略部署推进开发建设。2010 年以来，引进 24 家开发企业投资 98 亿元建设项目 23 个。目前，园区完成投资约 80 亿元，建成 10 个专业市场，打通主次干道 11 千米，渝怀铁路 300 万吨战略装卸点、集装箱站、化工品专线和仓储配送中心、货运调度中心等设施，形成商贸物流中心基础框架。

3. 扩大市场辐射力，发展空间不断拓展

按照"政府规划、市场导向、企业运作"原则，建材、家居、钢材、五金机电、3C（中国强制性产品认证）等 10 个专业市场建成运营，入驻商家 3300 余户，市场辐射至武陵山片区。引进物流、商贸、电商和咨询服务等企业 337 家。大力发展农村电商，建成"重庆领先、西部一流、全国知名"的电商产业园、348 个各类电商村级服务网点，形成覆盖县域的农村电商体系。组建武陵山网商协会、武陵山物流协会。"村头"平台加快走出去步伐，已发展加盟县域 138 个。

4. 产业汇集配套服务，综合实力稳步提升

坚持商旅文创融合发展，建成中国微电影城、花灯美食街，打造文化创意产业基地。加快建设发展凤凰山花灯民俗风景区，成为全县旅游的窗口和游客接待中心，提供定制化的商旅娱乐购服务。同时，积极发展金融、信息、加工、会展等产业，打造多功能综合性物流园区。目前，以批发贸易、现代物流、农村电商、文化创意等为主的产业链条率先实现整合，加速集聚。

5. 增强发展凝聚力，体制机制日益健全

开发模式上，实行政府引导和市场主导双轨运行，园区自我造血能力强，建起了"借、用、还"一体的投资开发体制，资金实现内部自平衡。运行管理上，建立园区建设联席会议制度，行政管理与企业运营双管齐下。服务环境上，建立县"四大家"领导联系重点项目制度，组建行政审批物流园区分中心。征地拆迁上，抽调精干力量组建工作组，保障项目用地。发展要素向园区集中，成为武陵山区的服务高地、环境佳地、创业福地。

三、推进物流园区发展的经验做法

（一）加强对物流园区工作的组织领导

市领导高度重视，不断加强推进物流园区工作力度。一是成立了以分管市领导为组长的物流建设协调领导小组。定期召开推进会，协调重点物流园区规划建设中存在的难题，推动各类要素资源向重点物流园区集聚。二是市发展改革一直致力于物流园区的规划和建设推动工作，将物流园区建设工程作为"十二五"和"十三五"物流工作重点。

（二）积极向国家汇报和争取各类支持

市政府明确"三基地四港区"规划以后，积极争取向国家发展改革委汇报，国家发展改革委1422号文件批复的我市"三基地四港区"物流枢纽布局规划，从国家层面予以明确。在获取国家资金支持等方面给予倾斜。积极争取西部现代物流园、秀山（武陵山）现代物流园申报国家示范物流园区。

（三）积极营造物流园区发展政策环境

自2009年市政府印发规划以来，市发展改革委积极协调市政府出台相关支持政策。主要支持政策有《重庆市人民政府办公厅关于加快建设重庆西部现代物流产业基地的意见》（渝办〔2007〕77号），《重庆市人民政府关于促进物流业健康发展的通知》（渝府发〔2012〕112号）；《重庆市人民政府办公厅关于加快建设重庆南彭贸易物流基地的意见》（渝府办〔2013〕15号）等。以上文件分别从用地保障、重点现代物流项目免收城市建设配套费、设立市级物流业发展专项资金、相关税费减免等方面给予了相关优惠政策，上述政策在实际操作中都对重点物流园区内的项目进行了倾斜。

（四）"市管区建"设立专门的开发运营机构

从目前运营状态相对较好的物流园区来看，在区级层面设立了管委会或园区管理公司等独立办事机构的园区发展情况效果显著。从园区规划、功能定位、土地开发、融资平台、基础设施建设、招商引资、市场运作等各个阶段予以跟进，充分发挥区级积极性，市区共同推进。例如西部现代物流园、南彭贸易物流基地、白市驿涉农物流园区等都是先成立管委会推进相关前期工作，在园区进入运营后，就以园区建设管理公司为主，市场化运作。

（五）不断完善规划、优化升级物流布局体系

2013 年编制了《重庆市物流园区发展规划》，对全市物流园区进行了全面摸底调查，分析园区发展现状、存在的问题及根本原因、并对园区发展进行了评价提出了相应的规划调整建议。2015 年，按照市规委会统一安排，组织编制了《重庆市市域物流布局规划（2016—2020 年)》，重点对物流枢纽、物流园区、仓储运输、物流平台等基础设施进行规划控制和功能功能。明确了"十三五"时期，重庆立足交通、产业、城市、物流"四位一体"，规划形成"两环五带"物流空间布局，着力构建以枢纽型物流园区为核心、节点型物流园区为辅助、配送型物流园区为补充的"3 + 12 + N"市域物流园区网络体系。

四、下一步工作重点

（一）加强规范管理

协调推动尚未建立统一运营管理机构的物流园区完善管理机构。对仍以管委会等政府机构运营的园区鼓励进行市场化经营方式或企业管理制度，加强政府服务、商务服务等方面服务能力，为入驻企业提供完善服务。加强区县相关部门对物流园区的规范和管理能力，规划本地区物流园区布局，控制园区数量和规模，防止盲目建设或以物流园区名义圈占土地。加强和加快现有物流设施的整合和清理，因地制宜合理新建物流园区，做到既符合城市和产业发展实际，满足物流发展需求，又防止出现重复建设。

（二）完善配套设施

大力推进园区铁水联运、公铁联运、公水联运、空地联运等多式联运设施建设，注重引入铁路专用线，完善物流园区周边公路、铁路通道。提高仓储、中转设施建设水平，改造装卸搬运、调度指挥等配套设备。按照国家相关要求，统一铁路、公路、水运、民航各种运输方式一体化运输相关基础设施和运输装备的标准。推广甩挂运输方式、集装技术和托盘化单元装载技术。推广使用自动识别、电子数据交换、可视化、货物跟踪、智能交通、物联网等先进技术的物流设施和装备。

（三）推动物流园区信息化建设

加强物流园区信息基础设施建设，整合物流园区现有信息资源，提升物流园区信息服务能力。研究制定统一的物流信息平台接口规范，建立物流园区的信息采集、交换和共享机制，促进入驻企业、园区管理和服务机构、相关政府部门之间信息互联互通和有序交换，创新园区管理和服务。

（四）完善物流园区服务功能

结合货运枢纽、生产服务、商贸服务、口岸服务和综合服务等不同类型物流园区特点，有针对性地提升服务功能，为入驻企业提供专业化服务。鼓励园区在具备仓储、运输、配送、转运、货运代理、加工等基本物流服务以及物业、停车、维修、加油等配套服务的基础上，进一步提供工商、税务、报关、报检等政务服务和供应链设计、管理咨询、金融、保险、贸易会展、法律等商务服务功能。

（五）聚集和培育物流企业

充分发挥物流园区的设施优势和集聚效应，引导物流企业向园区集中，实现园区内企业的功能互补和资源共享，提高物流组织效率。优化园区服务环境，培育物流企业，打造以园区物流企业为龙头的产业链，提升物流企业的核心竞争力。支持运输企业向综合物流服务商和全球物流经营人转变。按照提升重点行业物流企业专业配套能力的要求，有针对性地发展专业类物流园区，为农产品、钢铁、汽车、医药、冷链、快递、危货等物流企业集聚发展创造有利条件。

（六）改善投融资环境

鼓励物流园区运营主体通过银行贷款、股票上市、发行债券、增资扩股、合资合作、吸引外资和民间投资等多种途径筹集建设资金，支持物流园区及入驻企业与金融机构联合打造物流金融服务平台，形成多渠道、多层次的投融资环境。

（七）优化通关环境

优化口岸通关作业流程，适应国际中转、国际采购、国际配送、国际转口贸易等业务的要求，研究适应口岸服务型物流园区发展的通关便利化政策，提高通关效率。

（作者：王志强　重庆市发展和改革委员会副主任）

四川省物流园区发展报告（2018）

按照《国家发改委办公厅关于组织开展物流园区调查工作的通知》中国物流与采购联合会《关于商请协助开展2018年物流园区调查工作的函》的要求，我们对全省21个地方的物流园区开展调查。调查对象遴选范围为全省物流园区（基地、中心、公路港、物流港、无水港、物流聚集区），要求园区运营满1年且具有法人资格，占地面积0.1平方千米（150亩）及以上，拥有多家入驻企业。本次调查从四川省21个地市（州）报送的园区基础资料中甄选出86家园区进行统计取样，并从物流园区发展现状、存在问题、下一步措施及建议四个方面进行分析研究，最终形成本报告。被调查的样本园区构成情况如表1所示。

表1　　　　　　　　　　　被调查的样本园区构成情况

按物流园区区域分布划分				
成都地区	北向带	东向带	东南向带	南向带
17%	20%	29%	23%	11%
按物流园区业务类型划分				
货运枢纽型	商贸服务型	生产服务型	口岸服务型	综合服务型
14%	27%	3%	2%	54%
按物流园区管理方式划分				
政府管委会	企业自主	委托第三方	其他	
28%	68%	2%	2%	

一、发展现状

近年来，四川省委、省政府高度重视物流业发展，全省物流园区规划、建设、运营数量保持较快增长，基础设施条件明显改善，服务市场更加健全，服务能力显著提升，为经济社会持续较快发展提供了有力支撑。本报告从基础设施、企业入驻及经营情况两个方面对四川省物流园区发展现状进行简要分析。

（一）基础设施发展现状

1. 投资规模

调查显示，当前四川省物流园区总体投资水平较 2017 年有所提高，各园区投资规模差异较大。主要以 1 亿～10 亿元和 50 亿元以上为主，其中投资 1 亿～10 亿元的物流园区占 47%，投资 50 亿元以上的物流园区占 22%，如图 1 所示。

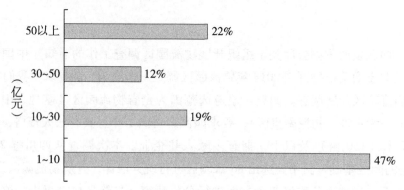

图 1　园区投资规模

2. 占地规模

占地面积大小是制约园区发展的重要因素。四川省物流园区占地以 0.1～1.0 平方千米（150～1500 亩）为主，占比 58%（50 家）。占地 1.0～3.0 平方千米的物流园区占 9%。占地 3.0～5.0 平方千米的物流园区占 5%。占地 5.0 平方千米以上的园区占 28%，如图 2 所示。

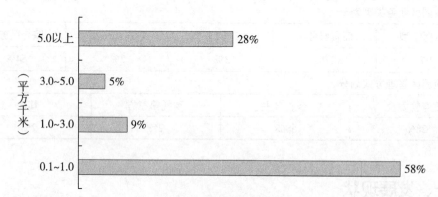

图 2　园区占地规模

3. 运营状态

在本次调查的 86 家物流园区样本中，有 47% 的物流园区处于完全运营状态；有 38% 的物流园区处于部分运营、部分在建状态；有 15% 的物流园区还处于规划阶段，如图 3 所示。

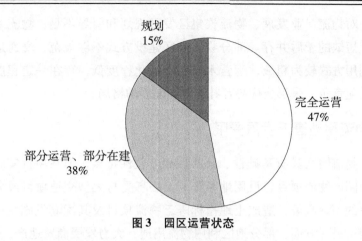

图 3 园区运营状态

（二）企业入驻及经营情况

1. 企业入驻情况

作为本次调查样本的 86 家物流园区中，有 57 家物流园区已有企业入驻进行生产经营活动。入驻企业数量规模如表 2 所示。

表 2 入驻企业数量规模

入驻企业 数量规模	1～50 家 企业入驻	51～200 家 企业入驻	201～500 家 企业入驻	501 家以上 企业入驻
物流园区（家）	34	13	6	4
比例（%）	59.7	22.8	10.5	7

2. 经营情况

据统计，四川省已投入生产运营的物流园区自身营业收入差距较大，平均营业收入为 21 亿元，其中有 7.5% 的物流园区自身营业收入超过了 100 亿元，但仍有 17.5% 的物流园区自身营业收入不超过 500 万元。截至 2018 年 5 月，四川省各物流园区管理机构人数与入驻企业中从事物流活动的就业人数之和约为 19.8 万人，平均就业人数为 2279 人。

二、存在的问题

（一）园区规划布局有待完善

省、区、市在重大物流园区、重要物流节点等方面的规划建设上缺乏统一的规划协调和有效管理，部分地市（州）片面强调为本地经济发展服务而未充分考虑地区间的协调互补，对物流产业发展、物流聚集区发展规划和引导不足，物流基础设施局部过剩和结构性短缺的矛盾并存。部分物流园区建设方式不够规范，交通运输方式比较单一，土地利用方式较为粗放，运营水平和组织化程度低，存在一定程度的低水平重复建设和同质化竞争，未形成优势互补、协同发展的格局。

（二）物流用地匮乏发展受限

一方面，物流园区具有基础性、公共性和公益性特点，但在项目实施过程中，园区基础设施及园区物流项目建设用地紧张，无法享受与大型交通项目或大型工业招商引资项目同等的用地政策，造成土地指标匮乏物流项目及其配套设施发展受限，阻碍物流产业发展；另一方面，部分地区利用物流用地，大力发展商贸地产，造成"圈地"现象，影响物流产业的发展。

（三）扶持政策有待加强

目前省、区、市各级政府为培育发展现代物流业、降低物流成本，分别对物流园区建设项目提供了一些政策及项目资金支持。但是当前这些政策及项目资金支持力度对于庞大的物流产业及物流园区的发展来讲不过是杯水车薪，应进一步提高对发展物流产业降低物流成本的政策及项目资金支持的重视程度。

（四）专业人才较为缺乏

物流专业人才缺乏已成为阻碍物流园区发展的重要因素，当前市场上符合要求的物流人才较少、层次较低、培训途径狭窄，能够切实为政府、企业提供有效方案的中高级物流人才十分匮乏，严重制约了现代物流业的发展。

三、下一步工作措施

（一）强化统筹

四川省将着力实现各大物流园区定位与功能进一步明晰化，使各大物流园区的发展定位各有侧重，避免同质化竞争。加强对物流园区发展的指导、协调和宏观管理，对各级各类物流园区实行分级、分类管理，将重要节点城市的物流园区纳入全省统一规划，建立专业职能部门分管物流业及物流园区相关工作。按照市场化运作原则完善园区管理机构和经营管理体制，加强存量资源整合和园区间的协同发展，优化分散物流设施资源配置，推广共同配送等先进模式，多措并举不断提高物流园区管理水平。

（二）规范市场秩序

加强物流园区管理领域的政策和法制研究，清理和杜绝阻碍市场发展的不合理规定。加强对物流市场的监督管理和信用体系的建设，完善物流企业和从业人员信用记录，探索建立统一的信用信息平台，推动物流信用在全社会的广泛运用。增强企业诚信意识，建立跨地区、跨行业的联合惩戒机制，加大对失信行为的惩戒力度。加强物流信息安全管理，禁止泄露转卖客户信息。加强物流服务质量满意度监测，开展安全、诚信、优质服务创建活动。加强对物流园区竞争行为的监督检查，依法查处不正当竞争和垄断行为。

（三）深化产业联动融合

将大型物流园区规划建设与运营模式设计、培育大型现代物流企业、发展电商物流、农产品冷链物流、物流信息平台建设、构建城乡一体化物流体系、完善城市配送体系、架构物流快递与一、二、三产业联动的产业链体系作为现代物流业发展的重点工作。引导和鼓励物流园区、物流企业按现代物流管理模式进行调整、重组、联合，走集约化、规模化、专业化、标准化发展的路子，在相关政策和资金上给予重点支持。

（四）加大要素保障力度

落实和完善支持物流园区发展的用地政策，依法供应物流园区用地，探索建立物流用地节约集约利用的激励和约束机制，大幅提高物流园区土地利用效率。认真落实物流业相关税收优惠政策，研究完善支持物流企业做强做大的扶持政策，培育一批专业化、网络化、规模化发展的大型物流园区。多渠道增加对物流园区的投入，鼓励民间资本进入物流领域。引导金融机构加大对物流园区的信贷支持，为物流园区发展提供更便利的融资服务。继续鼓励各级政府通过政府投资、贴息等方式对物流业重点领域和薄弱环节予以支持。

（五）加强人才培养

支持重点高等院校与国内外企业、行业、协会合作，通过采取物流人才订单式培养的方式，开展物流专业培训和职业认证；鼓励企业、学校和政府加强合作，有针对性地培训行业内能够统筹规划和服务于物流管理的专业人才，为物流产业的健康有序发展提供智力保障。

（作者：杨智懿　四川省发展和改革委员会经济贸易处副处长）

政策篇

国务院办公厅文件

国务院办公厅关于转发国家发展改革委营造良好市场环境推动交通物流融合发展实施方案的通知

（国办发〔2016〕43 号）

各省、自治区、直辖市人民政府，国务院各部委、各直属机构：

国家发展改革委《营造良好市场环境推动交通物流融合发展实施方案》已经国务院同意，现转发给你们，请认真贯彻执行。

各地区、各有关部门要充分认识推动交通物流融合发展的重要意义，制定完善配套政策措施，加强政策协同和监管协调，形成工作合力。各省级人民政府要加强组织领导，完善协调机制，结合本地实际抓紧制订具体方案，切实落实各项工作任务，及时研究解决实施过程中出现的新情况、新问题。国家发展改革委要会同有关部门对本实施方案的落实情况进行跟踪分析和监督检查，认真总结和推广经验，重大事项及时向国务院报告。

国务院办公厅

2016 年 6 月 10 日

营造良好市场环境推动交通物流融合发展实施方案

国家发展改革委

近年来，我国综合交通体系不断完善，物流业持续快速发展，支撑实体经济降本增效的能力明显提升，初步形成了衔接互动的发展格局。但也要看到，我国交通与物流融合发展不足，交通枢纽和物流园区布局不衔接、多式联运和供应链物流发展滞后、运输标准化信息化规模化水平较低等问题仍较为突出，未能有效发挥交通基础设施网络优势，在一定程度上制约了物流业整体水平的提高。为进一步落实物流业发展中长期规划和工业稳增长的有关部署，促进交通与物流融合发展，有效降低社会物流总体成本，进一步提升综合效率效益，现制定本方案。

一、总体要求

（一）指导思想。

全面贯彻党的十八大和十八届三中、四中、五中全会精神，认真落实国务院决策部署，按照"五位一体"总体布局和"四个全面"战略布局，牢固树立并贯彻落实创新、协调、绿色、开放、共享的发展理念，以提质、降本、增效为导向，以融合联动为核心，充分发挥企业的市场主体作用，抓住关键环节，强化精准衔接，改革体制机制，创新管理模式，打通社会物流运输全链条，加强现代信息技术应用，推动交通物流一体化、集装化、网络化、社会化、智能化发展，构建交通物流融合发展新体系。

（二）发展目标。

到2018年，交通与物流融合发展取得明显成效，"一单制"便捷运输制度基本建立，开放共享的交通物流体系初步形成，多式联运比率稳步提升，标准化、集装化水平不断提高，互联网、大数据、云计算等应用更加广泛，公路港和智能配送模式有序推广，运输效率持续提升，物流成本显著下降。全国80%左右的主要港口和大型物流园区引入铁路，集装箱铁水联运量年均增长10%以上，铁路集装箱装车比率提高至10%以上，运输空驶率明显下降，全社会物流总费用占国内生产总值的比率较2015年降低1个百分点以上。

到2020年，初步实现以供应链和价值链为核心的产业集聚发展，形成一批有较强竞争力的交通物流企业，建成设施一体衔接、信息互联互通、市场公平有序、运行安全高效的交通物流发展新体系。集装箱铁水联运量年均增长10%以上，铁路集装箱装车比率提高至15%以上，大宗物资以外的铁路货物便捷运输比率达到80%，准时率达到95%，运输空驶率大幅下降。城乡物流配送网点覆盖率提高10个百分点左右。全社会物流总费用占国内生产总值的比率较2015年降低2个百分点。

二、打通衔接一体的全链条交通物流体系

（三）完善交通物流网络。

完善枢纽集疏运系统。尽快打通连接枢纽的"最后一公里"，加快实施铁路引入重要港口、公路货站和物流园区等工程。加快推进部分铁路枢纽货运外绕线建设，提高城市中心城区既有铁路线路利用水平。加强重点城市绕城高速公路建设，强化超大、特大城市出入城道路与高速公路衔接，减少过境货物对城市交通的干扰。鼓励城市充分利用骨干道路，分时段、分路段实施城市物流配送，有效减少货物装卸、转运、倒载次数。

专栏1 交通物流枢纽集疏运系统工程

1. 铁路引入港口工程

交通运输部、中国铁路总公司加快制定港口集疏运铁路建设方案，实施大连港、天津港、青岛港、宁波—舟山港、广州港、重庆港、武汉港、南京港等港口的集疏运系统建设项目。推进铁路线路引入内陆港、保税港区等。建设武汉港江北铁路二期，宜昌港紫云姚地方铁路，荆州港车阳河港区至焦柳铁路连接线，长沙港新港铁路专用线，岳阳港松阳湖铁路支线，连云港港赣榆港区铁路专用线，重庆珞璜港进港铁路专用线改扩建等。

2. 枢纽周边道路畅通工程

抓紧实施沿海和长江主要港口集疏运改善方案。实施昆明王家营、东莞石龙等2000个铁路货场周边道路畅通工程和交通组织优化方案。

优化交通枢纽与物流节点空间布局。统筹综合交通枢纽与物流节点布局，加强功能定位、建设标准等方面的衔接，强化交通枢纽的物流功能，构建综合交通物流枢纽系统。编制实施全国综合交通物流枢纽布局规划，根据区位条件、辐射范围、基本功能、需求规模等，科学划分全国性、区域性和地区性综合交通物流枢纽。实施铁路物流基地工程，新建和改扩建一批具备集装箱办理功能的一、二级铁路物流基地。积极拓展航运中心、重要港口、公路港等枢纽的物流功能，支持重点地区以货运功能为主的机场建设。

专栏2 全国性和区域性综合交通物流枢纽布局

类别	功能要求	枢纽名称
全国性综合交通物流枢纽	国家交通物流网络的核心节点，应有三种以上运输方式衔接，跨境、跨区域运输流转功能突出，辐射范围广，集散规模大，综合服务能力强，对交通运输顺畅衔接和物流高效运行具有全局性作用	北京—天津、呼和浩特、沈阳、大连、哈尔滨、上海—苏州、南京、杭州、宁波—舟山、厦门、青岛、郑州、合肥、武汉、长沙、广州—佛山、深圳、南宁、重庆、成都、昆明、西安—咸阳、兰州、乌鲁木齐等

续 表

类别	功能要求	枢纽名称
区域性综合交通物流枢纽	国家交通物流网络的重要节点，应有两种以上运输方式衔接，区域运输流转功能突出，辐射范围较广，集散规模较大，综合服务能力较强，对区域交通运输顺畅衔接和物流高效运行具有重要作用	石家庄、太原、福州、南昌、海口、贵阳、拉萨、西宁、银川等。

构建便捷通畅的骨干物流通道。依托综合运输大通道，率先推进集装化货物多式联运。编制实施推进物流大通道建设行动计划和铁路集装箱运输规划，做好骨干物流通道布局，到2020年初步形成集装箱运输骨干通道。在长三角、珠三角等客货流密集地区，研究推进客货分流的铁路、公路通道建设。有序推进面向全球、连接内陆的国际联运通道建设，加强口岸后方通道能力建设，开辟一批跨境多式联运走廊。

专栏3 便捷通畅的骨干物流通道布局

以网络化组织为目标，以集装化货物多式联运为重点，逐步在全国推行便捷运输，实现货物在区域间的高效、便捷流通。

1. 南北沿海通道，服务沿海主要经济区、主要城市与港口。

2. 京沪通道，服务京津冀与长三角等地区。

3. 京港澳通道，服务京津冀、中原地区、长江中游与海峡西岸经济区、珠三角等地区。

4. 东北进出关通道，服务东北地区。

5. 西南至华南通道，服务成渝、云贵与北部湾、珠三角等地区。

6. 西北北部通道，服务西北与华北等地区。

7. 陆桥通道，服务西北、中原与东部沿海等地区。

8. 沿江通道，服务长江经济带上中下游地区。

9. 沪昆通道，服务华东、中部与云贵等地区。

10. 国际通道，中欧、中蒙俄、中俄、中国—中亚—西亚、中国—中南半岛、海上等通道。

组织实施物流大通道建设行动计划，不断完善骨干通道布局。

（四）提高联运服务水平。

强化多式联运服务。推动大型运输企业和货主企业建立战略合作关系，重点在大宗物资、集装箱运输等方面开展绿色低碳联运服务和创新试点。支持有实力的运输企业向多式联运经营人、综合物流服务商转变，整合物流服务资源，向供应链上下游延伸。拓展国际航运中心综合服务功能，提升长江航运中心铁水联运比重。鼓励铁路运输企业在沿海主要港口与腹地物流园区之间开行小编组、快运行的钟摆式、循环式等铁路集装箱列车。加快普及公路甩挂运输，重点推进多式联运甩挂、企业联盟及无车承运甩挂等模式发展。制订完善多式联运规则和全程服务规范，完善和公开铁水联运服务标准，健全企业间联运机制。

拓展国际联运服务。完善促进国际便利化运输相关政策和双多边运输合作机制，鼓励开展跨国联运服务。构建国际便利运输网络，建设海外集结点，增加便利运输协定的过境站点和运输线路，开展中欧、中亚班列运输。鼓励快递企业发展跨境电商快递业务，建设国际分拨中心、海外仓，加快海外物流基地建设。在具备条件的城市建设集货物换装、仓储、中转、集拼、配送等作业为一体的综合性海关监管场所。

（五）优化一体化服务流程。

推行物流全程"一单制"。推进单证票据标准化，以整箱、整车等标准化货物单元为重点，制定推行企业互认的单证标准，形成绿色畅行物流单。构建电子赋码制度，明确赋码资源管理、分配规则，形成包含货单基本信息的唯一电子身份，实现电子标签码在物流全链条、全环节互通互认以及赋码信息实时更新和共享。支持行业协会及会员企业制定出台绿色畅行物流单实施方案，加快推广"一单制"，实现一站托运、一次收费、一单到底。推动集装箱铁水联运、铁公联运两个关键领域在"一单制"运输上率先突破。大力发展铁路定站点、定时刻、定线路、定价格、定标准运输，加强与"一单制"便捷运输制度对接。

强化一体化服务保障。建立健全企业首站负责、安全互认、费用清算等相关制度。建立政府服务、企业管理、第三方监督的保障体系，确保企业对用户需求及时响应和反馈。研究实施对赋码货物单元从起运地经运输仓储环节至目的地的全程监督服务，对物流各环节及时进行动态调整和应急处置，确保衔接顺畅。

三、构建资源共享的交通物流平台

（六）建设完善专业化经营平台。

支持社会资本有序建设综合运输信息、物流资源交易、大宗商品交易服务等专业化经营平台，提供信息发布、线路优化、仓配管理、追踪溯源、数据分析、信用评价、客户咨询等服务。鼓励平台企业拓展社会服务功能，推进"平台＋"物流交易、供应链、跨境电商等合作模式。支持平台企业与金融机构合作提供担保结算、金融保险等服务。以服务"一带一路"倡议为导向，推动跨境交通物流及贸易平台整合衔接。

（七）形成信息共享服务平台。

依托国家电子政务外网、国家数据共享交换平台、中国电子口岸、国家交通运输物流公共信息平台等，建设承载"一单制"电子标签码赋码及信息汇集、共享、监测等功能的公共服务平台。对接铁路、航运、航空等国有大型运输与物流企业平台，实现"一单一码、电子认证、绿色畅行"；对接社会化平台，引导其结合自身实际对赋码货物单元提供便捷运输。

专栏4　国家交通运输物流共享服务平台工程

1. 完善国家交通运输物流公共信息服务

完善政务、商务、要素资源、空间地理等信息采集、存储、查询、转换、对接、分析等功能，为企业提供信息查询服务。

2. 整合构建国家交通运输物流大数据中心

完善信息服务与数据资源目录体系，围绕物流诚信、安全监管、公共服务等专题，开展数据交换、存储、监控、查询与统计分析、大数据挖掘等工作，为政府决策、市场运行和公共服务提供信息服务支持。

3. 开展共享服务平台应用推广

打造一批网络交通物流公共服务产品，推广共享服务移动终端应用。

（八）加强对各类平台的监督管理。

强化平台协同运作。编制实施国家交通运输物流公共信息平台"十三五"建设方案，建立数据合作、交换和共享机制。加强对各类交通物流服务平台的引导，促进企业线上线下多点互动运行，支持制造业物流服务平台与供应链上下游企业间信息标准统一和系统对接，强化协同运作。

整合共享信用信息。研究出台交通物流信息公开和数据开放相关管理办法。加强各类平台信用记录归集，逐步形成覆盖物流业所有法人单位和个体经营者的信用信息档案，根据信用评价实行分类监管，建立实施"红黑名单"制度和预警警示企业、惩戒失信企业、淘汰严重失信企业的机制。

四、创建协同联动的交通物流新模式

（九）构建线上线下联动公路港网络。

完善公路港建设布局。加大政府支持力度，加快全国公路港建设，加强与其他交通基础设施衔接，重点构建一批综合型、基地型和驿站型公路港。鼓励龙头企业牵头组建全国公路港联盟，推动行业内资源共享和跨区域运输组织。

强化公路港功能。推进公路港等物流园区之间运输、集散、分拨、调配、信息传输等协同作业，鼓励公路港连锁经营。整合货源、车辆（舱位）、代理、金融等信息，为物流企业提供运营支撑、系统支持。鼓励推广生产生活综合配套、线上线下协同联动的新模式，促进多业态融合发展。发展往返式公路接驳运输。

专栏5　国家公路港网络工程

1. 综合型公路港

以全国性和部分区域性综合交通物流枢纽为重点，形成约50个与铁路货运站、港口、机场等有机衔接的综合型公路港，提供一站式服务，具备多式联运、信息交易、零担快运、仓储配送、政务管理、配套服务等综合功能。可为超过3000家企业提供服务，货运专线超过500条，静态停车超过3000辆，仓库面积超过8万平方米。

2. 基地型公路港

以区域性和部分地区性综合交通物流枢纽为重点，形成约100个与骨干运输通道快速连通的基地型公路港，具备公路货物运输和综合物流的基本功能。

3. 驿站型公路港

以地区性综合交通物流枢纽和国家高速公路沿线城市为重点，形成一批与综合型和基地型公路港有效衔接、分布广泛的驿站型公路港，具备货物集散、中转换装、往返接驳等功能。

（十）推广集装化标准化运输模式。

加大运输设备集装化、标准化推广力度。研究集装化、标准化、模块化货运车辆等设施设备更新应用的支持政策，推广使用托盘、集装箱等标准化基础装载单元。推进多式联运专用运输装备标准化，研发推广公铁两用挂车、驮背运输平车、半挂车和滚装船舶。加快研发铁路快运车辆、新型集装箱平车、双层集装箱车及特需车辆，提高公路集装箱货车、厢式货车使用比率，研究制定江海直达船型等标准，推进专业化航空物流运输工具研发应用。支持发展大型化、自动化、专业化、集约环保型转运和换装设施设备。培育集装箱、托盘等经营企业，鼓励企业构建高效的跨国、跨区域调配系统，推进相关设施设备循环共用。

加强技术标准支撑保障。发展改革、交通运输等部门要加强标准化等基础能力建设，依托现有研究机构和行业协会，加强对国家交通物流技术标准规范、大数据处理等的研究。标准化管理部门和行业主管部门要进一步提高交通物流全链条设施设备标准化水平，加快修订完善物流园区相关标准规范。建立共享服务平台标准化网络接口和单证自动转换标准格式。

（十一）发展广泛覆盖的智能物流配送。

发展"互联网＋城乡配送"。加快建设城市公用型配送节点和末端配送点，优化城市配送网络。支持交通运输、物流企业联合构建城市、农村智能物流配送联盟，支撑配送服务向农村延伸。鼓励利用邮政、供销社等网点，开展农村共同配送，结合农村创业需要，发展农村物流服务合伙人，打通农资、消费品下乡和农产品进城高效便捷通道。

推进"互联网＋供应链管理"。鼓励在生产、流通、仓储等单元推广应用感知技术，推动库存、配送信息在供应链上下游及时共享、协同响应。鼓励供应链管理企业采用大数据技术，分析生产、流通、仓储等数据，对原材料、零部件、产成品等运输仓储提供系统化解决方案。

强化"物联网＋全程监管"。充分利用无线射频、卫星导航、视频监控等技术手段，开展重点领域全程监管。规划建设危险品、冷链等专业化物流设施设备，建立和完善危险品物流全过程监管体系和应急救援系统，完善冷链运输服务规范，实现全程不断链。

五、营造交通物流融合发展的良好市场环境

（十二）优化市场环境。

发展改革、交通运输、工商、检验检疫等部门要按照简政放权、放管结合、优化服务的要求，进一步完善相关领域市场准入制度。交通运输部门要组织开展道路货运无车承运人试点，研究完善无车承运人管理制度。发展改革等部门要将交通物流企业信用信息纳入全国信用信息共享平台和"信用中国"网站。交通运输、工商等部门要建立跨区域、跨行业、线上线下联合的惩戒机制，加大对违法违规行为的惩戒力度。交通运输、公安、安全生产监管等部门要加大公路超限超载整治力度，规范收费管理。铁路、港口等运输企业要顺应市场供求形势变化，加快完善运输组织方式，整合作业环节，清理和简化收费项目，降低收费标准。

（十三）统筹规划建设。

发展改革、交通运输等部门要研究明确不同层级枢纽功能和定位，确定各种运输方式衔接和集疏运网络建设的要求，制定完善全国性、区域性综合交通物流枢纽规划。地方人民政府要编制地区性综合交通物流枢纽规划，加强综合交通物流枢纽规划与土地利用总体规划、城乡规划、交通专项规划的衔接。

（十四）创新体制机制。

推进国有运输企业混合所有制改革，支持交通物流企业规模化、集约化、网络化发展。探索在铁路市场引入社会化集装箱经营主体，铁路运输企业要积极向现代物流企业转型，开放各类信息和接口，提高多式联运服务能力。建立海关、边检、检验检疫等口岸管理部门联合查验机制，促进一体化通关。加快出台大件运输跨省联合审批办法，形成综合协调和互联互认机制。

（十五）加大政策支持。

国土资源部门要合理界定交通物流公益设施的范围，加大用地支持，在建设用地指标等方面给予保障。利用财政性资金和专项建设基金，鼓励和引导社会投资，加大信贷投放，支持综合交通物流枢纽建设、标准设备生产推广和绿色包装、公共服务信息平台建设等。支持交通物流企业通过发行债券、股票上市等方式多渠道融资。

（十六）强化衔接协调。

充分发挥全国现代物流工作部际联席会议的协调作用，研究协调跨行业、跨部门、跨领域的规划、政策、标准等事项，促进政府、企业、中介组织、行业协会等信息公开与共享。行业协会等组织要更好发挥在政企沟通、信息收集、技术应用、标准推广、人才培训等方面的积极作用。

国务院办公厅关于加快发展冷链物流保障食品安全促进消费升级的意见

（国办发〔2017〕29 号）

各省、自治区、直辖市人民政府，国务院各部委、各直属机构：

随着我国经济社会发展和人民群众生活水平不断提高，冷链物流需求日趋旺盛，市场规模不断扩大，冷链物流行业实现了较快发展。但由于起步较晚、基础薄弱，冷链物流行业还存在标准体系不完善、基础设施相对落后、专业化水平不高、有效监管不足等问题。为推动冷链物流行业健康规范发展，保障生鲜农产品和食品消费安全，根据食品安全法、农产品质量安全法和《物流业发展中长期规划（2014 — 2020 年）》等，经国务院同意，提出以下意见。

一、总体要求

（一）指导思想。全面贯彻党的十八大和十八届三中、四中、五中、六中全会精神，深入贯彻习近平总书记系列重要讲话精神，认真落实党中央、国务院决策部署，紧紧围绕统筹推进"五位一体"总体布局和协调推进"四个全面"战略布局，牢固树立和贯彻落实创新、协调、绿色、开放、共享的发展理念，深入推进供给侧结构性改革，充分发挥市场在资源配置中的决定性作用，以体制机制创新为动力，以先进技术和管理手段应用为支撑，以规范有效监管为保障，着力构建符合我国国情的"全链条、网络化、严标准、可追溯、新模式、高效率"的现代化冷链物流体系，满足居民消费升级需要，促进农民增收，保障食品消费安全。

（二）基本原则。

市场为主，政府引导。强化企业市场主体地位，激发市场活力和企业创新动力。发挥政府部门在规划、标准、政策等方面的引导、扶持和监管作用，为冷链物流行业发展创造良好环境。

问题导向，补齐短板。聚焦农产品产地"最先一公里"和城市配送"最后一公里"等突出问题，抓两头、带中间，因地制宜、分类指导，形成贯通一、二、三产业的冷链物流产业体系。

创新驱动，提高效率。大力推广现代冷链物流理念，深入推进大众创业、万众创新，鼓励企业利用现代信息手段，创新经营模式，发展供应链等新型产业组织形态，全面提高冷链物流行业运行效率和服务水平。

完善标准，规范发展。加快完善冷链物流标准和服务规范体系，制修订一批冷链物流强制性标准。加强守信联合激励和失信联合惩戒，推动企业优胜劣汰，促进行业健康有序发展。

（三）发展目标。到 2020 年，初步形成布局合理、覆盖广泛、衔接顺畅的冷链基础设施网络，基本建立"全程温控、标准健全、绿色安全、应用广泛"的冷链物流服务体系，培育一批具有核心竞争力、综合服务能力强的冷链物流企业，冷链物流信息化、标准化水平大幅提升，普遍实现冷链服务全程可视、可追溯，生鲜农产品和易腐食品冷链流通率、冷藏运输率显著提高，腐损率明显降低，食品质量安全得到有效保障。

二、健全冷链物流标准和服务规范体系

按照科学合理、便于操作的原则系统梳理和修订完善现行冷链物流各类标准，加强不同标准间以及与国际标准的衔接，科学确定冷藏温度带标准，形成覆盖全链条的冷链物流技术标准和温度控制要求。依据食品安全法、农产品质量安全法和标准化法，率先研究制定对鲜肉、水产品、乳及乳制品、冷冻食品等易腐食品温度控制的强制性标准并尽快实施。（国家卫生计生委、食品药品监管总局、农业部、国家标准委、国家发展改革委、商务部、国家邮政局负责）积极发挥行业协会和骨干龙头企业作用，大力发展团体标准，并将部分具有推广价值的标准上升为国家或行业标准。鼓励大型商贸流通、农产品加工等企业制定高于国家和行业标准的企业标准。（国家标准委、商务部、国家发展改革委、国家卫生计生委、工业和信息化部、国家邮政局负责）研究发布冷藏运输车辆温度监测装置技术标准和检验方法，在相关国家标准修订中明确冷藏运输车辆温度监测装置要求，为冷藏运输车辆的温度监测性能评测和检验提供依据。（工业和信息化部、交通运输部负责）针对重要管理环节研究建立冷链物流服务管理规范。建立冷链物流全程温度记录制度，相关记录保存时间要超过产品保质期六个月以上。（食品药品监管总局、国家卫生计生委、农业部负责）组织开展冷链物流企业标准化示范工程，加强冷链物流标准宣传和推广实施。（国家标准委、相关行业协会负责）

三、完善冷链物流基础设施网络

加强对冷链物流基础设施建设的统筹规划，逐步构建覆盖全国主要产地和消费地的冷链物流基础设施网络。鼓励农产品产地和部分田头市场建设规模适度的预冷、贮藏保鲜等初加工冷链设施，加强先进冷链设备应用，加快补齐农产品产地"最先一公里"短板。鼓励全国性、区域性农产品批发市场建设冷藏冷冻、流通加工冷链设施。在重要物流节点和大中型城市改造升级或适度新建一批冷链物流园区，推动冷链物流行业集聚发展。加强面向城市消费的低温加工处理中心和冷链配送设施建设，发展城市"最后一公里"低温配送。健全冷链物流标准化设施设备和监控设施体系，鼓励适应市场需求的冷藏库、产地冷库、流通型冷库建设，推广应用多温层冷藏车等设施设备。鼓励大型食品生产经营企业和连锁经营企业建设完善停靠接卸冷链设施，鼓励商场超市等零售终端网点配备冷链设备，推广使用冷藏箱等便利化、标准化冷链运输单元。（国家发展改革委、财政部、商务部、交通运输部、农业部、食品药品监管总局、国家邮政局、国家标准委按职责分工负责）

四、鼓励冷链物流企业经营创新

大力推广先进的冷链物流理念与技术，加快培育一批技术先进、运作规范、核心竞争力强的专业化规模化冷链物流企业。鼓励有条件的冷链物流企业与农产品生产、加工、流通企业加强基础设施、生产能力、设计研发等方面的资源共享，优化冷链流通组织，推动冷链物流服务由基础服务向增值服务延伸。（国家发展改革委、交通运输部、农业部、商务部、国家邮政局负责）鼓励连锁经营企业、大型批发企业和冷链物流企业利用自有设施提供社会化的冷链物流服务，开展冷链共同配送、"生鲜电商＋冷链宅配""中央厨房＋食材冷链配送"等经营模式创新，完善相关技术、标准和设施，提高城市冷链配送集约化、现代化水平。（国家发展改革委、商务部、食品药品监管总局、国家邮政局、国家标准委负责）鼓励冷链物流平台企业充分发挥资源整合优势，与小微企业、农业合作社等深度合作，为小型市场主体创业创新创造条件。（国家发展改革委、商务部、供销合作总社负责）充分发挥铁路长距离、大规模运输和航空快捷运输的优势，与公路冷链物流形成互补协同的发展格局。积极支持中欧班列开展国际冷链运输业务。（相关省级人民政府，国家铁路局、中国民航局、中国铁路总公司负责）

五、提升冷链物流信息化水平

鼓励企业加强卫星定位、物联网、移动互联等先进信息技术应用，按照规范化标准化要求配备车辆定位跟踪以及全程温度自动监测、记录和控制系统，积极使用仓储管理、运输管理、订单管理等信息化管理系统，按照冷链物流全程温控和高时效性要求，整合各作业环节。鼓励相关企业建立冷链物流数据信息收集、处理和发布系统，逐步实现冷链物流全过程的信息化、数据化、透明化、可视化，加强对冷链物流大数据的分析和利用。大力发展"互联网＋"冷链物流，整合产品、冷库、冷藏运输车辆等资源，构建"产品＋冷链设施＋服务"信息平台，实现市场需求和冷链资源之间的高效匹配对接，提高冷链资源综合利用率。推动构建全国性、区域性冷链物流公共信息服务和质量安全追溯平台，并逐步与国家交通运输物流公共信息平台对接，促进区域间、政企间、企业间的数据交换和信息共享。（国家发展改革委、交通运输部、商务部、农业部、工业和信息化部负责）

六、加快冷链物流技术装备创新和应用

加强生鲜农产品、易腐食品物流品质劣变和腐损的生物学原理及其与物流环境之间耦合效应等基础性研究，夯实冷链物流发展的科技基础。鼓励企业向国际低能耗标准看齐，利用绿色、环境友好的自然工质，使用安全环保节能的制冷剂和制冷工艺，发展新型蓄冷材料，采用先进的节能和蓄能设备。（科技部、工业和信息化部负责）加大科技创新力度，加强对延缓产品品质劣变和减少腐损的核心技术工艺、绿色防腐技术与产品、新型保鲜减震包装材料、移动式等新型分级预冷装置、多温区陈列销售设备、大容量冷却冷冻机械、节能环保多温层冷链运输工具等的自主研发。（科技部负责）冷链物流企业要从正规厂商采购或租赁标准化、专业化的设施设备和运输工具。加速淘汰不规范、高能耗的冷库和冷藏运输车辆，取缔非法改装的冷藏运输车辆。鼓励第三方认证机构从运行状况、能效水平、绿色环保等方面对冷链物流设施设备开展认证。结合冷链物流行业发展趋势，积极推动冷链物流设施和技术装备标准化，提高冷藏运输车辆专业化、轻量化水平，推广标准冷藏集装箱，促进冷链物流各作业环节以及不同交通方式间的有序衔接。（交通运输部、商务部、工业和信息化部、中国民航局、国家铁路局、国家邮政局、中国铁路总公司按职责分工负责）

七、加大行业监管力度

有关部门要依据相关法律法规、强制性标准和操作规范，健全冷链物流监管体系，在生产和贮藏环节重点监督保质期、温度控制等，在销售终端重点监督冷藏、冷冻设施和贮存温度控制等，探索建立对运输环节制冷和温控记录设备合规合法使用的监管机制，将从源头至终端的冷链物流全链条纳入监管范围。加强对冷链各环节温控记录和产品品质的监督和不定期抽查。（食品药品监管总局、质检总局、交通运输部、农业部负责）研究将配备温度监测装置作为冷藏运输车辆出厂的强制性要求，在车辆进入营运市场、年度审验等环节加强监督管理。（工业和信息化部、交通运输部按职责分工负责）充分发挥行业协会、第三方征信机构和各类现有信息平台的作用，完善冷链物流企业服务评价和信用评价体系，并研究将全程温控情况等技术性指标纳入信用评价体系。各有关部门要根据监管职责建立冷链物流企业信用记录，并加强信用信息共享和应用，将企业信用信息归集至全国信用信息共享平台，通过"信用中国"网站和国家企业信用信息公示系统依法向社会及时公开。探索对严重违法失信企业开展联合惩戒。（国家发展改革委、交通运输部、商务部、民政部、食品药品监管总局、质检总局、工商总局、国家邮政局等按职责分工负责）

八、创新管理体制机制

国务院各有关部门要系统梳理冷链物流领域相关管理规定和政策法规，按照简政放权、放管结合、优化服务的要求，在确保行业有序发展、市场规范运行的基础上，进一步简化冷链物流企业设立和开展业务的行政审批事项办理程序，加快推行"五证合一、一照一码""先照后证"和承诺制，加快实现不同区域、不同领域之间管理规定的协调统一，加快建设开放统一的全国性冷链物流市场。地方各级人民政府要加强组织领导，强化部门间信息互通和协同联动，统筹抓好涉及本区域的相关管理规定清理等工作。结合冷链产品特点，积极推进国际贸易"单一窗口"建设，优化查验流程，提高通关效率。利用信息化手段完善现有监管方式，发挥大数据在冷链物流监管体系建设运行中的作用，通过数据收集、分析和管理完善事中事后监管。（各省级人民政府，国家发展改革委、交通运输部、公安部、商务部、食品药品监管总局、国家卫生计生委、工商总局、海关总署、质检总局、国家邮政局、中国民航局、国家铁路局按职责分工负责）

九、完善政策支持体系

要加强调查研究和政策协调衔接，加大对冷链物流理念和重要性的宣传力度，提高公众对全程冷链生鲜农产品质量的认知度。（国家发展改革委、农业部、商务部、食品药品监管总局、国家卫生计生委负责）拓宽冷链物流企业的投融资渠道，引导金融机构对符合条件的冷链物流企业加大投融资支持，创新配套金融服务。（人民银行、银监会、证监会、保监会、国家开发银行负责）大中型城市要根据冷链物流等设施的用地需求，分级做好物流基础设施的布局规划，并与城市总体规划、土地利用总体规划做好衔接。永久性农产品产地预冷设施用地按建设用地管理，在用地安排上给予积极支持。（国土资源部、住房城乡建设部负责）针对制约冷链物流行业发展的突出短板，探索鼓励社会资本通过设立产业发展基金等多种方式参与投资建设。（国家发展改革委、商务部、农业部负责）冷链物流企业用水、用电、用气价格与工业同价。（国家发展改革委负责）加强城市配送冷藏运输车辆的标识管理。（交通运输部、商务部负责）指导完善和优化城市配送冷藏运输车辆的通行和停靠管理措施。（公安部、交通运输部、商务部负责）继续执行鲜活农产品"绿色通道"政策。（交通运输部、国家发展改革委负责）对技术先进、管理规范、运行高效的冷链物流园区优先考虑列入示范物流园区，发挥示范引领作用。（国家发展改革委、国土资源部、住房城乡建设部负责）加强冷链物流人才培养，支持高等学校设置冷链物流相关专业和课程，发展职业教育和继续教育，形成多层次的教育、培训体系。（教育部负责）

十、加强组织领导

各地区、各有关部门要充分认识冷链物流对保障食品质量安全、促进农民增收、推动相关产业发展、促进居民消费升级的重要作用，加强对冷链物流行业的指导、管理和服务，把推动冷链物流行业发展作为稳增长、促消费、惠民生的一项重要工作抓紧抓好。国家发展改革委要会同有关部门建立工作协调机制，及时研究解决冷链物流发展中的突出矛盾和重大问题，加强业务指导和督促检查，确保各项政策措施的贯彻落实。

国务院办公厅

2017 年 4 月 13 日

国务院办公厅关于进一步推进物流降本增效促进实体经济发展的意见

（国办发〔2017〕73 号）

各省、自治区、直辖市人民政府，国务院各部委、各直属机构：

物流业贯穿一二三产业，衔接生产与消费，涉及领域广、发展潜力大、带动作用强。推动物流降本增效对促进产业结构调整和区域协调发展、培育经济发展新动能、提升国民经济整体运行效率具有重要意义。按照党中央、国务院关于深入推进供给侧结构性改革、降低实体经济企业成本的决策部署，为进一步推进物流降本增效，着力营造物流业良好发展环境，提升物流业发展水平，促进实体经济健康发展，经国务院同意，现提出以下意见：

一、深化"放管服"改革，激发物流运营主体活力

（一）优化道路运输通行管理。2017 年年内实现跨省大件运输并联许可全国联网，由起运地省份统一受理，沿途省份限时并联审批，一地办证、全线通行。参照国际规则，优化部分低危气体道路运输管理，促进安全便利运输。（交通运输部负责）完善城市配送车辆通行管理政策，统筹优化交通安全和通行管控措施。鼓励商贸、物流企业协同开展共同配送、夜间配送。（公安部、交通运输部、商务部负责）

（二）规范公路货运执法行为。推动依托公路超限检测站，由交通部门公路管理机构负责监督消除违法行为、公安交管部门单独实施处罚记分的治超联合执法模式常态化、制度化，避免重复罚款，并尽快制订可操作的实施方案，在全国范围内强化督促落实。原则上所有对货车超限超载违法行为的现场检查处罚一律引导至经省级人民政府批准设立的公路超限检测站进行，货车应主动配合进站接受检查。各地公路超限检测站设置要科学合理，符合治理工作实际。（交通运输部、公安部、各省级人民政府负责）公路货运罚款按照国库集中收缴制度的有关规定缴入国库，落实罚缴分离。（财政部会同交通运输部、公安部负责）依据法律法规，抓紧制定公路货运处罚事项清单，明确处罚标准并向社会公布。严格落实重点货运源头监管、"一超四罚"依法追责、高速公路入口称重劝返等措施。严格货运车辆执法程序，执法人员现场执法时须持合法证件和执法监督设备。（交通运输部、公安部、各省级人民政府按职责分工负责）完善公路货运执法财政经费保障机制。（财政部会同交通运输部、公安部、各省级人民政府负责）完善全国公路执法监督举报平台，畅通投诉举报渠道。（交通运输部、公安部负责）

（三）完善道路货运证照考核和车辆相关检验检测制度。进一步完善道路货运驾驶员从业资格与信用管理制度，运用信息化手段推进违法失信计分与处理，积极推进年审结果签注网上办理和网上查询，在部分省份探索实行车辆道路运输证异地年审。（交通运输部负责）2017年年内将货运车辆年检（安全技术检验）和年审（综合性能检测）依据法律法规进行合并，并允许普通道路货运车辆异地办理，减轻检验检测费用负担。（交通运输部、公安部会同质检总局负责）

（四）精简快递企业分支机构、末端网点备案手续。指导地方开展快递领域工商登记"一照多址"改革。（工商总局、国家邮政局负责）进一步简化快递企业设立分支机构备案手续，完善末端网点备案制度。严格落实快递业务员职业技能确认与快递业务经营许可脱钩政策。（国家邮政局负责）

（五）深化货运通关改革。2017年年内实现全国通关一体化，将货物通关时间压缩三分之一。加快制定和推广国际贸易"单一窗口"标准版，实现一点接入、共享共用、免费申报。（海关总署、质检总局、公安部、交通运输部负责）

二、加大降税清费力度，切实减轻企业负担

（六）完善物流领域相关税收政策。结合增值税立法，统筹研究统一物流各环节增值税税率。加大工作力度，2017年年内完善交通运输业个体纳税人异地代开增值税发票管理制度。全面落实物流企业大宗商品仓储设施用地城镇土地使用税减半征收优惠政策。（财政部、税务总局负责）

（七）科学合理确定车辆通行收费水平。选择部分高速公路开展分时段差异化收费试点。省级人民政府可根据本地区实际，对使用电子不停车收费系统（ETC）非现金支付卡并符合相关要求的货运车辆给予适当通行费优惠。严格做好甘肃、青海、内蒙古、宁夏四省（区）取消政府还贷二级公路收费工作。落实好鲜活农产品运输"绿色通道"政策。（交通运输部、国家发展改革委、各省级人民政府负责）

（八）做好收费公路通行费营改增相关工作。2017年年内出台完善收费公路通行费营改增工作实施方案，年底前建成全国统一的收费公路通行费发票服务平台，完成部、省两级高速公路联网收费系统改造，推进税务系统与公路收费系统对接，依托平台开具高速公路通行费增值税电子发票。（交通运输部、税务总局、财政部负责）

（九）加强物流领域收费清理。开展物流领域收费专项检查，着力解决"乱收费、乱罚款"等问题。（国家发展改革委、交通运输部负责）全面严格落实取消营运车辆二级维护强制性检测政策。（交通运输部负责）完善港口服务价格形成机制，改革拖轮计费方式，修订发布《港口收费计费办法》。（交通运输部、国家发展改革委负责）清理规范铁路运输企业收取的杂费、专用线代运营代维护费用、企业自备车检修费用等，以及地方政府附加收费、专用线产权或经营单位收费、与铁路运输密切相关的短驳等两端收费。（国家铁路局、中国铁路总公司、各省级人民政府负责）

三、加强重点领域和薄弱环节建设，提升物流综合服务能力

（十）加强对物流发展的规划和用地支持。研究制定指导意见，进一步发挥城乡规划对物流业发展的支持和保障作用。（住房城乡建设部负责）在土地利用总体规划、城市总体规划中综合考虑物流发展用地，统筹安排物流及配套公共服务设施用地选址和布局，在综合交通枢纽、产业集聚区等物流集散地布局和完善一批物流园区、配送中心等，确保规划和物流用地落实，禁止随意变更。对纳入国家和省级示范的物流园区新增物流仓储用地给予重点保障。鼓励通过"先租后让""租让结合"等多种方式向物流企业供应土地。对利用工业企业旧厂房、仓库和存量土地资源建设物流设施或提供物流服务，涉及原划拨土地使用权转让或租赁的，经批准可采取协议方式办理土地有偿使用手续。各地要研究建立重点物流基础设施建设用地审批绿色通道，提高审批效率。（各省级人民政府、国土资源部、住房城乡建设部负责）

（十一）布局和完善一批国家级物流枢纽。加强与交通基础设施配套衔接的物流基础设施建设。结合编制国家级物流枢纽布局和建设规划，布局和完善一批具有多式联运功能、支撑保障区域和产业经济发展的综合物流枢纽，并在规划和用地上给予重点保障。（国家发展改革委、交通运输部、住房城乡建设部、国土资源部负责）

（十二）加强重要节点集疏运设施建设。统筹考虑安全监管要求，加强铁路、公路、水运、民航、邮政等基础设施建设衔接。统筹利用车购税等相关资金支持港口集疏运铁路、公路建设，畅通港站枢纽"微循环"。（国家发展改革委、交通运输部、财政部、中国民航局、国家铁路局、国家邮政局、中国铁路总公司按职责分工负责）

（十三）提升铁路物流服务水平。着力推进铁路货运市场化改革，发挥铁路长距离干线运输优势，进一步提高铁路货运量占全国货运总量的比重。探索发展高铁快运物流，支持高铁、快递联动发展。支持铁路运输企业与港口、园区、大型制造企业、物流企业等开展合资合作，按需开行货物列车。加快一级和二级铁路物流基地建设，重点加强进厂、进园、进港铁路专用线建设，推动解决铁路运输"最后一公里"问题。鼓励企业自备载运工具的共管共用，提高企业自备载运工具的运用效率。大力推进物联网、无线射频识别（RFID）等信息技术在铁路物流服务中的应用。（中国铁路总公司、交通运输部、国家铁路局、国家邮政局负责）

（十四）推动多式联运、甩挂运输发展取得突破。做好第二批多式联运示范工作，大力推广集装箱多式联运，积极发展厢式半挂车多式联运，有序发展驮背运输，力争2017年年内开通驮背多式联运试验线路。大力发展公路甩挂运输。完善铁路货运相关信息系统，以铁水联运、中欧班列为重点，加强多式联运信息交换。（交通运输部、国家发展改革委、国家铁路局、中国铁路总公司负责）

（十五）完善城乡物流网络节点。支持地方建设城市共同配送中心、智能快件箱、智能信包箱等，缓解通行压力，提高配送效率。加强配送车辆停靠作业管理，结合实

际设置专用临时停车位等停靠作业区域。加强交通运输、商贸流通、供销、邮政等相关单位物流资源与电商、快递等企业的物流服务网络和设施共享衔接，逐步完善县乡村三级物流节点基础设施网络，鼓励多站合一、资源共享。加强物流渠道的安全监管能力建设，实现对寄递物流活动全过程跟踪和实时查询。（商务部、交通运输部、公安部、国家邮政局、供销合作总社、各省级人民政府按职责分工负责）

（十六）拓展物流企业融资渠道。支持符合条件的国有企业、金融机构、大型物流企业集团等设立现代物流产业发展投资基金，按照市场化原则运作，加强重要节点物流基础设施建设，支持应用新技术新模式的轻资产物流企业发展。（国家发展改革委、财政部、国务院国资委负责）鼓励银行业金融机构开发支持物流业发展的供应链金融产品和融资服务方案，通过完善供应链信息系统研发，实现对供应链上下游客户的内外部信用评级、综合金融服务、系统性风险管理。支持银行依法探索扩大与物流公司的电子化系统合作。（国家发展改革委、银监会、人民银行、商务部负责）

四、加快推进物流仓储信息化标准化智能化，提高运行效率

（十七）推广应用高效便捷物流新模式。依托互联网、大数据、云计算等先进信息技术，大力发展"互联网＋"车货匹配、"互联网＋"运力优化、"互联网＋"运输协同、"互联网＋"仓储交易等新业态、新模式。加大政策支持力度，培育一批骨干龙头企业，深入推进无车承运人试点工作，通过搭建互联网平台，创新物流资源配置方式，扩大资源配置范围，实现货运供需信息实时共享和智能匹配，减少迂回、空驶运输和物流资源闲置。（国家发展改革委、交通运输部、商务部、工业和信息化部负责）

（十八）开展仓储智能化试点示范。结合国家智能化仓储物流基地示范工作，推广应用先进信息技术及装备，加快智能化发展步伐，提升仓储、运输、分拣、包装等作业效率和仓储管理水平，降低仓储管理成本。（国家发展改革委、商务部负责）

（十九）加强物流装载单元化建设。加强物流标准的配套衔接。推广1200mm×1000mm标准托盘和600mm×400mm包装基础模数，从商贸领域向制造业领域延伸，促进包装箱、托盘、周转箱、集装箱等上下游设施设备的标准化，推动标准装载单元器具的循环共用，做好与相关运输工具的衔接，提升物流效率，降低包装、搬倒等成本。（商务部、工业和信息化部、国家发展改革委、国家邮政局、中国铁路总公司、国家标准委负责）

（二十）推进物流车辆标准化。加大车辆运输车治理工作力度，2017年年内完成60％的不合规车辆运输车更新淘汰。保持治理超限超载运输工作的延续性，合理确定过渡期和实施步骤，适时启动不合规平板半挂车等车型专项治理工作，分阶段有序推进车型替代和分批退出，保护合法运输主体的正当权益，促进道路运输市场公平有序竞争。推广使用中置轴汽车列车等先进车型，促进货运车辆标准化、轻量化。（交通运输部、公安部、工业和信息化部、各省级人民政府负责）

五、深化联动融合，促进产业协同发展

（二十一）推动物流业与制造业联动发展。研究制定推进物流业与制造业融合发展的政策措施，大力支持第三方物流发展，对接制造业转型升级需求，提供精细化、专业化物流服务，提高企业运营效率。鼓励大型生产制造企业将自营物流面向社会提供公共物流服务。（国家发展改革委、工业和信息化部、国家邮政局负责）

（二十二）加强物流核心技术和装备研发。结合智能制造专项和试点示范项目，推动关键物流技术装备产业化，推广应用智能物流装备。鼓励物流机器人、自动分拣设备等新型装备研发创新和推广应用。（工业和信息化部、国家发展改革委负责）支持具备条件的物流企业申报高新技术企业。（科技部负责）

（二十三）提升制造业物流管理水平。建立制造业物流成本核算制度，分行业逐步建立物流成本对标体系，引导企业对物流成本进行精细化管理，提高物流管理水平。（国家发展改革委、工业和信息化部负责）

六、打通信息互联渠道，发挥信息共享效用

（二十四）加强物流数据开放共享。推进公路、铁路、航空、水运、邮政及公安、工商、海关、质检等领域相关物流数据开放共享，向社会公开相关数据资源，依托国家交通运输物流公共信息平台等，为行业企业查询和组织开展物流活动提供便利。结合大数据应用专项，开展物流大数据应用示范，为提升物流资源配置效率提供基础支撑。结合物流园区标准的修订，推动各物流园区之间实现信息联通兼容。（各有关部门按职责分工负责）

（二十五）推动物流活动信息化、数据化。依托部门、行业大数据应用平台，推动跨地区、跨行业物流信息互联共享。推广应用电子运单、电子仓单、电子面单等电子化单证。积极支持基于大数据的运输配载、跟踪监测、库存监控等第三方物流信息平台创新发展。（国家发展改革委、交通运输部会同有关部门负责）

（二十六）建立健全物流行业信用体系。研究制定对运输物流行业严重违法失信市场主体及有关人员实施联合惩戒的合作备忘录，对失信企业在行政审批、资质认定、银行贷款、工程招投标、债券发行等方面依法予以限制，构建守信激励和失信惩戒机制。（国家发展改革委会同相关部门、行业协会负责）

七、推进体制机制改革，营造优良营商环境

（二十七）探索开展物流领域综合改革试点。顺应物流业创新发展趋势，选取部分省市开展物流降本增效综合改革试点，深入推进物流领域大众创业、万众创新，打破地方保护和行业垄断，破除制约物流降本增效和创新发展的体制机制障碍。探索建立物流领域审批事项的"单一窗口"，降低制度性交易成本。强化科技创新、管理创新、机制创新，促进物流新业态、新模式发展，形成可复制、可推广的发展经验。（国家发展改革委、交通运输部会同有关部门负责）

　　各地区、各有关部门要认真贯彻落实党中央、国务院的决策部署，充分认识物流降本增效对深化供给侧结构性改革、促进实体经济发展的重要意义，加强组织领导，明确任务分工，结合本地区、本部门实际，深入落实本意见和《国务院办公厅关于转发国家发展改革委营造良好市场环境推动交通物流融合发展实施方案的通知》（国办发〔2016〕43 号）、《国务院办公厅关于转发国家发展改革委物流业降本增效专项行动方案（2016—2018 年）的通知》（国办发〔2016〕69 号）明确的各项政策措施，完善相关实施细则，扎实推进工作。要充分发挥全国现代物流工作部际联席会议作用，加强工作指导和督促检查，及时协调解决政策实施中存在的问题，确保各项政策措施的贯彻落实。

国务院办公厅

2017 年 8 月 7 日

国务院办公厅关于积极推进供应链创新与应用的指导意见

（国办发〔2017〕84 号）

各省、自治区、直辖市人民政府，国务院各部委、各直属机构：

供应链是以客户需求为导向，以提高质量和效率为目标，以整合资源为手段，实现产品设计、采购、生产、销售、服务等全过程高效协同的组织形态。随着信息技术的发展，供应链已发展到与互联网、物联网深度融合的智慧供应链新阶段。为加快供应链创新与应用，促进产业组织方式、商业模式和政府治理方式创新，推进供给侧结构性改革，经国务院同意，现提出以下意见。

一、重要意义

（一）落实新发展理念的重要举措。

供应链具有创新、协同、共赢、开放、绿色等特征，推进供应链创新发展，有利于加速产业融合、深化社会分工、提高集成创新能力，有利于建立供应链上下游企业合作共赢的协同发展机制，有利于建立覆盖设计、生产、流通、消费、回收等各环节的绿色产业体系。

（二）供给侧结构性改革的重要抓手。

供应链通过资源整合和流程优化，促进产业跨界和协同发展，有利于加强从生产到消费等各环节的有效对接，降低企业经营和交易成本，促进供需精准匹配和产业转型升级，全面提高产品和服务质量。供应链金融的规范发展，有利于拓宽中小微企业的融资渠道，确保资金流向实体经济。

（三）引领全球化提升竞争力的重要载体。

推进供应链全球布局，加强与伙伴国家和地区之间的合作共赢，有利于我国企业更深更广融入全球供给体系，推进"一带一路"建设落地，打造全球利益共同体和命运共同体。建立基于供应链的全球贸易新规则，有利于提高我国在全球经济治理中的话语权，保障我国资源能源安全和产业安全。

二、总体要求

（一）指导思想。

全面贯彻党的十八大和十八届三中、四中、五中、六中全会精神，深入贯彻习近平总书记系列重要讲话精神和治国理政新理念新思想新战略，认真落实党中央、国务院决策部署，统筹推进"五位一体"总体布局和协调推进"四个全面"战略布局，坚持以人民为中心的发展思想，坚持稳中求进工作总基调，牢固树立和贯彻落实创新、协调、绿色、开放、共享的发展理念，以提高发展质量和效益为中心，以供应链与互联网、物联网深度融合为路径，以信息化、标准化、信用体系建设和人才培养为支撑，创新发展供应链新理念、新技术、新模式，高效整合各类资源和要素，提升产业集成和协同水平，打造大数据支撑、网络化共享、智能化协作的智慧供应链体系，推进供给侧结构性改革，提升我国经济全球竞争力。

（二）发展目标。

到 2020 年，形成一批适合我国国情的供应链发展新技术和新模式，基本形成覆盖我国重点产业的智慧供应链体系。供应链在促进降本增效、供需匹配和产业升级中的作用显著增强，成为供给侧结构性改革的重要支撑。培育 100 家左右的全球供应链领先企业，重点产业的供应链竞争力进入世界前列，中国成为全球供应链创新与应用的重要中心。

三、重点任务

（一）推进农村一二三产业融合发展。

1. 创新农业产业组织体系。鼓励家庭农场、农民合作社、农业产业化龙头企业、农业社会化服务组织等合作建立集农产品生产、加工、流通和服务等于一体的农业供应链体系，发展种养加、产供销、内外贸一体化的现代农业。鼓励承包农户采用土地流转、股份合作、农业生产托管等方式融入农业供应链体系，完善利益联结机制，促进多种形式的农业适度规模经营，把农业生产引入现代农业发展轨道。（农业部、商务部等负责）

2. 提高农业生产科学化水平。推动建设农业供应链信息平台，集成农业生产经营各环节的大数据，共享政策、市场、科技、金融、保险等信息服务，提高农业生产科技化和精准化水平。加强产销衔接，优化种养结构，促进农业生产向消费导向型转变，增加绿色优质农产品供给。鼓励发展农业生产性服务业，开拓农业供应链金融服务，支持订单农户参加农业保险。（农业部、科技部、商务部、银监会、保监会等负责）

3. 提高质量安全追溯能力。加强农产品和食品冷链设施及标准化建设，降低流通成本和损耗。建立基于供应链的重要产品质量安全追溯机制，针对肉类、蔬菜、水产品、中药材等食用农产品，婴幼儿配方食品、肉制品、乳制品、食用植物油、白酒等食品，农药、兽药、饲料、肥料、种子等农业生产资料，将供应链上下游企业全部纳入追溯体系，构建来源可查、去向可追、责任可究的全链条可追溯体系，提高消费安全水平。（商务部、国家发展改革委、科技部、农业部、质检总局、食品药品监管总局等负责）

（二）促进制造协同化、服务化、智能化。

1. 推进供应链协同制造。推动制造企业应用精益供应链等管理技术，完善从研发设计、生产制造到售后服务的全链条供应链体系。推动供应链上下游企业实现协同采购、协同制造、协同物流，促进大中小企业专业化分工协作，快速响应客户需求，缩短生产周期和新品上市时间，降低生产经营和交易成本。（工业和信息化部、国家发展改革委、科技部、商务部等负责）

2. 发展服务型制造。建设一批服务型制造公共服务平台，发展基于供应链的生产性服务业。鼓励相关企业向供应链上游拓展协同研发、众包设计、解决方案等专业服务，向供应链下游延伸远程诊断、维护检修、仓储物流、技术培训、融资租赁、消费信贷等增值服务，推动制造供应链向产业服务供应链转型，提升制造产业价值链。（工业和信息化部、国家发展改革委、科技部、商务部、人民银行、银监会等负责）

3. 促进制造供应链可视化和智能化。推动感知技术在制造供应链关键节点的应用，促进全链条信息共享，实现供应链可视化。推进机械、航空、船舶、汽车、轻工、纺织、食品、电子等行业供应链体系的智能化，加快人机智能交互、工业机器人、智能工厂、智慧物流等技术和装备的应用，提高敏捷制造能力。（工业和信息化部、国家发展改革委、科技部、商务部等负责）

（三）提高流通现代化水平。

1. 推动流通创新转型。应用供应链理念和技术，大力发展智慧商店、智慧商圈、智慧物流，提升流通供应链智能化水平。鼓励批发、零售、物流企业整合供应链资源，构建采购、分销、仓储、配送供应链协同平台。鼓励住宿、餐饮、养老、文化、体育、旅游等行业建设供应链综合服务和交易平台，完善供应链体系，提升服务供给质量和效率。（商务部、国家发展改革委、科技部、质检总局等负责）

2. 推进流通与生产深度融合。鼓励流通企业与生产企业合作，建设供应链协同平台，准确及时传导需求信息，实现需求、库存和物流信息的实时共享，引导生产端优化配置生产资源，加速技术和产品创新，按需组织生产，合理安排库存。实施内外销产品"同线同标同质"等一批示范工程，提高供给质量。（商务部、工业和信息化部、农业部、质检总局等负责）

3. 提升供应链服务水平。引导传统流通企业向供应链服务企业转型，大力培育新型供应链服务企业。推动建立供应链综合服务平台，拓展质量管理、追溯服务、金融服务、研发设计等功能，提供采购执行、物流服务、分销执行、融资结算、商检报关等一体化服务。（商务部、人民银行、银监会等负责）

（四）积极稳妥发展供应链金融。

1. 推动供应链金融服务实体经济。推动全国和地方信用信息共享平台、商业银行、供应链核心企业等开放共享信息。鼓励商业银行、供应链核心企业等建立供应链金融服务平台，为供应链上下游中小微企业提供高效便捷的融资渠道。鼓励供应链核心企业、金融机构与人民银行征信中心建设的应收账款融资服务平台对接，发展线上应收

账款融资等供应链金融模式。（人民银行、国家发展改革委、商务部、银监会、保监会等负责）

2. 有效防范供应链金融风险。推动金融机构、供应链核心企业建立债项评级和主体评级相结合的风险控制体系，加强供应链大数据分析和应用，确保借贷资金基于真实交易。加强对供应链金融的风险监控，提高金融机构事中事后风险管理水平，确保资金流向实体经济。健全供应链金融担保、抵押、质押机制，鼓励依托人民银行征信中心建设的动产融资统一登记系统开展应收账款及其他动产融资质押和转让登记，防止重复质押和空单质押，推动供应链金融健康稳定发展。（人民银行、商务部、银监会、保监会等负责）

（五）积极倡导绿色供应链。

1. 大力倡导绿色制造。推行产品全生命周期绿色管理，在汽车、电器电子、通信、大型成套装备及机械等行业开展绿色供应链管理示范。强化供应链的绿色监管，探索建立统一的绿色产品标准、认证、标识体系，鼓励采购绿色产品和服务，积极扶植绿色产业，推动形成绿色制造供应链体系。（国家发展改革委、工业和信息化部、环境保护部、商务部、质检总局等按职责分工负责）

2. 积极推行绿色流通。积极倡导绿色消费理念，培育绿色消费市场。鼓励流通环节推广节能技术，加快节能设施设备的升级改造，培育一批集节能改造和节能产品销售于一体的绿色流通企业。加强绿色物流新技术和设备的研究与应用，贯彻执行运输、装卸、仓储等环节的绿色标准，开发应用绿色包装材料，建立绿色物流体系。（商务部、国家发展改革委、环境保护部等负责）

3. 建立逆向物流体系。鼓励建立基于供应链的废旧资源回收利用平台，建设线上废弃物和再生资源交易市场。落实生产者责任延伸制度，重点针对电器电子、汽车产品、轮胎、蓄电池和包装物等产品，优化供应链逆向物流网点布局，促进产品回收和再制造发展。（国家发展改革委、工业和信息化部、商务部等按职责分工负责）

（六）努力构建全球供应链。

1. 积极融入全球供应链网络。加强交通枢纽、物流通道、信息平台等基础设施建设，推进与"一带一路"沿线国家互联互通。推动国际产能和装备制造合作，推进边境经济合作区、跨境经济合作区、境外经贸合作区建设，鼓励企业深化对外投资合作，设立境外分销和服务网络、物流配送中心、海外仓等，建立本地化的供应链体系。（商务部、国家发展改革委、交通运输部等负责）

2. 提高全球供应链安全水平。鼓励企业建立重要资源和产品全球供应链风险预警系统，利用两个市场两种资源，提高全球供应链风险管理水平。制定和实施国家供应链安全计划，建立全球供应链风险预警评价指标体系，完善全球供应链风险预警机制，提升全球供应链风险防控能力。（国家发展改革委、商务部等按职责分工负责）

3. 参与全球供应链规则制定。依托全球供应链体系，促进不同国家和地区包容共享发展，形成全球利益共同体和命运共同体。在人员流动、资格互认、标准互通、认可认证、知识产权等方面加强与主要贸易国家和"一带一路"沿线国家的磋商与合作，推动建立有利于完善供应链利益联结机制的全球经贸新规则。（商务部、国家发展改革委、人力资源社会保障部、质检总局等负责）

四、保障措施

（一）营造良好的供应链创新与应用政策环境。

鼓励构建以企业为主导、产学研用合作的供应链创新网络，建设跨界交叉领域的创新服务平台，提供技术研发、品牌培育、市场开拓、标准化服务、检验检测认证等服务。鼓励社会资本设立供应链创新产业投资基金，统筹结合现有资金、基金渠道，为企业开展供应链创新与应用提供融资支持。（科技部、工业和信息化部、财政部、商务部、人民银行、质检总局等按职责分工负责）

研究依托国务院相关部门成立供应链专家委员会，建设供应链研究院。鼓励有条件的地方建设供应链科创研发中心。支持建设供应链创新与应用的政府监管、公共服务和信息共享平台，建立行业指数、经济运行、社会预警等指标体系。（科技部、商务部等按职责分工负责）

研究供应链服务企业在国民经济中的行业分类，理顺行业管理。符合条件的供应链相关企业经认定为国家高新技术企业后，可按规定享受相关优惠政策。符合外贸企业转型升级、服务外包相关政策条件的供应链服务企业，按现行规定享受相应支持政策。（国家发展改革委、科技部、工业和信息化部、财政部、商务部、国家统计局等按职责分工负责）

（二）积极开展供应链创新与应用试点示范。

开展供应链创新与应用示范城市试点，鼓励试点城市制定供应链发展的支持政策，完善本地重点产业供应链体系。培育一批供应链创新与应用示范企业，建设一批跨行业、跨领域的供应链协同、交易和服务示范平台。（商务部、工业和信息化部、农业部、人民银行、银监会等负责）

（三）加强供应链信用和监管服务体系建设。

完善全国信用信息共享平台、国家企业信用信息公示系统和"信用中国"网站，健全政府部门信用信息共享机制，促进商务、海关、质检、工商、银行等部门和机构之间公共数据资源的互联互通。研究利用区块链、人工智能等新兴技术，建立基于供应链的信用评价机制。推进各类供应链平台有机对接，加强对信用评级、信用记录、风险预警、违法失信行为等信息的披露和共享。创新供应链监管机制，整合供应链各环节涉及的市场准入、海关、质检等政策，加强供应链风险管控，促进供应链健康稳定发展。（国家发展改革委、交通运输部、商务部、人民银行、海关总署、税务总局、

工商总局、质检总局、食品药品监管总局等按职责分工负责）

（四）推进供应链标准体系建设。

加快制定供应链产品信息、数据采集、指标口径、交换接口、数据交易等关键共性标准，加强行业间数据信息标准的兼容，促进供应链数据高效传输和交互。推动企业提高供应链管理流程标准化水平，推进供应链服务标准化，提高供应链系统集成和资源整合能力。积极参与全球供应链标准制定，推进供应链标准国际化进程。（质检总局、国家发展改革委、工业和信息化部、商务部等负责）

（五）加快培养多层次供应链人才。

支持高等院校和职业学校设置供应链相关专业和课程，培养供应链专业人才。鼓励相关企业和专业机构加强供应链人才培训。创新供应链人才激励机制，加强国际化的人才流动与管理，吸引和聚集世界优秀供应链人才。（教育部、人力资源社会保障部、商务部等按职责分工负责）

（六）加强供应链行业组织建设。

推动供应链行业组织建设供应链公共服务平台，加强行业研究、数据统计、标准制修订和国际交流，提供供应链咨询、人才培训等服务。加强行业自律，促进行业健康有序发展。加强与国外供应链行业组织的交流合作，推动供应链专业资质相互认证，促进我国供应链发展与国际接轨。（国家发展改革委、工业和信息化部、人力资源社会保障部、商务部、质检总局等按职责分工负责）

国务院办公厅

2017 年 10 月 5 日

国家发展改革委文件

国家发展改革委等三部门《关于开展物流园区示范工作的通知》

（发改经贸〔2015〕1115号）

各省、自治区、直辖市及计划单列市发展改革、国土资源厅（局）、住房城乡建设厅、规划局（委）：

为进一步发挥试点示范的带动作用，引导我国物流园区健康有序发展，提高物流整体服务水平，根据《物流业发展中长期规划（2014—2020年)》（国发〔2014〕42号）、《促进物流业发展三年行动计划》（发改经贸〔2014〕2827号）和《全国物流园区发展规划》（发改经贸〔2013〕1949号）要求，国家发展改革委、国土资源部、住房城乡建设部将开展物流园区示范工作，并委托中国物流与采购联合会具体组织评选示范物流园区，现将有关事项通知如下。

一、充分认识物流园区示范工作的重要意义

物流园区作为重要的物流基础设施，具有功能集成、设施共享、用地集约的优势。通过选择一批行业企业认同、运营模式先进、示范带动作用强的物流园区开展试点示范工作，有利于以点带面全面提升我国物流园区的建设、管理和服务水平，对提高全社会物流效率，促进产业结构调整和经济发展方式转变，推动"一带一路"、长江经济带、京津冀协同发展等重大战略规划的实施具有重要意义。

二、开展物流园区示范的主要原则、目标和重点

（一）主要原则

1. 市场运作，政府引导。物流园区自愿申报，行业协会牵头评定，政府发挥引导和协调作用，共同推广先进物流园区运作模式。

2. 制定标准，严格评选。科学制定示范物流园区评价体系，定性和定量评价相结合，坚持高标准、严要求，公开、公平、公正开展示范物流园区遴选。

3. 以点带面，提升水平。建立我国物流园区建设运营标杆，发挥示范带动作用，创新园区发展的体制机制，提升物流园区综合服务能力。

4. 科学规划，集约发展。符合当地规划和物流发展需求，园区建设标准合理、规模适度、用地节约，有利于吸引物流企业向园区集聚发展。

5. 加强监测，动态管理。加强对示范物流园区运行的监测分析，定期考核，建立有进有退的动态管理机制，提升物流园区示范工作的行业认可度和权威性。

（二）示范目标

到 2020 年，全国分批评定 100 家左右，基础设施先进、服务功能完善、运营效率显著、社会贡献突出的示范物流园区。通过试点示范，形成可复制、可推广、符合我国实际的物流园区建设运营模式，提升我国物流园区整体发展水平，逐步建立布局合理、规模适度、功能齐全、绿色高效的全国物流园区网络体系。

（三）园区类型和发展重点

示范物流园区主要包括货运枢纽型、商贸服务型、生产服务型、口岸服务型、综合服务型五种类型。其中，货运枢纽型示范物流园区重点发展多式联运等先进运输组织方式，提高货运效率，为国际性或区域性货物中转服务；商贸服务型示范物流园区重点利用现代信息技术推动物流组织模式创新，促进货源与车源信息的高效匹配，实现物流园区与服务对象的融合发展；生产服务型示范物流园区重点开展供应链一体化服务，满足生产制造企业的物料供应与产品销售等物流需求；口岸服务型示范物流园区重点构建具备进出口货物转运、集散功能，服务于全球贸易、营销网络的物流支撑体系，满足国际贸易企业物流需求；综合服务型示范物流园区重点发挥综合性、多元化优势，促进多种物流功能互补、信息共享，满足城市和区域的规模物流需求。

三、示范物流园区的申报要求

（一）园区应具有较好的区位及交通条件，符合土地利用总体规划、城乡规划、物流业发展规划、综合交通体系规划和产业发展规划等，在安全、节能、环保等方面符合国家相关规定和标准。

（二）园区已制定自身建设发展规划，具有公共服务属性并有统一的运营管理机构，制度健全，实际运营年限不低于 1 年，且期间没有发生违法违规行为和重大安全责任事故。

（三）园区满足《全国物流园区发展规划》要求，具有完善的基础设施和较强的货运物流服务能力，聚集了一定数量的物流企业，运营效率较高，土地集约利用水平较高，对当地经济发展具有支撑保障作用。同时，具备应急物资大规模快速集散、中转能力。

（四）《全国物流园区发展规划》中一级或二级物流园区布局城市所在地的物流园区，"一带一路"、长江经济带、京津冀协同发展等重大战略规划涉及的物流园区，同等条件下可优先申报。

具体申报条件参见附件《示范物流园区申报条件》。

四、物流园区示范工作的组织实施

（一）组织申报。省级发展改革部门要会同国土、住建部门、地方行业协会做好示范物流园区的组织申报工作，指导有意向参与的物流园区编制相关申报材料，并在2015年6月30日前，将推荐的物流园区名单和申报材料报送中国物流与采购联合会（具体申报材料要求由中国物流与采购联合会另行通知）。

（二）评选公示。中国物流与采购联合会组建示范物流园区专家评审组，从基础设施、服务能力、运营效率、社会贡献等几个方面建立园区综合评价指标体系，制定评审标准和规则，对拟参与示范的物流园区进行综合评审，提出示范物流园区名单，送国家发展改革委、国土资源部、住房城乡建设部审核后在中国物流与采购联合会网站进行公示。

（三）结果发布。公示期满无异议后，中国物流与采购联合会发布示范物流园区名单，并将有关情况抄送国家发展改革委、国土资源部、住房城乡建设部。

（四）考核管理。中国物流与采购联合会对示范物流园区运行情况进行跟踪监测，定期开展考核，公布考核结果，并将有关情况抄送国家发展改革委、国土资源部和住房城乡建设部。国家发展改革委、国土资源部和住房城乡建设部将会同有关部门对物流园区示范工作给予指导和监督，以适当方式推广示范物流园区经验。

五、政策保障

（一）积极营造物流园区良好发展环境。国家发展改革委、国土资源部、住房城乡建设部将会同有关部门建立示范物流园区工作协调机制，加强示范物流园区重大发展战略问题研究和政策协调，为示范物流园区发展创造良好条件。省级发展改革、国土、住建部门要加强沟通协调，会同有关部门积极解决本地区示范物流园区发展中面临的突出问题，推动本地区物流园区的健康有序发展。

（二）加大对示范物流园区投融资支持力度。国家各有关专项资金将优先支持示范物流园区重大公共物流基础设施和集疏运通道建设、物流设施设备更新改造、物流信息化和标准化建设、运输组织创新与合作等。鼓励示范物流园区运营主体通过银行贷款、股票上市、发行债券、产业基金等多种途径筹集建设资金；支持示范物流园区及入驻企业与金融机构联合打造物流金融服务平台。

（三）落实示范物流园区用地、规划支持政策。城市规划部门将加强对示范物流园区的规划指导和支持。国土部门对示范物流园区新增建设用地，将优先列入建设用地供应计划。国土、城市规划等部门在相关规划编制过程中要充分考虑示范物流园区建设发展用地需求。

开展物流园区示范是提升我国物流园区建设、管理和服务水平，提高物流运作效率的一项重要工作。各省级发展改革、国土、住建部门要高度重视，加强沟通协调，积极参与做好相关工作，协调解决本地区物流园区发展中面临的重大问题，有关情况及时报送国家发展改革委、国土资源部和住房城乡建设部，共同推动我国物流园区健康有序发展。

附件：示范物流园区申报条件

国家发展改革委

国土资源部

住房城乡建设部

2015 年 5 月 19 日

示范物流园区申报条件

申报条件	具体要求				
	货运枢纽型	商贸服务型	生产服务型	口岸服务型	综合服务型
基本要求	满足《全国物流园区发展规划》相关条件和选址要求				
运营要求	开业运营满 1 年或以上，具有独立运营的物流园区管理机构				
园区收入	全部入驻企业物流业务年收入 20 亿元以上，年营业收入超过 2 亿元的物流企业不少于 3 家				
实际占地面积	≥0.5km^2				
物流运营面积占比	≥60%				
园区物流强度	空港型≥60 海港型≥1200 陆港型≥600	200	300	—	500
年完成集装箱吞吐量	—	—	—	60 万 TEU	—
仓储面积	≥20 万平方米（其中，库房仓储面积≥10 万平方米）				
信息服务	具有门户网站、信息管理和服务平台等，可以提供车辆进出管理、运营和统计等服务，平台网页级别（PR 值）≥1.0				
配套服务	可以提供停车、住宿、餐饮、加油（加气、充电）、修理、物业、安保等配套服务，以及工商、税务、金融、保险等政务和商务服务				

注：

1. 物流运营面积占比＝物流运营面积/实际占地面积，其中，物流运营面积包括码头、铁路装卸线、道路、仓库、堆场、雨棚、流通加工场所、货车停车场、装卸搬运场地、信息服务用地等，不包括生活配套和商务配套用地。

2. 仓储面积，指园区拥有的库房及堆场等仓储设施面积之和。

3. 园区物流强度＝园区年度货物吞吐量/园区总占地面积，单位：万吨/km^2·年。

4. 如个别指标达不到申报条件，但园区经营模式比较创新、其他指标特别突出的，经省级发展改革部门认可后也可申报。

国家发展改革委等三部门《关于做好示范物流园区工作的通知》

（发改经贸〔2016〕2249号）

有关省、自治区、直辖市及计划单列市发展改革委、国土资源厅（局）、住房城乡建设厅、规划局（委）：

根据国家发展改革委、国土资源部、住房城乡建设部联合印发的《关于开展物流园区示范工作的通知》（发改经贸〔2015〕1115号）的要求，经中国物流与采购联合会组织专家评审，确定了北京通州物流基地等29个物流园区为首批示范物流园区。现将示范工作有关要求通知如下。

一、高度重视物流园区示范工作

物流园区作为重要的物流基础设施，具有功能集成、设施共享、用地节约的优势，对于提高物流服务效率、降低物流成本，缓解交通干线的通行压力和城市交通拥堵，减少排放、改善环境等具有重要意义。选择一批行业企业认同、运营模式先进、区域带动作用强的物流园区开展示范，加快形成一批可复制、可推广、符合我国实际的物流园区，有利于推动我国物流园区发展水平提高，探索经济新常态下我国物流产业集聚、升级和发展的新路径。你们要高度重视此项工作，进一步提高认识，把物流园区的示范、规划布局建设与国务院降低实体经济成本的决策部署结合起来，及时总结工作经验，完善物流园区的功能及体制机制，以点带面提升我国物流园区建设、管理和服务水平，全面提高社会物流运行效率。

二、突出示范工作重点

要加强对示范物流园区的工作指导，结合专家评审意见，进一步明确各自功能定位、运营特色，总结创新思路与做法，建立符合我国实际的物流园区建设运营管理体系。

（1）货运枢纽型示范物流园区。重点发展集装单元、多式联运、甩挂运输等先进运输组织方式，探索推广"一单制"服务流程，提高一体化服务水平，满足区域性和国际性货物中转服务需求。

（2）商贸服务型示范物流园区。重点利用现代信息技术推动物流组织模式创新，促进仓储、干线运输、落地配送等信息的高效匹配，实现物流园区与服务对象的融合发展，提高车货匹配效率，满足城乡物流配送服务需求。

（3）生产服务型示范物流园区。重点开展供应链一体化服务，发展适应"互联网＋"大规模定制的智能集成式物流模式，满足生产制造企业的物料供应与产品销售等物流需求。

（4）口岸服务型示范物流园区。重点构建具备进出口货物转运、集散和快速通关功能，服务于全球贸易、营销网络的物流支撑体系，满足国际贸易企业物流需求和通关便利化要求。

（5）综合服务型示范物流园区。重点发挥综合性、多元化优势，实现园区内企业的功能互补和资源共享，提高物流组织效率，满足城市和区域货物存储、转运、分拨、配送等需求。

三、加大示范物流园区政策支持

（1）落实示范物流园区用地、规划支持政策。城市规划部门要会同国土部门加强对示范物流园区的规划指导和支持，按照当地物流发展的要求，合理规划物流园区的功能和用地布局，合理确定物流用地的容积率，并纳入相应的城市（镇）总体规划统一管理。国土部门要积极保障物流业用地供应，对示范物流园区新增建设用地，要优先列入建设用地的供应计划。国土、城市规划等部门在相关规划编制过程中要充分考虑示范物流园区建设发展的用地需求，及时评估和考核物流园区规划执行情况和建设用地利用效率，积极推进长期租赁、先租后让、租让结合的土地供应方式，降低物流企业用地成本。

（2）加大对示范物流园区投融资支持力度。省级发展改革委要积极协调地方有关部门支持示范物流园区重大公共物流基础设施、多式联运转运设施、现代化仓储配送设施、物流设施设备更新改造、物流信息化和标准化建设等。要引导银行业金融机构在风险可控、商业可持续的前提下，加大对示范物流园区和入驻企业的信贷支持力度，发展适合物流企业特点的金融产品。鼓励示范物流园区运营主体通过股票上市、发行债券、产业基金等多种途径筹集建设资金。国家有关专项建设资金也将优先支持符合条件的示范物流园区项目建设。

（3）进一步减轻物流园区及企业税费负担。深化"放管服"改革，在保障安全的前提下，要协调地方各有关部门进一步简化物流园区规划建设、运营管理，以及物流企业设立和开展业务的行政审批手续，最大程度减少对物流园区开展业务创新的限制。全面实施涉企收费目录清单管理，加强涉企收费监督管理，完善查处机制，坚决取缔各类涉及物流园区及入驻企业的违规收费项目。要结合全面推开营改增试点，协调地方财税部门落实好示范物流园区无运输工具承运业务按照交通运输服务缴纳增值税政策，以及大宗商品仓储用地土地使用税减半征收等各类已出台税收优惠政策。

四、加强示范工作的组织实施和评估考核

省级发展改革委要会同国土、住房城乡建设（规划）等部门建立示范物流园区协

调机制，加强示范工作统筹协调和组织实施，每年 12 月 15 日前将有关工作进展情况、主要做法和取得的成效报送国家发展改革委、国土资源部、住房城乡建设部。中国物流与采购联合会要发挥行业协会的桥梁和纽带作用，健全和完善行业基础性工作，加强对示范物流园区运行情况的跟踪检测和评估总结。国家发展改革委、国土资源部、住房城乡建设部将加强对各示范物流园区运行的检测考核、建立有进有退的动态管理机制，提升物流园区示范工作的行业认可度和权威性，并适时开展全国性经验总结和示范推广等工作。

　　附件：首批示范物流园区名单

国家发展改革委

国土资源部

住房城乡建设部

2016 年 10 月 26 日

首批示范物流园区名单

（共 29 个、按行政区划排序）

北京市　　北京通州物流基地

上海市　　中国（上海）自由贸易试验区（外高桥保税物流园区）

重庆市　　重庆西部现代物流产业园

辽宁省　　沈阳国际物流港

河北省　　迁安北方钢铁物流园区

河南省　　郑州国际航空物流园区

　　　　　河南保税物流中心

山东省　　山东盖家沟国际物流园

　　　　　临沂经济技术开发区现代物流园

陕西省　　陕西国际航空物流港

青海省　　青海朝阳物流园区

湖北省　　武汉东西湖综合物流园

湖南省　　湖南金霞现代物流园

安徽省　　安徽合肥商贸物流园区

江苏省　　张家港玖隆钢铁物流园

　　　　　惠龙港国际物流园区

浙江省　　杭州传化公路港

　　　　　嘉兴现代物流园

广东省　　林安物流园

云南省　　云南腾俊国际陆港

贵州省　　清镇市物流园区

四川省　　中国西部现代物流港

内蒙古自治区　　内蒙古红山物流园

广西壮族自治区　　广西防城港市东湾物流园区

大连市　　大连保税区（物流园区）

青岛市　　青岛胶州湾国际物流园

宁波市　　宁波（镇海）大宗货物海铁联运物流枢纽港

厦门市　厦门保税物流（区港联动）园区

深圳市　深圳市前海湾保税物流园区

注：以上示范物流园区的具体位置以向国土资源部报备的界址点坐标为准。

国家发展改革委等三部门《关于开展第二批物流园区示范工作的通知》

(发改办经贸〔2017〕526号)

各省、自治区、直辖市及计划单列市发展改革委、国土资源厅（局）、住房城乡建设厅、规划局（委），中国铁路总公司办公厅：

为进一步发挥试点示范带动作用，引导我国物流园区健康有序发展，提高物流整体服务水平，根据《物流业发展中长期规划（2014—2020年）》（国发〔2014〕42号）《全国物流园区发展规划》（发改经贸〔2013〕1949号）和《关于开展物流园区示范工作的通知》（发改经贸〔2015〕1115号，以下简称《通知》）要求，国家发展改革委、国土资源部、住房城乡建设部将开展第二批物流园区示范工作，并委托中国物流与采购联合会具体组织评选。现将有关事项通知如下。

一、总体要求

物流园区是重要的物流基础设施，具有功能集成、设施共享、用地集约的优势。选择一批行业企业认同、运营模式先进、区域带动作用强的物流园区开展示范，加快形成一批可复制、可推广的物流园区发展经验，有利于推动物流园区整体发展水平的提高，探索新常态下我国物流产业集聚、升级和发展的新路径，对提高全社会物流效率，促进产业结构调整和经济发展方式转变具有重要意义。按照《通知》要求，申请开展示范工作的物流园区应具有较好的区位及交通条件，符合当地土地利用总体规划、城市总体规划等，并已依据城市总体规划制定控制性详细规划，纳入当地城乡规划统一管理。同时，要满足《全国物流园区发展规划》基本要求，并具有较完善的基础设施和较强的货运物流服务能力。具体申报要求和条件参照《通知》执行。

二、申报程序

（一）编制申报材料。省级发展改革部门要会同国土、住建部门、地方行业协会做好示范物流园区的组织申报工作，指导有意愿、有基础参与的物流园区编制相关申报材料，并在2017年5月15日前，将推荐的物流园区名单和申报材料报送中国物流与采购联合会（具体申报材料要求由中国物流与采购联合会另行通知）。中国铁路总公司可参照上述程序商地方国土、住建部门后报送有关材料。

（二）组织开展评审。中国物流与采购联合会负责组建示范物流园区专家组，建立园区综合评价指标体系，制定相关标准和规则，按照公平公正原则，对拟参与示范的物流园区进行综合评价，并提出示范物流园区推荐名单，送国家发展改革委、国土资源部、住房城乡建设部审核后在中国物流与采购联合会网站进行公示。

（三）公布示范名单。公示期满无异议后，国家发展改革委、国土资源部、住房城乡建设部将公布示范园区名单。

三、组织实施

开展物流园区示范是提升我国物流园区建设、管理和服务水平，提高物流运作效率的一项重要工作。各省级发展改革、国土、住建部门要高度重视，加强示范工作统筹协调和组织实施。中国物流与采购联合会对示范物流园区运行情况进行跟踪监测和评估总结，并将有关情况及时报送国家发展改革委、国土资源部和住房城乡建设部。国家发展改革委、国土资源部和住房城乡建设部将会同有关部门对物流园区示范工作给予指导和监督，建立有进有退的示范物流园区动态管理机制，并以适当方式总结推广示范物流园区经验。

国家发展和改革委办公厅

国土资源部办公厅

住房城乡建设部办公厅

2017 年 3 月 27 日

国家发展改革委等三部门《关于做好第二批示范物流园区工作的通知》

（发改经贸〔2018〕249号）

有关省、自治区、直辖市及计划单列市发展改革委、国土资源厅（局）、住房城乡建设厅、规划局（委），中国铁路总公司：

根据国家发展改革委、国土资源部、住房城乡建设部联合印发的《关于开展第二批物流园区示范工作的通知》（发改办经贸〔2017〕526号）的要求，经中国物流与采购联合会组织专家评审，确定河北省邢台好望角物流园区等27个物流园区为第二批示范物流园区。现将示范工作有关要求通知如下。

一、充分认识做好物流园区示范工作的重要意义

党中央、国务院高度重视物流降本增效和创新发展工作。物流园区作为重要物流基础设施，具有功能集成、设施共享、用地节约的优势，对于提高物流服务效率、降低物流成本具有重要意义。特别是自第一批物流园区开展示范工作以来，相关园区主动作为、勇于创新，在园区建设、运营管理、服务水平提升等方面进行了有益尝试，取得积极成效，对推动我国物流园区创新发展和服务水平提升，促进物流产业集聚升级发挥了重要作用。你们要把物流园区的示范建设工作，与贯彻落实党的十九大报告关于加强物流等基础设施网络建设以及在现代供应链等领域培育新增长点、形成新动能的决策部署结合起来，及时总结示范工作经验，推动完善物流园区功能及体制机制，以点带面提升我国物流园区建设、管理和服务水平，着力推进物流降本增效，促进实体经济发展。

二、加强对示范物流园区的工作指导和政策支持

要加强对示范物流园区的工作指导，学习借鉴国内外先进经验，结合物联网、大数据、云计算等先进信息技术和现代物流装备推广应用，优化区域物流存量资源配置，扩大优质增量供给，推动物流组织模式和管理方式创新，进一步完善示范物流园区的功能定位、运营模式、管理体制等。省级发展改革部门要积极推动落实国家和地方已出台的支持物流园区发展的各项政策，协调地方有关部门和银行业金融机构等支持示范物流园区重大物流基础设施建设，为园区发展营造更优发展环境。国土资源、住房城乡建设（规划）部门要按照职责分工，加强对示范物流园区的规划指导和支持，对纳入国家示范的物流园区新增物流仓储用地，优先列入建设用地供应计划并给予重点保障。同时，住房城乡建设（规划）部门要依据相应的城市总体规划，科学编制示范物流园区控制性详细规划，合理规划园区功能、用地布局。

三、做好物流园区示范的组织实施和评估工作

省级发展改革部门要会同国土资源、住房城乡建设（规划）等部门进一步完善示范物流园区工作协调机制，加强示范工作统筹和组织实施，积极协调解决园区发展中面临的困难和问题，及时将有关工作进展情况、主要做法和取得的成效报送国家发展改革委、国土资源部、住房城乡建设部。中国物流与采购联合会要发挥行业协会的桥梁和纽带作用，加强对示范物流园区运行情况的跟踪监测和评估总结，对于园区示范中发现的共性问题和政策障碍要及时报告。国家发展改革委、国土资源部、住房城乡建设部将加强对各示范物流园区运行的监测考核，建立有进有退的动态管理机制，提升物流园区示范工作的行业认可度和权威性，将示范物流园区打造成服务实体经济发展的重要平台，带动产业集推进物流业与制造业、商贸业、金融业等联动融合，实现区行业间各类要素资源的优化配置，构建相互依存、共生共荣聚域的物流"生态圈"。国家发展改革委将会同有关部门适时开展全国性经验总结和示范推广工作。

附件：第二批示范物流园区名单

国家发展改革委

国土资源部

住房城乡建设部

2018 年 2 月 5 日

第二批示范物流园区名单

（共 27 个）

河北省　邢台好望角物流园区

山西省　中鼎物流园

内蒙古自治区　集宁现代物流园区

吉林省　香江物流园

上海市　中国（上海）自由贸易试验区洋山保税港区（陆域）物流园区

江苏省　南京龙潭综合物流园区

　　　　上合组织（连云港）国际物流园

浙江省　义乌港物流园

　　　　衢州工业新城物流园区

宁波市　宁波经济技术开发区现代国际物流园区

安徽省　安徽华源现代物流园

福建省　福建福港综合物流园区

江西省　鹰潭市现代物流园

山东省　山东佳怡物流园

　　　　威海国际物流园

河南省　郑州国际物流园区

　　　　豫东综合物流产业园

湖北省　宜昌三峡物流园

湖南省　湘南国际物流园

广东省　南方物流集团物流园

深圳市　深国际华南物流园

广西壮族自治区　广西凭祥综合保税区物流园

重庆市　秀山（武陵）现代物流园区

四川省　南充现代物流园

贵州省　黔中（安顺）物流园区

甘肃省　甘肃（兰州）国际陆港

铁路总公司　成都铁路局城厢铁路物流基地

国家发展改革委关于印发《"互联网+"高效物流实施意见》的通知

（发改经贸〔2016〕1647号）

国务院有关部委、直属单位，各省、自治区、直辖市及计划单列市人民政府：

为贯彻落实《国务院关于积极推进"互联网+"行动的指导意见》（国发〔2015〕40号），发展改革委会同有关部门研究制定了《"互联网+"高效物流实施意见》，经国务院同意，现印发你们，请认真贯彻执行。

附件：《"互联网+"高效物流实施意见》

国家发展改革委

2016年7月29日

"互联网 +"高效物流实施意见

物流业是现代服务业的重要组成部分，也是当前经济和社会发展中的突出短板。发展"互联网 +"高效物流，是适度扩大总需求、推进结构性改革尤其是供给侧结构性改革的重要举措，对有效降低企业成本、便利群众生活、促进就业、提高全要素生产率具有重要意义。为深入贯彻落实《国务院关于积极推进"互联网 +"行动的指导意见》（国发〔2015〕40 号），大力推进"互联网 +"高效物流发展，提高全社会物流质量、效率和安全水平，经国务院同意，提出以下实施意见。

一、总体要求

（一）指导思想。

全面贯彻党的十八大和十八届三中、四中、五中全会精神，牢固树立和贯彻落实创新、协调、绿色、开放、共享的新发展理念，深入推进供给侧结构性改革，顺应物流领域科技与产业发展的新趋势，加快完善物流业相关政策法规和标准规范，推动大数据、云计算、物联网等先进信息技术与物流活动深度融合，推进"互联网 +"高效物流与大众创业万众创新紧密结合，创新物流资源配置方式，大力发展商业新模式、经营新业态，提升物流业信息化、标准化、组织化、智能化水平，实现物流业转型升级，为国民经济提质增效提供有力支撑。

（二）基本原则。

——深化改革，激发活力。着力打破制约"互联网 +"物流发展的体制机制障碍，加快调整完善政策法规，统一相关行业标准，创新制度供给，最大限度地释放企业创新发展的内生动力，增强市场活力。

——互联互通，开放共享。推动政府物流数据信息向社会公开，完善信息交换开放标准体系，促进企业间物流信息以及企业商业信息与政府公共服务信息的开放对接，实现物流信息互联互通与充分共享。

——市场主导，政府引导。充分发挥市场在物流资源配置中的决定性作用，强化企业主体地位，激发企业活力和创造力。深入推进简政放权、放管结合、优化服务改革，加快转变政府职能、提高效能，为物流新模式、新业态发展营造良好的制度环境。

——技术引领，创新发展。以先进信息技术为依托，优化物流企业业务流程，创新物流活动组织方式，发挥新技术引领的经营管理创新在物流业转型升级中的关键作用。

（三）发展目标。

先进信息技术在物流领域广泛应用，仓储、运输、配送等环节智能化水平显著提升，物流组织方式不断优化创新；基于互联网的物流新技术、新模式、新业态成为行业发展新动力，与"互联网＋"高效物流发展相适应的行业管理政策体系基本建立；形成以互联网为依托，开放共享、合作共赢、高效便捷、绿色安全的智慧物流生态体系，物流效率效益大幅提高。

二、主要任务

（四）构建物流信息互联共享体系。

推动传统物流活动向信息化、数据化方向发展，促进物流相关信息特别是政府部门信息的开放共享，夯实"互联网＋"高效物流发展的信息基础，形成互联网融合创新与物流效率提升的良性互动。

——引导物流活动数据化。加快物流企业信息化建设，通过电子化、数据化方式采集物流交易和物流活动信息，推广应用电子面单、电子合同等数据化物流活动信息载体，为"互联网＋"高效物流发展创造基础条件，促进物流活动和物流交易传统模式革新。

——加强物流信息标准化。加快物流技术、装备、流程、服务、安全等标准制修订工作，建立健全物流数据采集、管理、开放、应用等相关标准规范，重点完善包装、托盘、周转箱、货品编码等标准。加强基础共性标准、关键技术标准和重点应用标准研究，制修订一批行业急需的企业间物流信息交互标准以及物流公共信息平台应用开发、通用接口、数据传输等标准，并加强推广应用。

——推动物流数据开放化。研究制定政府物流数据开放目录，规范数据开放的具体方式、内容、对象等。促进公安、海关、质检、港口、铁路、路政、工商、税务等部门信息共享，推动公路、铁路、水运、航空等不同交通运输方式之间的信息衔接。引导行业协会、公共服务和科研机构等采集和分析物流运行数据，支持公共服务机构、大型企业针对社会化物流需求提供基于物联网、云计算、大数据的各类应用服务。探索制定物流数据商业化服务规则。

——促进物流信息平台协同化。加快推进国家交通运输物流公共信息平台建设与应用，加强综合运输信息以及物流资源交易、车货匹配、安全监管等信息平台建设，推动平台之间数据对接、信息互联，促进互通省际、下达市县、兼顾乡村的物流信息共享，实现物流活动全程监测预警、实时跟踪查询。鼓励物流龙头企业搭建面向中小物流企业的物流信息服务平台，促进货源、车（船）源和物流服务等信息的高效匹配，有效降低运输载具空驶率，为优化社会物流资源配置提供平台支撑。

专栏1　物流信息互联互通工程

1. 物流大数据信息集成工程。依托国家交通运输物流公共信息平台，按照开放、公益的原则，综合政府、企业与社会各类基础和专用信息，形成物流大数据中心，实现物流信息资源的互联共享，并加强对数据的挖掘应用。

负责单位：发展改革委、交通运输部、网信办、海关总署等。

目标及完成时限：2016 年年底，完成物流大数据中心相关信息集成系统设计调整，2017 年年底试运行，开展数据汇集分析工作。

2. 互联交换标准推广工程。完善综合运输信息互联交换标准体系，依托国家交通运输物流公共信息平台，建设铁路、水路、公路、航空、邮政等物流信息交换节点，拓展与东北亚、东盟、欧盟国家（地区）港口的物流信息共享交换。

负责单位：交通运输部、发展改革委、海关总署、铁路局、民航局、邮政局、中国铁路总公司。

目标及完成时限：到 2018 年年底，初步构建起多种运输方式间信息互联交换标准体系，物流信息互联交换基础网络基本建成，实现充分有效的互联互通。

3. 水路便利运输电子口岸信息平台工程。依托电子口岸平台，构建服务于对外开放港口海关、检验检疫和边检机关，以及相关企业的分布式港航信息交换共享体系，按统一标准对接融入口岸国际贸易"单一窗口""三互"（监管互认、执法互助、信息互换）体系；建立覆盖所有对外开放港口的港航综合信息服务平台、电子联检服务平台，提高各单位业务协同服务效率。

负责单位：交通运输部、海关总署、质检总局、公安部。

目标及完成时限：到 2018 年，基本建成服务于对外开放港口的分布式港航信息交换共享体系，有效支撑口岸监管部门联合执法，提高协同服务效率；初步建成港航综合信息服务平台，面向港航企业、航运船舶提供准确权威的进出港相关信息服务。

（五）提升仓储配送智能化水平。

利用互联网等先进信息技术手段，重塑企业物流业务流程，创新企业资源组织方式，促进线上线下融合发展，提高仓储、配送等环节运行效率及安全水平。

——完善智能仓储配送设施网络。鼓励物流骨干企业、行业协会、公共服务机构等各类市场主体参与云（云计算）、网（宽带网）、端（各种终端）等智能物流基础设施建设。支持物流企业建设智能化立体仓库，应用智能化物流装备提升仓储、运输、分拣、包装等作业效率和仓储管理水平。鼓励建设低耗节能型冷库。大力推广应用智能快（邮）件箱，新建或改造利用现有资源，组织开展智能快（邮）件箱进社区、进机关、进学校、进商务区专项行动。整合利用现有邮政、供销、交通等物流网点和渠道，推动县级仓储配送中心、农村物流快递公共取送点建设，支持农产品标准化包装和保鲜设施建设，打通农资、消费品下乡和农产品进城高效便捷通道，切实解决好农产品进城"最初一公里"和工业品下乡"最后一公里"的配送难题。

——加强先进仓储配送技术研发与应用。围绕产品可追溯、在线调度管理、智能配货等重点环节，开展货物跟踪定位、无线射频识别、可视化、移动信息服务、导航集成系统等关键技术研发应用。在各级仓储单元推广应用二维码、无线射频识别、集成传感等物联网感知与大数据技术，实现仓储设施与货物的实时跟踪、网络化管理以及库存信息的高度共享。鼓励物流机器人技术开发，促进机器人在物流领域应用，重点突破机器人影像识别拣选、高密度存储机械臂拣选、语音拣选等技术，开展仓内机器人多模式应用。

——提升智慧物流配送水平。鼓励建设物流配送云服务平台，依托大数据、云计算、北斗导航等技术采集交通路况、气象等信息，加强对物流配送车辆、人员、温控等要素的实时监控，统筹利用相关数据资源，优化配送路线和运力，并依据实时路况动态调整，做好供应商、配送车辆、网点、用户等各环节信息的精准对接，大幅提高配送效率。加强智能冷链物流能力建设。鼓励企业使用符合标准的低碳环保配送车型和智能化托盘等集装单元化技术，提升配送的标准化、智能化水平。

专栏2　智能仓储和协同配送工程

1. 国家智能化仓储物流示范基地。结合国家级物流园区示范工作，引导企业在重要物流节点和物流集散地规划建设或改造一批国家智能化仓储物流示范基地（园区），推动仓储设施从传统结构向网格结构升级，建立深度感知智能仓储系统，实现存、取、管全程智能化。

负责单位：发展改革委、商务部。

目标及完成时限：2017年上半年，在全国重要物流节点首批选取10个左右的物流基地（园区）开展示范，统一存储物品编码体系，推广应用二维码、无线射频识别等感知技术，实现仓储设施与货物的实时跟踪和在线管理，提高库存周转率。

2. 城市共同配送工程。结合共同配送试点、物流标准化试点和现代物流创新发展城市试点等，完善城市物流配送服务体系，推广应用智能快（邮）件箱，利用城市配送互联网平台和车联网技术，培育城市配送服务平台，整合城市配送运力资源，提升城市配送管理水平。

负责单位：商务部、交通运输部、发展改革委、公安部、邮政局。

目标及完成时限：到2016年年底，培育一批城市配送互联网平台，建设一批智能快（邮）件箱系统。到2018年年底，试点城市建立完善的物流配送三级体系和末端配送网络。

（六）发展高效便捷物流新模式。

依托互联网等先进信息技术，创新物流企业经营和服务模式，将各种运输、仓储等物流资源在更大的平台上进行整合和优化，扩大资源配置范围，提高资源配置有效性，全面提升社会物流效率。

——"互联网＋"车货匹配。发展公路港等物流信息平台，整合线下物流资源，打造线上线下联动公路港网络，促进车货高效匹配，拓展信用评价、交易结算、融资保险、全程监控等增值服务。组织开展道路货运无车承运人试点，完善相关管理政策，鼓励利用物联网等先进技术优化业务流程，提高物流流程标准化和物流过程可视化水平，促进公路货运的集约化、高效化、规范化发展。

——"互联网＋"运力优化。鼓励企业利用大数据、云计算技术，加强货物流量、流向的预测预警，推进货物智能分仓与库存前置，提高物流链条中不同企业间的协同运作水平，优化货物运输路径，实现对配送场站、运输车辆和人员的精准调度。

——"互联网＋"运输协同。制定出台多式联运发展推进办法，支持多式联运公共信息平台建设，加快不同业务系统之间的对接，推动多式联运信息交换共享。培育多式联运经营主体，在重点领域探索实行"一票到底"的联运服务，研究应用电子运单。探索完善海关多式联运监管模式。

——"互联网＋"仓储交易。鼓励企业依托互联网、物联网等先进信息技术建立全国性或区域性仓储资源网上交易平台，推动仓储资源在线开放和实时交易，整合现有仓储设施资源，提高仓储利用效率，降低企业使用成本。探索建立全国物流金融网上服务平台，完善仓单登记、公示及查询体系，有效防范仓单重复质押等金融风险。

——"互联网＋"物流企业联盟。支持以资源整合、利益共享为核心的物流企业联盟，依托互联网信息技术整合社会分散的运输、仓储、配送等物流业务资源，推动实现合同签订、车辆调度、运费结算等统筹管理，规范运营流程，提高货运组织化水平，提升物流服务能力和效率，带动广大中小企业集约发展。鼓励依托企业联盟的跨区域甩挂运输发展。

——"互联网＋"供应链管理。鼓励物流企业依托互联网向供应链上下游提供延伸服务，推进物流与制造、商贸、金融等产业互动融合、协同发展。支持供应链管理综合服务商建设智慧供应链管理服务体系，发展适应"互联网＋"大规模定制的智能集成式物流模式，面向小批量、多品类、快速生产、快速交货和连续补货等新需求，提供物流服务解决方案。

专栏3　便捷运输工程

1. 无车承运人试点。鼓励依托互联网平台的无车承运人发展，通过开展试点，对符合条件的无车承运企业赋予运输经营资质，整合货物运输资源，提高运输组织化、规模化水平。

负责单位：交通运输部、国家发展改革委等。

目标及完成时限：到 2016 年年底，编制试点方案，启动相关准备工作。2017 年上半年，确定首批无车承运人试点名单，正式开展试点。

2. 骨干物流信息平台试点。探索打造适应物流信息平台创新发展的政策环境，支持现有车（船）货匹配、仓储资源交易等物流信息平台发展和优化整合。依托国家交通运输物流公共信息平台等，建立国家骨干物流信息网络，打通物流信息链，实现物流信息全程可追踪。

负责单位：国家发展改革委、交通运输部、网信办等。

目标及完成时限：到 2016 年年底，制定试点工作方案，启动相关准备工作。2017 年上半年，确定试点信息平台名单，并制定平台互联互通方案，正式开展试点。2018 年，依托试点平台，初步建立国家骨干物流信息网络。

3. 多式联运示范。研究制定统一的多式联运服务规则和标准，完善信息交换通道和技术标准，依托多式联运示范项目实施，促进物流信息在不同运输方式之间的衔接共享，探索、加快专业化、综合性多式联运信息平台建设，完善多式联运运输组织一体化解决方案，提供全程无缝衔接的一体化运输服务。

负责单位：交通运输部、国家发展改革委、中国铁路总公司。

目标及完成时限：2016 年 8 月前，确定多式联运示范企业和示范线路，完善实施方案，组织开展示范工作。到 2017 年年底，总结示范经验，研究制定统一的多式联运服务规则和标准，初步实现信息有效共享。

4. 铁路物流综合提升工程。发挥铁路干线运输和互联网信息集成优势，提高铁路资源利用率，支持铁路货运场站向综合物流基地转型升级，加强铁路与邮政、快递设施的衔接协同，积极发展高铁快运及电商快递班列等铁路快捷货运产品，推动铁路资源开放共享，提高铁路物流服务质量，加快构建绿色环保、安全高效、综合能耗低的铁路物流体系。

负责单位：国家发展改革委、交通运输部、铁路局、邮政局、中国铁路总公司。

目标及完成时限：到 2018 年年底，铁路运量在中长距离货物运输中的占比进一步提升，基本建立与公路、水路运输分工协作、优势互补、合作共赢的货物运输新格局。

（七）营造开放共赢的物流发展环境。

加快调整不适应"互联网＋"高效物流发展的管理规定，利用先进信息技术提高物流行业的监测、预警和管理水平。

——创新管理体制机制。深化物流相关领域改革，系统梳理、修订、完善相关政策法规，打破地方保护和行业垄断，破除制约互联网与物流业融合创新发展的体制机制障碍，促进物流新业态、新模式发展。在保障安全的前提下，简化物流企业设立和开展业务的行政审批手续，最大程度减少对物流企业业务创新的限制，培育骨干物流企业，增强物流发展新动能。在边境省（区）建设国际道路运输管理与服务信息系统，为从事跨境运输的车辆办理出入境手续和通行提供便利和保障。

——提升行业监管水平。探索建立基于互联网的物流政务信息资源共享和业务协同机制，充分发挥大数据在物流市场监管体系建设运行中的作用，通过数据收集、分析和管理，完善事中、事后监管，提高物流运行监测、预测预警、公共服务能力，推动实现货物来源可追溯、运输可追踪、责任可倒查、违法必追究。加强物流服务质量监测，推进物流服务质量提升。指导各地开展城市配送需求量调查等前瞻性研究，为科学配置城市配送资源，实现城市配送精细、高效管理提供基础依据。充分发挥行业协会和产业联盟在行业自律、产业研究、标准宣贯、统计监测、人员培训、宣传推广等方面的作用，助推行业健康发展。

——维护网络和数据安全。按照国家网络和信息安全等级保护制度要求，加强"互联网＋"高效物流重要信息系统的安全保障。建设完善集网络安全、态势感知、实时监测、通报预警、应急处置、信息安全等级保护于一体的综合防御体系。落实网络数据采集、传输、共享、利用、销毁等环节的安全管理和技术保护措施，完善数据跨境流动管理制度，保障重要数据安全。

——构建公平有序市场环境。完善相关领域市场准入制度，鼓励各类社会资本参与互联网和物流业的深度融合，推动物流业规模化、集约化、网络化发展。探索电商物流企业等级评定和信用分级管理，支持建立以消费者评价为基础，以专业化第三方评估为主体的市场化电商物流信用评级机制。加强部门协作，推动信用信息公开共享，提供一体化、集成化物流信用信息服务。完善物流行业信用信息披露机制，研究将大型物流信息平台的用户信用状况纳入全国信用信息共享平台，通过"信用中国"网站依法公开，为物流业务开展创造良好环境。

专栏4 物流行业管理提升工程

1. 物流信用体系建设工程。依托全国信用信息共享平台，积极发挥国家交通运输物流公共信息平台、各大型经营性物流信息平台和社会征信机构作用，加快推进物流业法人单位和从业人员信用记录建设，整合交通、运管、路政、工商、税务、银行、保险、司法等信用信息，推动物流信用信息的共享和应用，构建守信联合激励和失信联合惩戒机制。

负责单位：发展改革委、公安部、交通运输部、人民银行、工商总局、网信办、标准委。

目标及完成时限：到 2016 年年底，形成物流行业信用信息系统建设方案；2017年，与相关经营性物流信息平台进行数据汇集整合，实现物流行业信用信息系统的试运行。

2. 国际道路运输管理与服务信息系统建设工程。在边境省（区）开展国际道路运输管理与服务信息系统建设，形成国际道路运输数据中心，实现行车许可证管理、路单运单管理、出入境运输车辆备案管理、口岸现场查验等业务数字化管理，完善汽车出入境证件网上申请、业务咨询等国际道路运输公众信息服务功能。

负责单位：交通运输部、海关总署、公安部、质检总局。

目标及完成时限：到 2018 年年底，基本建成 50 个以上公路口岸信息管理与服务系统，升级改造现有各口岸信息管理系统，实现与海关、检验检疫、边检等口岸管理部门数据共享和交换，以及与交通运输部国际道路运输管理系统有效对接。

三、组织实施

（八）加强组织协调。

充分发挥"互联网＋"行动部际联席会议和全国现代物流工作部际联席会议等重要工作机制作用，建立健全"互联网＋"高效物流工作协调推进机制，促进互联网与物流业融合发展。国务院各有关部门要按照职责分工，认真落实各项工作任务，强化服务意识，加强协调配合，为"互联网＋"高效物流发展创造良好条件。发展改革委要加强统筹协调，做好督促检查和跟踪分析，定期总结推广试点示范经验和国内外先进做法，重大问题及时向国务院报告。各地区要结合实际制定配套措施，抓好政策落实，形成政策协同效应和工作合力。

（九）加大资金、土地、税收、金融等政策支持力度。

进一步落实支持物流业发展的用地政策，对符合土地利用总体规划要求的物流设施建设项目，加快用地审批进度，保障项目依法依规用地。中央和地方财政资金通过现有渠道积极支持符合条件的智能仓储配送设施，物流云、网、端等应用基础设施以及物流标准化信息化等项目建设。结合全面推开营改增试点，创新财税扶持方式，落实好无运输工具承运业务按照交通运输服务缴纳增值税政策，研究完善交通运输业个体纳税人异地代开增值税专用发票管理制度。引导银行业金融机构在风险可控、商业可持续的前提下，加大对物流企业特别是小微企业和个体运输户的信贷支持力度。在双创示范基地和支撑平台建设过程中，对"互联网＋"高效物流项目给予重点倾斜，通过众创、众包、众扶、众筹等支持平台，加大对物流企业创业创新活动的引导和支持力度。充分利用高速铁路等轨道交通运输系统，建立开放共享、公平竞争的物流平台，实现货物快速运输以及铁路与物流企业互利共赢。

（十）加强人才队伍建设。

鼓励企业与高校、公共服务机构、行业协会等合作设立培训基地与研发机构，联合培养互联网和物流领域复合型专业人才，完善激励机制，培育一批物流新技术、新设备研发应用领军人才和技术带头人。充分利用现有人才引进计划，引进国际物流领域高端人才，为大力推进"互联网＋"高效物流发展提供高水平的智力支持。

国家发展改革委《中欧班列建设发展规划（2016—2020年）》（节选）

一、发展环境（略）

二、总体要求（略）

三、空间布局

（一）中欧铁路运输通道

——西通道。一是由新疆阿拉山口（霍尔果斯）口岸出境，经哈萨克斯坦与俄罗斯西伯利亚铁路相连，途经白俄罗斯、波兰、德国等，通达欧洲其他各国。二是由霍尔果斯（阿拉山口）口岸出境，经哈萨克斯坦、土库曼斯坦、伊朗、土耳其等国，通达欧洲各国；或经哈萨克斯坦跨里海，进入阿塞拜疆、格鲁吉亚、保加利亚等国，通达欧洲各国。三是由吐尔尕特（伊尔克什坦），与规划中的中吉乌铁路等连接，通向吉尔吉斯斯坦、乌兹别克斯坦、土库曼斯坦、伊朗、土耳其等国，通达欧洲各国。

——中通道。由内蒙古二连浩特口岸出境，途经蒙古国与俄罗斯西伯利亚铁路相连，通达欧洲各国。

——东通道。由内蒙古满洲里（黑龙江绥芬河）口岸出境，接入俄罗斯西伯利亚铁路，通达欧洲各国。

中欧班列通道不仅连通欧洲及沿线国家，也连通东亚、东南亚及其他地区；不仅是铁路通道，也是多式联运走廊。

专栏1 三大通道主要货源吸引区

西通道：西北、西南、华中、华南等地区，经陇海、兰新等铁路干线运输

中通道：华北、华中、华南等地区，经京广、集二等铁路干线运输

东通道：东北、华东、华中等地区，经京沪、哈大等铁路干线

（二）中欧班列枢纽节点

《规划》明确，在内陆主要货源地、主要铁路枢纽、沿海重要港口、沿边陆路口岸等地规划设立一批中欧班列枢纽节点，包括：

——内陆主要货源节点。具备稳定货源，每周开行 2 列以上点对点直达班列，具有回程班列组织能力，承担中欧班列货源集结直达功能。

——主要铁路枢纽节点。在国家综合交通网络中具有重要地位，具备较强的集结编组能力，承担中欧班列集零成整、中转集散的功能。

——沿海重要港口节点。在过境运输中具有重要地位，具备完善的铁水联运条件，每周开行 3 列以上点对点直达班列，承担中欧班列国际海铁联运功能。

——沿边陆路口岸节点。中欧班列通道上的重要铁路国境口岸，承担出入境检验检疫、通关便利化、货物换装等功能。

鼓励其他城市（地区）积极组织货源，在中欧班列枢纽节点集结，以提高整体效率和效益。

依据境外货源集散点及铁路枢纽情况，合理设置中欧班列境外节点。

专栏2　中欧班列枢纽节点

内陆主要货源地节点：重庆、成都、郑州、武汉、苏州、义乌、长沙、合肥、沈阳、东莞、西安、兰州

主要铁路枢纽节点：北京（丰台西）、天津（南仓）、沈阳（苏家屯）、哈尔滨（哈尔滨南）、济南（济西）、南京（南京东）、杭州（乔司）、郑州（郑州北）、合肥（合肥东）、武汉（武汉北）、长沙（株洲北）、重庆（兴隆场）、成都（成都北）、西安（新丰镇）、兰州（兰州北）、乌鲁木齐（乌西）、乌兰察布（集宁）

沿海重要港口节点：大连、营口、天津、青岛、连云港、宁波、厦门、广州、深圳、钦州

沿边陆路口岸节点：阿拉山口、霍尔果斯、二连浩特、满洲里

（三）中欧班列运行线

中欧班列运行线分为中欧班列直达线和中欧班列中转线。中欧班列直达线是指内陆主要货源地节点、沿海重要港口节点与国外城市之间开行的点对点班列线；中欧班列中转线是指经主要铁路枢纽节点集结本地区及其他城市零散货源开行的班列线。

专栏3　既有中欧铁路直达班列线

序号	国内发（到）城市	边境口岸	境外到（发）城市	方向
1	重庆	阿拉山口（霍尔果斯）	杜伊斯堡（德国）等	双向
2		满洲里	切尔克斯克（俄罗斯）等	去程

序号	国内发（到）城市	边境口岸	境外到（发）城市	方向
3	郑州	阿拉山口（霍尔果斯）	汉堡（德国）等	双向
4		二连浩特	汉堡（德国）等	双向
5	成都	阿拉山口（霍尔果斯）	罗兹（波兰）等	双向
6	武汉	阿拉山口（霍尔果斯）	帕尔杜比采（捷克）等	双向
7	武汉	阿拉山口（霍尔果斯）	汉堡（德国）等	双向
8		满洲里	托木斯克（俄罗斯）等	回程
9		满洲里	华沙（波兰）等	去程
10	苏州	满洲里	布列斯特（白俄罗斯）等	回程
11	义乌	阿拉山口（霍尔果斯）	马德里（西班牙）等	双向
12	沈阳	满洲里	汉堡（德国）等	双向
13	长沙	满洲里	汉堡（德国）等	去程
14	兰州	阿拉山口（霍尔果斯）	汉堡（德国）等	双向
15	北京—天津	二连浩特	乌兰巴托（蒙古国）等	双向
16	连云港	阿拉山口（霍尔果斯）	阿拉木图（哈萨克斯坦）等	双向
17	营口	满洲里	后贝加尔（俄罗斯）等	双向
18	青岛	阿拉山口（霍尔果斯）	阿拉木图（哈萨克斯坦）等	去程
19	乌鲁木齐	阿拉山口（霍尔果斯）	阿拉木图（哈萨克斯坦）等	去程
20	西安	阿拉山口（霍尔果斯）	阿拉木图（哈萨克斯坦）等	双向
21	合肥	阿拉山口（霍尔果斯）	阿拉木图（哈萨克斯坦）等	去程
22	济南	阿拉山口（霍尔果斯）	阿拉木图（哈萨克斯坦）等	去程
23	东莞	阿拉山口（霍尔果斯）	阿拉木图（哈萨克斯坦）等	去程

专栏4 规划中欧铁路直达班列线

序号	国内发（到）城市	边境口岸	境外到（发）城市	方向
1	石家庄—保定	阿拉山口（霍尔果斯）二连浩特	明斯克（白俄罗斯）等	双向
2	昆明	阿拉山口（霍尔果斯）二连浩特	鹿特丹（荷兰）等	双向
3	贵阳	阿拉山口（霍尔果斯）二连浩特	杜伊斯堡（德国）等	双向
4	厦门	阿拉山口（霍尔果斯）满洲里	罗兹（波兰）等	双向
5	库尔勒	阿拉山口（霍尔果斯）	杜伊斯堡（德国）等	双向
6	太原	阿拉山口（霍尔果斯）二连浩特	阿拉木图（哈萨克斯坦）等莫斯科（俄罗斯）等	双向
7	南昌	阿拉山口（霍尔果斯）二连浩特	阿拉木图（哈萨克斯坦）等莫斯科（俄罗斯）等	双向
8	南京	阿拉山口（霍尔果斯）满洲里	阿拉木图（哈萨克斯坦）等莫斯科（俄罗斯）等	双向
9	南宁	二连浩特满洲里	乌兰巴托（蒙古国）等莫斯科（俄罗斯）等	双向
10	哈尔滨	满洲里	比克良（俄罗斯）等	双向
11	长春	满洲里	施瓦茨海德（德国）等	双向
12	大连	满洲里	汉堡（德国）等	双向
13	银川	阿拉山口（霍尔果斯）	德黑兰（伊朗）等	双向

续 表

序号	国内发（到）城市	边境口岸	境外到（发）城市	方向
14	西宁	阿拉山口 （霍尔果斯）	阿拉木图（哈萨克斯坦）等 杜伊斯堡（德国）等	双向
15	包头	阿拉山口 （霍尔果斯） 二连浩特	德黑兰（伊朗）等 乌兰巴托（蒙古国）等	双向
16	临沂	阿拉山口 （霍尔果斯） 二连浩特	阿拉木图（哈萨克斯坦）等 乌兰巴托（蒙古国）等	双向
17	武威	阿拉山口 （霍尔果斯）	阿拉木图（哈萨克斯坦）等	双向
18	义乌	阿拉山口 （霍尔果斯）	德黑兰（伊朗）等	双向
19	连云港	阿拉山口 （霍尔果斯）	伊斯坦布尔（土耳其）等	双向
20	天津	阿拉山口 （霍尔果斯） 满洲里	莫斯科（俄罗斯）等	双向

四、重点任务（略）

五、保障措施（略）

相关部委文件

交通运输部　国家发展改革委关于印发《推进物流大通道建设行动计划（2016—2020 年）》的通知

（交规划发〔2016〕217 号）

各省、自治区、直辖市及计划单列市、新疆生产建设兵团交通运输厅（局、委）、发展改革委：

现将《推进物流大通道建设行动计划（2016—2020 年）》（以下简称《行动计划》）印发给你们，请认真贯彻执行。

交通运输部　国家发展改革委
2016 年 12 月 7 日

推进物流大通道建设行动计划（2016—2020 年）

为贯彻落实《物流业发展中长期规划（2014—2020 年）》《营造良好市场环境推动交通物流融合发展实施方案》，加快形成物畅其流、经济便捷的物流大通道，为国民经济和社会发展提供有力支撑，现制订行动计划如下。

一、重大意义

物流大通道是指由多种运输方式构成的跨区域、长距离、高强度货物流动走廊，具有交通资源密集、战略地位突出等特点。推进物流大通道建设，对于加强交通物流融合发展、提高物流业发展水平、促进区域协调发展、优化产业布局等具有重要意义。

推进物流大通道建设是适应经济新常态的客观要求。当前，我国经济发展进入

"新常态"，亟待加快供给侧结构性改革、培育经济增长新动能。推进物流大通道建设，提高基础设施建设和物流融合发展水平，有助于进一步提高资源配置水平，促进实体经济"降本增效"。

推进物流大通道建设是支撑国家战略的有力举措。"十三五"及今后一段时期，我国将深入实施"四大板块"区域发展总体战略，重点实施"一带一路"、京津冀协同发展、长江经济带发展三大战略。推进物流大通道建设，强化跨国、跨区域物资交换，有利于促进区域联动、协调发展，进一步提高我国对外开放水平，提高国际竞争力。

推进物流大通道建设是提升综合运输整体效能的重要手段。当前，我国物流大通道格局初步形成，但还存在基础设施衔接不畅、运输结构不合理、枢纽辐射带动作用不够、物流服务集约化程度不高以及跨区域、跨行业、跨部门政策协同不足等问题。推进物流大通道建设，有利于推动综合交通运输从设施供给为主向建设与服务并重转变，提升综合运输整体效能和服务水平。

二、总体要求

（一）指导思想。

全面贯彻落实党的十八大和十八届三中、四中、五中、六中全会精神，牢固树立和贯彻落实创新、协调、绿色、开放、共享发展理念，以促进物流业"降本增效"为核心，充分发挥市场配置资源的决定性作用和更好发挥政府作用，着力完善网络布局、提升枢纽功能、优化运输组织、改善通行管理、加强信息互联，把物流大通道建设成为服务国民经济发展的战略性经济走廊，为支撑供给侧结构性改革、实现经济社会转型升级提供强有力保障。

（二）发展目标。

到 2020 年，基本形成物畅其流、集约高效、智能绿色的物流大通道体系，通道集聚和辐射效应充分释放，服务功能和物流效率明显提升，支撑国家战略实施能力大幅增强。

——通道网络完善通畅。通道基础设施瓶颈制约得到有效缓解，网络结构显著改善，服务能力和水平有效提升。通道内货运结构进一步优化，铁路和内河水运货运能力和分担比例稳步提升。

——枢纽功能优化提升。以联运枢纽（城市）为核心，推动建设一批影响力大、辐射带动力强的货运枢纽（物流园区），完善提升多式联运、干支衔接、口岸服务等功能，港站枢纽的物流集聚效应充分发挥。

——运输组织集约高效。通道内海铁联运、江海直达运输、甩挂运输等先进运输组织方式得到广泛应用。主要城市群绿色货运配送体系初步形成。运输装备标准化、专业化水平明显提升。

——信息资源开放共享。通道内跨运输方式、跨部门、跨区域信息共享与管理协同水平显著提高。北斗导航、大数据等先进信息技术在通道内广泛应用，依托国家交通运输物流公共信息平台的信息共享有序开展。

三、空间格局

（一）通道方案。

以综合交通运输通道为依托，以物流需求为导向，以货流密度为主要考量依据，梳理出到 2020 年前重点推进的 11 条国内物流大通道，基本满足主要经济区、城市群、重要国境门户之间的通道空间布局优化和通道集聚、辐射功能强化的需要。并依托丝绸之路经济带六大经济走廊以及"海上丝绸之路"向外延伸，实现与国际物流通道有机衔接。具体如下：

——东北物流大通道。北起满洲里，南至北京、大连，沟通东北沿边各口岸，主要依托绥芬河至满洲里综合运输通道和沿海综合运输通道同江至大连段的公铁线路、港口等，强化东北地区进出关、产品物资外运及通过京津地区与全国其他地区的货运联系。

——南北沿海物流大通道。北起大连，南至海口、防城港，主要依托沿海综合运输通道大连至防城港段间公铁线路、沿海港口、海运航线等，强化我国南北沿海主要经济区间的货物交流和国际海运联系。

——京沪物流大通道。北起北京，南至上海，主要依托北京至上海综合运输通道中的公铁线路、京杭运河等，强化京津冀、山东半岛、长三角等东部发达地区间的货运联系。

——京港澳（台）物流大通道。北起北京，南至广州、深圳，沟通港澳台，主要依托北京至港澳台综合运输通道中的公铁线路，强化京津冀、长江中游、珠三角、海西等地区间的货运联系。

——二连浩特至北部湾物流大通道。北起二连浩特，南至北部湾港口群，主要依托二连浩特至湛江综合运输通道和蒙西—华中铁路等，支撑我国中部地区的资源和能源南北运输，强化内蒙古、山西、河南、湖南、广西等地区间的货物交流。

——西南出海物流大通道。北起西安、宝鸡，经成渝地区，至云南沿边和广西沿海地区，主要依托包头至防城港综合运输通道和临河至磨憨综合运输通道西安（宝鸡）至磨憨段、珠江—西江干流航道等，强化关中、成渝、滇中、北部湾等地区间的货运联系，并进一步连接沟通南亚、东南亚地区。

——西北能源外运及出海物流大通道。东起天津，西至乌鲁木齐，沟通新疆沿边各口岸，主要依托西北北部综合运输通道及荣乌高速、朔黄铁路等线路，强化三西（陕西、山西、蒙西）、两东（宁东、陇东）地区资源能源外运和沿线地区间的货运联系。

——青银物流大通道。东起青岛、日照等山东沿海城市，西至银川，主要依托青岛至拉萨综合运输通道青岛至银川段和山西中南部铁路（瓦日铁路）、新菏兖日铁路等，强化山东半岛、太原、银川等地区间的货运联系。

——陆桥物流大通道。东起连云港，西至新疆口岸（阿拉山口、霍尔果斯等），主要依托陆桥综合运输通道的公铁线路，强化我国陇海—兰新一线的跨地区货物交流，并承担"一带一路"陆桥国际运输保障功能。

——沿长江物流大通道。东起上海，西至成都，主要依托沿江综合运输通道上海至成都段的长江干流、沿线公铁线路等，强化长江经济带的沿线跨地区货物交流。

——沪昆物流大通道。东起上海（宁波），西至瑞丽，沟通云南沿边各主要陆路口岸，主要依托上海至瑞丽综合运输通道的公铁线路等，强化东部地区与西南各省间货运联系。

（二）节点方案。

在综合运输通道范围内，以货物转运集散功能及通过量为主要考量依据，综合考虑枢纽（城市）交通区位条件、经济发展水平、人口规模、特定货类分布以及国家重大发展战略等因素，到2020年前推动形成85个物流大通道节点，包括23个国家骨干联运枢纽（城市）、51个区域重点联运枢纽（城市）和11个陆路沿边口岸枢纽。

国家骨干联运枢纽（城市）（23个）：北京—天津、呼和浩特、沈阳、大连、哈尔滨、上海—苏州、南京、杭州、宁波—舟山、厦门、青岛、郑州、合肥、武汉、长沙、广州—深圳、佛山、南宁、成都—重庆、昆明、西安—咸阳、兰州、乌鲁木齐。

区域重点联运枢纽（城市）（51个）：福州、南昌—九江、石家庄、太原、长春、济南、海口、贵阳、西宁、银川、拉萨、徐州、包头、营口、齐齐哈尔、无锡、南通、秦皇岛、唐山、连云港、嘉兴、湖州、芜湖、烟台、日照、洛阳、宜昌、岳阳、珠海、湛江、汕头、柳州、泸州、宝鸡、大同、吉林、金华（义乌）、泉州、临沂、衡阳、东莞、鞍山、潍坊、大庆、蚌埠、邯郸、绵阳、南阳、钦州、温州、榆林、喀什。

陆路沿边口岸枢纽（11个）：霍尔果斯、阿拉山口、瑞丽、磨憨、河口、凭祥、丹东、珲春、绥芬河、满洲里、二连浩特。

四、主要任务

（一）优化通道网络货运结构。

优化通道内运输结构。统筹利用通道交通资源，优化通道内各运输方式线路布局，提升物流网络的通达性、可靠性，满足多样化物流运输需求。合理引导各种运输方式充分发挥比较优势，全面加快铁路货运、内河水运发展，加快国家公路网建设，加快通道繁忙区段扩能改造，提升通道内关键线路技术等级，加强跨运输方式的衔接和协调，提高通道大容量、高强度物流服务能力，为市场主体一体化运作和网络化经营提供基础支撑。（牵头单位：交通运输部、发展改革委、铁路总公司，参加单位：国土部、铁路局）

加强通道与口岸衔接。推动铁路与霍尔果斯、绥芬河、磨憨、瑞丽等重要口岸的衔接，强化高等级公路与甘其毛都、磨憨、老爷庙等重要口岸的衔接，进一步改善通道跨境物流设施条件，提升通道贯通内外、高效衔接能力和水平。（牵头单位：交通运输部、国家发展改革委，参加单位：铁路局、铁路总公司）

（二）改善通道节点服务功能。

强化枢纽城市主题功能。以重要的联运枢纽（城市）为核心，打造由货运枢纽（物流园区）、运输通道、组织服务等物流资源共同组成的有机综合体。引导枢纽（城市）按照在区域物流发展中的定位，系统推进对外运输通道、园区项目集疏运系统、标准规范等要素协同发展，发挥节点辐射带动作用。建设上海、天津、大连、厦门等国际航运中心，打造北京、上海、广州等国际航空枢纽，推动具备条件的省会城市和中心城市建成大型铁路货运枢纽，强化地理位置优越、辐射面广的枢纽（城市）公路区域分拨功能。（牵头单位：交通运输部、发展改革委，参与单位：铁路局、民航局、铁路总公司）推进枢纽节点物流设施建设。依托枢纽节点，推进具有较强公共服务属性和区域辐射能力的货运枢纽（物流园区）项目建设，重点支持具备多式联运、干支衔接、口岸服务等功能的货运枢纽（物流园区）项目。鼓励利用互联网技术推动线上线下互动、信息互联共享，实现货物流程可控、时效可期、快速集散。强化沿海、沿边口岸与内陆物流园区的战略合作，推动通关政策与物流业务流程协同。（牵头单位：交通运输部、发展改革委，参与单位：海关总署、铁路局、民航局、邮政局、铁路总公司）完善物流枢纽站场集疏运体系。促进各种运输方式间、干线支线间货物高效转换。着力加强主要港口（包括内陆港）疏港铁路、疏港公路以及铁路枢纽站场外联公路、综合物流园区铁路专用线等重点项目建设，解决港口疏港铁路建设滞后等突出问题，破解铁路进港"最后一公里"瓶颈。加快推进高等级公路与铁路枢纽站场、港口、机场、大型物流园区的无缝衔接，完善公铁、公水、空陆联运设施，加强铁路货站、航空枢纽的公路集运和分拨站点配套建设。（国家发展改革委、交通运输部、铁路总公司、铁路局、民航局、邮政局按职责分工负责）

专栏1　枢纽城市推进工程

推进重点货运枢纽（物流园区）建设：一是重点建设全国性布局、具备多式联运功能的枢纽项目，鼓励铁路货运站场强化多式联运功能设施，推进临港物流园区与港口协同、联动发展，鼓励沿海港口积极发展内陆无水港，加快连接国际重要航空货运中心的大型货运枢纽项目建设，推进机场、铁路和公路站场、港口码头邮政和快递功能区建设。二是加快推进具备干支衔接、通用集散功能并能提供线上线下服务的货运枢纽（物流园区）项目建设，鼓励应用互联网技术实现车货配载、零担快运、区域分拨、城乡配送等功能融合发展。三是推进口岸功能与货运枢纽（物流园区）融合发展，完善保税物流、国际中转和分拨、通关结算等服务功能，推动海关特殊监管区域、国际陆港、口岸等协调发展。

畅通枢纽节点"微循环"：制定并组织实施"十三五"港口集疏运系统建设方案，重点针对港口、大型综合性物流园区集疏运铁路、公路短板进行补强。加强主要港口、大型铁路货场与物流园区之间的专用货运公路建设，优化港口集疏运网络，提高大型枢纽的集疏运效率。

（三）提升通道货运组织水平。

大力发展多式联运。依托通道，加快推进铁水（海铁）、公铁、公水、空陆等多种形式联运发展，全面推进集装箱、半挂车和大宗物资三大多式联运体系建设。依托北部、东部和南部集装箱主枢纽港区群，大力发展铁水（海铁）、公水集装箱多式联运。依托长江黄金水道，以上海、武汉、重庆三大航运中心和舟山江海联运服务中心、南京区域性航运物流中心等为载体，大力发展集装箱、大宗散货、汽车滚装及江海中转等多式联运。依托京津冀、长三角、珠三角等城市群航空货运枢纽及铁路物流中心（基地），大力发展空陆联运、航空快递、铁路快捷货运列车。依托东、中部地区通道，研究探索发展铁路双层集装箱运输、铁路驮背运输，积极推进冷链运输。鼓励铁路企业依托通道积极发展高效准时直达运输，稳步扩大"五定班列"运营规模，加快推进铁路零散快运、货运班列的货物集装化，提高联运作业装卸和转运效率。依托国际物流通道和重点陆路口岸，探索开展中俄、中蒙、中国—中亚、中国—东南亚跨境甩挂运输，推进中韩、中日陆海联运滚装甩挂运输有序发展。（牵头单位：交通运输部、国家发展改革委、铁路总公司。参加单位：民航局、邮政局）

推进干支协同运输。依托通道及其枢纽站场集疏运体系，推进通道内干线运输与节点端支线运输的统筹衔接，鼓励创新干支协同的一体化运输组织方式。鼓励铁路运输企业依托货运站场积极拓展接取送达服务，加强与公路货运企业的业务协作，完善门到门网点布局。加强通道与都市圈、城市群货运配送网络的有序对接。推进完善与长江、珠江等水运通道有机衔接的支线航运网络，积极发展干支直达、江海直达等水路运输组织方式。鼓励发展密切对接航空货运班机的公路集散配送服务。（国家发展改革委、交通运输部、商务部、民航局、铁路局、铁路总公司按职责分工负责）

专栏2　运输组织重点工程

多式联运示范工程：在陆桥、长江、京沪、京港澳（台）等物流大通道内分类组织开展多种形式的多式联运示范工程建设，视情每年选取15个左右多式联运示范项目，推进多式联运枢纽站场建设，加强快速中转转运设施装备技术研发，推广应用标准化运载单元和载运机具，建设多式联运信息平台，支持企业创新联运组织模式，研究制订统一的多式联运规则，大力推行"一单制"联运服务。

中欧班列资源整合：组织实施中欧班列建设发展规划，统筹利用中欧铁路东中西三条国际联运通道，优化运输组织和集疏运系统。加强阿拉山口、二连浩特和满洲里等沿边重点口岸及沿海、内陆、铁路等中欧班列重要枢纽节点能力建设。加快境外经营网点布局发展，强化货源支撑。大力推进统一品牌建设，加快打造具有国际竞争力和良好商誉度的世界知名物流品牌。

城市绿色货运配送：在哈长、京津冀、长三角、珠三角、长江中游、长株潭、成渝、郑汴洛等主要城市群，推进城市绿色货运配送发展，构建高效运行的城市群物流配送体系。支持干支衔接的大型货运枢纽（物流园区）建设，强化城际间网络甩挂、城区内集中（共同）配送节点建设，推广应用节能环保配送车型，完善城市配送车辆便利通行措施，建立以需求量调查为基础的配送运力投放机制，支持城市配送公共服务平台建设。

（四）强化通道运行协同管理。

提升通道运行协同治理能力。加强铁路系统内部统筹协调，提升跨路局车辆组织和线路调度效率。大力推进公路领域联合执法，加强货运车辆超限超载整治。加快健全大件运输跨省超限运输联合审批制度，强化综合协调和互联互认。健全港航、海事管理部门协同监管机制，强化涉水部门综合（联动）执法。理顺通航建筑物管理体制，建立上下游枢纽通航联合调度机制。（交通运输部、公安部、铁路局、铁路总公司按职责分工负责）创新通道通行管控政策。积极推进大宗货物优先选开直达和双向循环直达班列，对高附加值快捷货物采用灵活编组。研究开行全天候动车组快件班列。针对东部沿海地区货运作业密集区域，探索在部分通道采取货运专用车道或专用道路等管理措施，提高既有通道资源的利用效率。在货流高低峰规律性较强的通道路段，研究和探索开设潮汐式客货分流车道，有序增加特定时段货车通行能力。制定并落实守信激励和失信惩戒制度，加快建立跨地区、跨行业信用奖惩联动机制。（国家发展改革委、交通运输部、公安部、铁路局、铁路总公司按职责分工负责）

（五）推进通道标准化信息化建设。

提升通道标准化水平。推动建立由物流单元、运载单元、运输工具、转运装备组成的运输装备标准体系，提高通道运输装备的匹配性、专业化和标准化水平，加强与国际标准的对接。研究制定并推广中置轴挂车、汽车列车、侧帘厢式半挂车等车型及相关配套标准。提高标准化托盘在通道重点企业中的普及率及循环共用。推进车辆外廓尺寸标准与标准托盘相衔接。研究出台多式联运电子单证、铁路货票等物流单证类标准及多式联运规则，完善各运输方式信息共享标准和机制。推进完善内陆集装箱、交换箱体、公铁两用挂车、公铁滚装运输专用载运工具、高铁快递等新型装备的技术标准。推进多式联运设施与装卸接驳平台设计标准建设，推进不同运输方式设施、设备无缝衔接。（国家发展改革委、交通运输部、工业和信息化部、公安部、邮政局、铁路总公司按职责分工负责）

推动通道信息资源开放共享。基于通道，推动构建集公路交通调查、高速公路电子收费、营运车辆联网联控、动态称重检测（WIM）和车辆自动识别系统（AVI）等于一体的公路货运管理信息系统。依托国家交通运输物流公共信息平台，加快通道基础公共信息交换网络建设，推动铁路、公路、水运、民航、邮政等跨方式的信息资源汇集和整合利用。积极推动交通、海关、检验检疫、工商、公安等跨部门信息共享。完善东北亚物流信息服务网络（NEAL-NET）合作机制，进一步拓宽跨国物流信息互联、交换和共享合作范围。（牵头单位：交通运输部、国家发展改革委。参与单位：工业和信息化部、公安部、海关总署、铁路局、民航局、邮政局、铁路总公司）

专栏3 标准化与信息化重点工程

装备标准化建设：大力推进货运车型标准化，结合《道路车辆外廓尺寸轴荷和质量限值》（GB 1589）修订，协同推进装卸设备、运载单元的标准化建设。推动装备研发（生产制造）企业联合货运（物流）企业，适时开展铁路专用平车、高铁快件、公铁两用挂车等运输技术装备的研发与推广应用。在渤海湾、琼州海峡、闽台及沿江等区域大力推广使用滚装运输、江海直达等专用船舶。

国家交通运输物流公共信息平台建设工程：构建跨界融通、政企互动的物流公共信息服务新体系。强化平台标准和安全保障体系建设，推进物流信息开放共享，加快铁路、公路、水运、航空、邮政等行业交换节点建设，依托国家平台积极开展物流园区、多式联运、甩挂运输等互联应用。

NEAL-NET建设工程：结合"一带一路"倡议相关工作，继续发挥NEAL-NET机制作用，重点推动中日韩三国及东盟等港口互联互通；在东北亚物流信息服务网络合作机制下，推进与"一带一路"沿线国家的物流信息合作共享；在东北亚三国港口信息互联共享的基础上，推动合作范围从海运环节向道路、航空、铁路环节拓展。

五、保障措施

（一）加强协同协作。

在现代物流部际联席会议制度框架下，根据任务分工和部门职责，完善会商沟通机制，协调解决通道建设中的规划、投资、便利通行、通关、安全应急管理等重大问题。创新中央和地方合作模式，研究建立通道沿线跨省联动合作机制，协同推进通道建设。指导地方政府加快构建属地内跨部门协同机制。

（二）做好组织实施。

各地交通运输、发展改革部门要充分认识推进通道建设的重要意义，健全统一领导、部门协同工作制度，认真研究制订工作方案并推进落实，在当地政府统一领导、统筹下，与相关部门协调配合，积极推动解决通道发展中面临的用地、融资、税收、通关等问题。

（三）落实配套政策。

积极争取中央和地方财政支持，引导金融机构加大对通道重大项目的信贷支持。优先安排车购税等专项资金和相关基金用于通道相关项目建设。研究并推进政府和社会资本合作（PPP）模式，引导带动社会资本参与通道重大项目、重点工程建设。

物流大通道和节点示意（略）

交通运输部关于印发"十三五"综合客运枢纽和货运枢纽（物流园区）建设方案的通知（节选）

（交规划发〔2016〕98号）

各省、自治区、直辖市、新疆生产建设兵团交通运输厅（局、委）：

为进一步加快推进综合交通枢纽建设、完善综合交通运输体系、切实提升现代物流发展水平，我部组织编制了《"十三五"综合客运枢纽建设方案》和《"十三五"货运枢纽（物流园区）建设方案》。现印发给你们，请遵照执行。

"十三五"货运枢纽（物流园区）建设方案

物流业是支撑国民经济发展的基础性、战略性产业，对稳增长、调结构、惠民生具有十分重要的作用。2014年，国务院印发了《物流业发展中长期规划（2014—2020年)》（国发〔2014〕42号），明确了新时期推进物流业发展的思路和重点任务，要求大力推进物流园区布局和建设，交通运输部是该项工程的主要落实部门。交通运输是物流的基础环节和依托载体，在推进物流业发展中具有基础和主体作用，加快推进具有公共服务属性的货运枢纽（物流园区）建设，是加快完善现代综合交通运输体系的重要举措，也是物流业集约化、规模化发展的客观要求。"十三五"时期是我国全面深化改革、全面建成小康社会和推进新型城镇化建设的关键时期，是各种运输方式集中建设、衔接成网的重要阶段，为适应供给侧结构性改革的新要求和物流业发展需求，切实推进货运枢纽（物流园区）建设，进一步完善全国综合货运枢纽网络，特制定本方案。

一、发展基础

"十二五"期间，是物流园区加速布局和建设的重要时期，交通运输部制定了《"十二五"公路货运枢纽（物流园区）建设规划》（以下简称《建设规划》），重点支持货运枢纽功能突出、公共服务属性强、集聚效应明显、辐射范围广的物流园区项目建设。五年来，部累计安排资金58.7亿元，共投资补助项目155个，覆盖28个省（市、自治区）及新疆生产建设兵团，共119个城市。经过几年的探索与实践，货运枢纽（物流园区）建设与发展取得了良好的经济和社会效益。

一是完善了综合货运枢纽网络。通过国家投资补助政策引导，提高了社会资本进入的积极性。地方政府也相应加大了对项目土地供应、市政配套等优惠政策支持，加速了货运枢纽（物流园区）项目建设，进一步完善了全国综合货运枢纽网络。

二是推动了物流业集约化发展。促进了物流及相关企业的集聚，据测算，部投资补助的 155 个项目共吸引了约 1500 家大型零担企业和 2 万多个小型物流企业入驻。强化了企业之间的合作，提高了物流基础设施、设备的使用效率，促进了货流、资金流、信息流的规模集聚。

三是支撑了地方经济社会发展。部投资补助资金累计带动社会投资约 1100 亿元，全部项目按照设计规模建成投产后，货物吞吐量将达到 3 亿吨左右，推动了生产制造、商贸流通业集聚和升级，创造了大量的就业机会，显著改善了城市功能布局，有力支撑了地方经济发展。

经过《建设规划》的实施，我国货运枢纽（物流园区）建设取得了显著成绩，但也仍然存在一些问题。一是推进项目建设的外部环境亟待改善。物流园区投资规模普遍较大、建设周期长，易受到城市规划调整、土地供应、资金配套、运营模式等因素影响，项目建设实施面临着一定的不确定性。二是多式联运功能导向不够突出。在已安排补助资金的项目中，与铁路货场、大型港口、机场等枢纽节点的有效衔接的项目比重不大，具有多式联运服务功能的项目占比约为 17%。三是项目的事中事后监管有待进一步加强。部投资补助资金下达后，部分项目出现建设进度缓慢、规划设计变更、规划用地落实不到位等现象。

二、形势与需求

（一）形势要求。

"十二五"期间是我国全面深化改革、全面建成小康社会和推进新型城镇化建设的关键时期，也是交通运输基础设施集中成网，服务水平全面提升、发展方式加快转变的重要阶段，要求交通运输遵循创新、协调、绿色、开放、共享发展理念，促进物流业"降本增效"，提升全产业链物流效率，扩大有效供给，为支撑供给侧结构性改革、全面建成小康社会提供坚实保障和强劲动力。

一是要全面落实国发〔2014〕42 号文件工作部署，服务于国家三大战略、新型城镇化建设、打造全方位开放新格局，支撑物流大通道建设，优化完善物流园区布局。

二是要适应经济社会发展和综合交通运输体系建设的新要求，促进物流园区与综合交通枢纽融合发展，加快实现物流园区结构优化、功能完善、转型升级。

三是要求创新投融资模式，鼓励和引导社会资本进入交通物流基础设施建设领域，因地施策，给予物流园区建设必要合理的资金引导和支持。

（二）建设需求。

"十三五"货运枢纽（物流园区）建设需求总体呈现以下特征。

1. 建设需求依然旺盛。根据各省（市、区）交通运输主管部门上报建设计划。"十三五"期间货运枢纽（物流园区）建设需求较"十二五"期间增加 50% 左右，其中中西部地区建设需求较"十二五"期间提高近 10 个百分点。

2. 服务功能不断拓展。上报项目中具有多式联运服务功能的项目 404 个，具有口岸服务功能的项目 90 个。大部分项目同时具有多式联运、城市配送、快递分拨、综合信息服务等综合物流服务功能。

3. 地方政府普遍重视。上报项目中纳入地市级及以上专项规划的项目总数达到 900 多个，超过总量的 80%，各地政府在规划、政策引导和资金扶持等方面的力度进一步增强。

4. 建设规模和资金需求较大。上报项目平均占地 1260 亩，平均投资额 10.8 亿元。其中已经取得部分用地指标的项目有 663 个，占项目总数的 56%，用地全部落实的项目占比达到 27%，为项目顺利实施奠定了基础。

三、总体思路

（一）基本原则。

市场主导、政府引导。发挥市场在资源配置中的决定性作用，强化企业在货运枢纽（物流园区）建设、运营过程中的主体地位，更好地发挥政府在规划指导、标准制定、集疏运体系建设等方面的作用。

整合资源、转型升级。整合优化各种运输资源，以货运枢纽（物流园区）为载体，鼓励和引导多种运输方式高效衔接。促进各类社会物流资源集中集聚，完善项目服务功能、延伸服务链条，实现交通运输与物流融合发展。

功能导向、示范引领。突出多式联运、干支衔接、口岸服务等功能，提升货运组织效率和公共物流服务水平。发挥项目示范引领带动效用，推动在全国范围内形成功能突出、布局合理的综合货运枢纽网络。

创新发展、规范管理。提升信息化和智能化水平，鼓励线上和线下融合发展，以国家交通运输物流公共信息平台为依托，促进园区间协调创新发展；加强项目前期管理，规范项目管理制度，进一步加强和完善公共服务运行机制。

（二）建设目标。

到 2020 年，推动建设一批公共服务属性较强、辐射带动能力显著、物流功能完善的货运枢纽（物流园区）项目，覆盖 80% 以上国家综合交通枢纽城市和重要物流园区布局城市，全国综合货运枢纽网络进一步完善，多式联运和公路货运干支衔接效率明显提升。综合服务水平显著提高，为促进物流业"降本增效"、支撑物流业供给侧结构性改革提供坚实保障和强劲动力。

四、建设重点与方案

（一）政策导向。

"十三五"期间货运枢纽（物流园区）建设突出以下政策导向。

一是功能导向，重点突出多式联运、中转换装、区域分拨等货运服务功能导向，强化项目公共服务属性和物流功能的综合性、技术先进性。

二是战略导向，优先考虑物流大通道、综合运输大通道以及部相关试点示范工程的重点项目。重点推动"一带一路"、长江经济带、京津冀等战略规划中的重点项目建设。

三是差异化导向，加大对中西部地区项目以及多式联运型项目的支持力度，在补助标准上适当倾斜。

（二）建设重点。

1. 项目类型与功能。

重点支持公共服务属性突出，为众多物流企业和社会公众（组织）提供综合性、现代化的物流服务的项目。按照交通运输方式的衔接程度和是否具有口岸功能（具有一定跨境货物吞吐规模），分为多式联运型、通用集散型和口岸服务型三类。

（1）多式联运型货运枢纽（物流园区）。依托综合交通枢纽，有机衔接两种（含）以上运输方式，能够实现多式联运，具有提供大批量货物转运的物流设施，为国际性或区域性货物提供中转等物流服务。

（2）通用集散型货运枢纽（物流园区）。依托良好的区位条件和便利的对外公路通道，能够实现货物快速集散、中转分拨和高效配送，是提高干支衔接效率和组织化水平，实现网络化、规模化运输的重要物流基础设施。

（3）口岸服务型货运枢纽（物流园区）。具备跨境货物运输组织功能，为跨境货物提供报关报检、仓储保税、城际中转、分销配送等服务，是支撑外向型经济、推进国际物流发展的重要物流基础设施。

2. 补助内容。

与物流活动直接相关的公共仓储设施、公共停车场、公共堆场、联运换装作业设施设备及物流信息系统等。

（三）项目库方案。

1. 遴选条件。

（1）纳入地市级（含）以上政府物流业发展相关规划和重点建设项目计划。

（2）分类型条件：

——多式联运型货运枢纽（物流园区）须满足以下条件：园区内须具有铁路专用线或铁路货场，或与港口之间有铁路专用线衔接，或园区紧邻机场且纳入政府空港发展规划；占地面积不小于500亩；物流强度不小于500万吨/平方千米·年（其中空港型项目型不小于 50 万吨/平方千米·年）。

——通用集散型货运枢纽（物流园区）须满足以下条件：距离高速公路出入口不超过 5 千米，或 5 千米内有大型铁路场站/港口/机场，占地面积不小于 200 亩；物流强度不小于 500 万吨/平方千米·年；具备邮政快递、城乡配送、电商物流、口岸物流、零担专线等服务功能两种（含）以上。

——口岸服务型货运枢纽（物流园区）须满足以下条件：位于口岸区域范围内，具备一定规模海关特殊监管区，跨境货物吞吐量占项目总吞吐量比例不低于 50%；具有通用集散功能的口岸服务型项目占地面积不小于 200 亩，须有二级及以上公路连通；具有多式联运功能的口岸服务型项目占地面积不小于 500 亩，须具有铁路专用线或铁路货场，或与港口之间有铁路专用线衔接，或园区紧邻机场，且纳入政府空港发展规划。

（3）原则上每个省份补助项目不超过 10 个，符合条件的多式联运型项目优先纳入支持范围。

（4）优先支持条件：

——纳入"一带一路"、长江经济带和京津冀区域规划的重点项目。全国综合交通枢纽（节点城市）和全国一、二级物流园区布局城市中的项目。物流大通道中的重点项目。

——优先支持促进交邮融合和电子商务发展的具有快递分拨功能的货运枢纽（物流园区）。

——优先支持列入我部多式联运、集装箱铁水联运、城市配送、农村物流、甩挂运输等示范工程的重点项目，但同一项目不能重复申请交通运输部投资补助。

——优先支持政府主导开发或采用管委会模式进行建设、开发和管理的项目。

（5）项目应在"十三五"开工建设并达到一定实物工程量。

2. 项目库基本情况。

"十三五"货运枢纽（物流园区）投资补助项目库共计 205 个项月，正选 150 个，备选 55 个。[列入多式联运示范工程且满足部货运枢纽（物流园区）投资补助政策的货运枢纽（物流园区）项目，我们将视同纳入项目库]。

从区域分布来看，东部地区项目为 73 个，占比为 35.6%，中部地区为 64 个，占比为 31.2%，西部地区为 68 个，占比为 33.2%，具体见表 1。

表 1   区域分布情况

区域	东部	中部	西部
项目数量（个）	73	64	68
占比	35.6%	31.2%	33.2%

从项目类型来看，多式联运型项目为 84 个，占比为 41%，通用集散型项目 121 个，占比为 59%。按口岸服务功能划分，口岸服务型项目 35 个，占比为 17%，具体见表 2。在多式联运型项目中，公铁衔接的项目占比为 58.1%，公铁水衔接的项目占比为 31.4%，陆空衔接的项目占比为 10.5%。

表 2 区域类型情况

类型	多式联运型	通用集散型	口岸服务型
项目数量（个）	84	121	35
占比	41%	59%	17%

从项目分布来看，位于全国综合交通枢纽城市的项目有 108 个，占比为 52.6%；位于全国一、二级物流园区布局城市的项目共有 129 个，占比为 62.9%，具体见表 3。

表 3 项目所有城市分布情况

类型	全国综合交通枢纽（城市）	一、二级物流园区布局城市
项目数量（个）	108	129
占比	52.6%	62.9%

3. 实施效果。

"十三五"期间入库项目覆盖了 141 个城市，包括 52 个综合交通枢纽城市和 69 个重点物流园区布局城市。结合"十三五"期间投资补助项目，预计"十三五"末，部投资补助的货运枢纽（物流园区）将覆盖全国 196 个城市，覆盖 80% 以上的综合交通枢纽城市和一、二级物流园区布局城市，覆盖 24 个《推动共建丝绸之路经济带和 21 世纪海上丝绸之路的愿景与行动》中明确提出的城市，19 个《长江经济带综合立体交通走廊规划（2014—2020 年)》确定的综合交通枢纽城市，12 个京津冀地区涉及城市。

（四）投资政策。

1. 投资导向。

在延续"十二五"期间投资补助标准基础上，对"十三五"期间投资补助标准进行适当调整，适当调增对中西部地区项目和多式联运型项目的支持力度。适度提高对全国综合交通枢纽城市和全国一、二级物流园区布局城市的补助数量。

2. 补助标准。

（1）通用集散型货运枢纽（物流园区）项目，东、中、西部地区单个项目投资补助标准分别为 2500 万元、3000 万元和 3500 万元。

（2）多式联运型货运枢纽（物流园区）项目在以上标准上上浮一倍，分别为 5000 万元、6000 万元和 7000 万元。

（3）口岸服务型货运枢纽（物流园区）项目按照交通运输方式衔接情况，参照上述两类项目的投资补助标准。

（4）部投资补助资金占项目总投资比例不超过30%。

表4   "十三五"期间货运枢纽（物流园区）投资补助标准

项目类型 所在区域 补助标准	多式联运型	通用集散型
东部地区	5000 万元	2500 万元
中部地区	6000 万元	3000 万元
西部地区	7000 万元	3500 万元

五、保障措施

（一）加强组织领导和统筹协调。

各级交通运输部门应加大协调力度，主动做好与发展改革、国土、住建、环保等部门的沟通协调，在规划、立项、用地、资金、市政配套等方面为货运枢纽（物流园区）建设创造良好外部条件。

（二）加快项目前期工作。

各地交通运输主管部门要加快推动项目前期工作，切实解决项目前期工作中重点难点问题，对符合条件的项目严格把关。及时向部报送资金申请报告，部将委托技术咨询机构进行审查。建立项目库滚动实施机制，对正选项目库中前期工作达不到进度要求、无法按期实施的项目及时调整出库或转为备选项目，对备选项目中功能先进、现实亟须、条件成熟的项目可提前安排。

（三）强化项目事中事后监管。

按照《交通运输部货运枢纽（物流园区）投资补助项目管理办法（暂行）》有关要求，强化项目事中事后监督管理。省级交通主管部门应加强项目跟踪检查，分年度上报项目建设、投资补助资金使用等情况。

（四）做好建设方案跟踪评估和调整。

各级交通主管部门应结合本地区综合交通发展和物流业市场变化，及时了解和掌握本区域货运枢纽（物流园区）发展动态，做好项目执行评估工作。部将结合各地实施情况和意见建议，适时对建设方案进行评估和调整。

（五）做好民生实事项目的推进落实工作。

对纳入2016年部更贴近民生实事的30个货运枢纽（物流园区）项目和后续年度部民生实事的货运枢纽（物流园区）项目，根据部统一部署和要求，做好相关工作，确保如期高效完成建设任务。

商务部等 10 部门《全国流通节点城市布局规划（2015—2020 年）》（节选）

流通节点城市是指经济规模和商品流通量较大，商流、物流、资金流和信息流高度汇集，具有较强集聚、辐射等功能，在流通网络中处于枢纽地位的城市。合理确定并加快培育流通节点城市，对于构建全国骨干流通网络，完善现代市场体系，促进国民经济运行效率和质量提升具有重要意义。根据党的十八大、十八届三中全会、十八届四中全会精神和《国务院关于深化流通体制改革加快流通产业发展的意见》（国发〔2012〕39 号），特制定本规划。规划期限为 2015—2020 年。

一、发展现状与规划意义（略）

二、总体要求（略）

三、空间布局

（一）总体空间布局结构。

流通节点城市布局的总体思路是：根据国家区域发展总体战略及"一带一路"、京津冀协同发展和长江经济带战略等战略部署，结合国家新型城镇化规划、全国主体功能区规划、全国土地利用总体规划纲要、国内贸易中长期发展规划和城镇体系规划，依托综合交通运输体系，与产业布局及交通、物流相关发展规划相衔接，布局全国流通节点城市，以商流为核心，引导物流、信息流和资金流向节点城市汇聚，着力提升节点城市流通服务功能，形成连接东西、贯穿南北、辐射内外、高效畅通的全国一体化骨干流通网络。

落实"一带一路"战略规划，依托沿线关键通道、关键节点和重点工程，完善节点城市流通基础设施，提升陆路、海路通达水平。推进京津冀市场一体化，支持北京商品批发市场适度向河北、天津迁移，支持河北省打造全国现代商贸物流重要基地，合理布局和建设京津冀物流园区、交通场站，形成商品和要素顺畅流通、高效运转的区域市场体系。落实长江经济带战略，依托立体交通走廊建设沿江农产品物流通道，优先在节点城市完善区域性农产品批发市场。

按照规划目标和总体布局思路，确定"3 纵 5 横"全国骨干流通大通道。

1. 三条南北向流通大通道。

（1）东线沿海流通大通道：以深圳经济特区、上海浦东新区、天津滨海新区等经济特区和国家级新区为引擎，沿线包括东北地区、京津冀、山东半岛、长三角、海峡西岸、珠三角等地区，依托我国人口和生产力布局最密集、产业最集中的地区，促进商品和要素自由流动，提高现代服务业发展水平，形成连接东西、贯穿南北，辐射全国、面向亚太的流通产业发展战略空间，提升我国流通产业国际竞争力。

（2）中线京港澳流通大通道：依托京港澳高速、京广高铁、京广铁路等综合交通运输通道，串联京津冀城市群、中原城市群、长江中游地区、珠三角地区，联系香港和澳门地区，涵盖北京、石家庄、郑州、武汉、长沙、广州、深圳等重要的流通节点城市，促进农产品和工业品跨区域流动，形成贯穿南北、衔接东西、辐射全国的重要流通大通道。

（3）西线呼昆流通大通道：以西部的呼和浩特、西安、成都、重庆、昆明为支点，以沿线的重庆两江新区等国家级新区为牵引，促进西部地区流通基础设施建设，向东联系京津冀、长三角、珠三角地区，向南辐射南亚、东南亚，形成联系东西、纵贯南北的流通大通道。

2. 五条东西向流通大通道。

（1）西北北部流通大通道：发挥天津滨海新区龙头带动作用，以北京、呼和浩特、石家庄、太原、银川、乌鲁木齐为支点，经哈萨克斯坦、俄罗斯、白俄罗斯到达欧洲，促进环渤海地区和西部地区流通产业联动发展，发挥欧亚大陆桥功能，辐射中亚、西亚和东北亚地区。

（2）陇海兰新沿线流通大通道：通过陇海、兰新线等运输通道，串联乌鲁木齐、西宁、兰州、西安、郑州、连云港等流通节点城市，向西出阿拉山口、霍尔果斯，连接中亚，经莫斯科到达欧洲；以喀什为支点向西，通过中亚、西亚，经伊斯坦布尔到达欧洲。依托国际铁路运输通道，提升郑州、西安、兰州、西宁、乌鲁木齐等节点城市流通服务功能，向西北联系中亚、西亚和欧洲，向南辐射我国云贵地区，带动我国西部地区开发开放。

（3）长江沿线流通大通道：以上海为龙头，以南京、杭州、宁波、苏州、合肥、武汉、重庆等为支点，串联起江苏、浙江、安徽、江西、湖北、湖南、四川、贵州、云南九省沿江节点城市，依托长江经济带综合立体交通走廊，建设长江沿线流通大通道，发挥承东启西、通江达海的区位优势，带动长江经济带和东中西部联动发展。

（4）沪昆沿线流通大通道：依托沪昆高铁、沪昆铁路、沪昆高速公路组成的综合运输体系，经缅甸联系南亚和孟加拉湾，串联长三角地区、长株潭地区、黔中地区、滇中地区，加强长三角沿海发达地区与中部内陆地区、西南沿边地区流通产业联动发展，形成横贯东中西部地区，联系南亚的流通大通道。

（5）珠江西江流通大通道：依托珠江—西江黄金水道和南广铁路、贵广铁路、云桂铁路等组成的综合运输体系，建设珠江西江流通大通道，经越南辐射东盟和南亚，发挥直接连接东西部地区、面向港澳、连接东盟的区位优势，促进形成西南中南地区新的经济支撑带，形成东西互动、优势互补、江海联动的流通大通道。

全国骨干流通网络布局示意（略）

（二）流通节点城市选择。

流通节点城市选择的基本方法是：依据流通节点城市的商流、物流、资金流、信息流汇聚和辐射带动能力等基础条件，统筹考虑在流通网络中的战略地位、布局平衡、功能整合等因素，按照规模数量适度、功能结构匹配原则，采取定量与定性相结合的评价方法，从全国4个直辖市和333个地级行政区域（不含港澳台地区）中遴选出全国流通节点城市。本规划将全国流通节点城市划分为国家级、区域级和地区级共三级，确定国家级流通节点城市37个，区域级流通节点城市66个。

国家级流通节点城市：是全国骨干流通网络中的关键节点，国家流通大通道上的枢纽，流通节点城市网络中的中心城市或重要支点城市。

37个国家级流通节点城市：北京、天津、石家庄、太原、呼和浩特、沈阳、大连、长春、哈尔滨、上海、南京、苏州、杭州、宁波、合肥、福州、厦门、南昌、济南、青岛、郑州、武汉、长沙、广州、深圳、南宁、海口、重庆、成都、贵阳、昆明、拉萨、西安、兰州、西宁、银川、乌鲁木齐。

区域级流通节点城市：是全国骨干流通网络中的重要节点，国家级流通节点城市发挥功能作用的重要支撑，流通节点城市网络中的支点城市。

66个区域级流通节点城市：唐山、保定、秦皇岛、邯郸、大同、临汾、包头、呼伦贝尔、鄂尔多斯、锦州、丹东、延边、吉林、牡丹江、大庆、徐州、南通、连云港、无锡、舟山、金华、温州、阜阳、芜湖、泉州、漳州、九江、赣州、潍坊、烟台、临沂、洛阳、商丘、南阳、宜昌、襄阳、荆州、衡阳、娄底、株洲、东莞、佛山、桂林、柳州、钦州、防城港、绵阳、达州、南充、宜宾、遵义、六盘水、曲靖、红河、咸阳、榆林、天水、酒泉、海西、海东、石嘴山、喀什、伊犁、博尔塔拉、巴音郭楞、日喀则。

地区级流通节点城市：是全国骨干流通网络中的普通节点，承担网络连接功能、提供基础服务的城市。地区级流通节点城市由各省（区）参照以上条件，根据本省（区）流通网络发展需要具体确定。

全国流通节点城市布局示意（略）

鼓励各地结合本地实际，推动其他城市流通产业发展，提升流通服务功能，进一步完善区域内流通网络。

四、增强基础设施支撑保障能力

（一）加强流通基础设施建设。

健全流通规划体系，发挥规划引领作用，引导国内外资金投向流通设施建设，增强流通基础设施支持保障能力。鼓励社会资本参与公共服务平台、流通基础设施等项目建设。调整优化流通基础设施空间布局，推进流通设施网络化、系统化建设。支持建设重要集散地和主销地的专业批发市场、物流园区、快递园区、大型公共仓储配送设施、公共信息服务平台等。大力加强粮食仓储及物流设施、大型农产品批发市场、国家重要商品储备库、中继型农产品冷链物流系统、农村邮政物流设施等公益性和公共性流通设施建设。规范大型商业设施及其配套设施建设，引导购物中心、商业综合体、商业聚集区等有序发展。鼓励商品交易市场改造升级，拓展服务功能。

（二）提升综合运输支撑能力。

构建便捷高效的综合运输服务体系，优化综合交通基础设施网络布局，合理配置综合运输通道资源。加快铁路、公路、水运、航空枢纽等基础设施建设，加快推进中西部地区、老少边穷地区综合交通建设，促进东、中、西部基础设施的互联互通。优化运输组织，完善综合运输标准体系，推进集装箱多式联运、甩挂运输、陆海联运等先进运输组织方式，促进各种运输方式高效衔接，提高主要流通节点城市之间干线运输效率和组织化水平。依托货运枢纽拓展现代物流服务功能，提高交通运输对流通节点城市发展的保障能力和服务水平。整合城市交通资源，建立和完善城市绿色货运服务体系，完善城市物流园区、分拨中心、配送中心和一般货运装卸站点等设施网络布局，优化车辆通行管控措施，提高城市配送服务效率和水平。

（三）整合物流设施资源。

优化物流设施资源配置，促进资源整合与功能衔接。结合特大型城市功能疏解需求，打破地区和行业界限，整合现有物流园区及其他物流资源，推进跨行业、跨部门、跨地区的物流设施系统整体规划和建设。结合流通节点城市实际，有针对性地拓展货运枢纽型、商贸服务型、生产服务型、口岸服务型和综合服务型等不同类型物流园区的流通和物流服务功能，提高产业集聚能力和集约化发展水平。大力发展冷链物流，积极发展公共仓储、城际物流、邮政服务、快递服务、共同配送和第三方物流，完善城市物流中转分拨场站、社区集散网点的配置。鼓励具备条件的大型连锁零售企业、大型批发企业建设配送中心。

（四）加强金融电信设施配套。

加强金融基础设施建设，增强金融服务功能，保障商品市场高效稳定安全运行。加快推进互联网、物联网、移动通信等信息基础设施建设，加强光纤接入网、宽带无线移动通信网建设，推动电信网、广播电视网和互联网融合发展，构建区域性公共信息服务平台，促进信息资源整合和共享。

五、发挥流通节点城市功能作用

（一）提升流通节点城市集散中转功能。

依托流通节点城市交通运输通道优势和枢纽地位，合理布局大宗商品交易市场、重要商品和物资储备中心、物流园区、多式联运中心、公路港、区域配送中心、快件分拨中心和其他物流场站设施。培育大型批发、仓储、运输、货代、配送、邮政、快递、第三方物流企业和专业化、社会化的物流快递平台，增强商品集散能力。大力发展区域共同配送、直达干线运输、高铁快件及电商快递班列运输、甩挂运输和多式联运，提高货物中转和运输效率。优化特大型城市流通基础设施布局，促进流通节点城市集散中转功能整体提升。加强中西部地区流通网络建设，增强与东部沿海地区的联系，加强生产资料、工业消费品流通渠道及配套设施建设，建立联系东西部、沟通国内外的重要商品物资流通大通道。

（二）提升流通节点城市生产服务功能。

依托流通节点城市生产要素聚集地和产地市场等优势，围绕生产资料采购、产品分销，大力发展货运代理、加工贸易、创意设计、服务外包、产品展销、邮政服务、快递服务、区域配送、电子商务等生产性服务业，提升流通服务和引导生产的功能。依托全国流通节点城市网络，完善农产品跨区域产销链条，推动北粮南运等项目建设，提升农产品产地市场组织能力，统筹优化产地、集散地、销地批发市场布局，加强全国性、区域性农产品市场建设，规范"田头市场"建设，提高产地市场流通效率。

（三）提升流通节点城市消费促进功能。

依托流通节点城市人口聚集地、商品销售地等优势，规划建设好城市商业中心、交通枢纽商业、商业街等商业聚集区，以及购物中心、百货店等大型商业网点，完善装卸作业和停车场等配套设施。加快完善社区商业功能，引导电子商务进入社区，提供高效、便捷服务，实现便民消费。引进国内外知名品牌和大中型零售商，优化购物环境，引领和带动消费。促进商业、旅游、文化产业融合发展，提升住宿、餐饮、购物、娱乐、休闲等消费服务功能。

（四）提升流通节点城市外贸服务功能。

依托流通节点城市对外贸易通道和口岸优势，发挥综合保税区等海关特殊监管区域的作用，大力提升保税仓储物流、保税加工制造、国际采购和分拨配送、转口贸易等功能。加快发展服务贸易，培育内外贸结合市场，大力发展跨境电子商务、邮政服务、快递服务、金融服务、航运服务，初步建成一批区域性国际贸易中心、国际结算中心、国际物流中心和旅游集散中心。以重点开发开放试验区为先导，加强沿边地区流通节点城市与周边国家或地区的互联互通，推动边境经济合作区、跨境经济合作区建设。

（五）提升流通节点城市应急保障功能。

加强市场供应和市场监测功能建设，强化市场运行保障和预测预警，增强市场调控的前瞻性和预见性。综合运用信息引导、储备调节、进出口调剂等调控手段，维护市场稳定。发挥公益性流通设施和骨干流通企业在满足消费需求、保障市场稳定、提高应急能力方面的重要作用。继续加强应急商品数据库建设，逐步实现跨地区信息共享，打造布局合理、经济高效的应急投放网络。

六、大力推进节点城市流通创新

（一）积极推进流通信息化。

围绕流通信息化建设，提升流通专业化、社会化、规范化和智能化水平。加快推广互联网、物联网、云计算、电子标签等技术在流通领域的应用，推动营销网、物流网、信息网有机融合。鼓励流通企业利用现代信息技术加快流通创新，提高管理水平，大力发展移动终端消费等新兴流通模式。鼓励运用大数据等信息集成和数据应用技术，结合智慧城市建设，提高流通自动化、智能化水平。推进流通节点城市肉类、蔬菜、中药材等重要商品流通追溯体系建设，研究智能冷链仓储技术。加快推进流通领域公共信息向社会公开，提升各类信息资源的共享水平和利用效率。

（二）加快发展电子商务。

加快建设一批集研发、设计、配套服务于一体的电子商务发展基地，完善技术、物流、支付、认证、数据等电子商务支撑体系，打造中小电子商务企业孵化器，扶持一批电子商务企业发展，提高流通企业电子商务应用水平，加快电子商务与咨询、广告、营销等新兴服务业的创新协作，推动电子商务衍生服务业快速发展。培育一批电子商务龙头示范企业、示范基地和示范城市，推动建设一批大宗商品、文化体育、旅游营销、医药配送、网上供销等全国性电商平台。鼓励扶持涉农电子商务应用项目，加强中西部地区、东北等老工业基地的电子商务应用。加快电子商务公共服务体系建设，大力发展电子商务服务商，完善电子商务产业链。鼓励网络购物创新发展，促进线上线下融合发展，支持电商企业、邮政和快递企业加强战略合作，加快推进电子发票应用。

（三）全面提高流通组织化程度。

加强节点城市市场主体培育工作，支持大型流通企业发展，提高大型流通企业市场占有率和流通产业集中度，形成若干具有国际竞争力、区域资源整合力和品牌影响力的企业集团。激发中小流通企业市场活力，引导中小批发商、零售商、代理商向专、精方向发展。加强流通企业与生产企业的价值链、供应链、产业链紧密融合，优化业务流程，提升资源利用效率。推进节点城市流通标准化。加强产销合作，规范发展经销代理模式，大力发展多渠道流通，减少流通环节。大力扶持专业大户、家庭农场、农民合作社、农业企业服务公司和农业产业化龙头企业等新型农业经营主体向流通产业延伸，发展农产品商品化处理、冷藏保鲜、仓储配送，提高农产品流通组织化程度。

（四）着力提升开放水平。

鼓励国际知名流通企业在境内设立企业总部，依法合规参与流通网络建设。进一步发挥外商投资产业导向和商业网点建设指导目录的作用，科学引导外资流向，提高商业领域利用外资质量和水平。鼓励有条件的企业"走出去"，建设国际营销网络，深度开拓国际市场。支持内外贸企业之间的战略合作与兼并重组，培育一批产业链整合能力强、具有国际竞争力的大型流通企业集团。面向东南亚、南亚、中亚和东北亚四个战略方向，完善双边和多边合作机制，加强多式联运、口岸管理、通关协作、信息互换、监管互认、执法互助等方面协作，培育一批经贸合作平台，加强能源资源、交通运输、国际贸易、文化旅游、邮政服务、快递服务、金融服务等领域合作，打造对外经贸合作升级版。着力提升沿边口岸流通节点城市与周边国家和地区合作水平，促进沿边地区开发开放。加快推进中西部地区和内陆流通节点城市口岸通道建设，提高通关效率和贸易便利化水平。健全与国际接轨的流通规则体系，发挥对外开放先行先试区域的制度创新作用，加强流通节点城市与国际标准、国际惯例等方面的接轨，提升对外开放水平。

（五）积极发展绿色低碳流通。

倡导文明节约、绿色低碳的生产方式、流通方式和消费方式，推动节点城市流通领域节能减排，引导产业结构调整升级。加强物流园区及其他物流基础设施的规划整合，认真做好规划环境影响评价工作，推进合理布局。加快旧货流通网络和再生资源回收分拣集聚区建设，实现与国家"城市矿产"示范基地等衔接。加快完善和实施流通领域节能环保标准，积极开展节能、环保和低碳认证。推进商业建筑和设施节能减排，抑制商品过度包装。大力推广节电、节水、环保技术和设施设备，降低物流运输过程中的消耗与排放。鼓励绿色消费和采购，打造绿色低碳供应链，培育一批示范企业。

七、促进区域协调发展

（一）引导流通节点城市分工协作。

支持一批国家级流通节点城市建设成为有较强国际竞争力，融入国际流通网络、发挥国际流通节点作用的商贸中心城市，形成对其他流通节点城市的引领作用；优先发展中西部国家级流通节点城市，加快完善流通基础设施，提升集散能力、辐射功能和中转效率。支持区域级流通节点城市发展，着力培育一批具有较强区域辐射带动能力的商业中心城市，引导区域资源优化配置，发挥区域级流通节点城市承上启下的骨干支撑作用。鼓励地区级流通节点城市发展，提升其连接和拓展流通网络的基础保障作用。发挥流通节点城市的比较优势，实现相互依托、错位发展、分工协作、功能互补，促进全国骨干流通网络系统功能提升。

（二）建立区域流通发展协调机制。

加强区域协调发展的顶层设计，做好各层级、各区域相关规划衔接。统筹流通节点城市流通基础设施规划布局，推进流通节点城市之间基础设施共建共用，防止盲目投资、重复建设。推进流通资源共享、信息平台共建、企业战略合作，最大程度发挥协同效应，促进区域流通健康发展。根据流通节点城市的资源禀赋、产业基础、交通条件、区位优势、功能定位以及与周边城市的互补性，优化流通节点城市商业分工，建立跨地区、跨部门的协调机制，引导相邻区域、相关城市实现合作共赢。

（三）打破地区封锁和行业垄断。

全面清理和取消妨碍公平竞争、设置行政壁垒、排斥外地产品和服务进入本地市场的规定，建立健全统一的市场准入和检验检测标准体系。鼓励大型流通企业跨地区、跨行业、跨领域、跨所有制兼并重组，依法实施集中，扩大经营规模。大力规范节点城市市场秩序，加强反垄断和反不正当竞争执法，促进公平有序竞争。加强行政执法与刑事司法有效衔接，推动建立跨地区跨部门执法协作机制。规范流通领域市场监管行为，提高监管执法能力与依法行政水平。加强商务诚信体系建设，建立健全商务领域企业信用信息平台，完善打击侵犯知识产权和制售假冒伪劣商品工作机制，推进法治化营商环境建设。

专栏重点任务

1. 完善流通大通道基础设施。合理配置综合运输通道资源，提高流通节点城市交通运输基础设施支撑保障能力。进一步加快推进国家高速公路、干线铁路、沿海港口和内河航道建设，加强通往周边国家和地区的对外通道建设，发展节点城市支线航空，增加国内外航线，形成内外协调联动的航空网络。

2. 建设公益性流通设施。加大对公益性流通设施的投入，积极推进流通节点城市公益性流通基础设施建设，支持建设和改造一批具有公益性的全国性、区域性农产品产地、集散地、销地批发市场，试点示范建设一批田头市场。推动建设和改造一批大型公共物流配送中心。加强流通节点城市应急救灾物资储备库和战略储备设施建设，完善商品应急保障网络。

3. 提升流通节点城市信息化水平。采取政府政策支持、规划引导等形式加快推进互联网、物联网、移动通信等信息基础设施建设。发挥政府主导作用，加强公益性和公共信息基础设施建设。扩充流通节点城市信息通道容量，提高数据传输能力。促进全国流通节点城市的信息共享，推动营销网、物流网、信息网的有机融合，支持云计算、大数据、全球定位系统、移动通信、地理信息系统、电子标签等技术的应用。统一信息标准，加强数据采集、运用和共享。积极推进重要商品流通追溯体系建设。

4. 建设商贸物流园区。在重庆、厦门、南昌、长沙、郑州、西安等有基础有条件的流通节点城市，开展综合商贸物流园区示范。鼓励支持商贸设施和物流设施集约建设，培育具有区域辐射能力和较强综合服务功能的商贸物流园区。

5. 完善城市共同配送网络。加强流通节点城市物流分拨中心、物流配送中心建设与改造，大力发展统一配送和城际物流配送，提升物流配送的专业化、社会化水平。

制定统一的物流装备标准，建立托盘共用系统，搭建城市共同配送服务平台。

6. 发展国家电子商务示范基地。支持北京、天津、沈阳、上海、杭州、宁波、合肥、福州、郑州、长沙、广州、重庆、成都、西安、兰州继续推进电子商务示范基地建设；支持有条件的流通节点城市，积极规划创建电子商务示范基地，发挥示范带动作用，扶持电子商务企业发展。推动电子商务产业集群发展，加强快递分拨中心等配套设施建设，着力提升物流配送功能，促进相关服务行业发展。

7. 提升沿边节点城市口岸功能。加强沿边地区口岸设施建设，提升呼伦贝尔、丹东、牡丹江、德宏、日喀则、喀什、伊犁、博尔塔拉等沿边节点城市口岸服务功能，推进多式联运、通关协作、信息互换、监管互认、执法互助等方面的区域合作，提高口岸通关效率和服务功能。

8. 促进城市商业适度集聚发展。优化城市商业网点布局，统筹推动中央商务区、商贸功能区、特色商业街区协调发展，引导城市商圈有序发展，促进商品交易市场转型升级，大力发展城市便民商业，提升社区商业的便利化、智能化水平。

9. 强化流通领域标准实施和推广。健全流通领域标准体系，加强流通领域基础通用、设施设备、技术、管理、服务、信息化领域标准制修订工作，鼓励流通节点城市参与或开展推荐性国家标准、行业标准、地方标准的制修订工作，不断完善流通领域标准的实施和推广机制。选取标准化基础条件较好的流通节点城市开展流通标准化试点推广工作，提升流通节点城市标准化水平，发挥节点城市的示范带动作用，将标准化试点成效辐射整个流通网络，进一步提高流通效率。

八、保障措施（略）

财政部 税务总局关于继续实施物流企业大宗商品仓储设施用地城镇土地使用税优惠政策的通知

（财税〔2017〕33 号）

各省、自治区、直辖市、计划单列市财政厅（局）、地方税务局，西藏、宁夏国家税务局，新疆生产建设兵团财务局：

为进一步促进物流业健康发展，现就物流企业大宗商品仓储设施用地城镇土地使用税政策通知如下。

一、自 2017 年 1 月 1 日起至 2019 年 12 月 31 日止，对物流企业自有的（包括自用和出租）大宗商品仓储设施用地，减按所属土地等级适用税额标准的 50% 计征城镇土地使用税。

二、本通知所称物流企业，是指至少从事仓储或运输一种经营业务，为工农业生产、流通、进出口和居民生活提供仓储、配送等第三方物流服务，实行独立核算、独立承担民事责任，并在工商部门注册登记为物流、仓储或运输的专业物流企业。

三、本通知所称大宗商品仓储设施，是指同一仓储设施占地面积在 6000 平方米及以上，且主要储存粮食、棉花、油料、糖料、蔬菜、水果、肉类、水产品、化肥、农药、种子、饲料等农产品和农业生产资料，煤炭、焦炭、矿砂、非金属矿产品、原油、成品油、化工原料、木材、橡胶、纸浆及纸制品、钢材、水泥、有色金属、建材、塑料、纺织原料等矿产品和工业原材料的仓储设施。

仓储设施用地，包括仓库库区内的各类仓房（含配送中心）、油罐（池）、货场、晒场（堆场）、罩棚等储存设施和铁路专用线、码头、道路、装卸搬运区域等物流作业配套设施的用地。

四、物流企业的办公、生活区用地及其他非直接从事大宗商品仓储的用地，不属于本通知规定的优惠范围，应按规定征收城镇土地使用税。

五、非物流企业的内部仓库，不属于本通知规定的优惠范围，应按规定征收城镇土地使用税。

六、本通知印发之日前已征的应予减免的税款，在纳税人以后应缴税款中抵减或者予以退还。

七、符合上述减税条件的物流企业需持相关材料向主管税务机关办理备案手续。
请遵照执行。

财政部税务总局
2017 年 4 月 26 日

公安部《关于加强物流园区消防安全管理工作的指导意见》

（公消〔2017〕144号）

各省、自治区、直辖市公安消防总队，新疆生产建设兵团公安局消防局：

近年来，随着电商普及和物流业发展，物流园区迅速兴起。物流园区通常由多个物流中心组成，园区规模大、企业多，货物种类多、火灾荷载大、理化性质复杂，火灾发生概率高、扑救难度大，极易造成重大人员伤亡和经济损失。2015年天津港"8·12"瑞海公司危险品仓库火灾爆炸事故、2016年河北廊坊"12·18"京东公司固安园区仓库火灾事故，教训极为深刻。为切实加强和规范物流园区消防安全管理，提出以下指导意见。

一、严把消防安全源头关

（一）编制消防专项规划。推动物流园区所在地人民政府在制定城乡规划时，同步制定园区所属区域的消防专项规划。易燃易爆危险化学品物流园区应设置在城市边缘或相对独立的安全地带。积极介入、主动配合园区前期立项、选址、审批等工作，在综合评估城市消防安全布局、园区总平面布局、消防水源、消防车道、消防站、防火间距、建筑物耐火等级以及灭火救援力量等情况的基础上，提出加强和改进消防安全工作的措施。

（二）严格消防行政审批。对物流园区建设工程要严格按照消防法律法规和技术标准进行消防设计审核、消防验收或备案，严格掌握专家评审范围，严禁超范围运用专家评审规避国家标准规定；对于适用专家评审的项目，评审意见中严禁采用管理类措施替代建筑防火技术要求，严把消防设计审核、消防验收关。易燃易爆危险品物流园区应单独建设，不应与储运其他类型物品的园区合用。物流仓库应留出疏散通道、消防设施操作间距等安全空间，合理划分功能区域，确保分区清晰合理、互不干扰。

（三）严格消防安全设防标准。对火灾危险性认定困难的物流园区，应适用甲、乙类火灾危险性场所的消防安全设防标准。已投入使用的物流园区储运物品的火灾危险性类别高于其设计火灾危险性类别的，应按其实际储运物品的火灾危险性类别提高消防安全设防要求。积极推动政府和有关部门根据本地实际，制定出台更加严格的地方性消防安全技术标准和管理规定，有针对性地提高物流园区消防安全设防等级。

二、落实消防主体责任

（四）建立健全消防组织机构。物流园区应建立健全消防安全组织，确定各级、各岗位消防安全责任人。物流园区的法定代表人或者主要负责人是消防安全责任人，全面负责本单位的消防安全工作。属于消防安全重点单位的物流园区的消防安全责任人应确定 1 名专兼职的消防安全管理人，负责本单位日常消防安全管理工作。有多家产权单位的物流园区以及实行承包、租赁或委托经营、管理的，应当书面明确各方的消防安全责任，并向主管公安机关消防机构备案。

（五）完善消防安全管理制度。物流园区应建立完善消防安全操作规程以及消防安全教育培训、防火巡查检查、消防设施器材维护管理、火灾隐患整改、用火用电安全管理、易燃易爆危险物品和场所防火防爆、燃气和电气设备的检查和管理等各项消防安全制度，实行岗位消防安全责任制和逐级消防安全责任制。

（六）加强防火巡查检查。物流园区产权单位、委托管理单位以及各经营主体、使用单位，应至少每月组织 1 次防火检查，每日进行防火巡查，营业使用期间每 2 小时开展 1 次防火巡查，严格执行夜间值班、巡逻制度，及时纠正违规占用消防车通道、住宿与储存合用、电动车充电、使用电热器具、搭建彩钢板建筑、动火和吸烟等行为，妥善处置火灾危险。

（七）加强消防设施维护管理。物流园区产权单位、委托管理单位以及各经营主体、使用单位，与具有资质的建筑消防设施维保企业签订维保合同，每月至少开展 1 次消防设施维保，每年委托具有资质的消防设施检测企业至少进行 1 次消防设施全面检测，确保消防设施完好有效，维保、检测报告应及时报当地公安消防部门备案。安装有火灾自动报警系统的，应主动与城市消防远程监控系统联网。

（八）加强用火用电安全管理。物流园区应使用符合安全标准的合格电气产品，电气线路敷设、电气设备安装和维修应由具有电工资格的专业人员负责，并符合防火安全要求。库房保管人员离库时，必须拉闸断电。推广应用先进电气火灾防控技术手段，每年委托电气检测机构对电气线路进行电气防火检测。需要动火施工的区域与营业使用区之间必须进行防火分隔，进行电气焊等明火作业时，应严格执行动火审批规定，并落实现场监护和安全措施。

（九）强化消防宣传培训。物流园区产权单位、委托管理单位以及各经营主体、使用单位，应组织开展经常性消防安全宣传教育，加强对消防安全责任人、管理人、消防控制室值班操作人员等重点岗位人员的消防知识培训。法定代表人或主要负责人、消防安全管理人应是消防安全明白人，专兼职消防宣传教育人员应经过专业培训，具备宣传教育能力。员工上岗、转岗前应经过岗前消防安全培训合格；对在岗人员至少每半年进行 1 次消防安全教育。

三、加强消防监督管理

（十）强化行业部门监管。提请政府根据物流园区的生产经营活动特点，按照"管行业必须管安全、管业务必须管安全、管生产经营必须管安全。"和"谁主管、谁负责"的要求，组织相关部门共同加强园区安全监管，建立健全信息共享、联合查办和联动响应机制，堵住监管漏洞，形成监管合力。积极推动商务部门做好商贸服务业所属物流企业和汽车、旧货、成品油等流通行业的消防安全管理；安监部门依法督促危险化学品物流企业落实消防安全管理和应急处置措施，负责物流企业有关设备、材料的安全监管；交通运输部门负责物流企业交通工具审批和管理中的行业消防工作；质监部门负责物流企业特种设备使用领域的消防安全管理；公安、质监、环保、交通运输、卫生、邮政等负有危险化学品安全监督管理职责的部门，依法落实危险化学品物流企业的消防安全监管责任。

（十一）落实消防监督职责。公安消防部门依法对物流园区开展消防监督检查，加强对公安派出所、镇街消防网格组织的培训指导，对发现的火灾隐患，依法督促整改，并依法实施处罚；构成重大火灾隐患的，提请政府挂牌督办，督促落实整改责任、方案、资金以及整改期间的火灾防范措施。对于同时作业人数达到劳动密集型企业标准的物流企业，将其纳入消防安全重点单位范围加强监管。

（十二）加大监督执法力度。加强与相关部门的沟通协调，建立健全信息共享、联合查办和联动响应机制，对检查发现的消防安全违法行为和火灾隐患，用足用好法律手段，依法督促整改。对违规使用明火、违反消防安全规定冒险作业的违法行为人，依法予以拘留；对设置在违法违章建筑中的物流仓储场所，依法予以取缔；对利用历史遗留建筑或居住建筑从事物流仓储经营活动，且不符合消防安全条件的区域性问题，提请政府组织综合治理，确保安全。

四、做好灭火救援准备

（十三）建强消防队伍。物流园区应根据园区发展和消防工作需要，按照消防法律法规要求，建立企业专职消防队或者微型消防站，并制定日常训练、执勤战备、队伍管理、考核评价等管理制度。大型危险化学品物流企业应当建立专职消防队和工艺处置队；承担本单位的火灾扑救工作。企业专职消防队和微型消防站的规模及装备配备应根据企业规模、火灾危险性、固定消防设施设置情况等因素确定。

（十四）加强熟悉演练。组织有关专家对辖区物流园区进行灭火救援风险评估，开展调查摸底与熟悉演练，修订完善灭火救援预案。针对物流园区火灾特点，加强灭火救援技战术研究，制定物流园区火灾处置指挥规程；强化对物流园区消防力量的业务指导和培训，定期组织辖区消防力量联合开展实地实装演练；提高协同处置能力。

（十五）强化应急处置。建立完善与物流园区、相关应急部门、技术专家和专业力量的联勤联动机制，加强调度指挥，掌握辖区大型工程机械设备和应急物资储备情况，确保调集及时、保障到位。一旦发生险情，要加强第一出动，按作战编成一次性调足灭火力量和有效装备，全勤指挥部应迅速到场指挥，把握战机，科学施救，安全处置，做到"灭早、灭小、灭初期"。

公安部消防局
2017 年 5 月 23 日

地方政府文件

天津市人民政府办公厅关于进一步推进物流
降本增效若干措施的通知（节选）

（津政办函〔2017〕158 号）

为深入推进供给侧结构性改革，加快推进物流业降本增效，提升物流业发展水平，促进实体经济健康发展，根据《国务院办公厅关于进一步推进物流降本增效促进实体经济发展的意见》（国办发〔2017〕73 号）精神，结合我市实际，经市人民政府同意，现将有关事宜通知如下。

一、优化物流管理体制

（一）规范公路货运通行管理。完善治超联合执法长效机制，在固定超限检测站、卸载点和流动治超稽查时实施联合执法。加大路面查处力度，对经检测认定的非法超限超载货运车辆，建立检查登记台账。以高速公路、国省道及货运车辆集中通行道路为重点，加大巡查力度和频次。原则上所有对货车超限超载违法行为的现场检查处罚一律引导至经市人民政府批准设立的公路超限检测站进行。（市交通运输委、市公安局按照职责分工负责）

（二）完善公路货运执法工作。结合交通运输部关于制定地方交通运输行政处罚事项清单工作部署，梳理并制定我市公路货运处罚事项清单，细化自由裁量基准，向社会公开。严格货运车辆执法程序，落实重点货运源头监管，实施"一超四罚"联合惩戒。全部执法案卷上传到执法监督平台，接受社会监督，向社会公布举报投诉电话。结合治超工作实际需要，研究提出科学设置公路超限检测站点方案。（市交通运输委、市公安局按照职责分工负责）

（三）优化货运车辆通行管控。本市核发号牌的纯电动轻型、微型厢式货运机动车和纯电动轻型、微型封闭式货运机动车不受外环线以内道路每日 7 时至 22 时货运机动车限行措施限制，不受外环线上每日 7 时至 19 时货运机动车限行措施限制。研究推广新能源货运车辆，鼓励物流企业加强与商贸企业合作，推广共同配送和夜间配送。（市公安局、市交通运输委、市商务委、市工业和信息化委、市发展改革委等部门按照职责分工负责）

（四）精简货运审批手续。按照国家统一部署，做好快递领域工商登记"一照多址"改革，严格落实快递业务员职业技能确认与快递业务经营许可脱钩政策。探索建立交通运输审批事项"单一窗口"，提高审批工作效率。推进我市涉及跨省大件运输并联许可全国联网有关工作，一地办证、全线通行。（市邮政管理局、市市场监管委、市交通运输委、市公安局、市审批办等部门按照职责分工负责）

（五）深化货运通关改革。研究制定我市压缩货物通关时间工作措施，实施海港、空港口岸通关流程和物流流程综合优化改革试点。打造天津国际贸易"单一窗口"升级版，丰富服务功能，提高系统性能，增强服务效能，使"单一窗口"功能逐步覆盖到国际贸易链条主要环节。（市口岸办牵头，天津海关、天津检验检疫局、市交通运输委、天津海事局、天津边检总站、天津港集团、天津滨海国际机场等部门配合）

二、进一步清理收费

（六）科学合理确定车辆通行收费标准。研究探索部分高速公路分时段差异化收费试点工作，研究降低高速公路车辆通行费收费标准，科学合理确定车辆通行费收费标准。在本市各条高速公路建立鲜活农产品运输"绿色通道"。（市交通运输委、市发展改革委、市公安局等部门按照职责分工负责）

（七）做好收费公路通行费营改增工作。做好我市收费公路通行费增值税发票开具工作，推进税务系统与公路收费系统对接，做到科学、统一、规范，设计求细、施工求精、监管求严，推进联网收费系统改造、客服体系建设、配套设施建设工作。（市交通运输委牵头，市国税局、市财政局等部门配合）

（八）加强物流领域收费清理。加强对铁路、港口等物流领域收费行为监管，督促铁路运输企业严格落实中国铁路总公司的相关收费文件，全面建立涉铁收费明码标价制度，做好涉及企业收费举报案件核查工作，依法依规查处各类乱收费行为。严格按照交通运输部、国家发展改革委印发的《港口收费计费办法》（交水发〔2017〕104号）规定，规范港口经营服务性收费行为，完善港口价格形成机制。（北京铁路局天津办事处、市交通运输委、市发展改革委、天津港集团按照职责分工负责）

三、加强物流载体建设

（九）加强对物流发展的规划引导。在土地利用总体规划、城市总体规划中，综合考虑物流发展用地，统筹安排物流及配套公共服务设施用地选址和布局，确保规划和物流用地落实。对涉及新增建设用地，符合土地利用总体规划、国家产业政策和供地政策的，在年度土地利用计划中给予优先保障。做好重点物流基础设施建设用地审批绿色通道工作。（市国土房管局、市规划局、市发展改革委按照职责分工负责）

（十）探索新增物流用地"先租后让"和"租让结合"。对符合规划和产业政策的项目，在项目立项后，可以先行租赁土地进行建设，达产验收并符合约定条件的，再按照协议方式办理出让手续。积极支持利用工业企业旧厂房、仓库和存量土地资源建设物流设施或提供物流服务，涉及原划拨土地使用权转让或租赁的，应按规定办理土地有偿使用手续，经批准可采取协议方式出让。（市国土房管局负责）

（十一）加强各种运输方式有效衔接。鼓励公路、水运、航空、铁路等运输方式有效衔接，强化海铁联运。积极申请和利用车购税等相关资金支持港口集疏运铁路、公路建设，畅通港站枢纽"微循环"。（市交通运输委、市发展改革委、北京铁路局天津办事处、市财政局、市建委、天津港集团、天津滨海国际机场等部门按照职责分工负责）

（十二）提高铁路物流服务能力。研究开发"特需班列""点对点"等业务，加快高铁快运项目开发，提高铁路运输比重。开展甩挂运输，加快完善区域内甩挂运输相关法规政策和标准规范体系，推动甩挂运输车型和设备标准化。（北京铁路局天津办事处、市交通运输委、市市场监管委、天津港集团按照职责分工负责）

（十三）提升城市配送运行效率。加强配送车辆停靠作业管理，结合实际设置专用临时停车位等停靠作业区域。加强交通运输、商贸流通、供销、邮政等相关单位物流资源与电商、快递等企业的物流服务网络和设施共享衔接。进一步严格道路运输企业管理，持续加强运营车辆动态监管，不断强化道路运输企业安全生产隐患排查整治和日常监管。（市交通运输委、市公安局、市邮政管理局、市发展改革委、市供销总社等部门按照职责分工负责）

四、拓宽企业投融资渠道（略）

五、推进信息化标准化建设（略）

六、深化产业联动融合（略）

天津市人民政府办公厅

2017 年 12 月 15 日

河北省人民政府办公厅关于进一步推进物流降本增效促进实体经济发展的实施意见（节选）

（冀政办字〔2018〕36）

一、创新物流新模式新业态

（一）促进物流体系智能化。充分利用大数据等先进技术手段，构建储运异地分离、即时同步响应的物流控制中心运行体系。结合雄安新区规划建设，加快引进阿里集团菜鸟网络入驻雄安新区，谋划实施全省物流"云"中心大数据平台建设，促进物流调度的仓储、配送、信息异地同步跟踪，形成远程遥控的智慧物流设施体系。原则上全省所有主城区内不再规划新建大型仓储设施。（雄安新区管委会，省工业和信息化厅、省住房城乡建设厅、省发展改革委负责，2018年年底前规划落地，2019年年底前建成）

（二）突出物流交易核心功能。谋划升级煤炭、钢铁等大宗原材料物流交易中心建设，提高我省配置资源的战略能力。（省国资委、省金融办负责，2020年年底前取得较大成效）促进京东物流仓储配送中心和结算交易中心同步整体落户廊坊市。（廊坊市政府，省商务厅、省金融办负责，2018年年底前取得实效）

（三）发展多式联运新模式。加快完成唐山港集团、长久物流有限公司全国多式联运示范工程，继续谋划储备一批多式联运项目，及时向国家申请。促进陆海空多种运输方式衔接一致，大力发展公路甩挂运输，积极发展海铁、公铁和陆空等整装联运，加快推进大宗散货海铁联运、集装箱公铁海多式联运，引导沿海港口在腹地设立无水港和集装箱提箱还箱网点。（省交通运输厅、省发展改革委负责，持续推进）

（四）着力培育物流品牌。促进重点物流企业进一步拓展网络，壮大规模，将省级重点监测物流企业纳入"双创双服"名单。促进冀中能源、开滦集团、河北钢铁等国有企业物流年营业额超500亿元。形成一批河北物流知名品牌，促进物流企业上档达标，到2020年年底，国家A级以上物流企业超100家，其中5A级企业15家以上。对新晋升为A级物流企业，从省级专项资金中予以一次性适当奖励。（省发展改革委、省国资委、省质监局、省现代物流协会负责，持续推进）

（五）优化运输组织形式。围绕疏解京、津交通枢纽功能和过境交通压力，全面提升石家庄、秦皇岛、唐山、邯郸市全国性综合交通枢纽功能，强化沧州、张家口市等区域性综合交通枢纽支撑能力，推进环京津区域货运枢纽建设，促进区际、城际、城乡交通与城市交通高效转换，推进轨道、道路、航空等不同客运方式便捷衔接，发展立体、同站换乘方式，加快实现客运"零距离换乘"、货运"无缝隙衔接"。（省发展改革委、省交通运输厅负责，持续推进）

二、拓展物流协同协作新能力

（六）促进京津冀物流协同发展。积极落实《京津冀商贸物流发展专项规划》，努力构建环京津1小时鲜活农产品物流配送圈。（省商务厅负责，持续推进）大力推进石家庄铁路物流港、冀中南公铁联运智能港、高碑店、北京二商农产品产业园、望都钧达北京菜篮子工程、衡水铁路物流基地项目等商贸物流重点项目建设，加快平衡项目要素。（省发展改革委负责，2018年年底前取得新成效）对接京津冀居民生产生活需求，力争实现"轨道上的京津冀"货运班列常态化。（中国铁路北京局集团有限公司石家庄办事处、省交通运输厅负责，持续推进）

（七）提升我省与毗邻省份协作能力。突出我省东出西联物流枢纽地位，加快构建冀东、冀中南两大内畅外联物流通道，统筹推进秦皇岛港、唐山港、黄骅港等物流基础设施建设，拓展国际航线资源，促进海路、铁路、道路、航空等协同联运，加强与晋蒙豫等腹地对接合作。（省交通运输厅、省发展改革委负责，持续推进）

（八）推进我省与国际物流体系深度融合。加快建设河北跨境电子商务平台，完善跨境电子商务运行模式和管理政策，提升物流国际化水平。（省发展改革委、省商务厅负责，2018年年底取得新成效）深入实施国家"一带一路"倡议，重点推进石家庄、保定、唐山、黄骅、邢台至欧洲铁路班列往返运行常态化，省有关资金对国际固定班列予以补贴支持。（省发展改革委、省交通运输厅、省商务厅负责，持续推进）结合国际产能合作，加快物流"走出去"步伐，鼓励有条件的物流企业通过收购兼并、合作共营等方式开展国际化经营，推进海外仓建设，构建内服全国、外服全球的跨境电商物流支撑体系。（省商务厅、省发展改革委负责，2018年年底前取得实质进展）

三、增强物流服务实体经济的新动能

（九）构建制造业供应链。引导物流企业与制造业企业供应链、产业链对接，建立与新型工业化发展相适应的制造业物流支撑服务体系。支持保定市建设汽车、新能源物流基地，推动制造企业物流业务外置，支持石家庄、唐山市建设专业化制造业物流基地。鼓励装备制造、冶金化工等企业，依托自身技术装备优势，发展专业化物流业务。支持先进制造、电子信息、新能源汽车等生产企业，优化供应链业务流程，构建供应链一体化运作体系。（省发展改革委、省工业和信息化厅，有关市政府按职责分工负责，持续推进）

（十）做强商贸业供应链。探索"商贸＋互联网＋物流"融合发展新模式，降低实体商贸企业的物流成本。支持大型商超、专业市场等商贸企业建设网上商城、网络云店，引导互联网平台企业发展同城配送共享物流、跨区域配送众包物流。推动知名电商企业省内物流网络设施建设，拓展"自营＋第三方"物流业务，满足电商物流需求。发展智能配送，在学校、社区、机关、商业街和电子商务集聚区等合理布局末端配送站，加强智能快递柜、智能信报箱等智能配送设施建设的指导工作。推动唐山市通过"港口—铁路运输—集散分拨"模式，形成上水矿石和下水煤矿、钢材等货物钟摆式运输。（省商务厅、省发展改革委、省邮政局按职责分工负责，持续推进）研究推进大秦铁路、朔黄铁路等运输通道的钟摆运输。（中国铁路北京局集团有限公司石家庄办事处，唐山、沧州、邯郸市政府负责，2020 年完成）

（十一）促进物流与交通有机融合。推动物流与交通运输一体化发展，解决物流配送节点与交通运输枢纽布局不协调、集疏运体系不畅等问题。实施铁路引入重要港口、公路货站和物流园区工程，推进张家口城市货运铁路外绕线项目、唐山汉南铁路延伸至曹妃甸、唐曹铁路延伸至京唐港等工作，加快石家庄南绕城高速公路以及迁安至曹妃甸、京秦、邯港等集疏港高速公路建设。（省发展改革委、省交通运输厅、省国土资源厅、省住房城乡建设厅，有关市政府按职责分工负责，2018 年年底前完成）

四、提高物流聚集效益

（十二）加强聚集区支持。研究支持省级物流产业聚集区优化升级的评估考核方案，实行动态管理，对发展态势较好的物流产业聚集区予以专项补助等支持。（省发展改革委、省财政厅、省交通运输厅，各市（含定州、辛集市，下同）及有关县（市、区）政府按职责分工负责，2018 年年底前完成）

（十三）实施屋顶阳光计划。制定并实施省级物流产业聚集区屋顶分布式光伏发电计划，分布式光伏建设资金来源由聚集区机构自筹 80％，其余资金通过多种渠道筹集。其收益用于聚集区机构招商引资和区内基础设施建设、物流项目建设。（省发展改革委、省电力公司、冀北电力公司，各市及有关县（市、区）政府分工负责，2020 年年底前完成）

（十四）推进物流示范先行。凡获得国家部委各类物流示范试点推广的单位，由省级相关专项资金一次性给予 100 万～500 万元奖励，用于项目建设。（省发展改革委、省商务厅、省交通运输厅分工负责，持续推进）全省新建大型冷藏库建议采用新型内外保温装配式建筑建材，确保同比降能耗 30％以上。（省住房城乡建设厅负责，持续推进）

五、提升物流运作效率（略）

六、降低物流行业制度性成本（略）

七、降低物流企业经营性成本（略）

八、保障物流发展要素供给

（二十六）保障物流发展用地。鼓励通过弹性出让、先租后让、租让结合、长期租赁等多种方式向物流企业供应土地。在符合城乡规划、土地利用总体规划的基础上，支持利用工业企业旧厂房、仓库和存量土地资源建设物流设施或提供物流服务，涉及原划拨土地使用权转让和租赁的，经依法批准可采取协议方式办理土地有偿使用手续。一次性缴纳土地出让金确有困难的物流企业，在依法约定前提下，首期缴纳 50% 后，其余可在 1 年内分期缴付。对纳入国家和省级物流产业聚集区新增物流仓储用地给予重点保障。（省国土资源厅、省住房城乡建设厅、省财政厅、省发展改革委，各市政府按职责分工负责，2018 年取得阶段性成果）

（二十七）加大金融支持力度。鼓励银行开发支持物流业发展的供应链金融产品和融资服务方案，支持银行依法探索与物流公司的电子化系统对接。鼓励以国有大型物流企业、省级物流产业聚集区组织机构为依托，引导银行对中小物流企业综合授信。促进符合条件的企业在境内外通过上市、发行债券等多种方式直接融资。鼓励社会资本以市场化方式设立现代物流产业投资基金。（省金融办、人行石家庄中心支行、河北银监局、河北证监局、省发展改革委、省商务厅负责，持续推进）

河北省人民政府办公厅

2018 年 3 月 17 日

江苏省政府办公厅转发省发展改革委等部门关于加快推进省级示范物流园区创新发展意见的通知

（苏政办发〔2017〕97号）

各市、县（市、区）人民政府，省各委办厅局，省各直属单位：

省发展改革委、省国土资源厅、省住房城乡建设厅《关于加快推进省级示范物流园区创新发展的意见》已经省人民政府同意，现转发给你们，请认真贯彻实施。

江苏省人民政府办公厅

2017年6月30日

关于加快推进省级示范物流园区创新发展的意见
（省发展改革委 省国土资源厅省住房城乡建设厅）

物流业一头连着供给和生产、一头连着需求和消费，是支撑国民经济发展的基础性、战略性产业。物流园区作为重要的物流基础设施，具有功能集成、设施共享、用地节约的优势。为贯彻落实国家发展改革委、国土资源部、住房城乡建设部《关于做好示范物流园区工作的通知》精神，加快推进实施《江苏省"十三五"物流业发展规划》《江苏省物流园区发展规划（2015—2020）》，进一步发挥试点示范带动作用，加快形成切合我省实际、可复制可推广的物流园区建设运营模式，推动全省物流园区创新发展、加快发展，现提出如下意见。

一、总体要求

深入贯彻党的十八大和十八届三中、四中、五中、六中全会精神，认真落实省第十三次党代会部署要求，牢固树立和贯彻落实新发展理念，紧紧围绕"两聚一高"奋斗目标，以供给侧结构性改革为主线，以创新发展为核心，以提升现代物流业发展水平为目标，坚持科学规划，坚持集聚集约，坚持绿色高效，进一步完善物流园区基础设施网络，提升公共服务能力，营造良好发展环境，促进我省物流园区健康、有序、可持续发展，推动物流业降本增效、提质发展，为高水平全面建成小康社会提供有力支撑。

二、重点任务

（一）强化科学规划引领，推进"高效园区"建设。

科学规划园区发展。依据城市总体规划、土地利用总体规划、综合交通体系规划和产业发展规划等，统筹规划发展省级示范物流园区。围绕产业特色、功能定位、开发模式等，高起点、高水平编制园区发展规划，推进省级示范物流园区由企业集聚向产业集群升级，由功能驱动向供应链驱动升级。

推进"高效园区"建设。提升示范园区的基础物流服务、增值服务及配套服务功能，推进公共仓储、中转联运、分拨配送、供应链设计等服务的集成化运作，促进园区内物流、商流、资金流和信息流"四流合一"。进一步提升园区公共信息平台服务能力，扩大辐射范围，推动园区一体化、高效率运营。

（二）完善基础设施网络，推进"枢纽园区"建设。

高标准推进基础设施建设。引导各类要素资源向园区集聚，加强物流园区与公路干线、铁路场站、港口、机场在设施上的有效衔接和资源共享，加快推进物流园区集疏运体系建设。重点推进铁路专用线入园工程，将园区铁路专用线建设项目优先纳入省相关规划及重点项目计划。

推进"枢纽园区"建设。进一步完善中转联运设施，强化多式联运运营主体培育，推进多式联运信息平台建设，大力发展公铁联运、铁水联运、陆空联运等。支持有条件的示范园区开通国际班列，拓展国际联运服务。支持示范园区开展多式联运试点，优先申报国家、省级多式联运示范工程。

（三）加快多业融合联动，推进"创新园区"建设。

加快园区产业融合发展。推进示范园区结合自身产业优势，加强与制造、商贸、金融、交通等多业融合联动。适应"江苏智造"和产业转型要求，提升园区一体化智慧供应链管理服务能力。适应多样化、分散化、便捷化的商贸物流需求，加快资源共享、干线运输与城乡配送有效衔接的公共配送枢纽和网络建设。进一步完善物流金融服务体系，拓展仓单质押、融资租赁等供应链金融服务。

推进"创新园区"建设。以示范园区为载体，培育和孵化一批物流创新高地，积极推进示范园区的模式创新、体制创新、技术创新和政策创新。推动区域内和区域间物流园区的联动，逐步构建合作共赢、互惠互利的产业生态圈。

（四）实施"互联网＋"战略，推进"智慧园区"建设。

加快实施"互联网＋高效物流"战略。加强省级示范物流园区信息平台建设，拓展担保结算、融资保险等增值服务。加快推进全省示范物流园区公共 App 开发应用，推动示范园区公共信息的开放与共享。对于示范带动作用强、影响力大的物流信息平台项目，优先给予科技、信息、电子商务等专项资金支持，并支持申报国家级骨干物流信息平台试点。支持符合条件的示范园区平台申报无运输工具承运人资质。

推进"智慧园区"建设。加强移动互联网、大数据、物联网、云计算等现代信息技术在示范园区的推广应用，加强示范园区云、网、端等智能物流基础设施建设。加快推进园区作业自动化、过程可视化、产品追溯化、管理智能化。支持示范园区积极打造智能化仓储物流示范基地。

（五）培育园区示范特色，推进"品牌园区"建设。

加快培育和形成示范特色。强化综合示范物流园区与重要交通枢纽的衔接与融合，围绕南京长江航运中心、徐州铁路枢纽、连云港出海基地、苏州江海联运中心等综合交通枢纽，进一步提升跨区域辐射能力，发挥物流对产业的支撑带动作用，促进现代产业集群化发展。围绕产业发展的新模式新业态，推动专业示范物流园区延伸产业链、完善供应链、提升价值链，进一步强化线上线下融合能力，重点推进物流标准化、物流综合信息服务平台、城乡共同配送、电商快递物流、智慧物流金融等发展。

推进"品牌园区"建设。鼓励有实力的示范园区整合优化资源，通过兼并联合、资产重组等方式做优做强。推进示范园区强化功能集成、创新运营模式、完善经营管理，形成可复制可推广的建设、运营和管理经验，对外进行模式复制和管理输出。推动示范园区拓展国际物流业务，加强与"一带一路"沿线国家和地区的物流合作，打造国际物流联动合作基地。不断提升省级示范物流园区品牌价值，加快培育和创建一批国内外知名的物流园区品牌，推动品牌园区的网络化、连锁化发展。

（六）加快集聚集约发展，推进"绿色园区"建设。

提升园区集聚集约发展水平。加快推动物流企业向示范园区集聚，重点吸引一批总部型物流企业、第三方物流企业、采购和配送中心等落户园区。推进示范园区参与物流标准制定工作，加强仓储转运设施、运输工具、停靠和装卸站点的标准化建设，提升物流标准化水平。积极盘活示范园区的存量土地资源，强化用地管理，园区新建仓储设施原则上应为多层立体仓库，提高园区土地利用节约集约水平。

推进"绿色园区"建设。加快推广绿色低碳技术，鼓励示范园区和入驻企业采用节能型绿色仓储设施、第三方标准化托盘、清洁能源运输工具与物流装备等，对园区内符合条件的绿色能源、标准化托盘应用项目给予补助。鼓励发展甩挂运输、共同配送等先进运输组织方式，对园区内符合条件的甩挂运输、共同配送项目等给予补助支持。

三、保障措施

（一）加强组织协调。

建立省级示范物流园区发展联席会议制度，由省发展改革委牵头，会同国土资源、住房城乡建设等部门，加强与财税、交通运输、商务、邮政、海关等部门之间统筹协调，共同推动省级示范物流园区健康有序发展。各市人民政府要切实加强对省级示范物流园区的规划引导和政策支持，发展改革部门要会同相关部门加快建立示范园区管理工作机制，落实支持园区发展的各项政策，协调解决园区发展的重大问题。

（二）完善管理机制。

省发展改革委会同国土资源、住房城乡建设等部门，公开、公平、公正地开展示范园区的遴选工作，建立"目标考核、动态管理、能进能退"的考核管理机制，加快形成科学合理的省级示范物流园区考核评价体系。对考核评价优秀的省级示范物流园区，在资金、政策等方面大力扶持，并推荐申报国家级示范物流园区。对未通过考核的园区，视情况予以警告、限期整改或责令退出。

（三）加大政策支持。

加快推进国家、省支持物流业发展的相关政策尽快在示范园区落地见效，加大财政税收、投资金融、土地规划、行政管理、人才保障等方面的支持力度，让示范园区成为物流业政策创新的先行区。

财政税收。对示范园区内符合条件的物流项目，积极争取国家和省政策性资金支持。对示范园区的基础设施、载体建设和公共服务平台等项目，省级专项资金给予重点支持。对新认定的省级示范物流园区和国家级示范园区，省级服务业发展专项引导资金给予相应奖励。

减轻园区税费负担。加强涉企收费监督管理，清理并取缔各类涉及示范园区及入驻企业的违规收费项目。结合全面推开营改增试点，按照国家规定，进一步落实好示范园区无运输工具承运业务按照交通运输服务缴纳增值税政策，以及大宗商品仓储设施用地土地使用税减半征收等各类税收优惠政策。

投资金融。鼓励符合条件的示范园区通过发行债券、上市挂牌、设立产业基金、对接险资等多种途径筹集建设资金，推广 PPP 模式在园区项目建设中的应用。支持物流园区及园区内企业在国内和境外发行债券；支持金融企业及其分支机构入驻示范园区；引导金融企业在风险可控、商业可持续的前提下，开发特色金融产品，加大对示范园区和入驻企业的金融支持力度。鼓励产业投资基金、私募基金、创投机构以及信用担保机构面向园区物流企业开展业务。

土地规划。加强对示范园区的规划指导和支持。结合当地物流业发展的需求，在相关城市规划中合理安排园区的功能和用地布局，合理确定物流用地的容积率，并依法实施规划统一管理。对示范园区新增建设用地，优先列入建设用地供应计划。对示范园区内符合条件的物流项目，优先列入省年度重大项目。在编制城市规划和土地利用总体规划时，应充分考虑示范园区建设发展的用地需求，及时评估和考核园区规划执行情况和建设用地利用效率，积极推动长期租赁、先租后让、租让结合的土地供应方式，降低物流企业用地成本。

降本增效。对示范园区入驻企业用水、用气价格参照工业园区相关政策执行，项目建设有关收费可按重点工程项目减免政策的规定收取。

行政管理。深化"放管服"改革,在保障安全并符合城市规划的前提下,进一步简化示范园区规划建设、运营管理,以及物流企业设立和开展业务的行政审批手续,最大程度减少对示范园区开展业务改革创新的限制。省级示范物流园区需设立独立的管理机构。

人才保障。鼓励示范园区培养和引进专业化的运营团队,加大职业经理人引进力度,加强与商协会、高等教育机构合作,培养具备物流、金融、管理知识的复合型人才,建立系统化、多元化的人才保障体系。

安徽省人民政府办公厅关于印发安徽省"十三五"
物流业发展规划的通知（节选）

（皖政办〔2016〕18 号）

一、发展基础（略）

二、总体要求（略）

三、空间布局

按照建设"一带一路"和长江经济带等重大战略规划要求，进一步发挥承东启西、贯通南北的区位优势，依托综合交通运输网络，结合全省生产力布局和城镇化规划，着力构建"一圈、四区、多点"的区域布局和"两纵三横"网状物流通道，加强与沿海、沿边地区合作，加快陆港、航空口岸建设，推动形成层级清晰、功能完整、互联互通的立体化物流体系，全面融入全国物流大循环。

（一）区域布局。

1. 合肥物流圈。

进一步强化合肥作为全国区域性物流节点城市、全国物流园区一级布局城市的核心地位，充分发挥淮南、六安、滁州等重要物流节点城市支撑作用，依托沪陕、济祁、合宁等国家高速公路干线，进一步提升合肥在国家快速铁路网的枢纽地位，高水平建设合肥新桥国际机场、合肥港、合肥国际内陆港、合肥综合保税区等对外开放大平台，大力发展培育电子信息、汽车及零部件、装备制造、新能源、新材料、化工、家电等制造业物流，加快发展商贸物流，培育发展电子商务物流，推进保税物流、物流金融、快递物流等高端物流发展，形成公路、铁路、水运、航空联运一体化的物流体系和通达全球的对外综合运输大通道，把合肥物流圈打造成引领全省物流发展的核心圈层，符合长三角副中心定位、具有国际竞争力的重要物流增长极。

2. 四大物流区域。

芜马物流区。以芜湖、马鞍山为中心，依托长江黄金水道、沿江快速通道、芜宣等发展轴带，重点建设临港产业集聚区，推进芜湖综合保税区、马鞍山郑蒲港区等开放合作，围绕汽车、装备制造、电子信息、新材料等主导产业，充分发挥综合交通优势，大力发展水陆空联运，推动港口物流、空港物流、制造业物流、城乡配送和电子商务物流加快发展，建成服务皖江城市带、面向苏浙沪等沿海省市的全国现代物流中心。

安庆物流区。以安庆为中心，充分发挥沿江高速、宁安高铁和长江黄金水道作用，围绕商贸、化工、机械、有色及新材料、特色农产品等主导产业，加快港口物流园区建设，打造"公铁水航"一体化联运体系，以港口物流、工业物流、农产品物流、城乡配送和农村电商物流为重点，加快建成服务皖西南、联通长江中游城市群的区域物流集群。

蚌埠物流区。以蚌埠为中心，依托京台高速、宁洛高速、京沪铁路干线和淮河航道等交通优势，着力发展多式联运，扩大提升蚌埠（皖北）保税物流中心（B型）能级，积极谋划蚌埠综合保税区，围绕硅基新材料、生物化工、机械装备、电子和大宗农产品等主导产业，大力发展专业物流，打造服务皖北、面向淮海经济区的现代物流基地。

阜阳物流区。以阜阳为中心，依托京九线、商合杭铁路和高速公路网，充分发挥阜阳机场物流功能，围绕煤电化工、生物医药、机械冶金、食品加工、特色农业等产业，积极构建大商贸、大流通、大市场，推动商贸物流、粮食物流和冷链物流、大宗生产资料物流加快发展，建成服务皖西北、面向中原经济区的重要物流枢纽。

3. 物流节点城市。

依托交通区位、主导产业和资源优势，规划建设宣城、池州、亳州、铜陵、黄山、宿州、淮北等物流节点城市，发挥对合肥物流圈及四大物流区域的支撑作用。加强铁路、公路、航空、内河水运和管道等基础设施建设，科学布局物流集散地、物流园区、区域分拨中心和区域物流中心（配送中心），加快构建以城区为中心、以园区为载体、以城市社区和村镇为基础"畅通省内、互联互通、城乡一体"的多层级物流网络。重点打造工业制造型、产业配套型、商贸流通型、交通运输型等物流节点，培育各具特色的物流产业。支持亳州中药材物流、淮北能源化工物流、宿州农产品及深加工物流、铜陵矿产资源物流、宣城机械制造物流、黄山文化旅游物流等特色物流产业发展。

（二）物流通道。

依托铁路、公路、水运、航空、管道等基础设施，积极打造淮（北）宿（州）合（肥）芜（湖）黄（山）和亳（州）阜（阳）六（安）安（庆）等贯通南北的纵向物流通道，建设提升沿江、沿淮和合（肥）滁（州）六（安）等连接东西的横向物流通道，串连各级物流中心和节点城市，规划建设一批综合物流园区、口岸港区和多式联运中心，提高通道物流承载能力和转运效率，增强面向苏浙沪、长江中游城市群、中原经济区、淮海经济区等国内主要经济区域的物流集聚辐射功能，打造内畅外通、开放型网状物流通道。

四、主要任务（略）

五、重点工程（略）

六、保障措施（略）

七、规划实施（略）

山东省发展改革委《山东省现代物流项目三年滚动投资计划（2017—2019年）》

为贯彻落实国家发改委办公厅《关于进一步做好三年滚动投资计划编报工作的通知》（发改电〔2016〕540号）精神，有重点有步骤推进我省现代物流项目建设，促进经贸流通业转型升级，根据《国务院关于印发物流业发展中长期规划（2014—2020年）的通知》（国发〔2014〕42号）、国家发展改革委《关于加快实施现代物流重大工程的通知》（发改经贸〔2015〕1776号）等文件要求，结合山东实际，制定现代物流项目三年滚动投资计划。本计划期限从2017年至2019年。

一、总体要求

（一）指导思想

深入贯彻党的十八大和十八届三中、四中、五中、六中全会和习近平总书记系列重要讲话精神，全面落实"创新、协调、绿色、开放、共享"发展理念，以提升流通质量和效率为中心，以物流信息化、标准化、集约化为目标，加强重点项目规划布局，合理安排梯次储备，强力推动全局性、基础性、战略性重大项目实施，引导全省物流业集群化、特色化创新发展，形成接续不断、滚动实施的项目储备机制和良性循环，进一步提升全省物流业发展水平。

（二）基本原则

1. 市场运作，政府引导。充分发挥市场在资源配置中的决定性作用，多方式多渠道筹措建设资金，努力实现投资主体多元化、经营管理企业化、运作方式市场化。加强规划引领、政策协调、服务监管，切实发挥好政府投资的示范带动和杠杆作用。

2. 统筹规划，分步实施。坚持因地制宜、特色发展，根据产业发展需要和全社会物流需求，优化布局区域内物流资源和建设项目。根据经济发展需要和项目成熟度，合理确定项目建设发展期，形成"谋划一批、储备一批、成熟一批、实施一批"的项目梯次推进格局。

3. 转型升级，创新驱动。立足物流业补短板和提质降本增效，鼓励传统骨干物流企业以项目建设带动业态和模式的升级改造。努力培育和推进一批"互联网＋"、多式联运、供应链、冷链物流等科技含量高、发展前景好、带动能力强的重点项目，使现代物流业成为经济社会创新发展的助推器和重大引擎。

（三）发展目标

着力实施多式联运、物流园区、农产品物流、供应链物流、城乡物流配送、电子商务物流、物流标准化、物流信息平台八大工程，力争到 2020 年，全省培育发展国家和省级物流示范园区 20 家，5A 级物流企业 40 家，A 级物流企业 300 家，总投资过 10 亿元的项目投产 50 个，基本形成布局合理、信息畅通、技术先进、便捷高效、绿色环保、安全有序、管理规范的现代物流服务体系。

二、重点工程

（一）多式联运工程

依托青岛、济南等重要联运枢纽，加快推进具有较强公共服务属性和区域辐射能力的货运枢纽项目建设，积极发展多式联运甩挂、企业联盟及无车承运甩挂等模式，重点支持铁水（海铁）、公铁、公水、空陆等多种形式联运发展。推广应用标准化运载单元和载运机具，建设多式联运信息平台，大力推行"一单制"联运服务。加快推进济铁烟台物流园、沂源铁路专用线仓储物流、临清内陆港等项目建设。

（二）物流园区工程

合理规划布局区域性物流园区建设，完善功能定位，提升和规范园区发展水平，加快园区内转运设施、现代化立体仓库建设。结合区位特点和产业物流需求，发展一批布局合理、用地节约、产业集聚、功能集成、经营集约的货物枢纽型、生产服务型、商贸服务型、口岸服务型和综合服务型物流园区。加快推进远成齐鲁综合物流港、中国物流泰安国际物流产业园、日照物流分拨中心等项目建设。

（三）农产品物流工程

积极推进粮棉仓储和物流项目建设，大力发展粮食储、运、装、卸"四散化"，加快散粮装卸、运输、中转、接收、发放设施及检验检测等配套设施建设，大力发展散粮集装箱等新型粮食运输装备。鼓励第三方棉花物流龙头企业加强资源整合，改造提升棉花仓储设施和物流服务能力。完善农产品批发市场布局和功能，加强信息系统和检验检测系统建设，加快建成一批全国性、区域性农产品交易集散中心。加强鲜活农产品冷链物流项目建设，支持重点区域、重点品种的农产品产地预冷、初加工、冷藏保鲜、冷链运输等设施设备建设，完善冷链物流网络。加快推进山东植谷粮食仓储、黄河三角洲粮食仓储现代物流、山东宏大农产品物流园区、临沂嘉欣果品国际交易中心等项目建设。

（四）供应链物流工程

紧紧围绕化工、机械、钢铁、建材、纺织服装等传统优势产业和战略新兴产业的转型升级、配套服务、联动发展，支持鼓励与生产企业紧密配套、有效衔接的仓储配送设施和物流信息平台项目建设，为制造业企业提供供应链计划、采购物流、入厂物流、交付物流、回收物流、供应链金融以及信息追溯等集成服务。加快发展具有供应链设计、咨询管理能力的专业物流企业，着力提升面向制造业企业的供应链管理服务水平。加快推进山东佳怡物流供应链公共服务平台、鲁中钢铁供应链物流等项目建设。

（五）城乡物流配送工程

统筹规划、合理布局物流园区、配送中心、末端配送网点等三级配送节点，搭建城市配送公共服务平台，推进城市绿色货运配送工程建设，鼓励节能环保车辆在城市配送中的推广应用。积极推进县、乡、村三级农村物流网络建设，进一步发挥邮政、供销、交通、商贸等系统的网络和服务优势，加强农村物流设施建设，促进农村地区商品的双向流通。发展智能物流基础设施，支持农村、社区、学校的物流快递公共取送点建设。加快推进山东供销济南社区生鲜配送、泰安新合作物流配送中心、滕州市智慧物流配送等项目建设。

（六）电子商务物流工程

依托物流节点城市和电子商务示范市（县、镇、村），完善优化区域电商物流布局，探索"电商产业园＋物流园"融合发展新模式，推动仓配一体化和共同配送。鼓励传统物流企业与电商企业、生产企业紧密衔接，增强集成服务能力。支持电商物流企业与连锁实体商店、餐饮企业、社区服务组织、机关院校等开展商品体验、一站式购物、末端配送整合等多种形式合作。加快推进安信物流电商创业园、威高电商物流园、菏泽天华电商物流产业园、山东九州通达现代医药物流中心等项目建设。

（七）物流标准化工程

鼓励企业制定严于国家标准、行业标准的企业标准，建立和完善标准体系。发挥企业在物流标准实施中的主体作用，加强设施设备标准化的升级改造，鼓励企业采用标准化物流设施设备，推广应用先进物流技术标准及新型物流模式标准。加快推进家家悦物流标准化提升、山东联合众生医药仓储物流、德州区域物流共同配送体系标准化、临沂现代医药物流中心等物流标准化项目建设。

（八）物流信息平台工程

加强综合运输信息、电子口岸、大宗商品交易和智能物流信息等平台建设，促进物流各相关行业、各类平台之间的信息共享，形成集物流信息发布、在线交易、数据交换、跟踪追溯、智能分析等功能为一体的物流信息服务中心。鼓励龙头物流企业加强资源整合，搭建面向中小物流企业的物流信息服务平台，促进货源、车源和物流服务等信息的高效匹配，带动广大中小企业集约发展。建设衔接企业、消费者与政府部门的第三方公共服务平台，提供物流信息标准查询、对接服务。加快推进济南零点电商物流智慧平台、微山湖特色农产品物流及信息化、华东区域物流公共信息平台、山东供销京东商贸服务互动平台等项目建设。

三、保障措施

（一）加强组织协调

各市发展改革部门要会同国土、住建、环保等部门建立"绿色通道"，完善推进协调机制，加强横向联动、有机衔接，形成工作合力。要优化项目建设程序，加快推进规划选址、用地预审、环评审批、节能审查、审批核准等前期工作，尽量缩短审核周期，协调解决重大工程项目推进中面临的困难和问题，为项目顺利实施创造良好条件。

（二）加大政策支持

各市要多渠道增加对现代物流项目的投入，积极搭建政银企对接平台，落实好国家发改委与国家开发银行《支持现代物流业发展战略合作协议》精神，争取政策性银行等金融机构优先支持物流重点项目建设。积极发挥各类专项建设基金作用，健全政府和社会资本合作（PPP）机制，积极引导社会资本参与物流重大项目建设和运营。支持物流企业通过发行公司债券、非金融企业债务融资工具、企业债券和上市等多种方式拓宽融资渠道。各有关部门要在政策允许范围内对列入滚动投资计划的项目给予土地、规划等政策支持，集中资金投入确保重点工程建设。

（三）强化调度监管

建立项目定期调度机制，各市发展改革部门要定期调度项目进展情况，并在每个季度的第一个月10日前，将列入计划的项目进展情况报送我委。加强和规范项目建设事前、事中和事后的全过程监管，确保项目合法开工、建设过程合规有序，做好质量监管和验收。积极协调解决项目推进过程中存在的突出问题，保障项目顺利实施。同时，我委将对列入计划的项目进行定期滚动调整更新，未列入计划的项目原则上不纳入中央和省级资金支持范围。

河南省人民政府关于印发中国（河南）自由贸易试验区建设专项方案的通知（节选）

（豫政〔2017〕35号）

中国（河南）自由贸易试验区建设重大改革专项总体方案

为深入贯彻落实《国务院关于印发中国（河南）自由贸易试验区总体方案的通知》（国发〔2017〕17号）和《河南省人民政府关于印发中国（河南）自由贸易试验区建设实施方案的通知》（豫政〔2017〕12号），推动中国（河南）自由贸易试验区（以下简称自贸试验区）各项改革试点任务有效落实，全面提升自贸试验区建设质量和水平，制定本方案。

一、总体要求

认真贯彻落实党的十九大精神，按照党中央、国务院关于自贸试验区的各项决策部署，围绕自贸试验区战略定位，以制度创新为核心，以可复制、可推广为基本要求，以风险防控为基本底线，按照"三大重点、五大体系、五大专项"建设要求，深度挖掘改革潜力，着力改善营商环境，建设高端开放平台，带动产业集聚发展，突出在政府职能转变、投资贸易便利化、金融领域开放创新、法治化营商环境营造、现代立体交通体系和现代物流体系建设等方面积极探索、先行先试，加快建设服务"一带一路"建设的现代综合交通枢纽，当好全面改革开放试验田和内陆开放型经济示范区，推动形成全面开放新格局，发挥示范带动、服务全国的积极作用。

二、目标任务

围绕促进投资自由化、贸易便利化、管理法治化，打破部门条块分割，强化系统集成、全面推进，2017年年底前力争基本搭建起与国际通行规则相衔接的以政务服务、监管服务、金融服务、法律服务、多式联运服务为主体的综合服务体系框架，形成一批可复制、可推广的系统性、集成性改革成果，为全省全面深化改革、扩大开放探索路径、积累经验、创造模式。

三、基本原则

——坚持贯彻国家战略意志。把贯彻落实党中央、国务院关于自贸试验区战略定位和总体方案试点任务作为基本遵循，突出自贸试验区是国家改革试验田的定位，站位全国、服务大局，积极为国家试制度、为地方谋发展。

——坚持以制度创新为核心。把制度性改革创新作为谋划各项试点内容的主要任务，按照大胆试、大胆闯、自主改的精神要求，突出探索创新、先行先试，通过模式创新、流程再造、技术革新等多渠道方式，着力在"放管服"改革、监管服务、金融创新、多式联运和物流服务等方面实现突破，通过制度性改革释放制度红利。

——坚持对标国际惯例和标准。把对标国际作为建设高水平、高标准自贸园区的关键途径，注重对标国际通行规则和最高标准，结合我省实际，充分调研论证，建立与之相适应的市场准入、大通关、监管、金融、法律、多式联运等服务标准、模式，营造法治化、国际化、便利化营商环境。

——坚持突出河南特色优势。把突出交通物流优势作为自贸试验区建设的主要特色，以多式联运为抓手，推动基础设施、标准和规则体系、物流服务模式、政府及企业信息等多运输方式、多规则体系、多部门间实现互联互通，加快形成大枢纽、大物流、大产业。

——坚持改革的系统集成。把注重系统性集成改革、避免改革的碎片化作为自贸试验区改革的基本要求，高起点、高站位超前谋划，打破部门间条块分割，以方案和制度设计的系统集成，推动各部门通力协作，凝聚改革合力，形成一批制度性改革的系统集成经验，为全省乃至全国全面深化改革探索路径、积累经验。

四、工作举措

（一）突出三大重点任务。

1. 深化商事制度改革，推进政府管理方式创新。进一步简政放权、放管结合、优化服务，提高行政管理效能，释放制度红利。持续探索深化"多证合一""证照分离""先照后证"改革，以减证带动简政。加快行政审批制度改革，加快下放省级经济社会管理权限，最大限度减少行政审批事项，精简投资项目准入阶段的相关手续，试行企业投资项目承诺制，探索实行先建后验管理模式。完善行政部门权力清单和责任清单制度，各片区建立权责清单，清理规范、依法确认行政权责事项，厘清政府权责与市场边界，编制权力运行流程图，并依法向社会公开，降低制度性交易成本。探索实行"互联网＋政务服务"新模式，完善自贸试验区网上办事系统，全面推行行政审批事项网上在线申报，打造政务服务"一张网"。

2. 以多式联运为抓手，构建现代物流体系。建立以信息共享为目标的多式联运"一单制"，建设承载信息汇集、共享、监测等功能为一体的"一单制"电子标签赋码，采取"一站托运、一次收费、一单到底"的联运服务模式，实现不同运输方式、不同企业间多式联运信息以及政府公共信息开放共享和互联互通。建立畅通物流服务通道的集疏运体系，推动郑州建设全国快递中转集散中心，加密与丝绸之路经济带沿线国家的中欧班列和空中航线，推进铁路枢纽站场、航空货运枢纽、对外公路通道建设，解决物流"最后一公里"问题。建立健全跨公路、铁路、水运、民航等多运输方式、多部门的常态化沟通协调机制，完善部门定期交流合作机制，在设施建设、信息共享、政策研究等方面协同开展工作，定期研究解决多式联运发展中存在的问题。

3. 加快提升投资贸易便利化水平，打造与高标准国际投资贸易规则相衔接的法治化、国际化、便利化营商环境。进一步减少或取消外商投资准入限制，完善实施2017版外商投资负面清单管理模式。探索备案制改项目承诺制、备案文件自动获准制，实行企业设立、项目投资、综合受理"单一窗口"，简化办事环节。推动贸易转型升级，大力发展跨境电商。建立完善国际贸易"单一窗口"综合服务平台，探索构建跨境电商发展规则体系，形成线上线下融合发展的国际贸易综合服务体系。进一步与高标准国际投资贸易规则相衔接，推进通关通检便利化改革。实施海关监管制度创新、通关一体化改革、海关税收征管方式改革、深化国际间海关合作等通关便利化举措，实施检验检疫一体化、推动认证及检验检测结果互认、贸易便利化示范工程建设等创新举措。

（二）构建五大服务体系框架，推进五大改革专项。坚持以制度创新为核心，围绕促进投资自由化、贸易便利化、管理法治化，探索构建商事便利、快捷高效、一网通办的政务服务体系，通关便捷、安全高效、一单关检的监管服务体系，多元融资、服务高效、一体联控的金融服务体系，机制健全、仲调结合、一律平等的法律服务体系，互联互通、物流全球、一单到底的多式联运服务体系，尽快搭建形成与国际通行规则相衔接的以政务、监管、金融、法律、多式联运服务为主体的五大服务体系框架。强化责任，明确分工，推进实施政务服务、监管服务、金融服务、法律服务、多式联运服务五大改革专项。

1. 实施政务服务体系建设专项。以"一次办妥"为目标，重点围绕"放管服"改革，深化行政管理体制改革，优化审批流程，提高行政服务效能，完善市场监管机制，加快政府职能转变。持续深化商事制度改革，实施"多证合一""证照分离"改革，运用"互联网＋政务服务"减少审批事项，打造全天候网上政务服务模式，实行"一套表格、一号申请、一口受理、一网通办"，实现"及时办""就近办"。主动放权、简化审批，加快行政审批制度改革，推行相对集中行政许可权改革，全面落实外商投资准入前国民待遇加负面清单管理模式。完善部门协同监管机制，强化信用监管和联合惩戒，创新市场监管方式，推进综合执法改革，营造商事便利、服务高效、监管有力的政务服务环境。（牵头单位：省工商局、编办，配合单位：省委改革办、省发展改革委、财政厅、商务厅、省政府法制办、省国税局、地税局）

2. 实施监管服务体系建设专项。重点围绕提升贸易便利化水平，以模式创新和流程再造为支撑，深化贸易监管服务改革，建立与国际通行规则和最优标准相适应的大通关管理制度。深化"三互"（信息互换、监管互认、执法互助）通关协作，推进国际贸易"单一窗口"建设，推广"智慧通关"监管服务模式，加强与"一带一路"沿线国家开展海关、检验检疫等方面的合作与交流，构建"一单到底、物流全球"大通关管理服务机制；加快推进多式联运物流监管体系建设，创新跨境电商综合监管模式，探索完善事中事后监管，建成简政集约、通关便利、安全高效的通关监管服务体系，做到"严进快办、严进快转、严进快出"，实现自贸试验区监管流程最优和服务效率最高，带动产业集聚发展。（牵头单位：郑州海关、河南出入境检验检疫局、省政府口岸办，配合单位：省商务厅、工商局、交通运输厅、国税局、外汇管理局、郑州铁路局）

3. 实施金融服务体系建设专项。重点围绕金融领域改革创新，着力构建多元融资、服务高效、一体联控的金融服务体系。大力丰富金融业态，以"互联网＋"推进金融创新，在区内建立互联共享的金融数据应用系统，构建集信贷、证券、保险、资产管理、本外币兑换等为一体的综合性金融服务解决方案，探索金融服务跨境电商、多式联运、智能制造、文创旅游等产业新路径，为市场主体提供全流程、高效、精准的金融服务；加强金融风险防控问题研究，建立风险防控机制和金融风险评估预警机制，形成金融风险处置的法制化和市场化机制，建立服务保障自贸试验区发展的金融改革、发展、稳定体系。（牵头单位：人行郑州中心支行、省政府金融办，配合单位：省发展改革委、商务厅、财政厅、河南银监局、证监局、保监局）

4. 实施法律服务体系建设专项。重点围绕营造法治化营商环境，创新制定仲调结合管理办法，健全多元化纠纷解决机制，构建机制健全、仲调结合、一律平等的法律服务体系。对接国际仲裁机制，完善商事仲裁规则，建立与国际投资贸易规则相适应的高效法律争议解决机制；以自贸试验区不同市场主体解决纠纷的便利化、多元化需求为导向，构建调解、仲裁、诉讼互为补充的多层次纠纷解决网络，形成事前预防、事中介入、事后化解的纠纷解决机制；设立自贸试验区法院或法庭，健全涉自贸试验区案件审判工作机制，平等保护中外当事人合法权益，依法保障自贸试验区创新发展。（牵头单位：省法院，配合单位：省检察院、省政府法制办、省公安厅、司法厅）

5. 实施多式联运服务体系建设专项。重点围绕构建服务"一带一路"建设的现代综合交通枢纽，在全省范围内组织实施多式联运试点示范工程，推进相关研究，开展多式联运先行先试，在交通物流基础设施的互联互通、多种运输方式的有效衔接、多式联运要素标准的规范统一等方面创新发展，加快推进现代交通体系和现代物流体系建设。以优化完善国际通道网络、国内集疏网络和提升物流枢纽功能为重点推进多式联运基础设施建设；以创制多式联运标准规范、创新推广先进运输组织方式、组织实施"多式联运＋"工程、加快信息交互共享、培育多式联运市场主体为重点，完善提升多式联运结构性要素，将我省建设成为多式联运国际性物流中心，以多式联运服务体系建设服务"一带一路"倡议实施，进一步彰显河南特色优势。（牵头单位：省交通运输厅，配合单位：省发展改革委、商务厅、公安厅、国土资源厅、住房城乡建设厅、地税局、质监局、民航办、省政府口岸办、省国税局、郑州铁路局、郑州海关、河南出入境检验检疫局、省邮政管理局）

湖南省人民政府办公厅关于转发省发改委《湖南省物流业降本增效专项行动方案（2017—2020 年）》的通知（节选）

（湘政办发〔2017〕37 号）

一、总体要求

全面贯彻党的十八大和十八届三中、四中、五中、六中全会精神，按照"五位一体"总体布局和"四个全面"战略布局，牢固树立创新、协调、绿色、开放、共享发展理念，认真落实党中央、国务院和省委、省人民政府决策部署，立足服务供给侧结构性改革，加快建设长江经济带物流中心，坚持深化改革、创新驱动、协同联动，以推动全省物流业降本增效为重点，着力解决瓶颈制约，优化要素资源配置，落实各项支持政策，力争到 2020 年，全社会物流总费用占 GDP 比重较 2015 年降低 2 个百分点。

二、行动重点

（一）强化服务功能，降低物流业运营成本。

1. 优化行业行政审批。清理物流行业行政许可审批事项，运用"互联网＋"等信息技术提升行政审批服务效率，推广实施行政许可事项申请、受理、办结、送达"一站式"服务。深入推进物流领域商事制度改革，加快推行"五证合一、一照一码""先照后证"改革，进一步放宽物流企业住所和经营场所登记条件，鼓励物流企业网络化经营布局。（省交通运输厅、省工商局、省质监局、长沙海关、省邮政管理局按职责分工负责，2017 年年底前完成）

2. 促进通行便利。优化公路超限运输行政许可办理流程，建立健全货运驾驶员诚信管理制度。（省交通运输厅负责，2018 年年底前完成）采取货运车辆限行或禁行措施的城市，抓紧制定配送车辆通行便利管理办法及货运出租汽车运营服务规范，科学规划城市配送车辆专用临时停车位或临时停车场。规范公路超限治理处罚标准，减少执法自由裁量权。（省公安厅、省交通运输厅、省商务厅、有关市人民政府负责，2018 年年底前完成）完善口岸工作机制，落实信息互换、监管互认、执法互助，推进大通关建设，加快国际贸易"单一窗口"建设和"一站式作业"改革，提高通关效率。（省口岸办、长沙海关、省公安厅、湖南出入境检验检疫局按职责分工负责，2017 年年底前）

3. 落实国家税收优惠政策。严格落实国家税收优惠政策，进一步消除重复征税，按规定扩大交通运输业的进项税抵扣范围，降低企业税收负担。（省财政厅、省国税局、省地税局负责，持续推进）总部设在我省的物流企业，可按照现行增值税汇总缴纳有关规定申请实行汇总纳税。物流企业认定为高新技术企业，享受高新企业所得税优惠政策。物流企业研发新产品、新技术、新工艺的研发费用，未形成无形资产计入当期损益的，在按规定扣除的基础上，按照开发费用的 50% 加计扣除；形成无形资产的，按照无形资产成本的 150% 摊销。认定为科技型中小企业的物流企业，研发费用税前扣除比例按国家有关税收优惠政策执行。物流企业在信息化改造中购置使用并列入国家企业所得税优惠目录范围的环境保护、节能节水、安全生产等专用设备，按设备投资额的 10% 从企业当年应纳税额中抵免；当年不足抵免的，可依法在以后 5 个纳税年度结转抵免。（省国税局、省地税局、省科技厅按职责分工负责，持续推进）

4. 规范收费行为。督促港口、铁路、航空等企业严格落实明码标价制度，实行进出口环节收费目录清单制，推进收费制度化、科学化、透明化。（省发改委、省财政厅、省交通运输厅、省机场管理集团、湖南出入境检验检疫局、长沙海关按职责分工负责，2017 年年底前完成）鼓励冷链物流企业积极参与电力市场化交易，降低用电成本。（省发改委负责，2018 年 6 月底前完成）

5. 加大资金和用地保障。筛选降本增效突出的物流项目争取国家政策支持，鼓励物流园区建立市场化投融资平台，支持符合条件的企业通过银行贷款、上市、发行债券、增资扩股等多种方式扩大融资渠道。落实支持物流业发展的用地政策，按规定做好物流用地性质认定工作，合理确定物流用地规模和强度，对列入省重点建设项目的物流项目，优先保障建设用地；支持利用工业企业旧厂房、仓库和存量土地资源建设物流设施，按规定办理土地使用手续。（省发改委、省政府金融办、省财政厅、省国土资源厅、省住房城乡建设厅、省交通运输厅、相关市州人民政府按职责分工负责，持续推进）

（二）加强载体支撑，提高物流体系运行效率。

1. 畅通物流通道。加快建设物流通道，依托"七纵七横"的公路网，加快"公路港"建设，重点解决周边集疏通道拥堵问题。（省交通运输厅、相关市州人民政府，持续推进）推进中欧班列常态化运行，适时增设境内外站点，不断扩大货源品种及辐射范围。鼓励我省重点企业建设国际分拨中心、海外仓，拓展国际市场。加快实施长沙黄花机场飞行区东扩（二期）等航空基础设施建设，提升航空货运集疏运能力。支持加密经转长沙黄花机场的全货机定期航线，打造区域性快递航空集散中心。大力提升郴州市快件中心功能，推动跨境电子商务发展。加快推进岳阳市港口体系建设，完善检验检疫、海关通关、集中查验等配套服务设施，加强"进出口直通"功能。畅通城陵矶新港与四水流域的水运通道，建设通达便利的内河运输网络。（省交通运输厅、省商务厅、省发改委、长沙海关、湖南出入境检验检疫局、省机场管理集团按职责分工负责，持续推进）

2. 优化物流节点。依托长沙市、岳阳市、衡阳市、娄底市、怀化市、郴州市等交通枢纽，打造功能集成物流节点。实施铁路物流基地工程，支持建设长沙霞凝一级铁路物流基地和岳阳北等6个二级铁路物流基地。加密热点城市间铁路运输"五定"班列，支持铁路运输企业向沿海港口与腹地物流园区、内陆港间开行小编组、快运行的钟摆式、循环式铁路集装箱列车。探索高铁物流发展模式，提升快递物流运行能力。开展高速公路服务区与物流园区融合发展课题研究，推进湖南高速长沙现代综合物流港以及长沙市、湘潭市、怀化市等地公路港和长沙空港物流园建设，构建一批线上线下联动的综合型、基地型和驿站型物流港。（省交通运输厅、省发改委、广铁集团长沙办事处、石长铁路公司、有关市州人民政府按职责分工负责，2019年年底前完成）

3. 提升物流园区。优化重点物流园区功能布局，完善现代商贸、快递服务、智能配送、供应链管理等服务功能，促进物流园区与产业基地、交通枢纽融合互动发展。抓好长沙金霞物流园区开展国家级物流园区试点示范工作，规范提升物流园区建设标准。支持各地按照"多规合一""一区多园""园中园"等模式建设物流园区，提高土地和资金利用水平，推动重大物流项目加快落地。（省发改委、省交通运输厅、省商务厅、省国土资源厅、省住房城乡建设厅，有关市州人民政府按职责分工负责，2020年6月前完成）

（三）促进联动融合，增强物流协同服务能力。

1. 促进制造业与物流业联动发展。结合实施"制造强省五年行动计划"，引导制造企业与物流企业供应链对接，建立与新型工业化发展相适应的制造业物流服务体系，形成一批具有全球采购、全球配送能力的供应链服务商。支持长沙市、株洲市、衡阳市建设专业化制造业物流基地。鼓励快递企业开展"入厂快递、区域性供应链服务、嵌入式电子商务服务"等服务模式创新。鼓励装备制造、冶金化工等行业企业依托自身技术装备发展专业化物流业务，拓展营销网络。支持先进制造、电子信息、新能源汽车等行业企业优化供应链业务流程，构建产业链、供应链一体化运作体系。（省经信委、省发改委、省商务厅、有关市州人民政府按职责分工负责，持续推进）

2. 推动交通物流融合发展。加强物流业与交通运输业融合发展，解决物流节点与交通运输枢纽布局不协调、集疏运体系不畅、"信息孤岛"现象突出等问题。加强重点物流园区引入高等级公路及铁路专用线规划研究，加快实施铁路引入重要港口、公路货站和物流园区工程，推进岳阳港松阳湖铁路支线和长沙港新港铁路专线等进港铁路建设。加快机场、车站、码头快件"绿色通道"建设，促进快件高效集疏运。（省交通运输厅、省发改委、省国土资源厅、省住房城乡建设厅、省邮政管理局、广铁集团长沙办事处，有关市州人民政府按职责分工负责，2019年6月底前完成）

3. 推进商贸业与物流业融合发展。加强大数据、云计算等技术运用，加快建设"互联网＋商贸物流"协同服务体系，提升物流服务质量和效率，降低实体商贸企业的物流成本。加快推进农产品物流中心等商贸物流重点项目建设，支持长沙市、岳阳市、郴州市等建设区域性智慧物流公共数据存储中心、交换中心和处理开发中心，打造智能物流信息服务示范基地，推动建设智能城乡共同配送网络。鼓励快递企业开展产地直销、订单生产等物流服务新模式，带动农村消费。（省商务厅、省经信委、省供销社、省邮政管理局、有关市州人民政府按职责分工负责，持续推进）

（四）完善体系建设，引导物流业集约化发展。

1. 健全物流标准体系。积极推广物流国际、国家标准，抓好常德市、怀化市等市物流标准化试点，加快构建标准化托盘循环共用体系。大力推广使用铁路小型集装箱技术标准，引导和支持物流企业进行物流设施设备标准化改造，推广使用共用托盘、集装箱等标准化基础装载单元。制订冷链物流、农产品物流等方面地方标准，争取上升为国家标准。（省质监局、省商务厅、省交通运输厅、广铁集团长沙办事处，有关市州人民政府按职责分工负责，2018年年底前完成）

2. 构建多式联运体系。大力发展铁水联运、公铁联运、陆空联运等先进运输组织方式，推进岳阳市城陵矶港、长沙港集装箱公铁水联运以及衡阳市红光物流园、郴州市兴义物流园、娄底市诚通物流园公铁联运等重大项目建设，加快推进岳阳市公路甩挂运输试点工作，推动建设国际多式联运监管中心，支持省内骨干运输企业向多式联运经营人、综合物流服务商转型。（省交通运输厅、省发改委、有关市州人民政府按职责分工负责，持续推进）

3. 完善城乡配送体系。支持长株潭地区、岳阳市、郴州市、衡阳市、常德市、怀化市等市开展推广共同配送试点，探索建立智能化共同配送体系。加快建设城市公用型配送节点和末端配送点，将智能邮件快件箱等快递服务设施纳入公共服务设施建设规划。完善县、乡、村三级物流配送体系，加强县级仓储配送中心建设，建设一批乡村驿站、取件点，引导电商、农村物流配送融合发展。鼓励邮政、交通、供销领域龙头企业向农村延伸服务网络，发展一批集商品销售、物流配送、生活服务于一体的乡镇商贸中心，开展农村共同配送。引导邮政、快递处理分拨中心与铁路、公路、航空枢纽同步建设，推进快件"上车上机上铁""快递下乡""电子商务与物流快递协同发展"等试点工程。（省发改委、省商务厅、省交通运输厅、省邮政管理局、省供销社，有关市州人民政府按职责分工负责，2019年年底前完成）

4. 优化一体化服务流程。研究推进"一单制"运输在铁水联运、公铁联运两个关键领域率先突破，加快推广"一单制"，实现一站托运、一次收费、一单到底。支持依托互联网平台的无车承运人发展。（省交通运输厅、省商务厅、广铁集团长沙办事处，有关市州人民政府按职责分工负责，2018年年底前完成）

（五）实施创新驱动战略，提升物流智能化水平。（略）

三、保障措施（略）

重庆市发展改革委等六部门《关于印发创新建设农村现代物流体系实施意见的通知》（节选）

（渝发改贸〔2017〕1348号）

为全面贯彻落实党的十九大精神，加快实施乡村振兴战略，畅通农村物流通道，整合优化农村物流资源配置，提高农村物流效率，降低农村物流成本，激发农村消费活力，破解"三农"发展瓶颈，促进城乡一体化发展，助推农业供给侧结构性改革，加快农村地区全面建成小康社会，结合重庆实际，特制定本实施意见。

一、构建农村三级物流网络

1. 优化农村三级物流节点布局。各区县依托物流空间布局体系和市域物流园区网络体系，与交通站场、农产品市场、供销站点、邮政快递站点、物流园区等相结合，根据域内农村物流需求特征，按照"多站合一、资源共享"模式，统筹规划区县物流园区、乡镇公共配送站、村级公共取送点三级物流网络，合理确定物流节点的数量、布局、规模、功能，实现农村物流网络全覆盖。依托区县公路货运站场等，加强与商超、市场、农资中心、邮政快递集散中心等的衔接融合，建设完善区县物流园区；依托乡镇农村客运站、农贸市场、超市、电商服务中心、邮政局（所）、快递网点、农资站等，促进功能叠加和多站合一，建设完善乡镇公共配送站；依托行政村内的公共服务中心、农家店、综合服务社、村邮站等，完善末端物流网络，建设村级公共取送点。（牵头单位：市发展改革委；配合单位：各区县（自治县）政府、市交委、市商务委、市供销合作社、市邮政管理局、有关企业等）

2. 完善农村三级物流节点功能。科学制定区县物流园区、乡镇公共配送站、村级公共取送点农村三级物流节点建设标准，做到层次清晰、规模适度、功能完善、设施齐备。区县物流园区原则上应设置运输组织、信息交易、仓储服务、快递电商等功能区块，并根据实际需要增设冷链物流等其他专业化服务。乡镇公共配送站和村级公共取送点原则上都应涵盖快递收寄、电商服务、信息采集、便民服务等基本功能，村级公共取送点还应具有短时保管、接取送达、农产品汇集等末端服务功能，有条件的县乡村可发展冷链物流和配送。〔牵头单位：市发展改革委；配合单位：各区县（自治县）政府、市交委、市商务委、市供销合作社、市邮政管理局、有关企业等〕

3. 畅通农村物流网络通道。优化物流运输线路，加强三级节点周边道路和多式联运规划，促进节点之间高效衔接以及节点内各项功能的统筹设置，充分发挥网络节点体系的整体效应。支持农村物流仓储设施等与货运站场、商品交易市场在物流园区一体化布局，规划进出货车辆等候、停车等辅助区，实现无缝对接，有效减少货物装卸、转运、倒载次数，提高物流运作效率。引导农村物流运输企业与上游企业、快递、商超和客运企业加强合作，促进农村物流运输网络互联互通，畅通"工业品下乡、农产品进城"物流通道，实现农村物流各类物资"最后一公里"和"最初一公里"的有序集散和高效配送。打通连接外部集疏运通道，推进农村物流网络与城市物流网络有效衔接。[牵头单位：市交委；配合单位：各区县（自治县）政府、市发展改革委、市商务委、市供销合作社、市邮政管理局、有关企业等]

二、创新农村物流资源配置模式

1. 推进物流网点设施共建共用。按照资源互补、利益共享、风险共担的原则，积极探索跨部门共建共管、跨行业联营合作发展的新机制，引导农村交通运输、商贸流通、邮政、供销、电商、快递、农资配送等市场主体深化合作，推进物流网点设施"一点多能、一网多用、深度融合"。推进农村合作社与超市、学校、企业、社区的对接，加快探索适应农批对接、农超对接、农社对接、直供直销等的物流服务新模式。实施"快递下乡"工程，推进快递企业联合下乡、电商快递产业融合等模式，引导快递企业入驻村级公共取送点，签订村级配送定向服务协议。[牵头单位：市商务委、市交委；配合单位：各区县（自治县）政府、市发展改革委、市农委、市供销合作社、市邮政管理局、有关企业等]

2. 推行"以客带货""以邮带货"等新模式。推行"以客带货"模式，利用客运车辆行李仓开展小件物品带运，鼓励客运站改造，增加物流服务功能。推行"以邮带货"模式，鼓励各类快递企业、农村物流企业依托邮政企业涉农物流网络和便民服务平台拓展服务，推动快递企业、物流企业利用邮政车辆转投快件和开展小件物品带运，实现邮政企业与快递企业、物流企业带投下乡、共享邮政智能信包箱。推行"货运班线"模式，开展区县至乡镇、沿途行政村的双向货物运输配送服务，提高农村物资运输的时效性和便捷性。（牵头单位：市交委、市邮政管理局；配合单位：有关企业等）

3. 大力发展共同配送。整合商贸、邮政、供销等物流资源，引导共同制定运输、配送方案，实行农村邮件、快件、农产品、工业品、农资等物流共同配送。鼓励供应链相关企业共同投资建设公共配送中心，引导企业自用仓储设施对外开放、货运站场向公共仓储转型，促进公共配送中心与农村三级物流节点整合衔接。引导区县推动电商企业和实体门店的电商产品集聚公共配送中心，促进仓储仓网协调发展，农村上行下行物流协同运作，线上线下物流融合发展、共同配送。鼓励区县发挥龙头企业优势，整合农村物流资源，依托公共配送中心集中分拣、统一配送，推广实行"定点、定时、定线，运价统一、服务费统一、配送统一、政府补贴标准统一"的"三定四统"共同配送模式，降低物流运输成本和空载率。[牵头单位：市商务委；配合单位：各区县（自治

县）政府、市发展改革委、市交委、市供销合作社、市邮政管理局、有关企业等〕

三、大力发展农村"互联网＋物流"

1. 积极推广农村电子商务。利用好农村电商服务体系，实施电商进村工程，按照便利消费、通行接卸方便和促进农村电子商务发展的原则，布局乡镇级电商综合服务站、村级电商综合服务点，提供电商包裹取送、农村电商产品集聚等服务。推进农村电商物流网络体系与农村三级物流网络有机融合。支持电商、物流、商贸、金融、邮政、供销等企业参与涉农电子商务平台建设，引导农村物流经营主体依托第三方电子商务服务平台开展业务，构建"配送＋寄递＋电商"的农村物流发展方式。鼓励网上购销对接等交易方式，提高电子商务的普及推广应用水平，降低农村物流成本。（牵头单位：市商务委；配合单位：市农委、市邮政管理局、市供销合作社、有关企业等）

2. 加快农村物流信息平台建设。借助互联网、云计算、大数据等现代信息技术，大力发展农村"互联网＋物流"。加快建设重庆智慧物流公共信息平台，增强服务农村物流功能，整合商贸、农业、供销、邮政管理等相关部门信息资源，有效融合农资和农产品经销企业、物流企业及中介机构自有信息系统。鼓励区县和商贸物流园区、物流分拨中心等依托物流公共信息平台建设分平台，推广共享服务移动终端（App）应用。建立市场化长效合作机制，推进各类信息平台、信息系统之间标准统一、系统对接和数据共享。加强与乡镇、村级物流信息点的有效对接，强化信息的采集与审核，形成上下联动、广泛覆盖、及时准确的农村物流信息网络，推进物流信息平台与农村三级物流网络一体化发展。（牵头单位：市发展改革委；配合单位：市交委、市商务委、市经济信息委、市农委、市邮政管理局、市供销合作社、有关企业等）

3. 提升农村物流企业信息化水平。大力发展智慧物流，促进智慧供应链发展。鼓励区县物流园区建立智慧化共同配送分拨调配平台，提供路径优化等公共服务。加快农村物流企业与商贸流通企业、农资经营企业、邮政和快递企业信息资源的整合，提高物流供需匹配度，实现数据和物流流程监控、公共管理和服务智能化。推广应用智慧化物流设施设备和高性能的自动分拣、搬运设备以及商品编码技术，建设智能仓库，提高作业自动化水平和物流配送智慧化水平。加快企业与农村物流公共信息平台的有效对接。（牵头单位：市商务委；配合单位：市经济信息委、市发展改革委、市交委、市供销合作社、市邮政管理局、有关企业等）

四、完善农村相关基础设施

1. 完善农村交通基础设施。适应农村物流发展需求，加强农村公路统筹规划，增强农村公路服务农村物流能力。全面实施村际联网公路建设，启动农村撤并村通畅及联网公路建设，适当拓宽村级公路，打造一批特色农村旅游路、产业园区路。加强公路管理，对建设计划项目实行质量、进度、基本建设程序等全方位监督，优先将资金用在管好、养好现有农村道路上，充分发挥现有农村公路效益。完善村级公路安防设施，选择适用当地特点的防护栏、减速板、防撞墙、凸面镜、警示标志等安防形式，有效预防和减少农村公路交通事故。（牵头单位：市交委；配合单位：市发展改革委、市财政局等）

2. 完善农村通信基础设施。加快农村地区光纤网络覆盖，在行政村通光纤的基础上，推进光纤宽带网络向自然村延伸，开展"光纤到户"建设。继续推进农村地区4G网络建设，进一步提高4G网络覆盖的深度和广度。全面推广三网融合，推进电信、广电业务双向进入，发展IPTV业务，实施直播卫星"户户通"工程和广播电视节目无线数字化覆盖工程，实现农村地区广播电视信号全覆盖。加强农村地区通信基础设施保护和宣传力度，严厉打击破坏农村通信基础设施行为。（牵头单位：市通信管理局；配合单位：市经济信息委、市文化委、市公安局等）

3. 开展农村物流标准化建设。根据山城地貌特点和交通基础设施状况，大力推广适用于农村物流的厢式、冷藏等专业化车型，规范使用电动三轮车等经济适用车辆，淘汰安全隐患大、能耗排放高的老旧车辆。支持农村客运车辆改造，分隔货物存放区，满足"以客带货"物流模式需求。规范农村物流车型外观和标识，探索建立标识化管理政策。推广适用于农村物流运输的托盘、集装篮、笼车等标准化运载单元和专业化包装、分拣、装卸设备，提升农村物流作业效率、减少货损货差。推进作业流程标准化，实现共同配送、托盘共用等重点农村物流企业全流程标准化运作。（牵头单位：市商务委、市质监局；配合单位：市交委、市发展改革委、市供销合作社、市邮政管理局、有关企业等）

五、培育农村物流骨干企业

1. 组建农村物流企业联盟或联合体。支持物流、商贸、邮政、供销、品牌快递等大中型企业发挥各自优势和骨干作用，组建农村物流企业联盟或联合体，形成农村物流发展合力。支持农村物流骨干企业以品牌为纽带，采用特许加盟等多种方式，整合小微农村物流经营业户，改善农村物流市场主体过散、过弱的局面。（牵头单位：市发展改革委、市交委；配合单位：市商务委、市国资委、市供销合作社、市邮政管理局、有关企业等）

2. 鼓励第三方物流企业延伸农村经营服务网络。引进具有国际国内网络资源的第三方物流企业，支持现有规模较大、基础较好的第三方物流企业，延伸农村经营服务网络，推动农产品物流企业向产供销一体化方向发展。鼓励大中型农村商贸流通企业、供销合作社采用参股、兼并、联合等多种形式，将自营物流逐步交由第三方物流企业。支持第三方物流企业与邮政、快递企业合作，开展乡镇至沿途行政村的双向邮件、快件运输配送服务，提高农村邮政及快递运输的时效性和便捷性。（牵头单位：市发展改革委、市交委；配合单位：市商务委、市国资委、市供销合作社、市邮政管理局、有关企业等）

六、加强政策扶持和保障

1. 健全体制机制。在市物流业联席会议制度的统一领导下，形成市发展改革委、市交委、市商务委、市农委、市邮政管理局、市供销合作社等参与的农村物流协调推进机制，共同制定农村物流解决方案，推进"多站合一"相关工作，推进区县物流园区、乡镇公共配送站、村级公共取送点信息化升级改造，加强农村物流服务站点的标识、设施和信息化标准化配置工作；共同编制《农村物流网络节点体系建设指南》的相关要求，并组织站场建设项目的评估和验收工作，及时总结农村物流发展中的经验和做法，加强宣传推广。（牵头单位：市发展改革委；配合单位：市财政局、市经济信息委、市交委、市商务委、市农委、市国土房管局、市规划局、市地税局、市通信管理局、市邮政管理局、市供销合作社、市国税局、有关企业等）

2. 强化要素保障。对符合《农村物流网络节点体系建设指南》相关要求的物流网络节点要从规划和土地方面加强要素保障。统筹整合市级有关专项资金，支持新建和改造区县物流园区、乡镇公共配送站、村级公共取送点、农村流通网络升级改造、农村客运车辆改造、发展农村货运班车等。鼓励各区县对农村物流发展给予适当配套补助资金，支持发展农村物流。鼓励对区县物流园区农村物流配送用房和乡镇公共配送站给予土地或租金优惠。鼓励乡（村）公共行政服务中心内设立乡镇公共配送站或村级公共取送点，并对其用房无偿提供或减免租金。（牵头单位：市发展改革委、市交委；配合单位：市国土房管局、市规划局、市财政局、市商务委、市国税局、市国资委、市地税局、市农委等）

3. 开展试点示范。选择一批区县开展试点示范，因地制宜选择推进路径和工作重点，探索差别化和多样化的农村物流发展模式。坚持市场主体，全面依托企业，选择一批农村物流需求及发展潜力大、基础条件好、特色鲜明的区县，通过示范建设，在体制机制、设施装备、物流组织、信息平台、市场培育和规范等方面创新，在试点管理、项目实施、基础设施建设和宣传创设等方面开展扎实工作。（牵头单位：市发展改革委、市交委；配合单位：市商务委、市供销合作社、市邮政管理局等）

各市级牵头单位要高度重视农村物流工作，强化责任意识，加强统筹协调和对区县的政策指导，确保全市农村现代物流体系建设统筹有序推进。各市级配合单位要积极主动作为，结合职能职责，切实做好涉及的工作任务。各区县人民政府作为农村现代物流体系建设的实施主体，要站在保障和改善民生、促进农业现代化建设、服务全面建成小康社会大局的高度，加强组织领导，因地制宜制定细化方案，采取积极有效措施，着力推进《意见》落实落地。

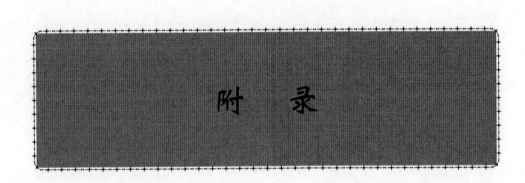

附　录

关于表彰"2015 年度优秀物流园区"的决定

物联专园区字〔2015〕2 号

各会员单位：

经各园区（企业）申报，地方政府物流工作牵头部门及行业协会推荐，物流园区专委会组织专家评审，上网公示，最终确定 55 家单位为 2015 年度优秀物流园区。名单如下：

2015 年度优秀物流园区名单

（按行政区划排序）

天津港集装箱物流中心（天津）

冀中能源国际物流集团新铁物流园（河北）

迁安北方钢铁物流产业聚集区（河北）

秦皇岛临港物流园区（河北）

安平县聚成国际物流园区（河北）

河北武安保税物流中心（河北）

唐山市丰润区北方现代物流城（河北）

正定商贸物流产业聚集区（河北）

宝特物流园（山西）

山西万昌国际物流园区（山西）

集宁现代物流园区（内蒙）

内蒙古红山物流园区（内蒙）

通辽经济技术开发区综合物流园区（内蒙）

沈阳国际物流港（辽宁）

沈北新区综合物流园区（辽宁）

辽宁省海城市西柳物流园区（辽宁）

大连冷链物流及食品加工园区（辽宁）

哈尔滨龙运物流园区（黑龙江）

中国（上海）自由贸易试验区（外高桥保税物流园区）（上海）

上海临港普洛斯国际物流发展有限公司（上海）

苏州传化公路港物流有限公司（江苏）

苏州物流中心有限公司（江苏）

张家港玖隆钢铁物流园（江苏）

昆山宝湾国际物流园（江苏）

无锡西站物流园区（江苏）

中储发展股份有限公司无锡物流中心（江苏）

嘉兴现代物流园（浙江）

绍兴港现代物流园区（浙江）

德清临杭物流园区（浙江）

嘉兴港区综合物流园（浙江）

厦门保税物流园区（福建）

鹰潭市现代物流园（江西）

宜春经济开发区物流园区（江西）

山东盖世国际物流园（山东）

聊城盖氏邦晔物流园（山东）

临沂经济技术开发区现代物流园（山东）

青岛胶州湾国际物流园（青岛）

信阳金牛物流产业集聚区（河南）

河南保税物流中心（河南）

武汉东西湖综合物流园（湖北）

湖南金霞现代物流园（湖南）

湖南一力物流园（湖南）

怀化狮子岩物流园（湖南）

林安物流园（广东）

防城港市东湾物流加工园区（广西）

重庆西部现代物流产业园（重庆）

秀山（武陵）现代物流园区（重庆）

中国西部现代物流港（四川）

成都市新都物流中心（四川）

泸州临港物流园区（四川）

宏图物流园（四川）

陕西省西咸新区空港新城国际航空物流枢纽区（陕西）

贵州省物资储运总公司物流中心（贵州）

青海朝阳物流园区（青海）

新疆欧安达国际物流有限公司（新疆）

2015 年 8 月 13 日

中国物流园区发展报告（2018）

关于表彰"2016 年度优秀物流园区"的决定

物联专园区字〔2016〕3 号

各会员单位：

开展物流园区综合评价，按年度评选表彰优秀物流园区，是中国物流与采购联合会物流园区专业委员会的一项重要工作。经专委会会员单位（园区、企业）申报，地方政府物流工作牵头部门及行业协会推荐，组织专家评审，并进行网上公示，从提交了《2016 年全国物流园区综合评价调查问卷》的单位中，择优选定普洛斯首都机场航空货运基地等 74 个物流园区（基地、陆港、公路港、物流港、物流产业集聚区）为2016 年度优秀物流园区，现予表彰，名单如下：

2016 年度优秀物流园区名单

（共 74 个、按行政区划排序）

普洛斯首都机场航空货运基地
天津港集装箱物流中心
邢台好望角物流园区
唐山市丰润区北方现代物流城
肃宁物流产业聚集区
唐山海港物流产业聚集区
承德国际商贸物流园区
石家庄润丰物流园区
秦皇岛临港物流园区
安平聚成国际物流园区
冀中能源新铁物流园区
宝特物流园
山西万昌国际物流园区

山西穗华物流园有限公司

山西侯马经济开发区晋南电商物流园

集宁现代物流园区

通辽经济技术开发区综合物流园区

辽宁海城西柳物流园

沈北新区电子商务及现代物流产业集聚区

铁成（大连）物流园

香江物流园

哈尔滨龙运物流园区

牡丹江国际物流园区

上海宝湾国际物流中心

上合组织（连云港）国际物流园

无锡西站物流枢纽

江苏三江现代物流园区

南通火车站北物流园

盐城城西南现代物流园区

江苏海安商贸物流产业园

义乌内陆口岸场站物流园

衢州工业新城物流园区

富阳传化公路港

菜鸟网络金义园区

嘉兴港区综合物流园

绍兴港现代物流园

皖北徽商物流港·总站

天运现代国际物流园

安得物流综合物流园

福港综合物流园区

井冈山经济技术开发区物流园

鹰潭市现代物流园区

上饶市新华龙现代物流园

中国赣西物流园

济南零点物流港园区

鲁中公铁联运物流园区

临沂天源国际物流园

青州泓德物流园

聊城盖氏邦晔物流园

河南国能黄河物流园区

信阳金牛物流产业集聚区

豫东综合物流产业集聚区

十堰群利物流园

锦龙物流园

一力物流园

怀化狮子岩物流园区

邵东星沙物流园

衡阳市雁城物流园

中储发展股份有限公司西安物流中心

陕西商山物流园

延安利源物流园区

广东状元谷电商物流产业园

深国际华南物流园

秀山（武陵）现代物流园区

成都国际铁路港

成都市新都物流中心

新津物流园区

南充现代物流园

泸州临港物流园区

宏图物流园

贵州省物资储运总公司物流园区

武威保税物流中心

宁夏众一物流园区

华凌物流园区

2016 年 7 月 15 日

关于表彰"2017 年度优秀物流园区"的决定

物联专园区字〔2017〕2 号

各会员单位：

按年度进行物流园区综合评价、评选表彰优秀物流园区，是中国物流与采购联合会物流园区专业委员会的一项重要工作。今年的评价和评选工作开展以来，得到了专委会会员单位大力支持，收到的调查问卷多于以往任何一年。

专委会按照以下基本条件对申报单位做了合规性审查：（一）园区提交的《2017年全国物流园区调查及综合评价问卷》为完整有效问卷；（二）园区实际占地面积不低于 0.2 平方千米（即 300 亩）；（三）园区实际运营 1 年以上，且期间没有发生违法违规行为和重大安全责任事故；（四）园区具有统一的运营管理机构，制度健全，运营规范；（五）有多家物流企业进驻，园区具有公共服务属性；（六）园区具有明确的功能定位、鲜明的经营特色和一定的借鉴示范作用；（七）表彰单位应为中物联物流园区专委会会员单位。

在此基础上，专委会召开专家评审会，并征求部分地方政府物流工作主管部门、行业协会意见后上网公示，充分吸收各有关方面意见，最终确定北京通州物流基地等87 家物流园区为 2017 年度优秀物流园区。现予表彰，名单如下。

2017 年度优秀物流园区名单

（按行政区划排序）

北京通州物流基地
天津港集装箱物流中心
菜鸟网络天津武清园区
天津陆路港物流园区
上海宝湾国际物流中心
上海临港普洛斯国际物流园

秀山（武陵）现代物流园区（重庆）

迁安市北方钢铁物流产业聚集区

河北丰润经济开发区物流园区

唐山海港物流产业聚集区

承德国际商贸物流园区

安平县聚成国际物流园区（河北省）

唐山公路港

冀中能源国际物流集团新铁物流园（邯郸）

石家庄润丰物流园

秦皇岛临港物流园区

河北宝信物流园区

邢台好望角物流园区

中鼎物流园（太原）

宝特物流园（山西侯马）

山西穗华物流园

山西万昌国际物流园区

晋南电商物流园

内蒙古红山物流园区

集宁现代物流园区

满洲里国际物流产业园区

乌海鸿达物流园

辽宁省海城市西柳物流园区

东北快递（电商）物流产业园（辽宁盘锦）

黑龙江鸿良农业生态产业与物流园区

南京龙潭综合物流园区

上合组织（连云港）国际物流园

惠龙港国际物流园区（江苏镇江）

张家港玖隆钢铁物流园

江苏海安商贸物流产业园

无锡西站物流园区

盐城市现代物流园区

宿迁电子商务产业园区电商物流园区

江苏大成物流园（徐州）

无锡禾健物流园

嘉兴现代物流园

菜鸟网络金华园区

衢州工业新城物流园区

德清临杭物流园区

嘉兴港区综合物流园

安徽合肥商贸物流园

宝湾（合肥）国际物流中心

安徽华源现代物流园

马鞍山慈湖高新区港口物流基地

芜湖港朱家桥综合物流园区

福建福港综合物流园区

鹰潭市现代物流园

井冈山经济技术开发区物流园

宜春经开区物流中心

上饶市新华龙现代物流园

山东盖家沟国际物流园

临沂经济技术开发区现代物流园

威海国际物流园区

山东佳怡物流园

济南零点物流港有限公司

聊城盖氏邦晔物流园

天源国际物流园（山东临沂）

莒南县临港物流园区

济南维尔康冷链物流园区

喜地冷链物流园（山东菏泽）

青州泓德物流园

河南保税物流中心

郑州国际物流园区

豫东综合物流产业集聚区（河南商丘）

武汉东西湖综合物流园

湖南金霞现代物流园

湘南国际物流园（湖南郴州）

一力物流园（湖南长沙）

湖南省怀化狮子岩物流园

海仑弘广物流园（湖南长沙）

中国西部现代物流港（四川遂宁）

泸州临港物流园区

清镇市物流园区（贵州贵阳）

贵州省物资现代物流集团物流园区

贵州省福泉市物流园区

青海朝阳物流园区

铁成（大连）物流园

青岛胶州湾国际物流园

青岛华骏物流园

宁波（镇海）大宗货物海铁联运物流枢纽港

厦门保税物流（区港联动）园区

2017 年 8 月 18 日

中国物流与采购联合会物流园区专业委员会简介

中国物流与采购联合会物流园区专业委员会（简称中物联物流园区专委会，英文缩写 SCLP），是经民政部批准设立的中国物流与采购联合会直属分支机构。

组成单位：中物联物流园区专委会由中国境内的物流园区、物流基地、物流中心、保税物流园区、保税物流中心及区内企业、物流地产商、设备供应商、相关社会团体、咨询机构、科研院所、高等院校等单位自愿组成。

宗旨：中物联物流园区专委会遵守宪法、法律、法规和国家政策。为会员单位、政府部门和物流园区服务，维护行业共同利益和会员合法权益，促进物流园区之间的交流与合作，加强行业自律和规范管理，反映行业诉求和合理建议，发挥物流园区和政府部门之间的桥梁和纽带作用，推动我国物流园区科学、健康和可持续创新发展。

主要活动：

（1）每年 7—8 月召开全国物流园区工作年会；

（2）年会召开前，组织全国物流园区竞争力综合评价，评选优秀物流园区；

（3）编辑出版《中国物流园区发展报告》《示范物流园区创新发展报告》；

（4）组织开展全国物流园区调查工作，建立物流园区统计信息体系；

（5）参与《全国物流园区发展规划》和相关标准的研究制定工作；

（6）积极反映企业政策诉求，提供政策咨询、网站宣传和日常联络等多项服务，组织园区互访，推进会员单位的交流与合作；

（7）受政府部门委托，具体组织"示范物流园区""国家智能化仓储物流示范基地"等评选工作。

中物联物流园区专委会：于雪姣（18610081151）

　　　　　　　　　　　陈　凯（18811446270）

　　　　　　　　　　　黄　萍（13301381866）

邮箱：cflpyq@ vip. 163. com

电话：010 – 58566588 转 139/133

传真：010 – 58566588 转 138